Alejandro Sanz
#Vive

Óscar García Blesa

Alejandro Sanz
#Vive

AGUILAR

Alejandro Sanz
#Vive

Primera edición en España: noviembre de 2017
Primera edición en México: noviembre de 2017

D. R. © 2017, Óscar García Blesa

D. R. © 2017, Penguin Random House Grupo Editorial, S. A. U.
Travessera de Gràcia, 47-49, 08021, Barcelona

Todas las imágenes son parte del archivo personal de Alejandro Sanz con las siguientes excepciones:
Capítulos 16, 26, 33, 36, 38, 53, 58 (Warner Music Spain), Capítulo 62 (Kelly Davidson),
Capítulo 64 (N/A), Capítulos 50, 59, 60 (Universal Music Spain) Capítulos 52, 56 (Grammys© N/A)

D. R. © 2017, derechos de edición mundiales en lengua castellana:
Penguin Random House Grupo Editorial, S. A. de C. V.
Blvd. Miguel de Cervantes Saavedra núm. 301, 1er piso,
colonia Granada, delegación Miguel Hidalgo, C. P. 11520,
Ciudad de México

www.megustaleer.com.mx

D. R. © Penguin Random House Grupo Editorial / Yolanda Artola, por el diseño de cubierta
D. R. © Paco Navarro, por la foto de portada

ISBN: 978-607-315-924-1

Impreso en México – *Printed in Mexico*

El papel utilizado para la impresión de este libro ha sido fabricado a partir de madera procedente
de bosques y plantaciones gestionadas con los más altos estándares ambientales, garantizando
una explotación de los recursos sostenible con el medio ambiente y beneficiosa para las personas.

Penguin
Random House
Grupo Editorial

«Vida, vida hasta la muerte, vida» me dijo mi hijo Dylan un día jugando... El tío..., ¡jugando! Porque la vida es un juego (de llaves y cerrojos). Me dan ganas de besaros las palabras y las voces, y de abrazar los lugares que mencionáis..., cada lágrima.

Y este libro cuenta no solo mi historia, sino la historia de todos los que estuvieron a mi lado de un modo u otro. Las versiones de cada uno a veces se contradicen, pero ¿no es eso vivir..., la versión de cada uno?

Gracias Óscar por tus ganas de saber, por tu entrega constante, por tu amor a la música, por hacer de este libro tu proyecto, gracias a tu familia por «aguantarnos» y por ser tu inspiración. Gracias a tod@s l@s que nos prestaron su voz, su memoria y su tiempo para estar en estas páginas. Gracias también a l@s que no quisieron estar, porque su silencio también cuenta una historia. Gracias a la música que va entrelazada con todas mis memorias, con todas mis esperanzas y mis sueños. Gracias a los relojes y a los relojeros y a las dudas y al envalentonamiento. A los tropiezos, a los manotazos, a los gigantes y a los molinos de viento. Gracias a las esquinas y a los espacios abiertos, a los espejos, a lo que quiero, quise... y a lo que terminaré queriendo. Gracias a ti que lees porque leyendo ejercitas el silencio, y la comprensión, y la empatía, y viajas a otras vidas y pones en orden el trastero donde guardas emociones y polvos y muebles y trapos viejos. Gracias a la vida porque a vivir se aprende viviendo.

ALEJANDRO SANZ

Índice

Introducción

«La vida es demasiado corta como para no intentar
hacer algo fascinante... ¡Corre! ¡Atrévete!».

Música: Antonio Vega, *El sitio de mi recreo*

Las cosas no suceden por casualidad, eso sería una explicación demasiado sencilla para todo lo inexplicable. La historia de este libro tiene su origen en algún momento de 1992, quizá un poco antes, pero ese dato en realidad no es tan importante.

En 1992, en España seguían enviando a los chicos al servicio militar. Yo soy chico y, por lo tanto, después de haber prorrogado hasta el límite legal mi incorporación a las escopetas, en algún momento de ese año me tocaría cumplir con doce meses de penitencia y hacer la mili. Mi futuro estaba escrito. O al menos eso pensaba yo entonces.

Hay una escena deliciosa de la película *El curioso caso de Benjamin Button* donde se explica que, ya sea casual o de manera deliberada, en nuestras vidas hay hechos aislados y sin aparente relación entre sí que determinan nuestro futuro. De manera que las casualidades no existen y las cosas simplemente ocurren, un ejemplo más de la teoría del caos. Un hecho pequeño y aislado provoca una sucesión de cambios en cadena que pueden derivar en uno mucho más relevante.

En la película, la protagonista sufre un accidente de coche que condicionará su actividad profesional. Eso forma parte de la trama, aunque lo verdaderamente importante sucede justo antes del accidente.

Volvamos por un instante al servicio militar. El caso es que el sorteo para conocer mi destino llevó mi nombre hasta Melilla. Ojo, no tengo nada en contra de la hermosa ciudad de Melilla, pero no me planteaba pasar un año de mi vida allí. Eso lo tenía bastante claro.

El plan B para los que no iban a la mili se llamaba «objeción de conciencia». No sé a quién se le ocurriría ese nombre, pero, en mi caso, la conciencia la tenía bien tranquila. Si se trataba de objetar, yo sería el primero de la lista. ¿Motivo?, ¿de verdad tenía que dar mis motivos?

Me enviaron a los servicios auxiliares nocturnos de Protección Civil en Boadilla del Monte. De vez en cuando conducía un 4×4 que hacía también las veces de ambulancia, y cuando tocaba echaba una mano en las actividades del pueblo que requerían «voluntarios». Ya puestos, hubiera querido hacer mucho más, pero la realidad es que allí mis servicios no hacían falta para nada. Mi horizonte en forma de doce meses llevaba escrita la palabra *NADA* en mayúsculas.

No hacer nada resulta agotador, así que en un arrebato de madurez espontánea decidí buscar trabajo. Da la casualidad de que mi pasión por la música no era algo nuevo; había demostrado cierta incompetencia como músico en bandas del barrio, escribía en un fanzine sobre todos los grupos que me gustaban y gastaba mi escueta paga en discos y conciertos. Era lo que se conoce como un perfecto *freak* musical.

El caso es que mi vecino, con el que yo jugaba al baloncesto los sábados, trabajaba en una compañía de discos. Aquel muchacho con pintas de cualquier cosa menos de ejecutivo discográfico me llamaba la atención: eso de trabajar en el mundo de la música definitivamente podía ir conmigo. Así que un día le pregunté: «¿Sabes si buscan gente en el sitio ese donde trabajas?». Me respondió que casualmente estaban buscando un vendedor para una de las zonas de Madrid. ¡Ay, la casualidad!

Hice la entrevista un día cualquiera por la mañana y esa misma tarde empecé a trabajar en Warner. Estuve allí más de diez años, después trabajé en Sony y en otras compañías musicales más adelante. Y hasta hoy.

Si en aquel sorteo la bolita con mi nombre me hubiera enviado a Valladolid en lugar de a Melilla. Si en lugar de gustarme la música mis aficiones fueran, por ejemplo, los coches y la mecánica. Si en vez de jugar al baloncesto los sábados hubiese jugado en un equipo de rugby universitario los domingos. Si en lugar de tener un vecino que trabajaba en Warner, este hubiese sido empleado de Banco de Sabadell. Si todo lo que sucedió hubiese ocurrido de otra manera, hoy, seguramente, no estaría escribiendo esto y, probablemente, nunca habría trabajado con Alejandro Sanz. ¿No es la vida un viaje maravilloso?

Tengo por costumbre salir a comer un menú cada poco tiempo con mis amigos del negocio de la música. Casi siempre visitamos locales donde cocinan platos caseros, lentejas y estofados, filetes con patatas o pescado a la plancha. Nada sofisticado, cuanto más sencillo, mejor.

Los amigos son un tesoro que hay que cuidar. De mis años en la industria guardo un buen puñado de recuerdos, casi siempre imágenes que asocio a la cara de una persona. Disfruto de la compañía de la buena gente.

A finales de 2015 disfrutaba de unas croquetas con ensaladilla rusa en un pequeño restaurante al principio de la calle Mauricio Legendre, en Madrid. ¡Qué gran invento la ensaladilla rusa!, que diría Eugenio.

Me acompañaba mi amigo Kiko Fuentes, con el que compartí los años de gloria del negocio, los últimos coletazos de la gran venta, o, recurriendo a metáforas culinarias, *la última cena* de la música en formato físico.

Nuestros temas de conversación son de lo más variopintos. Podemos empezar por la última salida de tono de algún político, reivindicar que aquel gol no fue en fuera de juego, comentar cualquier aspecto relativo a los equinos (tema en el que Kiko es eminencia), o, quizá, debatir si la ensaladilla rusa es en realidad un invento ruso o la brillante idea de algún paisano murciano o leonés, vete tú a saber.

De lo que sí estoy seguro es de que siempre terminamos hablando de la industria, y más concretamente de música. Y ese es un tema al que dedicamos la mayor parte del segundo plato, el postre y el café.

De entre los momentos vividos, Alejandro Sanz y su impresionante carrera musical ocupan un capítulo importante de nuestra vida personal y profesional. Haber podido participar, aunque sea tímidamente, del desarrollo del fenómeno artístico más relevante de la cultura popular en español de los últimos treinta años es, ante todo, un privilegio.

Alejandro provoca, entre los que alguna vez han trabajado junto a él, un sentimiento de lealtad inquebrantable. Por mucho que te alejes temporalmente de su círculo laboral, sus peripecias y, sobre todo, sus canciones, te mantienen cerca de él para siempre, como si se tratara de una especie de cordón umbilical invisible.

En aquel otoño de 2015, casi de manera telepática, Kiko y yo dibujamos un calendario imaginario y dijimos: «Qué fuerte, a la vuelta de la esquina se cumplen veinte años de "Más"». Pedimos la cuenta, pagamos y nos marchamos.

Durante las siguientes dos semanas empezamos a jugar con planteamientos de marketing, diseñamos una estrategia como si todavía estuviéramos trabajando con Alejandro, planeamos diferentes escenarios con ideas descabelladas y, una vez armado, lo repasamos. Aquel plan para celebrar los veinte años del disco más importante de la música española tenía, a nuestros ojos, buena pinta. Así pues, decidimos enseñarlo.

Mientras nos dirigíamos a nuestra primera reunión, nos imaginábamos que, a pesar de estar bien diseñado, aquella celebración, sin lugar a dudas, no se le habría escapado a nadie. Ante nuestra sorpresa, no habían caído en la efeméride. Les encantó la propuesta y salimos de allí más contentos que unas pascuas. En realidad no habíamos hecho nada todavía, pero, de alguna manera, sentíamos que aquel menú con ensaladilla había merecido la pena.

Nuestra primera reunión fue todo un éxito. Quedaba aún un segundo peldaño, el penúltimo antes de que Alejandro, la persona más importante de toda esta historia, supiera de nuestras intenciones.

Encarábamos con escepticismo nuestra cita: «Seguro que ya lo han pensado, seguro que ya lo tienen previsto». De nuevo, pecamos de pesimistas, salimos de allí con un apretón de manos y una consigna clara: se lo iban a contar a Alejandro.

Alejandro es un tipo fabuloso. Esto no lo digo gratis. Es un hombre excepcional con las ideas muy claras. De otra manera es imposible mantener una carrera de éxito como la suya durante más de veinticinco años. Ve las cosas muy rápido: si son, son; y si no, a otra cosa. Y aquello le gustó.

Pasaron algunas semanas y, en primavera de 2016, Alejandro me envió un mensaje de texto:

«Me encanta el proyecto, vamos adelante».

No me extenderé en los detalles del plan, pero, a grandes rasgos, la celebración del disco «Más» incluía un relanzamiento del álbum original en formato de lujo, una canción coral con las voces de los artistas más importantes del momento, la realización de un documental y un gran concierto que diera sentido y vigencia a todo. Ah, y un libro.

Este libro que tienes entre las manos es el resultado de más de un año de trabajo. Desde el primer momento tuve claro lo que no quería hacer. Dicho de otra manera, sabía el tipo de libro que quería escribir y aquello de lo que quería huir.

Alejandro invitaba a un viaje profundo y meditado por su vida y su fascinante carrera, y, en lugar de utilizar una sola voz narrativa, como es lo habitual, decidí que el libro debía tener múltiples voces y ser una historia oral contada por todos los actores que en algún momento habían intervenido en su vida.

Alejandro me dio el visto bueno al planteamiento, los dos queríamos escapar de la hagiografía y, tras un listado tentativo de voces invitadas, me puse manos a la obra.

Este libro recoge más de doscientos testimonios, personajes de todas o casi todas las disciplinas artísticas, y la voz del propio Alejandro. En sus páginas aparecen actores, músicos, pintores, chefs... También hay una representación importante de su familia y amigos. Se incluyen palabras de políticos, deportistas, periodistas y ejecutivos de la industria discográfica, un universo coral que se va entrelazando a lo largo de casi cincuenta años.

La gran mayoría de testimonios fueron recogidos en entrevistas personales. Algunas, por imposibilidad geográfica, se realizaron a través de Skype, FaceTime o herramientas de vídeo *online* similares. Si esto no era posible, recurría al teléfono, bien de manera directa o a través de notas de voz. En caso de que eso tampoco funcionara, algunos invitados enviaron sus palabras a través de correos electrónicos.

Por la estructura del libro y su mecánica de narración, algunas voces excepcionales como la de los padres de Alejandro, la de Paco de Lucía o artistas muy cercanos se hacían imprescindibles. En esos casos recogí testimonios puntuales extraídos de entrevistas ya existentes. Afortunadamente, esto ocurrió en contadas ocasiones. Al final de estas páginas se encuentran las fuentes originales de aquellos testimonios ajenos al trabajo de campo de este libro. Para facilitar la lectura se han incluido también todos los detalles de los personajes que aparecen a lo largo de la narración.

A lo largo de más de veintiséis años de carrera, Alejandro Sanz se ha consolidado como uno de los artistas más reconocidos e influyentes del mundo. Desde su debut, en 1991, ha vendido más de veinticinco millones de discos y es el artista español con mayor número de Premios Grammy, veinte latinos y tres americanos.

También ha realizado importantes colaboraciones con artistas internacionales de la talla de Alicia Keys, Shakira, Marc Anthony, Destiny's Child, Laura Pausini, The Corrs, Ivete Sangalo, Emelie Sande, Juanes, Juan Luis Guerra, Alejandro Fernández o el legendario Tony Bennet entre otros. En España, Alejandro ha cantado con Joaquín Sabina, Joan Manuel Serrat, Niña Pastori, Paco de Lucía, Pepe de Lucía, Manolo García, Malú, David Bisbal, Pablo Alborán, Dani Martín, Pablo López, Vanesa Martín o Manuel Carrasco, entre muchos otros.

Alejandro es doctor *honoris causa* por la Universidad de Berklee, en Boston, Medalla de Oro al Mérito en las Bellas Artes, Medalla de Oro de Andalucía y premio Visión en los Hispanic Heritage Awards otorgados por la Casa Blanca por su aportación a la música latina, Premio Billboard (EE.UU.), premio Ondas (España), premio Gardel (Argentina), premio Oye (México), Gaviota de Oro y Plata (Chile), entre otros muchos reconocimientos.

Activista social, Alejandro Sanz ha sido reconocido también por su gran implicación con organizaciones no gubernamentales como Save the Children, Greenpeace o Médicos sin Fronteras. Pionero en el uso de las redes sociales, con más de diecisiete millones de seguidores en Twitter, seis en Facebook y dos en Instagram, su influencia global tiende puentes entre España y América.

Esta es, hasta aquí, la parte conocida por todos. Ahora empieza la otra historia, la de cada uno de los personajes del libro a través de su propia voz. Cada uno echa mano de sus recuerdos y vivencias únicas, todos con apuntes que construyen y ayudan a entender una carrera deslumbrante. No hay dos versiones idénticas, aparecen incluso contradicciones ante un mismo suceso, pero, paradójicamente, la diversidad de la memoria traza una sola historia; todos, a su manera, me han enviado las mismas señales, un único mensaje: VIVE.

ÓSCAR GARCÍA BLESA

Personas

ADOLFO CANELA Músico, amigo de Alejandro Sanz
ALBA MOLINA Cantante y artista, hija de Lole y Manuel
ALMA SÁNCHEZ Hija de Alejandro
ALBERT RIVERA Político, líder de la formación Ciudadanos
ALEJANDRO FERNÁNDEZ Estrella de la canción mexicana
ALEJANDRO MORI Miembro del equipo de promoción de Warner Music Spain (etapa *El alma al aire)*
ALEJANDRO SÁNCHEZ PIZARRO Alejandro Sanz
ALEJANDRO TOLEDO Realizador
ALEXANDER SÁNCHEZ Hijo de Alejandro
ALEXIS MORANTE Director de cine
ALFONSO GONZÁLEZ Director de promoción Warner Music Spain (etapa *Viviendo deprisa)*
ALFONSO PÉREZ Pianista
ALICIA KEYS Cantante, pianista y compositora norteamericana

ALONSO ARREOLA — Bajista, compositor, escritor mexicano. Amigo de Alejandro

AMANDO CIFUENTES — Director artístico de Warner Music Spain (etapa *No es lo mismo*)

ANA MARÍA POLO — Abogada y árbitro del programa internacional de televisión *Caso cerrado*

ANA MOYA — Actriz y modelo

ANDRÉS LECHUGA, ANDRESITO — Amigo y compañero de colegio de Alejandro. Hijo del director del colegio

ANDRÉS RODRÍGUEZ — Periodista. Presidente y editor de SPAINMEDIA. Exdirector de *Rolling Stone España*

ÁNGELES GONZÁLEZ SINDE — Escritora y cineasta, exministra de Cultura

ANTONIO ARENAS — Guitarrista flamenco, maestro de guitarra de Alejandro Sanz. Tío de Capi

ANTONIO BANDERAS — Actor

ANTONIO CANALES — Bailaor flamenco

ANTONIO CARMONA — Cantante y compositor, líder del grupo Ketama

ANTONIO MARTÍNEZ ARES — Músico y cantautor. Reconocido autor de comparsas en el carnaval de Cádiz

ANTONIO OROZCO — Cantante y compositor

ANTONIO RODRÍGUEZ, ESQUIMAL — Responsable de seguridad de Alejandro Sanz (etapa *Viviendo deprisa*)

BEATRIZ PÉREZ — Responsable comunicación y marketing de la oficina de Alejandro Sanz

BEYONCÉ — Superestrella pop

BONAVENTURA CLOTET Investigador, autoridad en los avances contra el sida

BORIS IZAGUIRRE Presentador de televisión, guionista y escritor

CARLOS RUFO Músico amigo de Alejandro Sanz desde la adolescencia

CARMEN LORENZO Profesora de Alejandro en el instituto

CARMEN PARÍS Cantante y compositora

CASILDA SÁNCHEZ Escritora. Hija de Paco de Lucía

CAYETANO RUIZ Conserje de la calle Doctor García Tapia 62, Moratalaz

CÉSAR CADAVAL Miembro del dúo humorístico Los Morancos

CÉSAR CERNUDA Amigo personal de Alejandro Sanz, directivo de Microsoft

CHABOLI Artista y compositor, hijo de Jeros, de Los Chichos, marido de Niña Pastori

CHOLO SIMEONE Entrenador de fútbol

CLAUDIO VERGARA Editor de espectáculos para La Tercera (Chile)

CRISTINA BOSCÁ Directora y presentadora de *Anda ya*, el *morning show* de Los 40

CRISTINA PORTAS Fan de Alejandro que destacó en un *talent show* por interpretar una canción en lengua de signos

CRISTINA RODRÍGUEZ Product manager de Alejandro Sanz en RLM

DANI MARTÍN Cantante y compositor, líder de El Canto del Loco

DANI MORENO Locutor de Los 40 y subdirector de *Anda ya*

DANIEL SARCOS Animador, actor y productor venezolano

DANIELA MERCURY Artista y compositora brasileña

DAVID BECKHAM Futbolista y amigo de Alejandro

23

DAVID BISBAL Cantante

DIEGO AMADOR Músico y compositor, fusión de flamenco, salsa y jazz

DYLAN SÁNCHEZ Hijo de Alejandro

EDDY GUERIN Músico, arreglista y productor

EDNITA NAZARIO Cantante portorriqueña

EDUARDO GRULLÓN Ejecutivo dominicano, amigo de Alejandro Sanz

EDUARDO SAN JOSÉ Director comercial de Warner Music Spain (etapa *Viviendo deprisa)*

ELIO RIVAGLIO Batería de Alejandro Sanz

ELISABETTA CECCONI Amiga de Alejandro Sanz a la que conoció durante una estancia en Londres

EMANUELE RUFFINENGO Músico, arreglista y productor italiano

ERNESTO ESTRADA Amigo de Alejandro Sanz

ESPERANZA ARMIÑANA, ESPE Vecina de Alejandro Sanz en su primera casa

ESTEBAN CALLE Director de promoción Warner Music Spain (etapa *Más)*

EVA CEBRIÁN Directora de cadenas musicales de Grupo Prisa

EVA DALDA Directora de marketing de Warner Music Spain (etapa *3)*

EVA LONGORIA Actriz estadounidense, amiga de Alejandro

FEDERICO ESCRIBANO Responsable de promoción en televisión Warner Music Spain (etapa *Viviendo deprisa)*

FERNANDO MARTÍN VICENTE Presidente de ANDE (Asociación para Personas con Discapacidad Psíquica y Personas Mayores)

GABRIEL ABAROA Presidente de la Academia Latina de la Grabación

GABRIEL RUFIÁN Político

GEMMA NIERGA Periodista

GERE, JOSÉ AGUSTÍN GEREÑU Músico de Alejandro Sanz

GERVASIO IGLESIAS Director de cine

GRACIA QUEREJETA Directora de cine

GUIOMAR ROGLÁN Periodista de La Sexta

HELEN DE QUIROGA Vocalista

HUMBERTO GATICA Ingeniero de sonido y productor

IKER CASILLAS Futbolista, amigo de Alejandro

INDIA MARTÍNEZ Cantante

INMA CUESTA Actriz

IÑAKI GABILONDO Periodista

ÍÑIGO ZABALA Descubridor de Alejandro Sanz.
Presidente de Warner Music
Latinoamérica

IRENE VILLA Periodista, conferenciante y activista.
En 1991 fue víctima de un atentado
de la banda terrorista ETA

ISABEL COIXET Directora de cine

JAIME OLEA Jefe de ventas Warner Music Spain
(etapa *Más)*

JAMIE CULLUM Pianista, compositor y cantante

JAUME DE LAIGUANA Diseñador, fotógrafo y realizador

JAVIER LIMÓN Músico y productor. Profesor titular
en el Berklee School of Music

JAVIER LLANO Director de Cadena 100

JAVIER PINTOR Vendedor Warner Music Spain

JAVIER PIZARRO Primo de Alejandro Sanz

JAVIER PONS Exdirector de Los 40 Principales

JAVIER SÁNCHEZ Jefe de compras de El Corte Inglés

JESSE & JOY Dúo pop

JESÚS LÓPEZ Ejecutivo discográfico. Presidente de
Universal Music Latinoamerica.

JESÚS PÉREZ Jefe de Ventas Warner Music Spain

JESÚS QUINTERO Periodista

Jesús Sánchez Madero	Padre de Alejandro Sanz
Jesús Sánchez Pizarro	Hermano de Alejandro Sanz
Jesús Vázquez	Periodista y presentador de televisión
Jim Corr	Miembro de The Corrs
Jineth Bedoya	Subeditora del periodico *El Tiempo* (Colombia)
Joan Manuel Serrat	Cantautor
Joaquín Luqui	Mítico locutor de Los 40 Principales
Joaquín Sabina	Cantautor
Jordi Basté	Periodista
Jordi Casoliva	Director de COPE Cataluña
Jorge Javier Vázquez	Periodista y presentador de televisión
Jorge Ramos	Periodista y escritor mexicano, ancla del Noticiero Univisión
Jorge Sanz	Actor
José Luis Delapeña	Director artístico de Warner (época *Viviendo deprisa)*
José María Barbat	Ejecutivo discográfico. Presidente de Sony Music Spain
José María Cámara	Expresidente de BMG España
José María Michavila	Exministro de Justicia. Amigo personal de Alejandro Sanz
José Ramón Pardo	Periodista musical
José Tillán	Responsable de MTV Latin (etapa *MTV Unplugged)*
Josep Salvador	Guitarrista de Alejandro Sanz
Josué Ricardo Rivas	Periodista y publicista
Juan Carlos Chaves	Responsable de su oficina de *management*
Juan Carlos de la Iglesia	Escritor, realizó la biografía de Alejandro Sanz *Por derecho*
Juan Luis Guerra	Artista
Juan Ochoa	Locutor de radio
Juan Ramón Ramírez	Hijo de su maestro Vicente Ramírez
Juanes	Artista

Juanma Carrera	Vendedor Warner Music Spain (etapa *Más*)
Julia Otero	Periodista
Julio Iglesias	Cantante
Julio Reyes	Músico, arreglista y productor
Kiko Fuentes	Director de Warner Music Spain entre 1998 y 2006
Laura Pausini	Cantante
Leila Cobo	Periodista, Billboard
Lena Burke	Artista
Lidia Armiñana	Vecina de Alejandro Sanz en su domicilio de Vicente Espinel
Lolita Flores	Cantante y actriz. Hija de Lola Flores
Loren Ridinger	Empresaria y amiga de Alejandro
Ludovico Vagnone	Guitarrista de Alejandro Sanz
Luis Dulzaides	Percusionista
Luis Figo	Futbolista
Luis Merino	Director de cadenas musicales Grupo Prisa (etapa *Más*)
Luis Vaquero	Productor de numerosas ruedas de prensa de Alejandro Sanz entre 1998 y 2007
Lulo Pérez	Músico, arreglista y productor
Malú	Cantante, hija de Pepe de Lucía
Manuel Álvarez	Productor ejecutivo MTV interactivo
Manuel Carrasco	Cantante y compositor
Manuela Sánchez	Hija de Alejandro
Marc Anthony	Artista
Niña Pastori	Cantaora
María A. Blasco	Directora CNIO, (Centro Nacional de Investigaciones Oncológicas) España
María Gómez	Productora de espectáculos
María Pizarro Medina	Madre de Alejandro Sanz
María Rozalén	Cantante

MARIANO PÉREZ	Expresidente de Warner Music México y Warner Music Spain
MARIBEL VERDÚ	Actriz
MARIO KREUTZBERGER, «DON FRANCISCO»	Conocido presentador de televisión chileno, muy popular gracias a su programa *Sábado gigante*
MARTA ETURA	Actriz
MARTA MICHEL	Directora de la revista *Yo Dona*
MAURIZIO SGARAMELLA	Músico de Alejandro Sanz
MELENDI	Cantante y compositor
MELISSA CAMPBELL	Directora de FMDOS (Chile)
MICHELLE ALBERTY	Directora ejecutiva MTV año 2001
MIGUEL ÁNGEL ARENAS, CAPI	Productor y descubridor de Alejandro Sanz
MIGUEL ÁNGEL CABRERA	Integrante del grupo Camela
MIGUEL ÁNGEL GÓMEZ	Expresidente de EMI
MIGUEL BOSÉ	Cantante y compositor. Amigo de Alejandro Sanz
MIGUEL POVEDA	Cantante
MIKE CIRO	Músico. Director musical de la banda de Alejandro Sanz
MIKEL LÓPEZ ITURRIAGA	Periodista, *El Comidista*
MÓNICA ESTEBAN	Presidenta y fundadora de Juegaterapia
MONIKA BELLIDO	Prima de Alejandro Sanz. Bailaora y flamencóloga
NACHO MAÑÓ	Músico y productor. Miembro de Presuntos Implicados
NARCÍS REBOLLO	Presidente de Universal Music Spain
ÓSCAR GARCÍA BLESA	Consultor musical y escritor
PABLO ALBORÁN	Cantante y compositor
PABLO LÓPEZ	Cantante y compositor
PABLO MOTOS	Periodista y presentador de televisión

PACO DE LUCÍA Guitarrista de flamenco legendario.
Amigo personal de Alejandro Sanz

PACO ORTEGA Músico, arreglista, productor

PANCHO CÉSPEDES Cantante y compositor

PASCUAL EGEA *Tour manager* de Alejandro Sanz hasta
2004

PASTORA SOLER Cantante

PAT METHENY Guitarrista

PAU DONÉS Cantante y compositor, líder del
grupo Jarabe de Palo

PEDRO MIGUEL LEDO, LA TATA Amigo personal y asistente de
Alejandro Sanz

PAOLO VALLESI Cantante

PENÉLOPE CRUZ Actriz

PEPE BARROSO Empresario y emprendedor. Amigo
de Alejandro Sanz

PEPE DE LUCÍA Cantaor, hermano de Paco de Lucía
y padre de Malú

PIERO VALERO Músico de Alejandro Sanz

PILAR MARCOS Responsable de campaña de
Greenpeace

POLO MARTÍNEZ Promotor de conciertos. Amigo de
Alejandro Sanz

QUIQUE DACOSTA Chef

RAFA NADAL Tenista número uno del mundo

RAFA SAÑUDO Diseñador y realizador

RAFAEL REVERT Exdirector de los 40 Principales
y Cadena 100

RAMÓN COLOM Periodista, director de RTVE
(etapa *Viviendo deprisa*)

RAMÓN SÁNCHEZ GÓMEZ,
RAMÓN DE ALGECIRAS Amigo de Alejandro Sanz desde la
época en que veraneaba en Algeciras

RAPHAEL Cantante

RAQUEL PERERA	Esposa de Alejandro Sanz, madre de sus hijos Alma y Dylan
RENÉ PÉREZ	Vocalista del dúo de música urbana Calle 13
RICKY MARTIN	Cantante
ROGER H. BROWN	Presidente del Berklee College of Music
ROSA LAGARRIGUE	Directora de RLM y exmánager de Alejandro
ROSARIO FLORES	Cantante española, hermana de Lolita e hija de Lola Flores
ROSELYN SÁNCHEZ	Cantante, productora, actriz en Hollywood
SANDRO MUÑOZ	Director emisora Bésame (Colombia)
SANTI ALCANDA	Periodista musical
SARA CARBONERO	Periodista
SAÚL TAGARRO	Expresidente de Warner Music Spain
SEAN WOLFINGTON	Empresario. Amigo de Alejandro
SEBASTIÁN KRYS	Músico, arreglista y productor
SERGIO RAMOS	Capitán del Real Madrid
SHAKIRA	Cantante y compositora
SHARON CORR	Miembro de The Corrs
SILVIA ABASCAL	Actriz
SOLE GIMÉNEZ	Cantante y compositora, exmiembro de Presuntos Implicados
TEO CARDALDA	Músico y productor
TERESA PERALES	Deportista paralímpica
TÍA CRISTINA	Tía de Alejandro, viuda de Pepe, hermano de María
TÍA MARI	Tía de Alejandro, viuda de Ángel, hermano de María
TÍO MANUEL	Tío de Alejandro, hermano de María
TÍO PACO	Tío de Alejandro, hermano de María
TOMMY TORRES	Músico, arreglista y productor
TONY BENNET	Mítico vocalista de jazz y swing

TONY CAMPOS   PD Radio WAMR 107.5 FM Miami
TRINIDAD JIMÉNEZ   Exministra de Asuntos Exteriores.
Directora de Estrategia global de
Asuntos públicos de Telefónica
VANESA MARTÍN   Cantante y compositora
VICENTE AMIGO   Guitarrista flamenco
VICENTE MAÑÓ   Mánager y promotor musical
VICENTE RAMÍREZ PUERTO   Maestro de Alejandro Sanz
XAVIER SARDÁ   Periodista
ZUCCHERO   Cantante y compositor italiano

LIBRO I

Álex

Alejandro

1
Alejandro Sánchez Pizarro

«No voy buscando un techo ni un límite, nunca he buscado la cima de nada. Yo camino, y si hay una cima llegaré, o no... caminando. Pero no me voy a inventar montañas que no existen».

Música: Paco de Lucía, *Reflejo de luna*

ALEJANDRO SÁNCHEZ PIZARRO: Mi nombre es Alejandro Sánchez Pizarro, nací en Madrid y Cádiz, y crecí en medio mundo. No se me ocurre mejor plan para los próximos veinte años que seguir cantándoles.

No empecé a hacer música para vender discos. Cuando me preguntan qué hay que hacer para ser artista, respondo que lo primero es saber si se tienen el hambre y la capacidad de sacrificio suficientes. Esto exige mucho tanto a nivel físico como emocional. Te tienes que abrir en canal, mostrar lo que llevas dentro, y eso te vuelve vulnerable, porque todo el mundo puede opinar sobre ti. De modo que a la vez que te abres en canal tienes que ponerte una coraza. Es muy difícil. Tienes que ser permeable e impermeable al mismo tiempo, tratar de encontrar el equilibrio sin dejar cadáveres por el camino, porque en esa búsqueda a veces te equivocas y la pagas con quien no debes. Por otro lado, tienes que moverte con el mundo y mostrarte a la vez que te proteges. Es como un triple salto mortal.

Mi mundo interior es mi refugio y mi infierno. Ahí es donde libro mis batallas y gano y pierdo. Como todo el mundo, intento buscar el equilibrio sin hacer demasiados aspavientos y sin dejarme arrastrar por picos emocionales. Tengo mi hogar, mis amigos y mi familia, pero mi mundo interior es un paisaje que solo yo conozco. Tiene desiertos, aunque también orillas. No se parece a lo que vivimos fuera.

Creo en lo que vivo, creo que todo se va acumulando y que la única certeza que tenemos es la decisión que tomamos a cada segundo. Sé que estoy condenado a la música y, asimismo, la música lo está a mí: estamos condenados a entendernos para siempre y esa va a ser nuestra casa.

Siempre que compongo actúo para una sola persona, que soy yo mismo, uno de los públicos más críticos y más voraces que pueden existir. No me da miedo que no me aplaudan, pienso que en el escenario siempre lo voy a dar todo. Alguien me dijo que el mayor espectáculo del mundo es ver a alguien haciendo de sí mismo..., y, dándolo todo, siempre habrá alguien que te entregue su aplauso. La música siempre es búsqueda, como en la vida. Siempre voy y nunca vengo.

La vida no debería ser una terapia, sino una experiencia: no es posible arreglarlo todo. Parece que tenemos que aprender a hacerlo todo mejor, y a mí a veces las cosas me gustan tal como salen. Este pensamiento me ayudó mucho a la hora de cantar. Ahora ya no llego a notas tan altas como antes, y, sin embargo, canto mucho mejor porque descubrí que no tenía por qué hacerlo todo como se supone que debe hacerse. Al principio fui muy ortodoxo en la forma de hacer las cosas, pero con el tiempo empecé a ser abstracto.

La certeza no lleva a ningún lado, es mala consejera. Suele ser arrogante y te quita la razón simplemente porque crees que la llevas. La duda es mejor compañera, es la única que siempre te va a exigir un poco más y la que te va a hacer mejorar. Si no tienes dudas, es que ni siquiera te pareces al resto de los seres humanos.

Los músicos tenemos un papel en la sociedad, no solo para dar visibilidad o poder poner el foco ahí donde haya injusticias, sino porque para mí la madre de todos los problemas, el rostro que le pondría al demonio, es ese justamente, el de la injusticia. El hambre, la guerra, las enfermedades, los prejuicios, las desigualdades son hijos de la injusticia. De alguien que se cree superior a los demás, o es un avaro, o no quiere invertir en investigación médica porque prefiere ganar más dinero.

Creo sinceramente que existen dos bandos; uno de gente que se dedica a hacer el mal. Ellos no piensan que son malos, pero solo buscan su propio beneficio y no les interesa absolutamente nada lo que le ocurra al resto del mundo, no piensan más allá de lo que suceda mañana por la tarde. Y hay otro bando que no está compuesto por superhéroes, sino por gente que con su trabajo y su día a día demuestra que hace el bien. Los que nos dedicamos a una disciplina artística, cada uno con sus convicciones y diferentes ideologías, estamos del lado de la luz.

Jesús Quintero me preguntó una vez: «¿Qué hace usted por los demás?», y le respondí: «Pues, hombre, no jodo mucho». Creo que si nos molestásemos en no joder al prójimo, el mundo sería un lugar bastante mejor.

No voy buscando un techo ni un límite, nunca voy tras la cima de nada. Yo camino, y si hay una cima llegaré, o no... y lo haré caminando. Pero no me voy a inventar montañas que no existen.

No guardo lo negativo en la mochila, no tengo la suficiente memoria y, además, tengo la sensación de que, si me quejo, me caerá un rayo y me partirá en dos. No recuerdo nada especialmente malo en este viaje; me he perdido cosas, seguro, pero ha merecido la pena. Y ese es mi tesoro, no guardar malos recuerdos de nadie. El rencor y el arrepentimiento no me aportan nada. Prefiero olvidar.

Se cumplen veinte años desde que lancé «Más». Estos veinte años han pasado volando, con trabajo parece que el tiempo corra más deprisa aún. Pero no cambiaría por nada ni uno solo de los segundos de estos veinte años. Bueno, ahora veo vídeos de más jovencito y me veo muy *roneante*. Si pudiera viajar en el tiempo, me diría: «Déjate de pamplinas, ¿tú te has visto la camisa que llevas? ¿Y los pantalones que te quedan grandes?».

Vamos a por otros veinte años.

Alejandro y su hermano Jesús

2

Barrio

«Viaja a los rincones que significan algo para ti, allí donde
ocurrieron las cosas importantes de tu vida».

Música: Romero San Juan, *Pasa la vida*

V oy andando por la calle de Alcalá y hoy hace frío. Hasta llegar a la plaza
de toros de Las Ventas, que en este punto exacto se levanta majestuosa
a mi izquierda, el camino ha sido una amable y prolongada cuesta abajo.
Atravieso el puente que cruza la M-30 y la calle ahora mira hacia arriba, cada
edificio cambia de color y los comercios huelen a barrio. Dejando atrás el metro
del Carmen y después Quintana, empieza esa otra ciudad de pequeñas tiendas
y edificios de colores cambiantes. Al llegar a Pueblo Nuevo, una callecita con
nombre de músico te da la bienvenida a tu derecha. Vicente Espinel, sacerdote,
músico y escritor malagueño del Siglo de Oro que a partir de sus diversas rimas
de 1591 transformó la estructura de la décima estrofa, conocida también como
espinela. Espinel se hizo famoso porque dio a la guitarra su quinta cuerda,
añadiendo una más aguda a las cuatro existentes en aquel momento.

Fue en el número 27 de la madrileña calle de Vicente Espinel donde nació
y creció un niño que abrazó una guitarra desde la misma cuna. Que fuera
precisamente en aquella calle no puede ser casualidad.

El niño se llamaba Alejandro.

ALEJANDRO: El primer regalo que me hizo mi padre fue una raqueta. La cogí frente al espejo como si fuera una guitarra. La mayor locu-

ra que he hecho en la vida ha sido dedicarme a la música contra viento y marea. Aquello me cambió la vida.

JESÚS (PADRE): Yo quería que mis hijos eligieran. Y Alejandro me dijo un día que él terminaría los estudios, aunque luego se dedicase a la música. Le gustaba tanto que hasta se olvidaba de comer o de irse a dormir.

ALEJANDRO: Mi padre fue uno de mis héroes, con todos sus defectos y virtudes. Y mi madre también, una superviviente de una familia de siete hermanos siendo ella la única mujer. Vi a esas dos personas luchando en desigualdad de condiciones contra la vida para sacar adelante una familia; una lucha marcada por su amor a sus hijos. Tengo un hermano mayor. Dormíamos en el mismo cuarto y eso crea vínculos, pero también genera peleas.

JESÚS (HERMANO): Nuestra relación es la normal entre hermanos. Siendo chicos, nos peleábamos por juguetes. Él siempre ha sido una persona muy independiente, necesita su espacio. Tiene una imaginación y un poder de creatividad tan grande que a veces desaparece. Y nuestra relación es y era así: le gustaba estar consigo mismo, meterse en su cuarto y a veces desaparecer. Hoy en día tenemos la confianza de hermanos: cuando me pregunta, le doy mi opinión. Si no me pregunta, no me meto.

Mi hermano y yo nos parecemos en la voz. También con mi padre. Siempre decían que teníamos la misma voz..., pero el oído no.

Los dos tenemos un pronto fuerte, de esos en los que hay que contar «uno, dos, tres, cuatro, cinco, seis, yo me calmaré y todos lo veréis», y hay que practicarlo a menudo. Creo que somos gente humilde, y eso es algo que no se puede impostar: la gente se da cuenta.

Nuestra primera casa estaba en Vicente Espinel, en Ciudad Lineal, en el metro de Pueblo Nuevo. Toda nuestra infancia, desde que nacimos y hasta los doce años, la pasamos allí. Entrabas y había un pasillito, a la derecha la cocina, a la izquierda un cuarto de baño con bañera, luego un salón, y del salón salían todas las habitaciones: la de mis padres (la más grande), una terraza desde donde le tirábamos latas a los vecinos de abajo, y luego estaba la nuestra, con literas. Alejandro dormía abajo y yo arriba. Había otro cuarto con terraza que mi madre tenía alquilado a unas monjas de Palencia: Puri, Dorita y Feli, todas maestras de escuela. Cenaban en el salón con nosotros. Puri me enseñó a tocar la flauta dulce.

Alejandro y yo pasábamos mucho tiempo en la terraza de arriba hablando con Javier y su hermano César. Josefa, su madre, tuvo que poner una uralita de plástico por miedo a que un día descalabráramos a alguien de las cosas que tirábamos. Había otra vecina que se llamaba Choni, cuatro o cinco años mayor que nosotros, y que de vez en cuando, si mi madre tenía que salir, venía para cuidarnos. Y también dos gemelas que vivían justo al lado, Lidia y Esperanza.

LIDIA: Somos un año mayores que Alejandro, justo un año, nacimos el 17 de diciembre. Yo soy la mandona, la organizada, mi hermana es más caótica.

ESPERANZA: Nosotras somos de la calle paralela a Vicente Espinel, de Río Ulla. A partir de quinto de EGB empezamos a ir juntos al colegio Nuestra Señora del Rosario los cinco: mi hermano Santiago, Jesús y Alejandro y nosotras dos.

LIDIA: Alguna vez subíamos a su casa, con suelo de loseta, no muy grande, una casa sin ascensor. Era parecida a la nuestra. Antes vivíamos seis y ahora es un apartamento. Nos sentimos orgullosas de lo mucho que nuestros padres lucharon por nosotras. Estoy segura de que Alejandro siente lo mismo por todo lo que ha logrado y por su familia: humildes, pero siempre tirando hacia delante.

ANTONIO CARMONA: Él viene, como yo, de un barrio humilde. A pesar de lo reconocido que es en todo el mundo, no se le va la olla *ni mijita*. Siempre con los pies en el suelo.

Alejandro Sanz creció en un barrio de los de antes. Barrios ahora en peligro de extinción, como pequeñas ciudades en las que, más que vecinos, había amigos. Estaba la carnicería, la papelería. Y el bar, pero el bar no era únicamente un lugar para juntarse alrededor de tazas de café, de cervezas o partidos de fútbol los domingos. Era una segunda casa.

JESÚS (HERMANO): Enfrente de casa se encontraba el bar La Ochava, que ahora ya no está, donde todos los domingos tomábamos con mi padre el corto-clara, un poco de cerveza y mucha gaseosa, y jugábamos a las máquinas de bolas. Recuerdo que nos ponían unas patatas asadas peladas con sal que preparaba la señora en la olla exprés. Antes la gente alternaba más y hacía vida en el bar; una ronda la pagaba mi padre, otra el mecánico, así funcionaba. Yo voy a menudo por allí a pasear.

Esperanza: Al lado de su casa había una plaza donde jugábamos al rescate. Llamábamos a los portales y Alejandro y Jesús bajaban a jugar. Justo enfrente de nosotros vivía el Fary, y, al lado, Verónica Forqué.

Jesús (Hermano): Debajo de nuestra casa había una galería de alimentación donde nuestra madre hacía la compra y que debe llevar cerrada prácticamente desde entonces. Solíamos ir al cine a la sesión de mañana a ver películas de Bud Spencer y Terence Hill en una sala de la calle Alcalá. Recuerdo también que en el barrio había muchos descampados donde jugábamos a las canicas, a la presa y a cosas de niños. Cuando llovía volvíamos a casa embarrados hasta las orejas.

Lidia: Era un barrio de clase media baja de toda la vida, con una panadería, una farmacia que hacía esquina justo en su calle y tres cosas más. Nuestra familia era humilde, de clase trabajadora: mi padre carnicero en el barrio de Ventas y mi madre ama de casa con cuatro niños.

Jesús (Hermano): En la panadería comprábamos unos donuts de azúcar que iban envueltos en un trozo de papel marrón que recortaban y que estaban riquísimos. Había también una papelería que se llamaba Heraclio cuyo dueño tenía un zapato con un tacón muy alto de madera, y a Alejandro y a mí nos gustaba mirarle el zapato.

Alejandro: Nuestra casa respiraba a barrio de verdad. Solía pasar mucho rato en mi habitación y desde la ventana de mi cuarto veía un patio interior, ropa colgada, poca cosa más. Las mañanas de domingo había un cierto ambiente y cuando hacía bueno se oían las radios y las canciones que escuchaban los vecinos...

Jesús, su padre

3

Jesús Sánchez Madero

«Me veía frente al espejo con la raqueta de tenis tocando. Fíjate lo que cambia la vida de una persona solo con un detalle como que tu madre te apunte a una clase...».

Música: Alejandro Sanz, *Ese que me dio la vida*

Resulta imposible comprender el camino vital de Alejandro sin profundizar en la figura de su padre. Jesús Sánchez Madero, natural de la misma bahía de Algeciras, creció entre el calor del Mediterráneo y la bravura del Atlántico. Flamenco y un artista, fue el principal responsable de sembrar la semilla del arte en su hijo pequeño. Desde el primer día en que Alejandro le habló de su verdadero amor por la música, su padre lo acompañó en el difícil viaje del músico que trata de abrirse camino y encontrar su lugar.

Como padre y como músico entendió mejor que nadie que, en las aventuras que estaban por venir, Alejandro iba a necesitar de su apoyo incondicional.

Y aquella fue su misión: acompañarlo cada día.

JESÚS (HERMANO): Mis padres se casaron, llegaron a Madrid y se instalaron en Pueblo Nuevo. El alquiler del piso le costaba cinco mil quinientas pesetas al mes. En Algeciras no había futuro para un cantante con ambiciones, aunque antes que artista fue «el Jesuli» en el Algeciras C. F.

JESÚS (PADRE): Sufrí una lesión de la columna vertebral y tengo un principio de parálisis en la pierna izquierda, de manera que lo tuve que dejar. Por eso cojeo bastante...

JESÚS (HERMANO): El amor de Alejandro por el flamenco lo ha heredado de nuestro padre y de los veranos en Algeciras. Nuestro padre era amigo del padre de Paco de Lucía, Antonio, y de su hermano Ramón. Se examinó de artista el mismo día que Paco en una sala de fiestas en Sevilla. En los cincuenta, se necesitaba un carnet sindical, y mi padre aprobó cantando *La española*. Paco de Lucía iba en pantalón corto. Tenía catorce años.

MÓNIKA BELLIDO: La pasión por el flamenco a mí me la transmitió mi madre, y a Alejandro, su padre. Esa faceta suya proviene de esta rama familiar.

JESÚS (HERMANO): La música llenó nuestra infancia. En casa mi padre escuchaba a Alberto Cortez, los boleros de su amigo Moncho, a Vicente Fernández o a Los Panchos. Y también rumbitas de Peret que tocaba mi padre con Alejandro.

ALEJANDRO: Mi padre llevaba en el coche siempre música flamenca y me molestaba cuando venían mis primos y ponían a Parchís, con todo mi respeto para ellos porque forman parte de la infancia de todos.

JESÚS (HERMANO): Cuando pienso en mi padre me vienen recuerdos curiosos. Llevaba el coche, que era su herramienta de trabajo, hasta una fuente para limpiarlo, con su esponja y su cubo, allí al lado del puente, literalmente en medio de la calle. Entonces era lo normal, no había túneles de lavado ni cosas de esas. Eso sí, cuando le tocaba revisión lo llevaba al taller de Río Ulla.

MÓNIKA BELLIDO: En cuanto podía, mi tío Jesús sacaba la guitarra, porque era artista y eso es muy importante para la formación de un futuro músico. Todo eso marca tu identidad para siempre. Yo a mi primo Jesús le quiero muchísimo, pero es más de la rama de los Pizarro, y Alejandro, en eso, es más Sánchez.

MIGUEL ÁNGEL ARENAS «CAPI»: Su padre para él fue lo más grande. Yo tuve la suerte de tratarle y era un hombre maravilloso. Alejandro es muy parecido a él, con su mismo carácter. Tenía un amor y un respeto por su hijo impresionante, y también una manera muy especial de ayudarle, todo ello sin ejercer de «padre de artista». No me extraña que Alejandro lo tenga en un altar.

ANTONIO CARMONA: Su padre era sus pies y sus manos. De él empezó a beber la música. Era genial, simpático, con una actitud muy flamenca, me recordaba a mi padre, siempre buenas palabras y mucho cariño.

Jesús padre empezó a tocar la guitarra a los diecisiete años en Algeciras. Allí creó, junto a dos chicas, el Trío Juventud. Cuando llega a Madrid a mediados de los años sesenta, y con dos hermanos de San Roque, surge su formación musical más relevante, el grupo Los 3 de la Bahía, con el que editó en 1972 el sencillo de flamenco-pop Que lo pase bien. *En 1976 llegó un nuevo sencillo con* Benidorm *y* España es diferente, *y el álbum con doce canciones del maestro Quiroga. Acompañó a Dolores Vargas, a Manolo Escobar, trabajó con Lola Flores y pasó mucho tiempo recorriendo todas las salas de fiesta y teatros de variedades de España. Fueron casi veinte años en la carretera, como guitarrista y voz cantante. Toda una vida.*

TÍA CRISTINA: Jesús se había venido a Madrid cuando empezó a cantar con Los 3 de la Bahía en el 1966 o así. Antes tuvo el Trío Juventud con dos chicas en Algeciras, y cuando ellas se echaron novio lo dejaron, y Jesús se juntó con otros dos y formaron el grupo.

JESÚS (HERMANO): Los locales de Madrid abrieron sus puertas a Los 3 de la Bahía de par en par. Nombres legendarios de la noche juerguista de los sesenta como Saratoga, Pasapoga, George's Club, El Molino Rojo o Nueva Romana... Por los espectáculos de Los 3 de la Bahía desfilaba todo el Madrid de la fiesta: Lola Flores, Felipe Campuzano, Marisol...

JESÚS (PADRE): Lola Flores abrió un restaurante-espectáculo que se llamaba Caripén, donde nosotros dimos bastante juego. Se sentaba al piano Felipe Campuzano y nosotros hacíamos nuestras canciones. Pero luego llegaban Marisol y muchas otras cantantes y me pedían que las acompañara. Nunca he sido un virtuoso de la guitarra, pero enseguida sabía seguir una rumba, un tango o lo que fuera. Lo hice con la propia Lola: Felipe Campuzano al piano, el Pescaílla a la guitarra y nosotros tres, yo a la guitarra y mis compañeros a las palmas. Lola me impresionaba. Ahí mismo, en el pequeño escenario que tenía el restaurante, hacía de pronto un revuelo con las manos y se me ponían los pelos de punta de la fuerza que transmitía esa mujer.

ALEJANDRO: Mi padre se pasaba todo el tiempo viajando con su grupo. Estábamos meses sin verlo, con lo que estuvo casi ausente en nuestra infancia. No es ningún reproche, lo que hacía era trabajar para traer el pan a casa.

JESÚS (HERMANO): Nuestro padre amenizaba las salas de fiesta con canciones, boleros, contaba chistes... Lo veíamos de pascuas a ramos. Tiraba con el 600 para el norte y se pasaba allí quince días, un mes, seis meses trabajando y viajando por aquellas carreteras antiguas. Siempre recordaba que le había dado dos vueltas al marcador del 600. Echaban la guitarra con su funda negra atrás, y a recorrer España.

JESÚS (PADRE): Trabajábamos muchísimo, a veces hasta dos o tres sesiones diarias. Cuando mataron a Kennedy estábamos actuando con Dolores Vargas en el Villa Marta de Jerez, el teatro con los mejores camerinos de la época, que tenían hasta ducha. El día del atentado de Carrero Blanco nos encontrábamos en Valencia.

JESÚS (HERMANO): A su regreso nos contaba sus aventuras con el coche, como cuando patinaba por suelos congelados sin poder frenar o veía camiones grandotes tirados en los arcenes, un peligro.

ALEJANDRO: En Madrid, mi familia se mantenía gracias a sus ingresos como artista y también a las ventas de libros a domicilio que hacía nuestro padre. No teníamos televisión, recuerdo los armarios pequeños, con poca ropa y muchos libros... En mi casa no había otra cosa que libros, todos los que mi padre no vendía, así que leías o leías. Siempre me ha gustado leer. El primer libro que cogí fue *Papillon*, y a partir de entonces me enganché a la lectura y hasta la Biblia me leí en casa. *Cien años de soledad*, por ejemplo, lo leí con catorce años.

JESÚS (HERMANO): Fueron casi veinte años en la carretera. Mientras realizaba turnés de medio año, nuestra madre cuidaba de mi hermano y de mí. Cuando mi padre regresaba de los viajes largos, pasaba mucho tiempo con nosotros y aprovechábamos para estar el mayor tiempo posible juntos. Nos llevaban al cine a ver *E. T.* o *La guerra de las galaxias*, recuerdo que fuimos los cuatro a verla y nos dejó locos.

Los fines de semana íbamos a comer... ¡a un chino! Algo que por entonces era como una cosa muy extraordinaria. Había uno en plaza de España que era una cosa rara rara. También frecuentábamos el restaurante Las Moreras, en la carretera de Barcelona, y comíamos chuletitas. Quedábamos con mis tíos Manolo y Pepa, los primos José Manuel y Mónika. Con mi tío Pepe y mi tía Cristina íbamos de pícnic a la Casa de Campo, con los huevos duros, los filetes de pollo empanados, el pan, la tortilla, las cartas, y jugábamos al plato. Allí jugábamos al tenis «los polletes», que así es como nos llamamos entre los Pizarro.

TÍA CRISTINA: Con el tiempo, Jesús se hizo representante de artistas. Por la mañana yo era secretaria en Movierecord y por las tardes trabajé con Jesús en su oficina de Gran Vía 80, donde el cine Coliseum, durante diecisiete años.

Alejandro describió a su padre de manera costumbrista en la canción Ese que me dio la vida*: «Con tu sonrisa de medio lao, con tu eterno cigarrillo, con tu cojera y tu descuido, no eres solo aquel que firma en el libro de familia, ni eres silencio en el sofá viendo un partido en zapatillas, eres mucho más, eres ese que me dio la vida»...*

Jesús era un hombre sabio, de sonrisa cercana y cálida, uno de esos tipos discretos que usa las palabras justas. Tuve la suerte de conocerle y siempre me saludaba con gesto amable, como quitándose importancia. Te hacía saber que el importante era otro, que él solo pasaba por allí.

Cada vez que Alejandro editaba algo, un single, una edición especial, un afiche de un concierto, lo que fuera, Jesús llamaba y pedía que le guardara «unos pocos», decía, «para el archivo». Jesús lo guardaba todo, su hijo le llenaba de orgullo. Debido a su trabajo, Jesús disfrutó poco del Alejandro niño. Sin embargo, la segunda parte de su vida la iba a disfrutar entera...

JUAN RAMÓN RAMÍREZ: Jesús estaba muy involucrado en la carrera de Alejandro, y disfrutaba mucho con las relaciones públicas. Era el presidente honorífico de los clubs de fans y, de hecho, su pérdida fue muy sentida por las seguidoras.

PEPE BARROSO: De Jesús recuerdo que, estando en casa de Alejandro, se levantaba de noche a tomarse un vaso de leche y te decía siempre dos o tres frases graciosas como de compinche, de su mundo de la rumba y la música. Siempre estaba detrás de su hijo, pero lo hacía con una discreción y una caballerosidad fuera de lo normal.

GERE: Venía mucho a los conciertos y disfrutaba muchísimo del éxito de su hijo. Era una gran persona y un tipo muy divertido. Para Alejandro, tener al lado a su padre, que además sabía muy bien cómo funcionaba el mundo de la música, era un pilar de confianza tremendo. Jesús le daba muy buenos consejos cuando Alejandro todavía era muy joven y la ilusión podía llegar a confundirlo.

JUAN RAMÓN RAMÍREZ: Jesús disfrutó mucho el éxito de Alejandro. No solo por el orgullo de padre, sino también por lo que él había pasado en su época de artista, y por ver a su hijo disfrutar del éxito que él no llegó a tener.

TÍO PACO: Me reía mucho con mi cuñado. Era una muy buena persona. El hombre se desvivía por las fans. Cuando estaba ya enfermo, me decía: «Hay que ver cómo eres tú conmigo, que has mandado una fan desde Alcalá de los Gazules con un *tupperware* de potaje de garbanzos con calabaza y habichuelas, y pringá».

MIGUEL BOSÉ: Yo quería mucho a sus padres. Jesús estaba muy contento de que Alejandro estuviera en mi casa, siempre me decía «no le dejes nunca». Cuando Jesús faltó, como yo conocía tanto la relación que tenían y cómo Alejandro se apoyaba en él, lo noté muchísimo en su vida, en su música...

MÓNIKA BELLIDO: Yo estuve en la casa de Alejandro un par de años, hasta 1999. Recuerdo a mi tío Jesús muy pendiente de él en aquella época. La presencia de mi tío fue muy importante para Alejandro, porque manejar ese volumen de éxito no iba a ser nada sencillo...

CAPI: Alejandro ha heredado de su padre ese otro secreto del éxito, la capacidad de esfuerzo y el amor por el trabajo bien hecho.

MIGUEL BOSÉ: Alejandro le tenía un enorme respeto y, además, Jesús era un hombre de verdad, que le hablaba claro, con dureza, con cariño, con mucho amor.

ALEJANDRO: La primera vez que canté *Ese que me dio la vida* estábamos en Carmona con toda la familia. Imagínate, mi padre se tuvo que ir, mi madre llorando por las esquinas, y yo ahí con la guitarra...

María, su madre

4

María Pizarro Medina

«Con ella, yo estaba más cerca de lo que estaré
nunca de la felicidad completa».

Música: Alejandro Sanz, *La música no se toca*

ALEJANDRO: ¡Lo mejor para no perder el norte es tener una madre
del sur!

*María Pizarro nació y creció en la hermosa y encaramada localidad de
Alcalá de los Gazules, en las estribaciones finales de la sierra de Cádiz, en
el corazón del parque natural de Los Alcornocales, rodeada de deliciosos
pueblos con casas de fachadas blancas pintadas con cal. Alcalá de los Gazules posee todos los rasgos de identidad característicos de las tierras del sur:
el desnivel de sus calles, el verde de los alcornocales y atardeceres de luz
hechicera.*

*Mujer sincera hasta arrodillar a la propia verdad, nunca tuvo pelos en
la lengua. Divertida y dulce, transmitió a su hijo el valor de la sinceridad
y la poderosa fuerza de una sonrisa. Mujer delicada y sensible, acunaba con
música romántica al pequeño Alejandro hasta que caía dormido entre sus
brazos...*

ALEJANDRO: Tengo un recuerdo borroso que casi parece un sueño.
Yo debía tener meses de vida... Estoy mirando a mi madre desde abajo,
como si ella me sostuviera en sus brazos. Me está acunando, sentada
en la mecedora que nos acompañó en casa hasta que tuve unos trece

años y nos fuimos del pequeño piso de la calle Vicente Espinel, en Madrid. Mi madre trataba de dormirme y, entre penumbras, aún puedo distinguir sus ojos de loba mirándome con un amor que ahora desearía tener de nuevo. Mi madre me canturreaba una nana con su voz de laurel. Y la luz que entraba por la rendija de las cortinas del balcón enmarcaba su pelo negro y suelto. De aquel instante puedo recordar hasta lo que me hacía sentir. Ahí, con ella, yo estaba más cerca de lo que estaré nunca de la felicidad completa. Es el recuerdo más antiguo que tengo. Hoy me volvió a la cabeza. Sé que parece imposible conservar un recuerdo de cuando tenías meses de vida, pero si te enamoras de un momento, entonces se pueden producir pequeños milagros.

Tío Manuel: A mi hermana le decíamos la Loba (sonríe pícaramente de medio lado con marcado acento andaluz). En la casa de mis padres en Alcalá había dos pisos y las habitaciones nuestras estaban arriba, en el sobrao. Y allí dormía también María. Para ir a todas las habitaciones había que pasar por la suya, de manera que allí entrábamos cada uno a una hora... y encendíamos la luz, y ella decía: «Apaga la luuuuuu»..., por eso lo de la Loba.

Alejandro: Mi madre tenía la fuerza de cien lobos. En la posguerra tardía, cuando se pasaba hambre, con muchas carencias afectivas y materiales, una hermana tenía que ejercer el papel de madre en muchas ocasiones, sin poder ni siquiera ir a estudiar. Tuvo que cuidar de mi tío Luis, que era el más pequeño, durante el tiempo en que mi abuela estuvo enferma en Cádiz. El niño no paraba de llorar ni de día ni de noche. Tenía que mecerle constantemente y cantarle, como luego hizo conmigo. Contaba que, nada más llegar mi abuela, el niño se calló. Creo que de ese tiempo le viene esa trauma que se le quedó siempre, porque tenía arranques muy fuertes. Era encantadora, tenía mucha facilidad para hacerte reír y para reírse de todo, pero tenía prontos y se veía que dentro llevaba grandes heridas.

Pepe Barroso: Ella era la única chica entre un montón de hermanos, ¡seis chicos! La Loba podía con todos ellos.

Tío Manuel: María era la que arrastraba a toda la familia. Daba una voz y temblaban las piedras, era la jefa y se hacía respetar. Si te tenía que decir algo, te lo decía, y llevando razón.

ALEJANDRO: Decir las cosas como las siente es lo mejor que uno puede hacer, pero la sinceridad no debe estar reñida con la buena educación. Si la sinceridad va a causar dolor a alguien gratuitamente, prefiero mentir y ser educado. No hace falta colocarse el cinturón negro de sinceridad primer dan. Mi madre tenía mucho temperamento, dominaba a toda la familia solo con la mirada. La única vez que me han contado que mi madre dio su brazo a torcer fue cuando se fue a vivir a Madrid para acompañar a mi padre en su carrera. No lo hizo con gusto, dejaba a sus amigas en Cádiz.

TÍA CRISTINA: Cuando María se puso de parto, Jesús estaba de viaje con el grupo. Yo me quedé en casa con Jesusito y tuvo que ir mi marido a medianoche corriendo con un taxi y llevarla a la clínica de La Paloma. Era un bebé muy gordito, muy bonito. María quería una niña, pero cuando se vio con ese niño precioso en los brazos estaba feliz.

TÍA MARI: De bebé odiaba ir en el carrito, no había forma de sentarlo, quería ir en brazos o de la manita, pero en el carro nada. Y su madre, que tenía mucho carácter, lo subía al carrito, y él llorando. Nos daba mucha penita, y su tío o yo acabábamos llevándolo en brazos, iba feliz... y pesaba muchísimo, era un niño hermoso.

TÍO PACO: Gateaba todavía y mi madre me decía: «Este niño no es normal». Había tenido siete hijos y sabía lo que decía. Mi madre ponía la radio y el niño, en cueros porque era verano, en lo alto de la mesa, pegaba golpes al son de la música.

ALEJANDRO: Mi madre era la que se quedaba en casa. Fue la que más nos sufrió a mi hermano y a mí durante toda la infancia. Nos fabricábamos nosotros mismos unos monopatines con una tabla, dos palos y rodamientos de camión para tirarnos por una cuestecita que había cerca de casa..., y llegábamos uno con una herida, el otro sangrando...

ESPERANZA: Un día la madre se puso como una furia con Alejandro. Se pasó todo el camino de vuelta raspando el pantalón vaquero para hacerle un agujero, y, claro, le decíamos: «Que te vas a cargar el pantalón». Y el dale que dale hasta que lo rompió. La madre lo quería matar.

ALEJANDRO: Mi padre trabajaba mucho, pero a un precio muy alto, podía pasar hasta seis meses seguidos fuera y mi madre sola en Madrid, con dos niños, esperando que llegara el dinero que nos enviaba..., que a veces no llegaba. Se puso mala con un cólico nefrítico y estábamos allí con ella. No es que fuéramos malos, éramos niños y dábamos guerra.

Como mi padre vendía libros, se hizo una gran lectora. La lectura le hacía mucha compañía. Aprendió a escribir y hasta se matriculó en clases de inglés, pero solo fue un día porque decía que le entraban taquicardias si le preguntaban en inglés... Siempre fue muy curiosa, muy inquieta, hubiera sido muy buena estudiante.

PEPE BARROSO: María era una de las personas con más gracia y más personalidad que yo he conocido, y con más sentido común. No conoceré nunca a una madre que sea tan humilde. A pesar de tener un hijo de la talla de Alejandro Sanz, jamás presumió de ello.

ALEJANDRO: Nunca se calló nada, era pura, no tenía ni que decir nada, se le notaba todo en la cara. Nunca bebió, acaso una copita de sidra en navidades, y con una copita se ponía alegre y yo tenía que llevarla a la cama. Y odiaba el tabaco a muerte.

JUAN RAMÓN RAMÍREZ: Su madre María siempre me cuidó mucho. Mi madre y ella se adoraban, eran las mejores amigas que cabe imaginar. A María le gustaba echar las cartas, y la última vez que lo hizo fue a mi madre.

ALEJANDRO: Leía las cartas y las leía bien. Sé que hay gente que no cree en esto y yo mismo soy bastante escéptico. Pero es que acertaba mucho. De hecho, dejó de echar las cartas el día que vio una enfermedad de una amiga suya que eventualmente enfermó y murió. Nunca más quiso hacerlo desde ese día.

A mí me dijo un día: «He sacado el as de oros, es lo máximo que se puede sacar de suerte y de éxito, y tú además eres Sagitario». Y mi hermano Jesús le dijo: «Pero, mamá, y entonces la gente que nace en el tercer mundo y es Sagitario...». Y ella le contestó: «En el tercer mundo no hay horóscopos». Me parece una de las frases más reflexivas que he escuchado. Si te paras a pensarlo es así, ni el horóscopo les dejamos.

CAPI: María era una de las mejores personas que he conocido. De ella ha heredado Alejandro la simpatía y el buen carácter que la Loba tenía desde su nacimiento en Alcalá de los Gazules.

ALEJANDRO: La sinceridad la he heredado de mi madre, que tenía menos filtros que un Nokia, y lo decía todo tal cual. Se le notaba en la cara, cuando conocía a alguien que no le gustaba parecía que estaba oliendo un calcetín en un palo. No tenía dobleces.

La primera vez que conocí a María Pizarro sería 1997. Alejandro vivía todavía con sus padres y su hermano en la zona del Conde de Orgaz, en Madrid. Había estado toda la mañana haciendo entrevistas en un hotel pequeñito de la calle Moscatelar. Cuando terminamos, Alejandro y yo fuimos hasta su casa de la calle Toronga, donde estaba prevista una última entrevista por teléfono. Cuando entramos en casa, María me escaneó de arriba abajo, no pudo reprimirse y espetó: «Este muchacho está muuuu flaco. Anda, siéntate y come, que te va a dar algo». Y me senté, claro. A ver quién era el guapo que le llevaba la contraria...

CARLOS RUFO: Recuerdo especialmente a su madre. Siempre que iba a su casa me hacía un bocadillo de Nocilla. Yo era muy tímido, y esa mujer tenía una fuerza y una energía andaluza tremenda. Con su padre me llevé muy bien, lo mismo que Alejandro con el mío.

FEDERICO ESCRIBANO: Cuando llegó el éxito, muchos días recogía a Alejandro en su casa de Moratalaz, a las seis o las siete de la mañana, para ir al aeropuerto. María siempre tenía el desayuno de Alejandro y el mío preparados. Siempre nos decía: «Tened mucho cuidadito con el coche». «Vamos en avión, mamá», le decía Alejandro. «Da igual, tened mucho cuidadito».

RAMÓN DE LUCÍA: La primera vez que comí en su casa, María estaba haciendo cocido. Alejandro me preguntó: «Ramón, ¿a ti te gusta el cocido?», y no me dio tiempo a contestar. Su madre se dio la vuelta y dijo tajantemente: «¡A Ramón le gusta el cocido!». Me quedé cortado y Alejandro se moría de risa. Todavía hoy, siempre que nos vemos, me dice: «¡A Ramón le gusta el cocido!».

ALEJANDRO TOLEDO: Su madre era una mujer increíble. Tengo un recuerdo suyo imborrable. A veces, cuando iba a su casa, María les sacaba sopa caliente a las niñas que estaban fuera, me parecía un gesto maravilloso. Alejandro también se asomaba a saludarlas, claro, pero me acuerdo de la madre y de cómo se apenaba por estas chicas que estaban allí horas y horas para ver a su hijo, y cómo las cuidaba, me parecía una imagen muy tierna.

PEPE BARROSO: Cuando Alejandro empieza a tener éxito, en su casa había siempre cincuenta niñas en la puerta a la hora que fueras. María les sacaba café y bollos, y me decía: «Estas pobres niñas ahí fuera, con el frío que hace...».

MÓNIKA BELLIDO: Me llamaba la atención las centinelas de las fans las veinticuatro horas. Me iba a la facultad y estaban las niñas sentadas en la puerta, volvía, y allí seguían en la misma posición, y no les importaba que lloviera... Y mi tía María allí cuidándolas.

ESQUIMAL: Conocí a sus padres. Con Jesús siempre me llevé muy bien, un tipo campechano, cojonudo. Con María también, aunque me echó alguna bronca por haber regañado a las fans: «Antoñito, como regañes a una niña te doy un escobazo».

ALEJANDRO: Estoy muy cerca de mis fans, nunca he valido para pasar de ellas. Alguien me dijo una vez: «Es mejor tratarlas mal, cuanto peor las trates, más te quieren». Yo creo que es todo lo contrario. Mi madre me educó de una manera y mi forma de sentir y mi carácter son de una manera. Me gusta la gente y me gusta ponerme en sus zapatos, estar cerca y provocar una sonrisa: un momento de felicidad es impagable.

ROSA LAGARRIGUE: Alejandro tiene un don especial, que ejerció desde el primer día: comunicar con los fans y atenderlos muy bien. Lo hacía en 1991 y lo sigue haciendo hoy a través de sus redes sociales, manteniendo una relación brutal con su comunidad de fans. Iba a un sitio y no hacía lo que estaba previsto, hacía mucho más: venga a dar besos, a firmar, a recordar el nombre de cada fan... o casi. En eso siempre ha hecho Más, nunca mejor dicho (risas). Tenían que llevárselo de los sitios: «Ya has firmado bastante, ya has dado suficientes besos...», siempre, desde el primer día, ha estado predispuesto a conectar directamente con la gente. Y eso rinde, eso da su fruto.

Durante la gira «Sirope», en 2016, Alejandro fue protagonista involuntario de un suceso que dio la vuelta al mundo. Todo sucedió en Rosario (México). Alejandro no dudó ni un momento en bajarse del escenario para intervenir en lo que parecía la agresión de un hombre a su pareja. «Eso no se hace, eso no se hace», dijo entonces. Quizá, si nos remontamos hasta un momento vivido de pequeño junto a su madre, ofrezca pistas sobre su reacción.

ALEJANDRO: Una vez, saliendo del metro de Pueblo Nuevo, mi hermano y yo íbamos con mi madre. Un tipo la molestó, la tocó, y ella le plantó cara. El tipo se volvió para enfrentarse con ella, nosotros pegándole patadas en las espinillas... y todo el mundo miraba, pero nadie hacía nada. Y un señor de pelo blanco salió de un bar, agarró a aquel tío de las solapas y dijo: «Señora, váyase usted con sus hijos», y allí se quedó sujetándole. Yo pensé que me quería parecer a aquel señor. Desde entonces nunca he podido pasar por alto estas situaciones, me ha ocurrido más veces, y siempre me he metido. Todos los días de mi vida quiero parecerme a aquel señor del pelo cano.

MARTA MICHEL: Alejandro actuó como un potente altavoz contra la violencia de género. *Yo Dona* se ha apropiado de la frase «Eso no se hace» para convertirla en el centro de una campaña contra el maltrato. Las mujeres necesitamos a los hombres de nuestro lado para detener esto.

ALEJANDRO: En cuanto a lo de México, quiero creer que cualquiera en mi situación habría actuado de la misma manera. Odio la violencia en cualquiera de sus formas. No hice nada extraordinario, creo que actué por puro instinto, vi algo que creía que estaba mal: ninguna persona merece ser maltratada, mucho menos las mujeres. Lo volvería a hacer, me han educado para amar a las mujeres. ¿La clave en la lucha contra el maltrato y para avanzar en la igualdad? Educación, educación y educación.

María siempre quiso que su hijo estudiara y tuviera un trabajo «normal». No veía sus conciertos por miedo a que la gente tirara un tomate o a su hijo se le escapara un gallito. Sufrió mucho por Alejandro y siempre decía que ya había tenido bastante con un artista en la familia. Mientras, su padre le defendía con su silencio.

ALEJANDRO: Mi madre me decía siempre —no solo de niño, también cuando era yo mayor—: «¿Te has lavado las manos antes de comer?», y cuando me decía esas cosas me bajaba a la realidad. Toda mi gente, mi familia, me devuelve a la realidad porque me gusta vivir la realidad. Soy muy soñador, pero es en la realidad donde se encuentran las historias para mis canciones, y además me parece mucho mejor que vivir en una burbuja donde no puedas hablar con toda normalidad con alguien.

Jesús (Hermano): De pequeño llegó un momento en que mi hermano le dijo a mi madre que quería ser artista, y ella solo quería que él estudiara, que trabajara en un banco, un trabajo fijo. Y, bueno, él estudió para ser administrativo, y se lo sacó con buenas notas...

Alejandro: Mi madre era una mujer muy especial, nunca quería ser protagonista de nada, pero lo era. Quería que me sacara unas oposiciones, que fuera funcionario, porque me decía que solo salía un artista entre un millón. Yo le dije que yo era ese uno.

Nos educaron para buscar un sueldo fijo, eso me decía mi madre. Y no para la felicidad o la motivación, porque además ese camino tampoco te garantiza un trabajo. Hay que fomentar la educación en el sentido de que la gente busque algo que le motive y en lo que pueda ser bueno. No solo la subsistencia del cuerpo, sino también la del alma, que es tan importante o más.

De alguna forma, la entiendo, porque ella era hija de la posguerra, una época en la que lo pasaron muy mal. Iba a la peluquería en metro, no consentía ir en taxi porque decía que le parecía muy caro; se llegó incluso a dislocar el hombro porque iba al mercado en autobús y volvía cargada de bolsas.

Tía Mari: Cuando Jesús padre presumía orgulloso de Alejandro, María le reñía: «Ya está, ¿cómo no tienes tú que decir que eres el padre de Alejandro Sanz?». Le daba un coraje horroroso. Si alguien la presentaba como «la madre de Alejandro Sanz», le decía: «¿Tú no te puedes estar *callá*?». No le gustaba, le daba vergüenza por si a la otra persona no le gustaba o le daba lo mismo.

Capi: María, muy como madre de un torero, nunca acudía a un concierto, se quedaba en la habitación rezando para que no le pillara el toro a su hijo.

Alejandro: Mi madre fue a ver el primer concierto del Calderón, nunca quiso venir. Antes, solo había ido una vez a verme a Sevilla, al Prado de San Sebastián, echó un vistazo y se marchó. Era mi mayor crítica, me decía: «¿Por qué llevas esos pantalones tan horrorosos? ¡Y esa camiseta toda rota!». Cuando vio el Calderón lleno, un amigo la grabó en vídeo, y ella quería hacer callar al estadio cuando yo cantaba... Era muy graciosa.

CAPI: En un concierto en el Palacio de los Deportes, María estaba hecha un manojo de nervios. Doña María no daba crédito: «Pero ¡mi hijo! ¡Cómo le quiere la gente! ¡Esto no me lo esperaba yo, y mira que me lo habían contado! Se lo tengo que contar a fulanito, pero yo no vengo más, que me pongo yo un poquito mala, que es mi niño y los hijos duelen mucho. Yo me voy para mi casa, que estoy yo allí la mar de bien con los aparatos que me ha comprado mi niño, unos cacharros que te quitan todas las moléculas de los nervios y así te dejan tan pancha...».

La sucesión de anécdotas ocurrentes fruto de su aplastante espontaneidad abundan a lo largo de la vida de María. Ya fuera delante de políticos o monarcas, María lo que pensaba lo decía, y siempre con los pies en el suelo...

ALEJANDRO: El día que me dieron la Medalla del Mérito de las Bellas Artes le pedí que me acompañara. Cuando íbamos a saludar al rey, nos cruzamos con Esperanza Aguirre y se la presenté. La miró y le dijo: «Perdone, pero es que ahora no tengo tiempo porque voy a conocer al rey». Y cuando por fin vio al rey, le soltó: «En mi casa le queremos a usted muchísimo».

Recuerdo especialmente la emoción de mis padres cuando con mis primeros dineros les compré un Mercedes y le puse una peluquería a mi madre.

En realidad, yo creo que mi madre nunca supo muy bien a qué me dedicaba.

María al volante

5

Seis en un 600

«Pertenezco a una familia normal, sin grandes recursos, pero sin carencias importantes. Ese es el dato que me define...».

Música: Carlos Cano, *Murga de los currelantes*

Los primeros años de Alejandro en el barrio de Pueblo Nuevo los vivió al lado de su hermano Jesús, los amigos de la calle y su madre, que cuidaba de ellos a tiempo completo mientras su padre recorría España de punta a punta. En plena transición española, María, una mujer valiente e independiente para la época, y una las primeras en conducir por las vías madrileñas, llevaba a sus hijos a la escuela en el coche familiar del momento: el Seat 600.*

JESÚS (HERMANO): Mi madre nos llevaba al colegio en un 600 blanco. Allí dentro íbamos las gemelas, su hermano Santiago, Alejandro, mi madre y yo. Los seis bien apretados. Recogíamos todas las mañanas a las gemelas y a su hermano, y vivíamos unas aventuras tremendas con el coche. Santi se sentaba delante con mi madre; y las gemelas, Alejandro y yo, detrás. En los 600 podían entrar veinte personas si hacía falta. Íbamos allí metidos los seis con las carteras de cuero cargadas de libros hasta arriba, que no sé cómo no hemos acabado todos con escoliosis...

JAVIER PIZARRO: Mi tía María conducía un poco de aquella manera, con el 600 como si fuera un Aston Martin. No tenía muy claro lo del freno de mano, y cada vez que le pillaba un semáforo en rojo aceleraba que parecía aquello un cohete. Cuando se le acercaba alguien le decía: «Échate *pallá,* que me vas a rayar el coche».

Jesús (Hermano): Había muchas rampas por donde la calle Servando Batanero y la avenida de Daroca, y ella odiaba cuando se le paraba un coche delante. Como el coche pesaba un montón con seis ahí metidos, tenía que tirar de freno de mano, aceleraba muchísimo y salíamos dando trompicones y muertos de la risa, lo que en realidad camuflaba nuestro miedo. Nuestra madre tenía muchas virtudes, pero no la de ser buena conductora. Eso sí, después del colegio nos volvíamos andando.

Lidia: La anécdota del día era si arrancaba o no arrancaba el 600. El día que arrancaba era fiesta, pero siempre lo hacía a trompicones. De esto hace cuarenta años, la madre de Alejandro era una de las primeras señoras a las que veías conducir, una mujer independiente entonces.

Esperanza: Su madre nos recogía por la mañana en el 600 porque el colegio estaba bastante lejos, y de vez en cuando había suerte y nos recogía su padre y nos llevaba en el 127 amarillo, que nos parecía como un Mercedes.

Lidia: ¿Puedo contar que quitábamos las chapas de los coches? Éramos niños buenos, pero desde el colegio hasta casa tardábamos media hora, y, yo qué sé, de vez en cuando hacíamos alguna gamberrada. Cuando los hermanos nos enfadábamos, íbamos los cuatro cruzados, Jesús con mi hermana y yo detrás con Alejandro, o al revés, y así.

Jesús (Hermano): A los Mercedes les arrancábamos la estrella para quitarle el redondel. Las estrellitas las uníamos una con otra y hacíamos las estrellas ninja...

Es todavía invierno y Lidia y Esperanza son puntuales. Nuestra particular cita a ciegas la tenemos en las piscinas olímpicas M-86 de Madrid, muy cerca de la calle del Doctor Esquerdo. Obviamente, de primeras no sé cuál es cuál, o, mejor dicho, quién es quién. Las hermanas son dos mujeres pequeñitas y muy risueñas, desprenden esa gracia que hace que con ciertas personas te apetezca hablar de lo que sea aunque no las conozcas de nada.

Mientras me cuentan las peleas y berrinches entre Alejandro y Jesús de pequeños, las dos gemelas adultas se interrumpen, se corrigen, se enfadan... «Bueno, pues cuéntalo tú ya que te lo sabes tan bien»... Cosas de hermanos.

ESPERANZA: Jesús y Alejandro se llevaban genial, pero se chinchaban todo el rato, dándose leches y peleándose en el coche como hacen los hermanos, cabreados como monas. Eran muy graciosos.

LIDIA: Alejandro se cabreaba cuando su madre le obligaba a ponerse unas de esas botas horrorosas para los pies planos.

JESÚS (HERMANO): Teníamos los pies planos los dos. Con sus plantillas en verano y en invierno. Los niños, que son muy cabrones, nos llamaban «los botijos», y alguna vez teníamos peleas. Eran botas de esas de cuero que te tapaban el tobillo y las tuvimos que llevar hasta bien mayores, con nuestro pantaloncito corto y los botones aquellos. Por aquella época Alejandro andaba metido en los *boys scouts*.

ALEJANDRO: En los *boys scouts* éramos los mejores. El grupo 270. Ganábamos siempre los San Jorge, una competición con tirolinas, circuito y cosas así. Nuestro grupo estaba por la zona de Vital Aza. Éramos los pobrecitos, mi madre me fue a comprar el uniforme y me lo compró, pero como que no era y se notaba, porque mi sombrero era muy blando y el de los demás era durito; nosotros le hacíamos cuatro bollos y *palante* (risas)..., pero parecía el de un picador, así que lo doblé como si fuera de pirata y así salí del paso.

Quién sabe, lo mismo he coincidido con Alejandro en los boys scouts. *Mi grupo era el 100 y tenía el local de reuniones exactamente a cincuenta metros de la entrada de las piscinas donde conocí a las gemelas Armiñana. Participé en muchos San Jorges y coleccionaba insignias de primeros auxilios, nadador o especialista en insectos. Crecí en el barrio de la Estrella y conozco el puente de Moratalaz, que es como una extensión de mi patio de recreo. De pequeño, cruzar desde la Estrella a Moratalaz era como viajar desde lo conocido hacia lo salvaje. Me encantaba caminar hasta el otro lado del puente, allí hice muchos amigos, y uno tocaba la guitarra. En esta historia encajaría como anillo al dedo que ese amigo fuera Alejandro. Ojalá. No fue el caso.*

ESPERANZA: Alejandro tenía mucho gancho. Era muy gracioso, muy meloso. Era un crío con mucho arte, allí en su clase de música con la guitarra. Coincidíamos en clase de música y de gimnasia cuando íbamos al polideportivo de La Elipa en autobús dos días por semana. Siempre me ha dado rabia lo del chico de Moratalaz. ¡Oye! ¡Que antes de Moratalaz estuvo en nuestro barrio!

LIDIA: ¿Sabes la sonrisa esa de Alejandro que tiene de cautivador? Pues ya la tenía de pequeño. Mi madre siempre decía que no sabía si sonreía con la boca o con los ojos. Tiene una sonrisa con magia.

ESPERANZA: Hemos vivido su éxito como espectadoras, disfrutando del personaje desde la distancia con mucho cariño y orgullo. Cuando nos vimos en el concierto de Madrid, en 2015, fuimos los hermanos y notamos un cariño increíble. Tú sabes que tienes ganas de verlo, pero no imaginas que él también. Es bonito, sabes que ese ratito lo disfrutó él tanto como nosotros, y mola. Nosotros nunca hemos insistido en estar muy detrás, es por eso que, cuando te ves, todo resulta natural: te das cuenta de que el recuerdo es un cariño sano y de verdad.

LIDIA: Me flipa que una persona de barrio como él lo haya conseguido. Cuando salió el *Corazón partío* yo trabajaba en un instituto de Ávila y le decía a mis alumnos que era amiga de Alejandro Sanz. No ha pasado un momento en el que no haya presumido de él. ¡Lo que hemos presumido de Alejandro! En plan bien, ¿eh? Somos amigos de verdad, los amigos de esa parte importante de la infancia. La amistad siempre está ahí.

ESPERANZA: Yo, que ahora soy profe, me doy cuenta de que Alejandro tiene una inteligencia emocional bestial. Una persona muy dulce desde que era pequeño. Musicalmente, Alejandro me encanta, pero es, sobre todo, buena gente, eso es lo que se me ha quedado a mí. Siempre quiero que le vaya de puta madre…, porque además se lo merece.

LIDIA: Él ha hecho su vida y es precioso saber que le ha ido tan bien. No hace falta tener contacto. De alguna manera, creo que tenemos también algún tipo de lazo con su familia, con su madre y su padre, que ya no están; un recuerdo latente de unos momentos vividos muy importantes.

Don Andrés

6
Don Andrés

«La música es la mejor máquina del tiempo que existe».

Música: Triana, *Una historia*

*C*ada maestro es importante. Cuando uno echa mano de los recuerdos *de la escuela, aparecen por arte de magia las caras de aquel profesor de gimnasia gruñón, el temblor de manos del tutor de Matemáticas o el mal genio del director del colegio. De algún modo asociamos una parte importante de nuestra infancia a aquellos hombres y mujeres que, a su manera, se encargaron de nuestra educación. Para bien y para mal, hoy somos el reflejo de aquellas lecciones: tomamos las partes útiles y desechamos lo innecesario. Alejandro peregrinó por diferentes pequeños colegios de barrio siguiendo el rastro de su director, don Andrés.*

ALEJANDRO: Don Andrés era un buen hombre. Tenía esa concepción antigua de la educación, aquello de «la letra con sangre entra», pero no era mala persona, lo que pasa es que estaba confundido. Estaba muy orgulloso de mí, y yo de él en cierta forma. Era una de esas personas que con muy pocos recursos fue capaz de hacer mucho.

JESÚS (HERMANO): El primer colegio al que fuimos se llamaba Nuestra Señora del Rosario y estaba al lado de casa, pero don Andrés, el director del colegio, lo cambió por otro un poco más lejos y ya teníamos que ir en coche. Ese colegio fue cambiando de sitio muchas veces. Empezamos parvulitos en Ciudad Lineal. Luego nos marchamos a Emilio Ferrari y terminamos EGB en La Elipa. El local de Emilio Ferrari hoy está tal cual estaba. Se cerró y nunca ha vuelto a tener actividad.

ALEJANDRO: Admiro mucho a los maestros, creo que la educación es la única solución para todo, aunque se puede mejorar mucho. Se sigue enseñando de una manera muy antigua y no sabemos aprovecharnos de cosas que damos por evidentes. Los niños de cero a seis años tienen una capacidad de aprender que nunca más se vuelve a adquirir. Y, sin embargo, preferimos invertir en formación cuando llega la hora de ir a la universidad, en lugar de hacerlo en la fase en la que el niño desarrolla sus capacidades de aprendizaje, que es, en realidad, lo que asegura su futuro.

ANDRÉS LECHUGA: A Jesús y Alejandro los conocemos porque Nuestra Señora del Rosario era una continuación del colegio Aris de la calle Vital Aza, donde iban ellos cuando vivían por Pueblo Nuevo. Yo iba un curso por delante de Alejandro, pero mi padre me hizo repetir sexto por una asignatura suspensa (suspira resignado), y me quedé en su grupo durante sexto, séptimo y octavo de EGB.

JESÚS (HERMANO): Andresito, que tenía una hermana llamada Piti, iba a clase con Alejandro. Era un tío bastante rebelde, los hijos del director tenían su punto revolucionario y fuimos bastante colegas con once y doce años.

ANDRÉS LECHUGA: No éramos rebeldes, como mucho un poco trastos, como aquello que me contó mi madre sobre Alejandro. Mi madre, Dora, estaba sustituyendo a otra profesora que estaba de baja. Estando los alumnos en fila en la escalera, siempre tenía que haber un profesor vigilando para que no hubiera altercados o lo que fuera. Y por lo visto Alejandro le hizo alguna pifia a una compañera, que se dio la vuelta y le arreó un tortazo. Mi madre le dijo: «Si soy yo no te doy una, te doy dos»...

Alejandro vivió una infancia de las de antes. Inocentes juegos, profesores que daban mucho que hablar —y criticar—, alguna que otra gamberrada también, pero fueron aquellos unos años de amigos, juegos, reprimendas pero sobre todo alegría.

LIDIA: Nuestro colegio era concertado, pero de gente muy humilde. No había un nivelazo, y en el profesorado tampoco. Luego nosotras fuimos al instituto público Beatriz Galindo y ya nos separamos.

ANDRÉS LECHUGA: En esas clases había gente de todo tipo, la mayoría muy buena gente y otros muy malos. Ahora pienso en algunos que no sé dónde habrán acabado..., pero, bueno, vivíamos la infancia de antes: petardos, bromas, éramos muy inocentes, con doce y trece años jugábamos con los Geyperman, al fútbol, y no pensábamos en otras cosas, ni sexo, ni drogas ni nada.

ESPERANZA: Don Andrés era un señor albino que tenía tela. Era medio cegato, no veía nada. Alejandro siempre decía que nunca leía los exámenes, ¡los olía! Nos meábamos de la risa. Tenía los dedos amarillos de fumar tabaco sin filtro.

JESÚS (HERMANO): Don Andrés fumaba Tres Calaveras, olvidaba los cigarrillos en el cenicero y se iban consumiendo poco a poco, y se formaba una humareda en la clase que era para verlo.

ANDRÉS LECHUGA: Mi padre era una persona muy estricta, y quería dar ejemplo. Daba la circunstancia de que su hijo, en cuanto a los estudios, era bastante malo. Me gustaba mucho el fútbol, y mi padre lo llevaba fatal. La clase era un grupo fenomenal, todos cortados por el mismo patrón. Éramos todos de clase media, un colegio de barrio pequeñito.

JESÚS (HERMANO): Don Andrés se llevaba muy bien con Alejandro, entre otras cosas porque mi hermano tenía mucha facilidad para la guitarra y don Andrés tocaba muy bien. Con mi hermano era pasión.

ANDRÉS LECHUGA: El primer perro que tuve se nos murió a los cinco días de tenerlo. Era un cachorro y nos lo dieron destetado antes de tiempo, y aguantó el pobre cinco días y se murió. Y volviendo de clase me acompañó Alejandro hasta casa y lo enterramos juntos, en una bolsa de pan Bimbo, con unas margaritas. Hicimos un hoyo en el corralillo de mi bloque, y allí lo enterramos. Siempre me acuerdo de eso.

JESÚS (HERMANO): Don Andrés era durillo. Tú imagínate controlar clases de treinta y tantos niños, y bichos de nuestra calaña, mucho más durillos que él; unos piezas éramos. Yo hacía pólvora con clorato de potasio, azufre que echaban en las calles para que no hicieran pis los perros, y carbón vegetal. Lo metíamos todo en los botes de los carretes de fotos y pegábamos petardazos en el patio.

ANDRÉS LECHUGA: Y los balonazos a las ventanas de las clases. Al tercer o cuarto pelotazo, a mi padre se le hinchaban las pelotas y salía: «¿Quién ha sido?». Todos parados, silbando..., y había sido yo, ¡pegando balonazos a las ventanas del negocio de mi padre!

JESÚS (HERMANO): Hacíamos tirachinas con gomas y, en vez de tirar papel, tirábamos trozos de las perchas de alambre que cortábamos, que eso dolía... Es normal que don Andrés estuviera desquiciado con nosotros. Por no hablar de los bolígrafos que usábamos como cerbatanas: te llenabas la boca de arroz y tutututú... Eso en clase.

A principios de los años ochenta, Paco Pizarro, el tío de Alejandro, llamó a su hermana María. Su hijo Javier en el epicentro de una adolescencia difícil andaba algo despistado en Alcalá de los Gazules. Pensó que un año en Madrid podría reconducir al joven rebelde y le pidió a su hermana hacerse cargo del chaval temporalmente. Aquel curso lo vivieron en Madrid Alejandro, Jesús y Javier, los tres primos Pizarro.

JESÚS (HERMANO): Mi primo Javi también estuvo en el colegio. El Pizarrito, así le llamaba don Andrés. A lo mejor estaba don Andrés arriba atendiendo a mi madre por alguna faena que hubiese hecho yo, y en la clase de abajo, con mi hermano y Andrés y el primo Javi se escuchaban ya las palmas y el jaleo del flamenquito, y se escuchaba a don Andrés: «Ya están los Pizarritos...».

JAVIER PIZARRO: En el colegio estábamos siempre cantando. También lo hacíamos en el coche, en la ducha: no parábamos de cantar y de tocar la guitarra. Esa era nuestra prioridad. En clase cantábamos a capela y taconeábamos, algo terrible. Y, claro, los chicos del colegio nos admiraban. Teníamos arte. Si hubiéramos estado, qué se yo, en un colegio de la Isla de San Fernando, pues a lo mejor hubiéramos sido uno más, pero en Madrid a la gente le pellizcaba el flamenquito. Salíamos al patio y en diez minutos teníamos veinte o treinta personas jaleando «olé, olé el arte, viva Andalucía, viva esto, viva lo otro», y, figúrate, a nosotros nos llenaba de orgullo; era muy bonito, la verdad.

ANDRÉS LECHUGA: Una vez llegó el padre de Alejandro al colegio hecho una furia y, sin mediar palabra le metió una colleja de las que daban antes los padres. Y dijo: «Pero, papá, ¿qué he hecho?», y el padre: «Me ha llamado don Andrés, y si me ha llamado don Andrés es que algo ha pasado». Eran otros tiempos. Si el director hacía venir a los padres, algo gordo pasaba, y nadie cuestionaba a los docentes como pasa ahora.

ALEJANDRO: Yo a mis niños les abrazo y les beso, siempre les tengo encima. Hay que acostumbrarlos al contacto físico. Cuando yo era chico no era normal que un padre le dijera a su hijo «te quiero», o al revés. Las muestras de afecto no eran una prioridad. Lo importante era dar de comer a los hijos, no decirles «te quiero». Ahora es diferente.

JAVIER PIZARRO: A mí casi siempre me castigaban. Yo era un poquito conflictivo, y Alejandro siempre me apoyaba en todo. Me decía: «Primo, no hagas esto; primo, no te metas en líos que esto no es Alcalá». A Jesús y a mí solía darnos buenos consejos. Cuidaba de nosotros, y sigue haciéndolo. Era un tipo muy prudente, siempre tuvo muy claro que quería dedicarse a la música. Y mira...

JESÚS (HERMANO): El último colegio al que fuimos estaba en la calle Gerardo Cordón 51. Jugábamos al baloncesto antes de entrar a unas canchas que había más abajo y cambiábamos cromos apostando todo el taco. Mi madre nos dejaba en la curva y ya tirábamos para clase. El colegio ahora es una academia.

Alejandro le prestó poca atención al deporte siendo niño. Muy pronto cambió los balones por guitarras. Ya de mayor se aficionó al tenis y, heredando el espíritu futbolero de su padre, fue poseído por una irrefrenable pasión por el fútbol.

JESÚS (HERMANO): En el patio jugábamos partidos de fútbol. A veces también nos pegábamos, éramos un poco macarrillas. Echaban muchas pelis de pandillas, y creábamos nuestras bandas y teníamos muchas movidas con los del colegio de arriba, que eran un poco más finos.

JAVIER PIZARRO: A Jesús y a mí nos iba el rollo del fútbol, de montar en la bicicleta, de las motos y esas cosas. Alejandro era más estudioso, más reservado. Siempre estaba con su cuaderno, su lápiz y la guitarra.

ALEJANDRO: Me gustaba mucho más la guitarra que el monopatín, el fútbol y todo eso. Me relajaba mucho más, había días en que llegaba del colegio deseando coger la guitarra.

JESÚS (HERMANO): Mi padre nos apuntó a jugar al baloncesto en La Concepción, en un equipo que se llamaba Dribling. Mi hermano siempre recuerda que el primer partido de liga lo jugamos contra el Estudiantes y perdimos 82-2. Dimos clase de tenis con un profe francés con una técnica que flipas. La Concepción era un club modesto, pero se codeaba con el Club de Campo, el Tejar de Somontes, el Real Madrid, lo pasábamos bien.

ANDRÉS LECHUGA: Mis recuerdos de Alejandro son todos buenísimos, no puedo decir nada malo. Bueno, sí: que jugaba muy mal al fútbol, ¡qué mal lo hacía el tío! (ríe). Pero mal mal, peligroso. Recuerdo que en el patio hacíamos la típica rifa de pares y nones para elegir equipo y Alejandro se quedaba el último, pero yo siempre intentaba que estuviera conmigo, porque tenerlo enfrente era verdaderamente peligroso... ¡Eso es lo único malo que puedo decir de él! (risas).

JESÚS (HERMANO): Había un colegio mejor que el nuestro justo enfrente del patio, un patio callejero, abierto a la calle, nada convencional y muy auténtico. El recreo era «los niños a la calle», y allí echábamos partidos de fútbol, chutábamos contra la pared o lo que fuera. Y después comprábamos unos bocadillos de sobrasada riquísimos en una panadería al lado del patio.

ANDRÉS LECHUGA: Alejandro era muy bueno y muy sensible, pero, cuando saltaba, saltaba. Me acuerdo que decía: «¡Me cago en la calavera de tus muertos!», y cuando ocurría eso era porque estaba fuera de sí, y muy nervioso, «¡Me cago en la calavera de tus muertos!». Con acento de Cádiz. Y daba miedo, no me hubiera gustado estar en la piel del otro.

El tío Antonio, Alejandro y su hermano Jesús

7

El niño que tocaba la guitarra

«Sentado con mi guitarra frente al cañón de luz,
descubrí que mi sombra
es la parte de mí que hasta la luz desprecia».

Música: Sabicas, *Piropo a la bulería*

Cada vez que su padre regresaba de la turné, el joven Alejandro quedaba fascinado por las historias y aventuras vividas por los diferentes escenarios de España. Cuando pulsó por primera vez con sus dedos las cuerdas de una guitarra, tuvo una revelación. Jesús Sánchez había inoculado profundamente y de manera irrevocable el veneno de la música a su hijo pequeño, y Alejandro tuvo claro lo que quería hacer.

ALEJANDRO: Mi primer instrumento, mi primera guitarra, me la regaló mi padre. Con ella escribí la primera canción, dedicada por supuesto a la chica de la cual estaba enamorado en ese momento, que vivía en mi misma calle (risas). Pero, más allá de tocar la guitarra, lo que yo quería era componer, eso lo tenía claro.

JESÚS (HERMANO): Mi padre intentó enseñarme a tocar la guitarra. Me ponía a practicar arpegios, pero yo me aburría muy rápido. Todo lo que mi padre trataba que yo aprendiera, lo aprendía en realidad mi hermano. Mi madre lo metió en clase de guitarra. Sin embargo, a mí lo que en realidad me gustaba era el tenis. Mi madre me preparaba bocadillos y ya me iba temprano a coger pistas y hasta por la tarde.

Alejandro era muy casero, muy de su habitación y de su propio mundo. Si entrabas a su cuarto, le rompías su historia. Tenía mucha imaginación. Jugaba mucho con los Geyperman, en tanto que yo era de martillazos, de abrir una radio para ver los componentes. Alejandro hacía sus guerras con los Airgamboys y sus historias en su cabeza.

ALEJANDRO: Mi madre estaba desesperada y nos quería apuntar a cualquier clase. Nos quería apuntar a clase de kárate y resulta que ese día estaba cerrada, así que nos apuntó a la de guitarra,... pero pudo ser a la de ganchillo. Ella nos hubiera apuntado a cualquier cosa con tal de quitarse los niños de encima, la pobre nos criaba sola. A mí me apuntó a guitarra y a mi hermano a flauta.

ANDRÉS LECHUGA: Yo recuerdo bien que Alejandro era un enamorado de la guitarra, algo ya casi cansino. Estuvo dando clase en el colegio, con mi padre en mi casa y luego con un profesor que era guitarrista profesional en un tablao.

ESPERANZA: Cuando volvíamos andando, nosotras nos íbamos a la piscina, al polideportivo de La Concepción. Ellos iban a tenis, bueno, Jesús, porque Alejandro se iba directamente a clase de guitarra.

JAVIER PIZARRO: Yo salía por ahí con Jesús y los amigos, pero Alejandro se quedaba en el cuarto con su mesita y unos taburetes que había redonditos, componiendo y tocando. Él siempre iba con la guitarra a cuestas, el cuaderno y el lápiz.

ALEJANDRO: A los once años ya escribía cosas. Yo creo que lo que hacía era caligrafía del alma. Tenía una inquietud sentimental muy fuerte, me enamoraba con una profundidad aplastante, sentía con mucha intensidad, y necesitaba ver atardeceres y mirar las estrellas.

JESÚS (HERMANO): Mi madre lo llevó a un profesor de guitarra a un portal que estaba al lado de la casa. Los domingos ella se quedaba durmiendo más rato, no le gustaba que nos despertáramos temprano. Un día muy temprano mi hermano estaba tocando y mi madre le dijo: «Pero, chiquillo, déjalo ya», y cogió la guitarra y le hizo un boquete así de grande (abre las manos con forma de agujero).

JESÚS (PADRE): Siempre tenía mi guitarra entre las manos y, como es muy nervioso, nos despertaba los domingos a las ocho de la mañana.

El tío Manuel es un hombre entrañable. Estando con él uno siente ganas de abrazarlo todo el rato. Domina el arte de la conversación, atesora la cultura del que ha vivido, habla con arte y una gracia natural, no puede evitarlo. Estos días, mientras surge este libro, somos pareja de mus, partidas a media noche contra Alejandro y su primo Diego, de alguna manera tres Pizarro contra mí. A veces me regaña cuando me lanzo al vacío sin cartas. «Mientes muuu mal...», me dice. Y seguramente sea verdad. Habla de su sobrino Alejandro y se le ilumina la cara.

TÍO MANUEL: Cuando empezó Alejandro, yo creía que era guitarrista de flamenco, porque siempre lo veía con la guitarra. Llegaba a Alcalá y todo era compás y flamenquito, y pensábamos que tiraría por ahí.

TÍA CRISTINA: Siempre estaba con la guitarra, como su padre. María estaba de la guitarra hasta arriba, y un día le dijo: «Para o te doy con la guitarra en la cabeza», y, estaba yo delante, cogió la guitarra y le dio en toda la cabeza. Le hizo un boquete a la guitarra, y él ni se inmutó. Entonces cogió una caja de bombones de esas de cartón y recortó un cacho con un Piolín dibujado y se lo pegó para tapar el agujero, y siguió tocando hasta que se compró otra. Tendría seis o siete años.

JESÚS (HERMANO): Desde entonces, el profesor de clase de guitarra le decía: «A ver, el del pajarito, ¿qué traes hoy?».

ALEJANDRO: No era de bombones. A mí me obsesionaba tocar, a las seis y media de la mañana ya estaba despierto y empezaba a tocar, y despertaba a todo el mundo, y mi madre me acabó dando con la guitarra en la cabeza y le hizo un boquete. Y para taparlo le puse un papel que saqué de una revista con un anuncio que había de Kodak, en el que salía un pajarito, «el pajarito de la foto».

Alejandro ha sido desde niño un tipo perfeccionista, una característica que le ha acompañado hasta hoy, siempre pendiente de cada detalle en sus trabajos y conciertos hasta el agotamiento. Cuando tienes la oportunidad de conocerlo entiendes muchas cosas sobre el porqué de su éxito. Al margen de su espontaneidad natural, el trabajo no es un elemento ni mucho menos azaroso, sino fruto del esfuerzo. Cuando Alejandro empezó sus lecciones de guitarra, dedicaba horas a repetir lo aprendido con don Andrés, un hombre que sentía pasión por aquel muchacho de sonrisa adorable capaz de hechizar al más fiero de los maestros.

ALEJANDRO: Me gusta estar implicado en todo lo que ocurre en mi carrera, no puedes pedirle a nadie que trabaje por ti más de lo que lo haces tú mismo. Soy un profesional de la intromisión, me meto en todo porque, de otra manera, lo que tú vas creando se va pareciendo a otra gente que no eres tú, incluso hay veces que me pregunto: «¿Qué pinto yo hablando de esto?».

ANDRÉS LECHUGA: Mi padre se metía con Alejandro en el cuarto de estar, y nosotros en el comedor, con la mesa puesta para cenar, esperando a que acabaran, con un hambre tremenda a las diez de la noche. Y le oíamos: «Mire, maestro», y la guitarra rin ran..., y no tenía fin, un día y otro día. Muchas veces nos daban las diez y media de la noche, y mi padre: «*Piza* el do, *piza* el do». Mi padre era de Baeza y tenía mucho acento. No sé si fue primordial o no para Alejandro, pero sin duda formó parte de su educación musical. Él era un gran amante de la guitarra, venía de trabajar y se ponía a tocar durante horas.

ALEJANDRO: Mi primera guitarra se llama la Abuela, y me la compré yo. Mi padre me daba quinientas pesetas al mes y decidí comprarme una guitarra de José Ramírez. Me quitó la paga para pagarla durante bastante tiempo. Realmente me costó muchas salidas.

JESÚS (HERMANO): Con la paga que nos daba mi padre yo me compré una moto, una Rieju.

ANDRÉS LECHUGA: Mi padre pasó una etapa difícil, una crisis tremenda con retirada de subvenciones y eso. Estuvo luego en un colegio de monjas que se llamaba Santa Francisca Javier Cabrini, en la carretera de Canillas. Él siempre estuvo orgulloso de haber tenido de alumno a Alejandro, y cuando las cosas ya le iban verdaderamente bien, le pidió que fuera al colegio, que eran todo niñas, que no se creían que don Andrés le conociera... Y Alejandro fue, imagínate la que se preparó.

ALEJANDRO: La Abuela me dio muchas satisfacciones, escribí muchas canciones con ella y fue mi fiel compañera durante muchos años. Y ahí sigue. Y todavía encuentro en ella un sonido que no encuentro en otras, por muy buenas que sean.

ANDRÉS LECHUGA: Cuando Alejandro sacó el primer disco, mi padre estuvo en contacto con él, y fue a verlo a su casa cuando vivía cerca del Liceo Francés. Yo nunca fui porque siempre he sido muy tímido. Pero le tenía mucho cariño porque era un chico especial, muy sentimental, muy noblote. Además, compartíamos algo muy especial: yo pasaba mucho tiempo con mi padre, pero no me valía ese tiempo por la relación que teníamos, y él todo lo contrario, su padre viajaba mucho y en cambio con mi padre sí tenía conexión. Nos pasaba exactamente lo contrario y teníamos sentimientos cruzados, muchas veces hablamos de ello. La vida es así de curiosa.

Con los primos

8

Mirando al sur

«Si cantara como Camarón, tocara como Paco de Lucía
y bailara como Carmen Amaya o Farruco, lo sabría todo».

Música: Camarón, *Son tus ojos dos estrellas*

En el mismo instante en el que los colegios finalizaban sus clases y daban comienzo las vacaciones de verano, Jesús y Alejandro ponían rumbo al sur. Los dos hermanos bajaban hasta Cádiz casi siempre en el coche de sus padres, María esperaba en Madrid a que Jesús padre regresara de alguna turné. A veces en un 600, otras en un Seat 127, sin aire acondicionado, claro. Viajaban los niños, dos adultos, cada uno con su maleta, y un perro... Y por supuesto la Abuela, la guitarra. De Madrid a Cádiz eran doce horas a pleno sol por carreteras infinitas. Una vez en Cádiz, Jesusito se quedaba en Alcalá de los Gazules con la abuela y Alejandro se iba a Algeciras con los tíos, con Pepi y la prima Mónika.

JESÚS (HERMANO): Cuando íbamos en el 600 de vacaciones nos pasábamos doce o catorce horas de viaje, con las maletas para tres meses, y la guitarra... Mis padres delante, mi hermano y yo detrás. A Cádiz, tú imagínate, setecientos y pico kilómetros. En cuanto llegábamos a Andalucía, Alejandro practicaba con la guitarra lo que había aprendido con sus profesores: el del pajarito y don Andrés en el colegio, y, claro, mi padre.

Tía Cristina: En el coche íbamos escuchando a los payasos de la tele una y otra vez, los chistes de Arévalo veinte mil veces, y lo que le gustaba a mi marido: el Príncipe Gitano, Manolo Caracol...

Tía Mari: María venía todos los veranos a pasarlos con su madre y con la familia. Los hijos del hermano de María, el tío Paco, eran de la misma edad que Jesusito y Alejandro y se fueron criando juntos. Alejandro fue siendo cada vez más distinto conforme fue creciendo. Mientras todos los críos estaban chillando, corriendo, él era tranquilo, reposado, le gustaba charlar, el parchís y cosas así.

Alejandro: No me gustaba rodearme de mis amigos, los veía insustanciales. Siempre quería estar con los mayores, he sido un niño viejo en ese sentido.

Tía Mari: También disfrutaba viendo a su abuelo, José Pizarro, jugar a las cartas. Y le siguen gustando las cartas. Mi marido decía: «Alejandrillo, hasta que no gana a las cartas no para, hay que dejarle ganar, qué mal perder tiene».

Alejandro: Mi abuelo José jugaba a las cartas. A veces me llevaba al bar para que viera las cartas a sus amigos y luego se las chivara. Me encantaba.

Mi abuelo nos ponía a todos los primos en fila y nos daba una pesetita a cada uno. Decía: «Duros no, pesetitas». En el bar Chico jugaba al dominó con sus amigotes, y uno de ellos tenía un quiste enorme, como una bola de tenis, y le decíamos: «Abuelo, queremos ir a tocarle la bola al tío de la bola», e íbamos todos a tocarle la bola al pobre...

Mónika Bellido: Mi primer recuerdo con Alejandro es de cuando tenía siete u ocho años. Esa sensación de alegría y la energía que me transmitía mi madre, porque venía su hermano, su cuñada, los sobrinos... Esa sensación de familia, de olor a mar.

Alejandro llegaba los días de feria, iba a la estación a recogerle vestida de gitana a las tantas de la mañana (risas) y ya se quedaba hasta final de verano. A Alejandro lo recuerdo vestido con el traje de *boy scout,* y con unas botas que traía... Mi tío lo mandaba con toda la tranquilidad del mundo a casa de su hermana. A veces venía hasta con el perro, un caniche negro, se llamaba Black.

Alejandro y yo lo que hemos compartido desde chicos es sobre todo la pasión por el flamenco.

Tío Paco: Llegaban de Madrid, donde solo iban de casa al colegio y del colegio a casa, y para ellos los veranos en Alcalá eran la libertad. Corrían hasta saciarse de correr.

Alejandro: Para mí, esa era la verdadera libertad. Estar en el patio de mi abuela, con mis primos, rodeados de animales.

Tía Mari: Cuando se fueron haciendo mayores, Alejandro se fue para Algeciras y Jesusito se quedaba en Alcalá. Alejandro siempre estaba con la guitarra. Mi padre y mi abuelo eran muy aficionados a ella, pero cuando le escucharon tocar se quedaron alucinados. Dijeron: «Este niño es un portento».

Jesús (Hermano): A mí me gustaba más el pueblo, mis primos, el callejeo, ya sabes, y a mi hermano lo llevaban a Algeciras con la familia de mi padre. Y allí todos cantaban y bailaban. Mi prima Mónika, mi tía Pepi, madre mía, podrían haber sido perfectamente artistas. Bueno, en realidad lo son.

Mónika Bellido: Mis recuerdos de la infancia más temprana están ligados a Alejandro, a lo que significa la familia, y a la música. La tradición musical y cultural es donde se fragua la infancia de Alejandro y la mía y la de mis hermanas.

Quizá fuera solo coincidencia geográfica, pero los veranos de Alejandro en Algeciras le acercaron de manera definitiva hasta los De Lucía, familia con la que construiría una profunda y estrecha amistad que dura hasta nuestros días. Ramón Sánchez Gómez, más conocido por el sobrenombre artístico de Ramón de Algeciras, hermano mayor de Paco y Pepe de Lucía, y guitarrista profesional cuando este todavía era un crío de cinco o seis años, era a su vez padre del amigo con el que Alejandro viviría sus años de adolescencia en el sur.

Ramoncito y Alejandro formaron una piña incondicional alrededor de una familia en la que todos se arropaban mutuamente. Ramón padre bebió de la sabiduría al toque del Niño Ricardo y comenzó muy joven su carrera profesional, entrando a formar parte en el año 1957 de una compañía encabezada por Juanito Valderrama. En su larga trayectoria acompañó a algunas de las más destacadas figuras del flamenco, como Antonio Mairena, Pepe Marchena, la Niña de los Peines, Pepe Pinto o Fosforito, entre otros.

Pero, sin lugar a dudas, su momento lo vivió como guitarrista oficial de Camarón de la Isla en la década de los setenta.

Alejandro y Ramoncito recorrían los veranos de Algeciras entre ecos de Camarón y el toque de la familia De Lucía, un paraíso.

RAMÓN SÁNCHEZ GÓMEZ: Yo nací en Madrid, pero vivo aquí desde hace quince años. Tengo una relación muy estrecha con Algeciras. Desde hace muchos años vivo en El Rinconcillo, cerca de donde mi tío Pepe, y de donde vivía mi tío Paco.

Conocí a Alejandro en 1987. Había una peña del Cante Grande. Allí había un guitarrista, Andrés Rodríguez, que tenía un cuadro flamenco de gente joven, Soleá, yo tenía quince años. Estaba José Carlos Gómez, Mónika Bellido, Mari Paz Santiago, Mari Asun y un montón de gente joven. Alejandro era primo hermano de Mónika, y yo era muy amigo de José Carlos Gómez. Alejandro había venido de vacaciones, un tío simpático al que le gustaba el flamenco, y congeniamos rápido. Los siguientes tres o cuatro veranos fueron muy intensos, íbamos siempre juntos. Yo vivía en Madrid, así que después de las vacaciones también nos veíamos.

MÓNIKA BELLIDO: Escuchábamos a Paco de Lucía, y con la familia De Lucía recuerdo algunas fiestas por las tardes en casa de Ramón. Por allí estaba Malú muy chiquitita con el pelo muy corto que la llevaba su madre, muy morenita, monísima. Escuchábamos a Paco, Camarón, Lole y Manuel...

RAMÓN SÁNCHEZ GÓMEZ: Él venía a casa de su tía Pepi, la madre de Mónika, en La Reconquista, y se pegaba todo el verano allí, menos algunos días que iba a Alcalá. Yo creo que prefería Algeciras por la playa.

ALEJANDRO: Ya pasaba allí abajo casi todo el año, en Alcalá, Algeciras, Sevilla, Carmona. Con Ramoncito de Algeciras salía a la cosa del flamenco, el cante, las bailaoras. También conocí a su prima Malú, que era más chica y no le hacíamos ni caso.

MALÚ: Yo era muy pequeña, dejé de veranear en Algeciras con quince años, cuando empiezo a grabar, así que aquellas imágenes son de cuando tenía diez años o menos. Tenemos fotos en la playa con él, yo con cinco años. En el colegio fardaba de que Alejandro Sanz era mi primo...

RAMÓN SÁNCHEZ GÓMEZ: La primera vez que viajo sin mis padres a Algeciras lo hago con él. Como era dos años mayor que yo, vino a ver a mi padre para pedirle que me diera permiso. Nos vinimos a la Feria de Algeciras en el tren expreso, que venía de noche, en segunda, en las literas toda la noche de risas.

MALÚ: De pequeña yo creía que él y Mónika eran mis primos, porque como les había visto en casa desde pequeños y andaban con mi primo Ramón. Somos muchos primos y yo pensaba que él era uno más, el más guapo de los primos...

RAMÓN SÁNCHEZ GÓMEZ: En la feria íbamos a buscar a Mónika en un coche de caballos. Había un coche en la puerta del parque, nos montábamos los amigos para ir a buscarla a La Reconquista, bajaba ella vestida de gitana y para la feria toda la noche.

MALÚ: Tengo muchísimos recuerdos de aquellos veranos en Algeciras. Esas cositas de la infancia que se te graban como fotogramas de momentos. Tengo la imagen de una de esas noches, cuando Alejandro venía a casa con su prima Mónika y pasaban las horas en el patio con la guitarra. Acababan viniendo vecinos y la familia, y se liaba.

RAMÓN SÁNCHEZ GÓMEZ: Todos los días, después de comer, venía con su prima, dejábamos las bolsas en mi casa, que era el centro de operaciones, y nos íbamos a la playa. Y estábamos toda la tarde allí bañándonos. Luego cada uno a su casa a arreglarse y quedábamos más tarde en la plaza de Andalucía y allí nos pegábamos hasta las tantas. Y así todo el verano.

MÓNIKA BELLIDO: Nuestra manera de manifestar que estamos contentos porque estamos juntos es cantando, celebramos con una guitarra, bailando y cantando.

RAMÓN SÁNCHEZ GÓMEZ: En mi casa siempre había una guitarra, y cuando estábamos *jartos* de playa, nos íbamos al patio y nos poníamos a tocar y a cantar. Carlos Gómez al toque y Alejandro cantando, a veces venía también el Potito. Ya en aquella época él tenía sus letritas, y nos sorprendía a todos, se le veía algo como muy *echao palante*, especial.

MÓNIKA BELLIDO: Yo ya de chica bailaba en público y hacía mis pinitos, y él cuando venía se traía la guitarra, su vestuario y alguna vez salía con el grupo Soleá.

TÍA CRISTINA: Como Alejandro tocaba la guitarra, le teníamos martirizaíto. En una ocasión, en Alcalá, mi cuñado Antonio fue a buscarle a Algeciras para que nos tocase la guitarra porque teníamos una fiesta. Tendría el pobre catorce añitos. Por la mañana tenía las yemas de los dedos negras de tocar. Cómo sería la cosa que ahora en las fiestas familiares ya no canta.

MÓNIKA BELLIDO: Para mí la llegada de mi primo era una fiesta, porque, aparte de que teníamos esa unión y esos mismos gustos, para mí era «viene mi primo mayor, me dejan llegar más tarde». Era como si viniera mi hermano mayor o algo así, porque yo no tenía hermanos, él no tenía hermanas y éramos los que teníamos una edad más parecida para salir.

JESÚS (HERMANO): En verano pasaban casi todo el tiempo en Algeciras, en Los Chopos la diversión era continua: mi hermano con la guitarra, mis tías cantando y las niñas bailando sevillanas.

MÓNIKA BELLIDO: Éramos muy felices con muy pocas cosas. La vida ahora es más ruidosa, más veloz, todo va más rápido. Pero entonces teníamos tiempo para estar allí en la cocina y ponernos a grabar con los casetes aquellos de doble pletina. Grabábamos «fandangos de no sé cuántos» o «alegrías de tal». Horas y horas cantando, tocando la guitarra.

Los veranos de Alejandro eran idas y venidas a la casa de su tía y de su abuela, veranos compartidos entre la sal marina con la familia de su padre y las blancas cuestas, casi infinitas en el pueblo de María.

Viajo en tren a Sevilla y leo información turística del pueblo de Alcalá. Me llaman la atención unos versos de Federico García Lorca: «Yo, que soy andaluz y requeteandaluz, suspiro por Málaga, por Córdoba, por Sanlúcar la Mayor, por Algeciras, por Cádiz auténtico y entonado, por Alcalá de los Gázules, por lo que es íntimamente andaluz...». En un suspiro el tren se detiene en la estación de Santa Justa.

Desde Sevilla hasta Alcalá tardo poco más de una hora. La autopista del sur deja de lado Dos Hermanas, Los Palacios, Jerez, la Laguna de Medina, Medina Sidonia, Los Alburejos y, nada más entrar en Alcalá, un cine abandonado con un aire al Cinema Paradiso me recibe a mi izquierda. En el restaurante de la familia Pizarro, el primo Javier me sugiere gazpacho y lomo de corza. Sabe de lo que habla.

JAVIER PIZARRO: Cuando llegaba a Alcalá se ponía a tocar la guitarra y ya no descansaba. Como lo hacía tan bien, pues la gente lo disfrutaba. En el bar, después de trabajar en la discoteca donde me ayudaba, tocaba la guitarra, íbamos a la panadería a por pan de horno y, con un poco de aceite y sal, venga a cantar y cantar hasta las seis de la mañana. Por donde iba atraía a un montón de gente.

ALEJANDRO: Andalucía es mi cultura, mi manera de entender las cosas, mi vida. Me preguntan qué parte de mí es más andaluza, y yo digo el corazón, porque es donde se crea todo: las expectativas, mi personalidad, el surrealismo de mi madre y sus cosas, las vivencias y la forma de sentir la vida de mi tío Paco, a mi prima Mónika..., mi familia. Y la pasión.

TÍO PACO: Se iba al parque con su guitarra y se juntaba con Jimmy Úbeda, con el Superloco, con el Carapalo..., los más feos del mundo. También con otro chico gitano que cantaba, y se lo pasaban bomba. Esa gente era la que le gustaba a él. Los pijos no. Los pobres, los gitanos, los greñudos..., esos sí.

JAVIER PIZARRO: Fue un tipo creativo desde siempre. Pasados veinte años, recuerdo que el Jimmy me decía: «El nombre de tu primo está en el cielo junto a las estrellas». Jimmy era un tipo muy bohemio, no del flamenqueo, sino más bien de Eric Clapton, ya sabes. Se fue a Córdoba, pero falleció hace año y medio.

TÍA CRISTINA: En Navidades nos juntábamos siempre en mi casa. Yo avisaba a los vecinos, porque, como buenos gaditanos, eran muy fiesteros, y había jarana hasta las ocho de la mañana. Yo les decía que, si no podían dormir, pasaran por lo menos a tomar una copa. No solían venir, hasta que el niño se hizo famoso, entonces sí que venían a casa los vecinos...

TÍO PACO: Una Semana Santa vino a Alcalá, y la procesión pasaba por delante de la discoteca, que estaba abierta. No me di cuenta, así que ni mandé parar la música ni cerré la puerta. Cuando llegó a la altura de la discoteca, la gente se enteró de que Alejandro estaba dentro y dejaron al paso solo, con el cura delante. La discoteca a reventar, tuvimos que meter a Alejandro detrás de la barra para protegerlo. De eso hace ya muchos años. El cura dijo que el paso nunca más iba a pasar por delante de la discoteca del Pizarro.

JAVIER PIZARRO: Aquella discoteca funcionó increíble, fue una de las primeras. Abría de martes a domingo y venía gente de todos lados. De Cádiz, del Puerto, de Chiclana, de Los Barrios, de Algeciras, incluso de Marbella. Ya se cerró, ahora la gente prefiere los botellones.

Jinete Inmortal: Carlos Rufo y Alejandro

9
Moratalaz

«Iron Maiden, Motorhead, todo, tío. Mis primeros años
de adolescente en Madrid eran los años de las tribus:
rock, punk. Y yo era más bien del rock: AC/DC».

Música: Leño, *Sorprendente*

E n 1980, Adolfo Suárez gobierna en España y las emisoras de radio nos
regalan a diario canciones que huelen a clásicos. La chica de ayer, de
Nacha Pop juega con las flores del Jardín, Divina, *de Radio Futura, baila
con pegatinas en el culo, y Freddie Mercury canta* Que otro muerda el
polvo. *En un año musicalmente memorable, Jesús, María y sus dos hijos
cambian de aires y se mudan desde el piso de Vicente Espinel hasta la calle
del Doctor García Tapia, en el madrileño barrio de Moratalaz. En realidad,
las dos casas no están muy lejos entre sí, ambas se encuentran en el flanco
este de la M-30. Para la familia Sánchez Pizarro, el cambio a un nuevo
hogar representa un salto cualitativo en sus vidas ahora que las cosas empiezan a ir un poco mejor.*

*Si bien es cierto que los primeros acercamientos a la música, Alejandro
los vivió en el barrio de Pueblo Nuevo, técnicamente es Moratalaz el testigo
definitivo del nacimiento musical de aquel muchacho que tocaba la guitarra.*

*Pocos días antes de que Alejandro cumpliera doce años, en una fría
mañana de diciembre de 1980, John Lennon era asesinado en Nueva York
a manos de Mark David Chapman.*

ALEJANDRO: Aprendí muchas cosas en la calle, que, luego, si las catalizas, están bien. No vas a encontrar el karma en la calle, pero sí puedes encontrar maneras de vivir, como decía Rosendo.

JESÚS (HERMANO): Después de terminar EGB nos mudamos a Moratalaz, y allí fuimos al instituto. Alejandro iba a uno distinto al mío, justo enfrente de la casa. Delante estaba el barrio viejo con unas casas prefabricadas de lata y la piscina pública de Moratalaz, donde le presenté a Carlos Rufo.

CARLOS RUFO: Un día apareció en Moratalaz un chavalín un poco loco, con su bicicleta y un tupé de seis metros. Pues eso, primero apareció su tupé, y como a la media hora llegó Jesús. «Hola, somos nuevos en el barrio, ¿te gusta el deporte?». «No, yo soy más de música», le respondí. Estaba empezando a tocar la guitarra. «Pues entonces te va a caer estupendamente mi hermano». Al día siguiente me presentó a Alejandro, y hasta la fecha... Teníamos doce años.

JESÚS (HERMANO): Cuando llegamos a la urbanización de la Osa Menor, éramos todavía unos críos, bajábamos a jugar a los soportales con la bicicleta y Alejandro con la guitarra. La salida de humos de los garajes tenía forma de pirámide en medio de un parque con unos bancos de madera, y en torno a todo eso hacíamos la vida. Alejandro tocaba la guitarra, cantaba por Camarón y las niñas y los chavales se ponían alrededor a cantar.

CARLOS RUFO: Tocábamos canciones de AC/DC..., éramos heavys. Empezamos a aprender los primeros acordes en octavo de EGB. Bajábamos al parque con aquellos loros gigantescos de los ochenta, y nuestras guitarras y las cintas, y las escuchábamos juntos. Ensayábamos en casa, y cuando grabábamos algo sacábamos el casete por la ventana y se lo poníamos a la gente. Esos fueron nuestros inicios con público, que al principio eran nuestros hermanos o amigos.

JESÚS (HERMANO): Carlos Rufo tocaba la guitarra eléctrica y, desde el momento que los presenté, se pasaban juntos todo el día. Se subía el uno a la casa del otro. En la habitación de Carlos había una ventana que daba a la pirámide y grababan sus canciones en uno de esos radiocasetes de *play/rec*. Y lo ponían desde la ventana para todos los que estábamos abajo y los de las bicis, un grupo de catorce hermanos que vivían con su padre en el mismo bloque de Rufo. Desde allí escuchábamos sus composiciones y nos metíamos con ellos, pero no paraban de componer, les daba igual.

CARLOS RUFO: ¿Sabes cómo empezamos a tocar? Yo estaba dando clases de guitarra y me aburría, la verdad. Había un tipo en Moratalaz que tenía una iglesia, muy famosa, que se conocía como una Casa de Juventud, una ludoteca. Era un sitio muy interesante, porque si normalmente el futbolín costaba cinco pesetas, pues allí valía una. Un día vimos que estaban tocando y nos acercamos porque daban clase de guitarra gratis. Tocaban los cuatro acordes con los que se hacen todas las canciones, y eran las canciones de misa. Y Alejandro y yo tocábamos el *Alabaré* y todas las demás, y de paso aprendimos los acordes del *Smoke On the Water*.

JESÚS (HERMANO): Armado con su guitarra española, Alejandro se ganó el respeto del barrio. Iba con ella a todas partes desde niño, a cualquier sitio, incluyendo a la iglesia del párroco don Mario, a la que se subía por la escalera de un avión.

CARLOS RUFO: La primera guitarra que yo tuve me la regaló Alejandro, me dijo: «Para ti. Yo no la utilizo, toco más la española», él siempre ha sido supergeneroso. Y la tuve mucho tiempo. Yo soy lutier, y le hice una guitarra especial, con el toro del Guernica que él lleva tatuado, y le dije: «Esta es la devolución de aquel préstamo». De esto hará ocho o diez años.

El barrio de Moratalaz se levanta en el anillo exterior de la M-30, la vía de circunvalación con forma de almendra que rodea la ciudad de Madrid. En sus calles, mientras los niños pedaleaban y jugaban a la Vuelta Ciclista con sus chapas, emulando al ídolo de la bicicleta Marino Lejarreta, Alejandro tocaba sus primeras canciones en la plaza del Encuentro y en los parques Zeta y la Osa Menor.

CARLOS RUFO: Un año después de conocernos ya fuimos al mismo cole y formamos nuestro primer grupo, Jinete Inmortal. La primera guitarra eléctrica de Alejandro fue una réplica de una Gibson SG que le vendió el que iba a ser nuestro bajista, porque éramos tan ignorantes que el tío fue a comprarse un bajo y se compró una guitarra, no sabía la diferencia...

ADOLFO CANELA: Igual que Alejandro, yo tuve mis grupos de heavy, el primero se llamó Descarga y el siguiente Hades, los típicos nombres de la época.

CARLOS RUFO: La nuestra es una de esas amistades en las que, aunque te pases años sin verte, te juntas y es como si no hubiese pasado el tiempo. Se fragua de una manera especial, hay un vínculo bien forjado, porque musicalmente nacimos juntos. Descubríamos todo de la música, en ese aspecto éramos vírgenes: Deep Purple, AC/DC..., la vida.

ALEJANDRO: A mí lo que me gustaba era el rock sinfónico andaluz, el rock duro y el flamenco. Durante algún tiempo dejé de tocar flamenco, y un día volviendo del colegio me sentí muy deprimido porque se me había olvidado tocar la guitarra flamenca, llevaba un mes sin tocarla, la había abandonado por el pop y el rock. Así que volví con la guitarra flamenca.

CARLOS RUFO: Alejandro siempre fue más de guitarra flamenca, eso siempre lo llevó dentro. El grupo, que se llamaba Walkiria, debutó en una fiesta de instituto. Todos enchufados al mismo amplificador, no habíamos ni ensayado... Un desastre (risas).

ALEJANDRO: Participamos en un concurso de rock organizado por la concejalía de festejos entre los de Moratalaz, los de Vicálvaro y los de San Blas en un escenario que se montaba en el Alcampo de Moratalaz. Los de Triple Onda, que ponía el equipo, empezaban a descargar, pero, al ver lo que se reunía allí, volvían a meterlo en el camión. Al final nos dejaban cuatro amplis de nada. En uno de esos concursos nos tocó actuar a nosotros a las tres de la madrugada y ya solo quedaban los coleguillas.

CARLOS RUFO: Con Jinete Inmortal nos presentamos a un concurso en Moratalaz, ya con canciones compuestas por nosotros. Estábamos en el instituto Mariana Pineda y ya llevábamos como un año con las guitarras. Cuando cruzábamos el puente de Moratalaz a la Estrella, por encima de la M-30, sentíamos que estábamos en un escenario, y hacíamos como que estábamos tocando. Los focos eran los faros y los coches nuestro público.

ALEJANDRO: En el primer concierto del Calderón, en 2001, estaba muy nervioso, ningún artista español había tocado en el Vicente Calderón antes, yo había visto allí a los Rolling a finales de los ochenta.

Pensaba: «Vengo de Moratalaz, un barrio de aquí al lado». Cuántas veces me he puesto en el puente de la Estrella, pensando que toda la M-30 era público, haciendo que tocaba la guitarra con mi amigo Carlos Rufo. Y de repente me veo en el Calderón, con tantas ganas de que todo salga bien, el público cantando... Se me pasó rapidísimo.

RAMÓN SÁNCHEZ GÓMEZ: En Moratalaz tenía cintas de discos de pizarra de cantaores muy antiguos, del Niño de la Calzada, que era un cantaor sevillano de los años cuarenta que cantaba por fandangos muy bien. Otros discos que escuchamos sin parar esos veranos fueron «Pipa de kif», de Ketama; «Blues de la frontera», de Pata Negra; «Tauromagia», de Manolo Sanlúcar. Todo el día estábamos escuchando flamenco.

ALEJANDRO: Soy muy ecléctico, me gusta la Música con mayúsculas. Todo el mundo conoce mi predilección por el flamenco y también por el rock duro. Yo era muy heavy y me siguen gustando AC/DC, Whitesnake y Motorhead. Una de las cosas con las que no estaba de acuerdo era eso de que si te gustaba el heavy ya no te podía gustar nada más. En mi caso me gustaba también Paco de Lucía, Camarón..., Rachmaninoff. Escuchaba de todo, esa es la grandeza de la música.

RAMÓN SÁNCHEZ GÓMEZ: Lo que componía no se parecía a nada de lo que escuchábamos, eran más baladas. Pero yo le escucho y muchas veces me sale un «ole» de dentro, sin ser flamenco suena flamenco.

ALEJANDRO: Cuando cumplí cuarenta, mi mujer me hizo una fiesta de cumpleaños heavy, trajo un palé de litronas, tocó Medina Azahara, todos mis amigos vestidos de heavy metal, incluso algunos políticos y empresarios... Si les hago una foto y la cuelgo en *Expansión*, los hundo (risas).

En Moratalaz, Alejandro siguió dos caminos musicales diferentes pero paralelos. Por un lado, el que compartía con Carlos Rufo, la parte más heavy, con un Alejandro de muñequera de pinchos que cantaba en el grupo Jinete Inmortal. Por el otro, la parte más flamenca y rumbera que seguía desarrollando con Alonso Arenas y el primo Javier, aquel joven llegado desde Alcalá de los Gazules enviado por el hermano de María con el objetivo de cambiar de rumbo y que a punto estuvo de cambiar el de los demás...

JAVIER PIZARRO: Carlos Rufo era muy amigo de Alejandro. Formaron el grupo de rock, pero yo me iba a las casas prefabricadas a cantar flamenco. Cada vez que había una fiesta allí, nos íbamos a la pirámide de la urbanización y se montaba una buena.

CARLOS RUFO: Cuando llegó el primo de Cádiz, yo estaba totalmente desconectado de lo que era Andalucía, Alejandro no, porque pasaba ahí todos los veranos. Su primo era el tío con mayor desparpajo y vicios (risas). Vino a Madrid y, lejos de arreglarse, casi nos convierte a todos. Era un auténtico personaje.

JAVIER PIZARRO: El año que estuve en Moratalaz hice el mismo curso que Alejandro, aunque creo que él estaba en el A y yo en el B, no me acuerdo. Jesús y yo salíamos mucho los sábados, pero Alejandro estaba todo el día componiendo. Mis recuerdos de aquella época son todo felicidad.

JESÚS (HERMANO): A la gente de las casas prefabricadas, en el barrio viejo, les gustaban mucho Los Chichos y esa onda, y a Javier y Alejandro les invitaban a su casa. Había una familia gitana y resto payos, todos con un punto agitanado, ya sabes.

ALEJANDRO: Yo era el trovador de la pandilla. Era una época convulsa en las calles, peleas de un barrio contra otro y todo el día hablando de esas peleas como si fuera muy importante. Yo estaba con mi guitarra y a mí lo que me gustaba era tocar, y, afortunadamente, la música le gustaba a todo el mundo. Tocaba flamenco, mis rumbitas. Era una época en la que te criabas en la calle, allí aprendías todo. Gracias a eso, me mantenía al margen de muchas cosas. Moratalaz no era lo que es ahora. Ahora es un barrio normal de Madrid de clase media. En aquella época era un barrio conflictivo, estaba ahí en el triángulo de las Bermudas. Moratalaz, Vicálvaro, Vallecas, San Blas. Aquello era el extrarradio. Cruzar el puente era cruzar el Misisipi. Era otro mundo distinto. Si no eras lo suficientemente fuerte como para pelear, en el barrio no eras nadie. Te tenías que defender. La calle es una escuela que, si sabes salir a tiempo de ella, puede ser maravillosa. Convives con la realidad más cruda. Te hace comprender determinados estilos de vida y no pensar que todo viene regalado. Yo veo a compañeros que vienen de familias acomodadas y se les nota un poco, en el sentido de que no valoran tanto a los demás. No valoran determinadas acciones de la gente, el trabajo de otras personas. El barrio te da una visión más amplia de lo que hay alrededor. Te hace más sensible a determinadas cosas. Y te prepara para lo que pueda pasar.

CARLOS RUFO: Las viviendas prefabricadas era donde se habían realojado a una serie de familias de bajos recursos. Alejandro se involucró musicalmente mucho con ellos, hicieron un grupito. Yo no tenía con ellos afinidad musical, me tiraba más el rock americano, y musicalmente nos separamos un poco, aunque seguíamos siendo muy amigos.

JESÚS (HERMANO): Mi primo Javier se ponía a tocar la palmas y se juntaba con mi hermano y los del barrio viejo. Al principio les teníamos miedo, pero les encantaba lo que hacían mi primo Javier y Alejandro y les cogieron para cantar por allí. Eran uno más de la familia.

JAVIER PIZARRO: Era todo improvisado, empezábamos cuatro y al rato éramos cuarenta, venga a cantar Romero San Juan y tocar la guitarra. Escuchábamos a Leño, Obús, Barón Rojo y AC/DC. Cantábamos por Camarón, El Enano de Jerez, el Turronero...

JESÚS (HERMANO): En el barrio viejo cantaban las canciones de Los Chunguitos y Los Chichos. Había unos billares con una taberna andaluza al lado con lo típico, el pescaíto frito y los choquitos, y allí iban mucho a amenizar a los clientes, allí pasaron muchas horas.

CARLOS RUFO: Era una parte del barrio más macarrilla. Musicalmente era la rumba con matices sociales, canciones que hablaban de dejar la droga, Los Chichos, Los Chunguitos... Y eso era un acercamiento a sus raíces.

Los primeros pasos musicales en Moratalaz fueron difíciles. Alejandro, Álex en el barrio, viajaba siempre con su guitarra a cuestas y en cuanto podía desplegaba su arsenal de canciones delante del público que estuviera disponible. Pronto aprendió que el aplauso no es algo que regalen.

ALEJANDRO: No creo que haya nadie que haya cantado para menos gente que yo. Había un bar en Moratalaz donde yo cantaba, que se llamaba Los Nardos, y allí había dos borrachillos y ya está. A veces venía a cantar el Yunque, un gitano del Rastro, y yo le tocaba, era muy chico, estaba aprendiendo a tocar y no daba una con la bulería. Y llegó una noche el Chaleco, que cantaba muy fuerte, con una voz agudísima. Empezó a cantar y cuando escuché esa voz tan fuerte me quedé *acojonao*, empecé a intentar tocar y me agarraba el mástil y me gritaba: «¡Eso no es así!»... Yo tendría trece o catorce años, me fui para casa con la guitarra. Yo, que estudiaba muchas horas todos los días, fracasado en mi primer concierto de acompañamiento... y no había nadie. Era un sitio nefasto, nunca funcionó, cambió de nombre varias veces, pero las cosas, cuando no tienen que ser, no son.

Jesús (Hermano): Nuestros amigos de las casas prefabricadas eran el Alonso, el Juanito, el Susi, el Choco. Paraban mucho a tocar y a cantar en Los Nardos, y el dueño encantado, porque animaban un poco el bar. De vez en cuando nos invitaba a algún botellín y unas patatitas.

Adolfo Canela: En Moratalaz, cuando entrábamos en algún pub, a él siempre le conocían. Iban al banco de la calle a tocar y cantar, lo mismo que hacía yo en mi barrio, en la zona de Oporto en Carabanchel, y me saludaba todo el mundo.

Esquimal: Más adelante, cuando Alejandro ya había tenido éxito, entré con él al bar flamenco donde iba con sus colegas. Allí había gitanos y payos. El primer día que me llevó Alejandro, dijo: «Eh, este es de la familia», porque en esos días yo hacía la seguridad, allí no me conocían y aquello cantaba un poco.

Jesús (Hermano): Al lado del bar había unos billares, así que por esta zona parábamos muchísimo, o nos sentábamos en los soportales si llovía.

Alejandro: Me contrataron en Los Nardos, me daban tres mil pesetas al mes por tocar tres veces al día durante toda la semana: a las siete, a las nueve y a la una. Las de la una eran las más peligrosas porque pasaban por allí muchos de los que vivían en el Liang Sham Po*... Venían de fiesta y pasaban por allí y venían *cargaítos,* se mosqueaban unos con otros. Yo le preguntaba a la dueña que para qué ponía los taburetes de madera maciza pudiéndolos poner de plexiglas o algo más ligerito, porque cogían los taburetes para pegarse y pesaban como la madre que los parió.

Adolfo Canela: Los dos nos hemos criado en barrios y conocíamos la calle y cómo sobrevivir en ella. Yo no me asustaba fácilmente, pero en

---

* Liang Sham Po, mítico río de una serie de televisión de chinos: *La frontera azul.* Más allá del Liang Sham Po reinaba el peligro.

alguna ocasión estuve con Alejandro en algún pub de Moratalaz donde había algunos personajes muy peculiares. Allí le saludaba todo el mundo.

CARLOS RUFO: Ya en aquellos años Alejandro tenía un magnetismo especial. Fue capaz de fusionar la cultura de aquella gente, que venía de un poblado chabolista, con la suya. Conectaron a través de la música. Yo era incapaz, para ellos yo era un payo y un *pringao*. Estábamos muy lejos de ser nada parecido a niños pijos, de hecho íbamos a pegarnos con los del barrio de la Estrella, que estos sí eran pijos de verdad, pero para los de las casas prefabricadas éramos otra cosa. Allí iba a tocar flamenquito «el Álex», y era un tipo respetado. Había buena gente, pero otros ya apuntaban maneras y algunos tuvieron problemas serios o murieron por culpa de la droga.

La figura de Alejandro es indisoluble con la mía, no puedo separarme de él, prácticamente a diario, porque mi vida también es la música, es algo que se formó cuando éramos muy pequeños, y a partir de ahí por diferentes caminos. La música nos ha dado de comer en sentido literal, y también espiritualmente. Han pasado casi cuarenta años y ahí seguimos.

JAVIER PIZARRO: En las casas prefabricadas nos hicimos un montón de amigos, el Miliki, unos mellizos..., por allí andaba Pedrito el Electrónico, el punki de la Elipa. De alguna manera vieron que teníamos arte y allí nos quedábamos hasta tarde, horas y horas, tanto que mi tía María tenía que ir a buscarnos: «Venga, que mañana hay cole», o cualquier cosa.

ALEJANDRO: Cuando ya había sacado el primer disco, José el Francés vino un día a mi casa. Me invitó a conocer a su familia, en el Liang Sham Po, toda la chiquillería detrás nuestra, imagínate. Conocí al patriarca, con su vara, pero todo en orden.

De vez en cuando doy una vuelta por Moratalaz. Cuando tengo días libres y me levanto, pronto cojo el coche y me voy para allí y, si veo que no hay mucho jaleo, paro en El Toledano, que me conocen de toda la vida, y si tengo suerte hasta me encuentro a algún coleguilla de los de entonces. He perdido mucho el contacto, claro, es complicado, pero conservo algunos amigos.

Me siento muy orgulloso de mi barrio y de la gente que vive allí. Mi nombre está escrito en cada una de esas calles.

Su maestro, Vicente

10
Instituto

«Era un chaval de barrio. Viví la calle. A los veintiuno hacía lo mismo que cualquier tío de mi edad multiplicado por 100».

Música: Alejandro Sanz, *Tú no tienes alma*

Para que el ciclo musical de una persona sea completo, necesariamente debe atravesar una etapa heavy-rock a lo largo de su vida. Barón Rojo, Leño, Judas Priest, Deep Purple, Obús o Medina Azahara conviviendo con Camarón, Los Chichos, Alameda o Triana. Así era la banda sonora de Alejandro en la recién amanecida década de los ochenta en el instituto Mariana Pineda. Cada uno de los jóvenes, casi sin querer, se encasillaban en determinados tipos de música o movimientos de manera que heavys, rockers, punkis, mods y calés convivían en los mismos pasillos.

Bien pensado, la proliferación de géneros y tribus sigue igual que hace treinta y cinco años. Para comprobarlo hoy solo hace falta echar un vistazo a cualquier calle de barrio o subirse a un vagón de metro.

CARLOS RUFO: En el instituto, aparte de que él era un tipo mono y guapete, Alejandro tenía ese magnetismo, esa simpatía que solo tienes si naces con ella. En la clase, si había alguien que hacía gracia hasta a los profesores, era él.

JESÚS (HERMANO): Después del instituto estuvimos un par de años en los que nuestra madre no podía con nosotros. Nos sacó del instituto y fue cuando habló con Vicente Ramírez para que echara una mano a Alejandro. Durante un par de años anduvimos muy despistados. Nos llevó al colegio allí en la plaza Mayor, al Teide Mayor, y llegamos con el curso empezado.

CARLOS RUFO: Andábamos muchísimo por Madrid, hacíamos kilómetros, siempre cantando canciones de AC/DC, y de este y del otro. Y a veces pasábamos por una tienda de instrumentos de la calle Hermosilla, Adagio, que sigue ahí, y nos quedábamos mirando las guitarras del escaparate. No teníamos dinero para comprar ninguna, y ahí nos quedábamos, con la nariz pegada. Me recuerda a esas películas en las que hay unos niños pobres que miran con hambre el escaparate de la pastelería: «¿Te imaginas que llega alguien y te regala esa guitarra?». Cuando veo dónde está ahora Alejandro, que ya no se puede estar más arriba, me vuelven todas esas imágenes.

JESÚS (HERMANO): Durante aquellos años las drogas hicieron estragos en Moratalaz y murieron amigos de la pandilla. Alejandro se ganó el respeto del barrio solo tocando la guitarra española, en cualquier sitio, con cualquier excusa, como cuando íbamos a la iglesia del párroco don Mario, la de la escalera de avión.

CARLOS RUFO: Hicimos primero de BUP juntos, el año más improductivo de toda nuestra vida, no aprobamos ni una sola, y además Alejandro era un bicho muy bicho. Nos expulsaron a los dos. Yo ese año me apunté a formación profesional de Electrónica, y él repitió curso, entonces coincidió con mi hermana y algunas amigas más del barrio.

ALEJANDRO: Antes de llegar al instituto, en EGB, tuve un profesor de lengua y de inglés que dividió mi clase en tres grupos: A, B y C. Y dijo: «De los del grupo A solo los tres primeros llegarán a algo en la vida, de los del B probablemente ninguno... y de los del C estoy seguro que ninguno llegará a nada». Imagínate en qué grupo estaba yo. Así era la educación de algunos profesores en aquella época.

CARMEN LORENZO: Alejandro estuvo en el instituto en el curso 82/83 y 83/84. Era mal estudiante, suspendió. Sin embargo, desde el principio ya le gustaba la música, aquí hizo algunos conciertos para los chavales, tenemos buen recuerdo de él.

ALEJANDRO: Siempre aprobaba Historia y Literatura en el instituto, pero después suspendía hasta el recreo. Pasaban lista en el recreo y no estaba tampoco. Los institutos públicos en aquella época eran un poco difíciles, tenías que estar al día con la gente...

De aquellos años bárbaros surgió una figura crucial en la vida de Alejandro, Vicente Ramírez, su profesor durante un lustro y el hombre que fue capaz de transmitir confianza y, sobre todo, ofrecerle el apoyo que aquel joven necesitaba mediante el uso de las palabras justas. Un hombre cabal, inteligente y noble que quiso a Alejandro como si fuera su propio hijo.

JESÚS (HERMANO): Vicente era amigo de la familia. Nació en Alcalá de los Gazules, muy amigo de mi tío Pepe. Mi madre se acordó de que él estaba de director, le habló de nosotros y allí empezó el cambio radical.

ALEJANDRO: Vicente Ramírez, que era amigo de la familia y lo era desde antes de que yo entrara en la academia, se encargó de aquella rebeldía con la que yo venía del instituto, de donde salí rebotado.

VICENTE RAMÍREZ PUERTO: Me lo enviaron porque andaba descarriado, haciendo novillos en el instituto. Le dije: «Un hombre puede convertirse en un chulo en un minuto, pero un chulo puede no llegar nunca a ser un hombre. No hace falta tener cuarenta años para ser un hombre. Con quince ya puedes serlo». Ese año fue el primero de la clase, pese a que solo vivía para la música y las chicas.

JUAN RAMÓN RAMÍREZ: Nos conocemos desde niños, porque nuestras familias eran amigas, veraneábamos juntos, etcétera. Mi primer *flash* es de un día comiendo en casa de mis padres. Alejandro ya era alumno de mi padre o estaba a punto de serlo. Venía con su guitarra, él tendría unos quince años y yo doce o trece. Le pedí un autógrafo «para cuando fuese famoso», ¡y me lo firmó! Posiblemente es uno de sus primeros autógrafos, si no el primero.

ALEJANDRO: Yo era un perroflauta, pero sin flauta. Me echaron del instituto. Conocí a Vicente Ramírez, que era del pueblo de mi madre y el director de la academia. Me dijo: «Si tú me das problemas, te voy a dar una patada en los huevos. Yo sé que eres capaz de ser el número uno de tu clase, a ver si te atreves a demostrármelo». Yo le respondí: «¿Ah, sí?».

JUAN RAMÓN RAMÍREZ: Mi padre era un personaje muy especial, toda su vida trabajó con gente joven y era capaz de interactuar con ellos, de ponerse a su nivel. La relación que tuvo con Alejandro se ha hecho muy visible, porque él es muy conocido, pero mi padre consiguió tener ese vínculo con muchos alumnos. Tenía la capacidad de orientar a la gente joven.

JESÚS (HERMANO): Cuando estabas con Vicente, aun sin quererlo, eras más responsable. Cuando hacíamos algo, en lugar de chivarse a tu madre te llamaba al despacho y, por ejemplo, te ofrecía un cigarro, a lo que le decías: «Yo no fumo», y te desarmaba con un «cómo que no fumas si estoy harto de verte fumar». Y te soltaba un «a ver, ¿qué ha pasado?». Te hablaba de hombre a hombre, aunque fueras un niño, te pedía que fueras responsable y te ofrecía la mano. En mi pueblo dicen que cuando dos hombres se dan la mano no hacen falta contratos.

ALEJANDRO: Vicente me dijo una vez que enseñar es un arte. El que no quiere ser maestro es mejor que lo deje. Porque ser maestro no es solo enseñar de una determinada manera, significa transmitir sensaciones, una forma de mirar la vida.

JUAN RAMÓN RAMÍREZ: Mi padre quería a Alejandro como a un hijo. Tenía una gran sensibilidad, y era capaz de hablar el mismo idioma que él. A veces pienso que ejerció más de padre con él que conmigo y mis hermanos. Siempre estuvo muy encima de Alejandro.

JESÚS (HERMANO): Él depositaba la confianza en ti, lo hacía mirándote a los ojos, y así era mucho más difícil traicionarle. Esa forma de tratarnos era la que en el fondo nos hacía responsables. Si hacíamos pellas, nos pedía que hiciéramos el trabajo. Si hacía buen día, te decía que no hacía falta que fuéramos... «Pero al día siguiente tráelo todo bien». Con él, Alejandro se convirtió en un estudiante estupendo.

ALEJANDRO: Vicente, mi maestro, decía que cada persona es en sí misma una oportunidad, que todo ser humano tiene algo bueno que ofrecer, que no existen los casos perdidos, sino sociedades con poca paciencia. Era un caballero para enseñar, para luchar, para querer... Un buen maestro, un educador, puede cambiar el destino de una persona.

VICENTE RAMÍREZ PUERTO: Un día yo sabía que Alejandro necesitaba una inyección de moral. Pasé por una tienda y vi que había un cartapacio de esos de cuero que se ponen encima del escritorio. Se lo compré para regalárselo. Pero antes de dárselo le escribí dentro: «Éxito = noventa por ciento de trabajo, cinco por ciento de genio y cinco por ciento de suerte». Y se le quedó grabado, porque lo ha repetido en alguna entrevista.

ALEJANDRO: Vicente tenía mucha razón, aquella frase me llegó muy adentro, aunque le añadí algo de mi cosecha: «El éxito está compuesto de un noventa por ciento de esfuerzo, un cinco por ciento de talento y un cinco por ciento de originalidad».

Cuando a Alejandro empieza a llegarle el éxito, llamó a Vicente para que le echara una mano. La incorporación profesional de Vicente en los asuntos de Alejandro fue progresiva, en realidad él nunca dejó de ser educador. A medida que el volumen de trabajo de Alejandro demandaba más tiempo, dejó la dirección del centro, se quitó horas lectivas, etcétera, pero siguió dando clases hasta el final.

Después de nacer Manuela, la primera hija de Alejandro, Vicente cayó enfermo, justo en el momento en el que la carrera de Alejandro era cada vez más grande. Al poco tiempo, Vicente falleció.

La muerte de su mentor fue un duro golpe para Alejandro, que en 2004 dedicaría la canción inédita de su álbum de «Grandes éxitos» a su maestro. Tú no tienes alma *es una de las más hermosas canciones escritas por Alejandro, un texto conmovedor que respira, suda y duele.*

> *Tú no tienes alma*
> *y yo no tengo el valor para ver cómo te marchas*
> *como si no pasara nada.*
> *Tú no tienes ganas*
> *y yo me muero por darte las fuerzas que hagan falta.*
> *Tú no tienes derecho a decirnos adiós*
> *y yo no tengo el derecho a decirte que no,*
> *y si no tienes ganas yo no tengo nada.*

ALEJANDRO: *Tú no tienes alma* es una reclamación a alguien que se abandonó a su suerte, que fue perdiendo el gusto por vivir, un amigo que estuvo a mi lado durante todo este camino. Se trata de un reproche... injusto...

JUAN RAMÓN RAMÍREZ: Me resulta difícil escuchar *Tú no tienes alma* sin llorar, es una canción extraordinaria, pero durísima para mí, porque entiendo cada palabra de esa canción y lo que quiere decir. Es una canción maravillosa y el mejor regalo que nos pudo hacer tras la muerte de mi padre.

ALEJANDRO: Ya sabes, querido compadre, amigo, maestro, ilustrísimo caballero, que sé perfectamente que si hay alguien que me demostró que tenía alma, ese fuiste tú..., solo que te extraño...

La Tata

11
La Tata

«En el camino del éxito, en cualquier profesión, siempre
hay momentos en los que pierdes la perspectiva».

Música: Alejandro Sanz, *Quiero morir en tu veneno*

D*urante los primeros años de los ochenta, Alejandro y la familia Sánchez
Pizarro atravesaron una etapa moderadamente tranquila. Alejandro
crece día a día en la academia de Vicente Ramírez al tiempo que sus inquie-
tudes musicales disparan sus deseos de dedicarse definitivamente a escribir
canciones. En plena resaca del Naranjito, no hay Tejero ni golpes de estado
que resistan el torbellino emocional de un Alejandro a punto de dar su primer
paso artístico profesional.*

*A lo largo de su intensa vida, Alejandro se ha ido topando con persona-
jes de todo tipo. Algunos han sido indudablemente efímeros, otros imprescindibles. Estoy sentado en el tren destino a Sevilla y me pregunto cómo
estará la Tata, uno de esos personajes imprescindibles para contar esta historia. Hace más de quince años que no lo veo. En Triana me recibe con cojera y muleta, una frondosa barba y un plato de judías pintas.*

Jesús (Hermano): Las cosas empezaron a ir un poco mejor. En Moratalaz y en uno de sus primeros trabajos conoció a Pedro Miguel.

Pedro Miguel Ledo «La Tata»: Yo era miembro de la Agrupación
Álvarez Quintero, una compañía de teatro en Sevilla. Estaba estudiando para auxiliar administrativo y me fui en el año 88 a Madrid. En

aquel momento ya tenía compuestos algunos temas, pero nunca había dado el paso para que se editasen y se grabasen. Cuando llegué a Madrid, empecé a trabajar en una oficina de representación artística que se llamaba Star Records y allí estaba Miguel Caiceo, buen amigo mío y con quien he trabajado después, una persona encantadora y maravillosa; y también Perla Cristal, que es una actriz argentina con residencia en España y pasaporte español, y que hizo mucho cine en los años setenta.

JESÚS (HERMANO): Aquel representante artístico vivía enfrente del parque del Retiro, en la oficina donde trabajaba Pedro Miguel, al que llamábamos la Tata. Llevaban humoristas, hacían contratos de vez en cuando a Los Morancos, Miguel Caiceo y cosas así. También gente para sitios de alterne y espectáculos erótico festivos. De alguna manera en aquella oficina empezó todo.

CAPI: Le llamamos así, la Tata, porque era como una tata para Alejandro, inseparable, como los gemelos de María Dolores Pradera, como Sartre y Simone de Beauvoir, como Tintín y el capitán Haddock.

LA TATA: Un día, a Perla le daban un premio en una sala en la que casualmente estaba actuando Alejandro. Así, Alejandro a secas. Era un chaval con melena que actuaba porque su padre era representante y llevaba los espectáculos de esa sala. Cantaba cosas de Lole y Manuel, de Bordón 4, de Romero San Juan..., cosas muy flamencas.

JAVIER PIZARRO: A Alejandro, Romero San Juan le gustaba mucho. Mi primo y yo viajábamos a Madrid desde Alcalá en un Ford Escort y la cinta de Romero San Juan dando vueltas una y otra vez hasta romperla.

TÍA CRISTINA: Jesús tenía un conocido, Luciano Ruiz, que era representante artístico. Luciano lleva ahora los ballets de flamenco de Madrid. Tenía una oficina en la calle Antonio Acuña en la que trabajaba la Tata. Alejandro ya se había salido del instituto Mariana Pineda, bueno en realidad se había salido desde el primer día porque él iba a clase y al ratito se marchaba al parque a tocar la guitarra (se ríe).

LA TATA: Llegamos a aquella sala. Luciano Ruiz, el jefe de mi oficina, nos presentó a Jesús padre y después conocimos a su hijo. Entonces mi jefe se enteró de que estaba estudiando para auxiliar administrativo por las mañanas en la academia de Vicente Ramírez y le propuso soltarse un poquito en la oficina por las tardes, y estuvo allí un tiempo, yo le puse un poco al día de cómo funcionaba la oficina, le puse a atender llamadas y digamos que estaba un poco a mi cargo, aunque, ya sabes, después yo terminé a cargo suyo. La cosa era enseñarle un poquito cómo se hacían los archivos de correos, etcétera. Entonces no se usaba el correo electrónico, eran todo cartas, no había WhatsApp, no había Internet, no había nada. Le puse a mandar afiches, los carteles de las producciones que llevaba nuestra compañía para los ayuntamientos, los programadores, acompañar a Los Morancos o a quien fuera...

CÉSAR CADAVAL: Alejandro siempre cuenta que venía a recogernos la ropa para lavárnosla cuando estábamos en la Sala Windsor de Madrid, y ahora somos nosotros los que le recogemos las cáscaras de plátano y los cacahuetes en Miami.

ALEJANDRO: Eso es verdad. Yo trabajaba en la oficina de *management* y cuando venían Los Morancos me encargaba de llevarles las maletas o lo que hiciera falta. A veces se lo recuerdo y ellos me dicen: «No lo digas más, no lo digas más», pero no pasa nada, a mí me enorgullece, les considero buenos amigos, lo haría otra vez...

TÍA CRISTINA: Empezó a trabajar de secretario con Luciano, que en aquella época llevaba a Sara Montiel, a María Vargas..., pero, al mismo tiempo, como tocaba la guitarra, también se lo llevaba de guitarrista en algunas actuaciones. De hecho acompañó a María Vargas y a muchos más en las actuaciones de El Rastrillo.

Los primeros escenarios que alumbraron las canciones de Alejandro fueron hostiles: bares, restaurantes, boites y clubes de alterne donde aquel joven de apenas dieciocho años hacía hasta tres pases de madrugada mientras los clientes aguardaban a Venus y Afroditas...

TÍA CRISTINA: Trabajé con Jesús en su oficina de representación. En aquella época había muchos locales en los que había música en directo, en toda España: pubs, restaurantes, salas rocieras... Había semanas en las que programábamos cuarenta artistas, incluido Alejandro.

JESÚS (HERMANO): En algunas salas de fiesta cerca de la Gran Vía mi padre le conseguía bolillos. Le pagaban cinco mil pesetas de entonces.

VICENTE RAMÍREZ PUERTO: En Navidades cantaba en una fiesta que organizaba su centro de FP en un asilo. Todos los años terminaba hasta los huevos porque tenía que repetir una canción de Serrat, *La Saeta*. Más tarde, cuando tuvo que hacer la prestación social sustitutoria en la fundación para minusválidos ANDE, suplió su trabajo diario con algunos conciertos y visitas a internados.

FERNANDO MARTÍN VICENTE: Alejandro estuvo colaborando con nosotros como objetor de conciencia los años 1992 y 1993. Era un hombre extraordinario, ahora es un artista de primera fila, pero como persona lo es aún más. Él quiso hacer la objeción con nosotros porque precisamente vio que era una manera de estar cerca de personas que tenían alguna discapacidad, que tenían una necesidad mayor, que están acostumbradas a ver gente famosa, pero muy de lejos, en televisión..., y él quería estar cerca de ellos. Esta casa le debe mucho porque le dio grandes ilusiones a la gente con la que trabajamos.

Este último verano, Alejandro me enseñaba una bolsa de cuero, una especie de zurrón mochila que él había bautizado como «kit de composición». Dentro se escondía una tablet, unos auriculares, un cuaderno y varios bolígrafos. Y ya. Si Alejandro ya tiene preparado su kit es que planea ponerse a escribir más pronto que tarde. Escribir canciones es algo que hace más o menos desde siempre...

LA TATA: Y un día me pregunta: «Oye, ¿tú compones?», «Pues mira, casualmente sí», le dije. Y me propuso ir a escribir a su casa cuando termináramos en la oficina. Alejandro tenía un cuartito allí, con un radiocasete en el que había que sostener la tecla de *record* de grabación porque estaba rota. Mientras él tocaba la guitarra, yo cantaba para hacer maquetas y con el dedo mantenía pulsada la tecla de *rec*.

JESÚS (HERMANO): Solo tenían aquel casete *play/rec*, una cajita de ritmos y un teclado donde Alejandro empezó a aprender a tocar. Se pasaba horas delante del Roland, hasta el punto que se puso malo de la espalda del tiempo que se pasaba allí sentado. Por entonces yo trabajaba en una empresa de ropa como administrativo, ganaba unas cincuenta mil pesetas y una vez me pidieron veinticinco mil para comprar una mesa de mezclas chiquitita. Luego ya me lo devolvieron, claro.

ALEJANDRO: Conseguí las veintisiete mil pesetas (ciento sesenta y dos euros) que costaba el curso de piano en el Taller de Músicos de Jazz. Al profesor le gustaba cómo tocaba la guitarra flamenca y estaba todo el día pidiéndome que lo hiciera, y además no tenía piano, así que fatal, no hubo manera y tuve que dejarlo.

CARLOS RUFO: Yo estaba trabajando en una tienda de la calle Atocha y ahí le vendimos su primer Porta One, y ahí grababa él sus canciones, las de «Viviendo deprisa», pero las compuso en la intimidad, no eran canciones que tocáramos cuando nos veíamos.

LA TATA: Y de allí surgieron muchos éxitos, nacieron canciones para otros artistas y para nosotros fue maravilloso. Imagínate, en el principio de tu carrera, empiezas a grabar cosas, a crear.

JESÚS (HERMANO): Desde entonces la Tata se hizo muy amigo de Alejandro. Se pasaban horas y horas encerrados en el cuartito de Moratalaz.

ALEJANDRO: La Tata se convirtió en parte de la familia, prácticamente vivía en mi casa. Trabajó con nosotros mucho tiempo hasta que se fue para Sevilla. Ahora le veo menos que antes.

LA TATA: Recuerdo la casa de Moratalaz perfectamente. Una casa familiar, un piso bien, a pesar de ser un barrio obrero, la zona estaba muy bien, con portero. Era una casa, digamos, de clase media. Tenía su sofá estampado maravilloso, su mueble bar y sus habitaciones. Y había una habitación que no se sabía muy bien si era salita, almacén, o cualquier otra cosa.

ALEJANDRO: La habitación en la que empecé era muy pequeña. Tenía un mueble y una grabadora de cuatro pistas de casete que era mi tesoro, un microfonito, mi guitarra y poco más.

JESÚS (HERMANO): Desde siempre, Pedro Miguel fue partícipe de todos sus momentos de creación. Alejandro componía solo, pero él estaba siempre presente, muy pegado a Alejandro desde los inicios.

ALEJANDRO: La inspiración es un momento en el que confluyen muchas cosas y te conviertes en un ser especial. Es un superpoder que puede durar más o menos. Lo que pasa es que luego hay que trabajarla. Para llenar un estadio primero tienes que vaciar un cuarto de diez metros cuadrados, quedarte tú solo, y en esa soledad es cuando se crea.

Alejandro y Capi en Londres

12
Descubriendo estrellas

«Solo hay una manera de ser feliz en la vida,
y es dedicarte a lo que más te gusta».

Música: Tequila, *Número uno*

En la vida, es la propia vocación la que va definiendo el camino. La música marcó desde siempre cada uno de los pasos que daba Alejandro, sobre todo cuando se hizo patente que el suyo no era el caso de un aficionado más. La música estaba en su sangre, impregnaba todo su ser y era desde ahí desde donde él se enfrentaba al mundo.

TÍA CRISTINA: Cuando el niño quiso aprender a tocar bien la guitarra, Jesús lo mandó con Antonio Arenas, un conocido suyo.

LA TATA: Antonio Arenas, el tío de Capi, era un guitarrista y compositor que descubrió a Tijeritas, hizo muchos éxitos y estuvo muy involucrado en la carrera de Alejandro como guitarrista. Antonio le presenta a su sobrino, le dice: «Hay un chaval que tengo ahí, que tal y que cual, por si tú le quieres hacer algo».

ALEJANDRO: Mi padre buscó a Antonio Arenas para que yo perfeccionara la guitarra flamenca a los quince años. En vez de darme clases decidió que hiciéramos un grupo de sevillanas. Actuamos poco y en sitios muy pequeños. Él no tocaba, pero iba siempre con nosotros y tenía momentos mágicos.

JESÚS (HERMANO): El tío de Capi era un guitarrista bastante famoso en la época, había trabajado con Bambino, entre otros. Alejandro tenía un grupo de rumba, Sol y Arena, con su hijo y otro chaval, y hacían sus conciertillos. A través de su tío, Capi encontró a Alejandro y lo sacó del mundo de la rumba.

ANTONIO ARENAS: Yo lo cogí como alumno a los quince años y ya sabía bastante. Monté con él y dos sobrinos míos un grupo de sevillanas, y luego, cuando empezó a tocar en solitario, le puse el nombre de El Cané, que es un juego de cartas, porque él era muy divertido.

ALEJANDRO: Antonio contaba historias de cuando los flamencos iban a América y la mafia era muy fuerte. Él se había traído muchas joyas que le regalaban, porque decía que a los mafiosos les encantaba el flamenco y, en una noche de fervor, le podían regalar al guitarrista un anillo de rubíes. Tenía su pequeño tesoro en casa y desde que se lo robaron tenía un genio fatal.

Conocer al Capi es toda una experiencia. Ya ni sé los años que llevo viéndolo cambiar de estilismo frenéticamente a medida que la moda evoluciona. Y no porque seamos mayores, simplemente empezamos en esto muy pronto y nos conocimos jóvenes.

Miguel Ángel Arenas, más que productor, es un descubridor de estrellas. Este título honorífico se lo ha puesto él mismo, pero, ¡qué coño!, se lo ha ganado a pulso. El Capi lleva metido en la música desde que tenía cuatro años y Manolo Caracol le cantaba sobre sus rodillas.

En un repaso exprés por su currículo, es el responsable del descubrimiento de una jovencísima Alaska, del advenimiento rock de una boy band *llamada Tequila, puso de acuerdo a Mecano y participó del inusitado éxito de Los Pecos, dos hermanos que se convirtieron en fenómeno social a finales de los setenta. También firmó para Hispavox a Radio Futura y a Nacha Pop, y ha trabajado con Vainica Doble, Arturo Pareja Obregón y Bromas Aparte.*

Capi siempre me recibe con un piropo, un gesto amable y galante que, la verdad, es de agradecer. En el precioso salón de su casa, un magnífico edificio al borde del paseo del Prado, muy cerca de Neptuno, no cabe ni un objeto decorativo más. Resulta todo tan excesivo que inevitablemente termina gustando.

Capi habla despacio, se gusta cuando habla. Y yo disfruto escuchándolo. Me cae muy bien, el cabrón tiene algo que lo hace particularmente entrañable. Es lo que en la literatura universal se ha conocido desde siempre como «un personaje».

CAPI: Yo conozco a Alejandro a través de mi madre y de una foto en la que está cantando sevillanas con mi primo José y con otro chico. De alguna manera, en la foto ya se podía apreciar su aura de estrella y quise conocerlo. Lo hice en 1987. Me dijo que quería «estar en la música como fuese». Vivía para su trabajo. Tenía veinte años y ya llevaba desde los dieciséis trabajando en el sector.

ADOLFO CANELA: Éramos unos críos. Grabamos todos los discos de Rumba Pop, un sucedáneo de La Década Prodigiosa, pero rumbeando, con el mismo productor, Jorge Álvarez. Hicimos las guitarras, las palmas, y todas las voces de Los Chichos y Los Chunguitos. Escribimos para Marina, que era la prima de Tijeritas, Azúcar Moreno o el grupo rociero Salmarina.

CAPI: Me lo llevé al estudio y empezó haciendo de todo: conocer la producción a fondo, escribir, trabajar sin parar. Participó en grabaciones de María Vargas, Laín, Tino Casal...

ALEJANDRO: Con Tino Casal es con quien empecé a hacer coros, y la verdad es que me enseñó muchas técnicas para cantar. Le recuerdo con mucho cariño, cantaba de maravilla y fue quien me enseñó literalmente a hacer coros, a empastar voces, a modular y hacer efectos. Le recuerdo cantando, y yo fijándome en esos zapatones que llevaba, que eran como dos coches de choque de feria, con una goma muy grande alrededor. Yo flipaba con eso porque me lo había imaginado con zapatos puntiagudos, pero nunca con esos zapatos tan gordos de goma. En casa tengo uno de sus bastones.

ADOLFO CANELA: Yo colaboraba con Tino Azores, que era un técnico de sonido en los estudios Circus, de Luis Cobos, por la zona de Pacífico en Madrid. Por mediación de Tino, Capi escuchó unas maquetas mías y le gustaron mucho. «Tienes que conocer al niño», me dijo.

El niño era Alejandro, nos hicimos muy amigos. Yo tenía veintitrés años, era un poco mayor que él.

ADOLFO CANELA: Hicimos todo tipo de trabajos en Circus. Vieron que lo hacíamos bien, y en lugar de llamar a los músicos y cantantes de sesión habituales nos empezaron a llamar a nosotros. Fue muy gratificante, y así nos introdujimos en el mundo de la grabación.

CAPI: A ratos sueltos, Alejandro iba componiendo las primeras canciones del grupito rumbero, aunque mi tío pretendía firmarlas él, que eso también es muy flamenco y le sirvió a Alejandro para aprender el doble filo del flamenquismo: mucho arte y dinero para que me harte.

ADOLFO CANELA: Una vez nos contrataron para cantar en una boda de un empresario muy conocido, con mucho famoseo y tal, y estuvimos cantando en una cueva hasta las tantas, a pelo. Recuerdo que la gente bailaba la *Lambada,* ese año fue.

CAPI: Fue en una boda rociera, aquel fue el primer gran concierto de Alejandro, y se lo ganó a pulso: ni siquiera estaba programado. Había coches de caballos, trajes de faralaes, sombreros cordobeses... Más de mil invitados apretujados unos contra otros sin parar de bailar y de dar palmas. Nos escondimos en una especie de cueva que había en la finca a montar nuestro concierto alternativo, con Alejandro, Canela, la Tata y unas guitarras, a la luz de unas velas. Uno a uno, los invitados se iban acercando a la cueva. Sin micrófono, sin luces, sin escenario... Alejandro se hizo heridas en las manos, sangraba sobre la guitarra, pero siguió tocando. Acabó una semana afónico y con los dedos vendados, pero valió la pena.

ADOLFO CANELA: Cuando salíamos de grabar nos íbamos a la zona de Azca, a la discoteca La Nuit, y Alejandro no paraba de bailar, era como si llevara pilas alcalinas, incombustible. Nos reíamos un montón. Recuerdo un día en un concierto del guitarrista flamenco Gerardo Núñez, estábamos con Laín, el de *Arriquitaun,* y estábamos de risas haciendo ruido en la barra. Se acercó un señor un poco serio y nos dijo: «Chavales, qué os parece si escuchamos un poquito...». Era Paco de Lucía.

CAPI: Era una máquina de trabajar. Y yo, como productor, que necesitaba movimiento, llegaba a una idea y decía: «Que la haga Alejandro». Y Alejandro lo hacía todo. Yo impulsaba los motores y él no paraba. Por eso, antes de que llegue «Viviendo deprisa», hay montones de discos que han sido su preparación y su aprendizaje para poder enfrentarse a un proyecto propio y personal.

Sol y Arena

13
Los chulos

«Todos tenemos un pasado y a veces lo utilizamos».

Música: La Unión, *Entre flores raras*

A lejandro pasó muchas horas en el estudio de grabación. En un momento determinado junta algunas canciones y graba un disco anónimo. El álbum «Los chulos son pa cuidarlos», firmado con el nombre artístico de Alejandro Magno, es un trabajo atado a una época y a una cultura muy concreta, y que fuera de ella se vuelve una desconcertante rareza. En el intenso Madrid de los años ochenta, el joven Alejandro crece entre una dicotomía estilística colosal: el heavy de Iron Maiden y el flamenco de Paco de Lucía.

A medio camino de nada, Alejandro graba un disco con versiones de flamenco ligero, casi todas de Fabio McNamara y Luis Miguelez, abocado al circuito de las discotecas de tercera, cabarés y locales de alterne. «Todos tenemos un pasado», que decía aquel.

Aparece entonces, por primera vez, el que indiscutiblemente sería el hombre determinante en la futura carrera discográfica de Alejandro: Íñigo Zabala, miembro original de La Unión (mítica banda madrileña que a mediados de los ochenta triunfa con himnos como Lobo hombre en París o Sildavia), ocupaba ahora la dirección artística de Warner Music en España.

Yo también llegué a Warner de la mano de Íñigo. De alguna manera, también estoy aquí por él. Aunque eso sería un poco más adelante...

Capi: En todo, en la amistad, en el amor y en la profesión, el éxito suele venir tras una salida en falso, esa equivocación providencial que te enseña cómo son las cosas. Siempre hay un tropezón que es el que te sirve para coger carrerilla y dar el salto. El de Alejandro se llamó Alejandro Magno.

Íñigo Zabala: La primera vez que vi a Alejandro vino con Capi a la oficina. Buscaban compañía para un artista que se llamaba Alejandro Magno, y la verdad es que Alejandro inmediatamente me transmitió algo. Capi había descubierto tantos artistas que, siempre que viniese de su parte, había que tenerlo muy en cuenta. Vinieron los dos juntos, me pusieron una serie de canciones. Habían llegado a la conclusión de que esa especie de rumba medio electrónica que hacían era una buena idea, algo que podía funcionar. Pero cuando lo escuché, no me gustó. Me pareció algo que no era de verdad.

Capi: «Los chulos son pa cuidarlos» es un disco que tiene mucha calle. En un momento en el que una persona está en proceso de aprendizaje, de cambio, surge algo que tiene que ver más con sus raíces. El ochenta por ciento de los que vivimos en Madrid nos hemos criado con la cultura de barrio. ¡Los Chichos! Un escándalo, qué gran compositor el Jero. Hoy en día a la alta sociedad le gusta el flamenco y todos quieren decir que saben de flamenco más que nadie, pero ¿de la cultura étnica?... A mí me parece que Camela es la bomba, lo más, porque en el fondo es un reflejo de su propia existencia. Nadie se fijó, pero en «Los chulos» ya se esconde una de las primeras composiciones de Alejandro.

La Tata: Capi le hace un disco, el de «Los chulos son pa cuidarlos», a Alejandro nunca le ha gustado, nunca ha estado orgulloso de él, ni siquiera lo nombra. Empieza a componer canciones propias porque en el disco no las había, excepto *Tom Sawyer,* que fuimos a registrarla él y yo. Alejandro tiene un número de socio de la SGAE y yo tengo justo el siguiente.

Adolfo Canela: En «Los chulos» grabé lo coros con él en *Tom Sawyer.* Conservo con mucho cariño una copia dedicada en la que Alejandro ponía: «Ojalá encontremos los dos el camino del éxito».

ÍÑIGO ZABALA: Yo pensaba que había espacio en el mercado para artistas de cierta calidad. El caso es que lo que trajeron en aquella primera ocasión se salía de lo que yo hacía en Warner.

CAPI: En 1989 participé en su primer disco como arreglista y compositor. La grabación duró tres semanas y fue una fiesta continua. Nos alimentábamos a base de puntas de mortadela del Pryca.

ÍÑIGO ZABALA: Aquello de Alejandro Magno no me gustó y se lo dije. Tuvimos una reunión bastante agradable, porque a Alejandro ya entonces se le veían maneras, se notaba que detrás había mucho más que aquello que me estaban trayendo.

Desde Moratalaz, y de manera circunstancial, Alejandro aterrizó sin escalas en el epicentro de la movida madrileña. Época excesiva y plagada de fauna digna de extensos documentales de National Geographic, Capi llevó de la mano al bisoño Alejandro hasta las mismas puertas de la escena petarda de Madrid. El fotógrafo Pablo Pérez Mínguez, el líder de la subcultura Fabio McNamara o el guitarrista de Dinarama, Luis Miguélez, fueron los fugaces compañeros del viaje de un Alejandro algo aturdido ante semejante avalancha de costumbrismo kitsch...

JESÚS (HERMANO): En aquella época Capi estaba todo el día en casa de Pablo Pérez Mínguez, un fotógrafo calvito amigo suyo. Nosotros éramos críos y ellos venían del mundo de la movida, con ese punto transgresor.

CAPI: ¿La gente qué piensa?, ¿que eso lo hizo con una pistola en la cabeza? ¡Ni tenía canciones ni nada! Eran rumbas vulgares que hacía mi tío y cosas que hizo Luis Miguélez que son pura posmodernidad. En ese momento en Madrid, en el año 88/89, se vivía el final de una época, con ese disco acaba la movida madrileña. Lo que pasa es que la gente no se da cuenta de que Alejandro es el puente entre la movida y otra nueva etapa. Opinando, la gente es ridícula porque el disco artísticamente es un pastiche de cosas, pero intelectualmente es el final de una época. Alejandro es el último personaje de la movida.

ALEJANDRO: Yo me divertí mucho haciendo el disco, pero era una cosa que no tenía nada que ver conmigo. Me metí al estudio con todos estos que estaban medio colgados. Cuando me dijeron el título yo no sabía ni lo que significaba, era un niño. Estos hijos de puta me ponían a cantar mirando a la pared porque decían que sonaba mejor, y era para mirarme el culo.

CAPI: Hicimos unas fotos que han dado mucho que hablar. Las hizo Pablo Pérez Mínguez, uno de los artistas más importantes de aquellos años, fotógrafo imprescindible de la movida madrileña y que ya había hecho cosas parecidas con Antonio Banderas.

LA TATA: Yo creo que Capi está muy equivocado. Ese fue el disco de unos amiguetes para un chaval al que veían artista. Capi fue el descubridor de Alejandro, eso es indudable, pero sin ánimo de menospreciar a nadie, si no hubiese estado Capi, Alejandro también habría salido adelante.

ALEJANDRO: No viví la movida, ni siquiera llegué a conocer la sala Rock-Ola. Hay dos cosas que no me perdono, no haber conocido el Rock-Ola y no haberle podido escribir una canción a Camarón de la Isla. No llegué a tiempo. Pillé los últimos coletazos, conocí a Fabio McNamara, pero no pasé la etapa aquella chunga cuando se engancharon todos. A Fabio lo adoro, sus canciones, las cosas que escribe y dice, cómo entiende la vida.

CAPI: Otra cosa es que estuviese todo el día con Luis Miguélez, conmigo, por aquí, por allá, la movida (risas), porque era muy joven, y no estaba todavía componiendo, lo más que escribía era flamenquito, con unas letras extraordinarias..., pero era flamenquito.

Lo quisimos pasar de Moratalaz a la movida sin escalas. «Los chulos» es un divertimento. Como *Pepi Luci y Bom,* que tampoco es una obra maestra. Aquello, claro, no funcionó, pero Alejandro me lo había dejado claro: «Yo quiero estar en esto, aunque sea poniendo cafés».

LA TATA: No estoy menospreciando la labor de Capi, pero creo que se equivocó en el repertorio y el estilo en «Los chulos son pa cuidarlos». Capi tuvo como casi siempre un buen ojo comercial, podría haber sido un buen A&R de una discográfica, tiene intuición, era de la escuela de Jorge Alvárez.

CAPI: Aquí lo que pasa es que su evolución fue brutal, como Madonna, que tiene fotos en pelotas. Todos tenemos un pasado, pero es que ese pasado pertenece al momento que se vive. Lo que pasa es que ese momento duró cuarenta y ocho horas, es intrascendente, pero «Los chulos» son el reflejo de un momento, él era un chaval de barrio.

ALEJANDRO: No fue un disco de Alejandro Sanz. Es mío, claro, pero es otra cosa.

CAPI: A él lo que le gustaba era el flamenco, y, con tremenda humildad, fue haciendo canciones que a mí ni siquiera me enseñaba. Hasta que un día me dejó escuchar unos temas que en principio eran para otro artista, y yo le dije que él las cantaba mejor que nadie. El resto es historia.

14

Yo de aquí me voy

«Me gusta hacer música. Si no vendiera
ni un disco, seguiría haciéndola».

Música: Alejandro Sanz, *Toca para mí*

No es extraño que aquello de Alejandro Magno no funcionase. El pastiche de canciones que conformaban el disco nada tenía que ver con las ideas que rondaban la cabeza de Alejandro. Con un puñado de canciones propias Alejandro se enfrentó por primera vez a la incomprensión de una industria discográfica en ocasiones despiadada.

Con la maleta llena de nuevas composiciones, Alejandro tropezó con los ejecutivos de Hispavox, compañía que había editado lo de «Los chulos» y que en la figura de Javier del Moral retrasó temporalmente el plan de Alejandro. Del Moral, antiguo promotor de la industria musical en Discos Zafiro, y reclutado para diferentes posiciones en EMI Hispavox España, en 1990 era el director artístico dentro de la compañía.

El 10 de febrero de 1962, Dick Rowe, A&R sénior de la compañía Decca, envió una carta a Brian Epstein, mánager de The Beatles, poco después de una audición de los cuatro de Liverpool: «Señor Epstein, los grupos de guitarras están enfilando la puerta de salida». Lennon y McCartney terminarían firmando por Parlophone, iniciando seguramente la aventura discográfica más deslumbrante en la historia de la música pop, ¡qué cosas!...

ALEJANDRO: Cuando firmé con Hispavox, realmente no hicieron nada por el disco. Les pedí la carta de libertad y Javier del Moral me pidió tres millones de pesetas (dieciocho mil euros) para dejarme ir.

ADOLFO CANELA: Se pasaba los días enteros en la puerta de Hispavox, a ver si se encontraba con Javier del Moral, hasta que consiguió encontrarse de cara con el director y decirle que le tenían que dar la carta de libertad. Que, por cierto, a este señor le despidieron el día que «Viviendo deprisa» llegó al millón de copias.

CAPI: Un individuo con semejante olfato comercial y esos razonamientos no podía durar mucho en el mundo de la música. Vamos, me parece a mí.

ALEJANDRO: Le dije a Del Moral que había venido andando desde Moratalaz, que no tenía ni para el metro, ¿cómo iba a darle tres millones de pesetas? Ya un día, desesperado, me presenté en la compañía y le dije a la chica que estaba en recepción que quería ver a Del Moral. Estaba reunido, todos estaban reunidos. Yo insistí, le dije a la chica que había venido a pedir la carta de libertad. Me pidió que esperara, y al rato volvió y me dijo que llamara mañana, etcétera. Le dije que no me pensaba mover de allí hasta que no me dijeran algo de mi carta de libertad.

ÍÑIGO ZABALA: Cuando se dio cuenta de que lo de Alejandro Magno no era lo que él quería hacer, les presentó las mismas canciones que me presentó a mí, el mismo casete, le dijeron que de ninguna forma, que se olvidase, que en la vida se planteaban sacar algo así. Tuvo que hacer sentadas de protesta en Hispavox hasta que le dieron la carta de libertad, de lo pesado que se puso. Y todo eso no hizo más que aumentar mi admiración por él, una persona totalmente entregada a su carrera y a su música.

En Hispavox dijeron que no era comercial y que sus letras no triunfarían. Por aquel entonces Eros Ramazotti arrasaba y querían que Piero Casano, un letrista de Eros, se las hiciera a Alejandro, cosa que ni Alejandro ni Capi consintieron de ninguna manera.

CAPI: Hispavox tenía a Simone Bosé y a otro personaje. Tuvieron la desfachatez de decir que la música de Alejandro estaba bien, pero que las letras no valían nada, que había que buscar un letrista. Nos pareció una falta de respeto tremenda.

ALEJANDRO: A mí me apasionaba cantar como Joe Cocker, pero nunca pude conseguirlo, aunque lo intenté al principio. Es una influencia muy sutil de la que no he hablado antes. La gente me comparaba al principio con Eros Ramazotti, pero quien me gustaba de verdad era Piero Cassano, que era quien realmente producía sus discos.

CAPI: Durante meses, Javier del Moral consiguió paralizar la carrera de Alejandro: ni accedía a grabarle nada ni le daba la libertad para grabar en otro sitio.

ALEJANDRO: Al final bajó Simone Bosé, al que recuerdo con mucho cariño y que fue el que mejor se portó, y me dio mi carta de libertad, con la condición de que las canciones que yo había enseñado, que no me querían grabar, fueran las que grabara. Esas canciones eran *Viviendo deprisa, Pisando fuerte, Se le apagó la luz...* Las canciones del primer disco, que vendió un millón de copias.

CAPI: Si aparecía en el disco algún tema que no fuera uno de aquellos que les hicimos oír, entonces nos demandarían y pedirían daños y perjuicios. Cumplimos. Hicimos el disco con lo que les habíamos enseñado, es decir, con aquellas puñeteras mierdas que tenían esas letras tan patéticas. Así nació uno de los artistas más grandes que ha dado la industria discográfica mundial.

Con los años, el éxito de Alejandro sepultó hasta el ostracismo el invento de «Los chulos», aunque, aquellas grabaciones atolondradas de juventud se escapaban del control comercial de Alejandro.

MIGUEL ÁNGEL GÓMEZ: Cuando yo llegué a EMI desconocía que Alejandro había tenido contrato con Hispavox, que había un disco, etcétera. Ya no estaban en la compañía ninguno de los personajes que lo habían grabado. La verdad es que me enteré por un artículo de prensa en 1997, durante la promoción de «Más», creo que fue en *El País Semanal*. Era una entrevista en el momento álgido y se le notaba feliz y disfrutón con el momento que estaba viviendo. Y de repente en una parte de la entrevista se percibía una amargura, justo cuando hablaba de la EMI... «¡Me cago en la leche!», pensé.

PEPE BARROSO: Una vez por su cumpleaños no sabía qué regalarle. Me gusta ser detallista y en una ocasión le había preguntado qué era lo que más ilusión le haría. «Es imposible —me dijo— me gustaría tener el máster de Alejandro Magno». Y yo se lo conseguí.

MIGUEL ÁNGEL GÓMEZ: Él comentaba que había tenido una mala experiencia con una discográfica, mencionaba a la persona con la que había estado trabajando, que al parecer le dijo que se dedicara a otra cosa porque no tenía ni el talento ni la actitud para tirar adelante. Y entonces, no solo por estar yo trabajando en EMI, sino también por respeto al negocio y al artista, vi que no era justo que Alejandro, en pleno éxito, se hubiera quedado con ese regusto amargo y ese resquemor.

Pedí el material, averigüé lo que había ocurrido y supe del desacuerdo con el director artístico, que le había maltratado profesionalmente. Y tomé la decisión de entregarle ese material a Alejandro porque tenía todo el derecho a disfrutar del negocio sin tener ese mal recuerdo a la espalda.

PEPE BARROSO: Pep's lo distribuía EMI y Miguel Ángel Gómez es un grandísimo amigo que me ayudó a empezar en la música. Yo le dije que le compraba el máster y gracias a Miguel Ángel pude regalárselo a Alejandro, con el contrato y todos los derechos.

MIGUEL ÁNGEL GÓMEZ: Esto tenía que hacerlo formalmente, y pedí permiso a mi jefe, Rupert Perry, un tío muy del negocio que había trabajado con los Beatles, con Queen, la hostia... y me lo autorizó. Estuvo de acuerdo conmigo en que no le parecía bien tenerlo, que EMI no iba a publicar ese material, y que si alguien llegaba a pensar en publicarlo sería probablemente con un fin poco bien intencionado, y encima ni siquiera era comercial.

Me dieron el permiso. En esa época yo coincidía mucho con Pepe Barroso, y le pedí que me organizara una reunión con Alejandro para explicarle todo esto. Quedamos con él en su casa, cuando todavía vivía con sus padres, en el estudio que había en el tercer piso, donde tenía todo ese ambiente de trabajo, con la cama y lo demás.

CAPI: Alejandro Magno salió a la calle con apenas quinientos ejemplares que ahora son piezas de coleccionista. Se subastan en Internet, como los sujetadores de Marilyn Monroe o el tapón de una botella que se bebió Richard Burton con Liz Taylor.

MIGUEL ÁNGEL GÓMEZ: Alejandro no se lo creía, no daba crédito de que aquello fuera tan fácil. Y firmamos el contrato y se quedó con el disco y los derechos por cinco pesetas (tres céntimos de euro) que me las pagó. El tío se emocionó, porque lo había debido pasar muy mal, y tuvo conmigo un detalle y me regaló el primer premio que había recibido, un micrófono en una peana de piedra... y, como curiosidad, es un micrófono de verdad, un Sennheiser de esos antiguos como de película, precioso, y más de uno se lo ha querido llevar porque el micro ¡tiene todas sus tripas dentro! Es algo de lo que me siento orgulloso, creo que hicimos lo correcto, y es uno de los mejores recuerdos que tengo del negocio.

Alejandro y Ramón Sánchez Gómez

15

Un día en la bolsa

«Las musas siempre están ahí, pero hay que
estar sigiloso para que se muestren».

Música: Alejandro Sanz, *Viviendo deprisa*

*En algún momento de 1990, Capi volvió a las oficinas de Warner
Music, esta vez sin Alejandro. En esa época Íñigo Zabala era el director artístico. La compañía había trazado como objetivo fichar artistas
locales, era una compañía muy nueva, con menos de quince empleados,
casi todos muy jóvenes y donde se respiraba verdadera pasión por el negocio, siempre con la música bien alta saliendo de cada uno de los despachos.*

*La forma personal de hacerse sitio dentro del mercado local era dotar
de un cierto «sello» a los artistas que trabajaban. Los únicos artistas que
tenía la compañía eran La Unión, Miguel Bosé, Ángeles del Infierno y Presuntos Implicados.*

Íñigo Zabala: Lo de Alejandro Magno nunca me gustó, pero se veía
la dicotomía entre la música y el artista, y, bueno, ya no supe nada más
de él hasta quizá año y medio después.

Sole Giménez: No coincidimos mucho en la primera época, por
nuestras respectivas agendas supongo. Más adelante sí, cuando hicimos
el concierto con Paco de Lucía, que fue una cosa alucinante. También
en México hemos coincidido en algún momento. Le recuerdo como

133

el tipo más simpático del mundo, e imagino que sigue siendo así, contando chistes y siendo la alegría de la fiesta.

SAÚL TAGARRO: La primera vez que oí hablar de Alejandro entró Íñigo en mi despacho y me dijo: «He estado con Capi, tiene un chico que se llama Alejandro Magno, que le vamos a cambiar el nombre, y le quisiera fichar, me parece buenísimo, etcétera». Las cosas que siempre te dicen cuando te quieren vender algo (ríe). «Pues fíchalo», le dije.

ESTEBAN CALLE: El cambio de nombre vino por Capi, aunque se barajaban diferentes alternativas por los despachos. Recuerdo perfectamente uno: Alejandro Herrera. ¡Alejandro Herrera!, ¿te imaginas?

ADOLFO CANELA: El nombre de Alejandro Sanz fue una idea de Capi, porque quedaba como más simplificado y sonaba mejor.

ALFONSO GONZÁLEZ: Cuando recibí la orden de encargarme del proyecto, lo único que sabíamos era que se llamaba Alejandro, todavía no era Sanz. «Alejandro Sánchez» no nos convencía, parecía el nombre de una calle. Creo que alguno de nosotros hizo el comentario de que se daba un aire a Jorge Sanz, el actor. De hecho, en la radio hemos llegado a sugerir que eran hermanos, y se lo preguntaban en las entrevistas. Nosotros lo que queríamos era que las puertas se convirtieran en cortinas, y todo nos valía.

JORGE SANZ: ¿Que si soy hermano de Alejandro Sanz? Pues no, ojalá lo fuéramos, pero no.

ÍÑIGO ZABALA: Capi traía una casete con una serie de canciones y cuando lo oí fue inmediato, no tuve que pensármelo ni pedir más canciones ni consultar con mi equipo. Escuché *Se le apagó la luz* y me voló la cabeza. Y es que lo que ahora nos parece algo muy natural en 1990 era una propuesta totalmente rompedora que no tenía cabida en la industria. La industria no sabía cómo tratar una propuesta así. ¿Cómo? ¿Un artista de corte romántico? ¿Pop? ¿Juvenil?... Era una mezcla de muchas cosas.

JOAN MANUEL SERRAT: Todos somos de alguna forma esclavos y responsables del tiempo que nos ha tocado vivir para escribir canciones. Dependemos de esta gran macromúsica en la que vivimos sumergidos y de la que nos alimentamos y por la que somos capaces de escribir.

Nadie aprende solo. Todos aprendemos gracias a los que estuvieron antes, y, si somos capaces, dejaremos algo para los que vengan a hacer lo mismo con nosotros después. Con independencia de lo que haga cada uno, Alejandro busca y vive gracias a lo innovador que pueda ser.

Alejandro: Yo era una *rara avis* en mis comienzos. Es verdad que las canciones llamaban la atención, pero había reticencia, porque un cantautor, un solista, eso no se llevaba. En los setenta sí tuvieron su momento Ricardo Cocciante, Claudio Baglioni, Luccio Dalla, pero a principios de los noventa aquí lo que había eran grupos de pop-rock, ningún solista entraba en la radio.

Íñigo Zabala: Sonaba como una música que iba a durar siempre, por una parte clásico, por otra innovadora, con una letra que te llegaba, una música increíble, con una voz diferente, con una armonía también distinta. Todo estaba alejado de cualquier artista español que hubiéramos conocido antes. Era alucinante y me dije: «Lo quiero fichar», y llamé a Capi: «Firmemos, ya, mañana...».

Alejandro: Estas canciones las había hecho para una cantante que se llamaba Arabia. Las grabé con un solo micro para guitarra y voz, todo distorsionado. Las escuchó Íñigo y dijo que las quería grabar. Él ya había escuchado el disco anterior, pero no le interesó.

Íñigo Zabala: Justo entonces llegó a Warner un nuevo AR. La compañía empezaba a crecer y yo pasé a la dirección de marketing, aunque seguía teniendo responsabilidad sobre la dirección artística.

José Luis Delapeña: Al mes de entrar yo en Warner fichamos a Alejandro. Capi le trajo la maqueta a Íñigo, que me llamó al despacho para enseñármela, y ya me pareció que estaba muy bien, sobre todo por *Se le apagó la luz,* que fue la canción por la que le fichamos, antes de las navidades de 1990.

Íñigo Zabala: Era una historia que le podía pasar a cualquier joven de la edad de Alejandro en ese momento, una historia contada con tanta carga poética, y con una melodía espectacular, tanta intensidad y tanta pasión...

Para los que hemos trabajado en una compañía de discos, lo que ocurrió justo después de que Capi mostrara la maqueta en Warner es una historia familiar vivida un montón de veces. El negocio de la música tiende por defecto al mimetismo. Basta que tu competencia tenga éxito con un artista para que, por arte de magia, salgas a la calle dispuesto a encontrar el recambio de lo que ya está funcionando. Una ridiculez.

Lo mismo ocurre con las visitas de productores a los directores artísticos de las compañías (ahora menos que antes por aquello de las nuevas tecnologías, no obstante, igualmente persuasivas), tipos sacando de su chistera artistas que, curiosamente, están a punto de firmar por la competencia. Al fin y al cabo es un mercado libre de oferta y demanda donde, en igualdad de condiciones, la variable económica es determinante a la hora de tomar decisiones. Aunque la historia no es siempre como te la cuentan y no termina como tú crees...

LA TATA: Y resulta que Capi ve éxito, como siempre, y piensa: «Esto vale una *jartá,* esto vale mucho». Entonces hay una persona que se entera de que existe una maqueta de un chaval de Moratalaz que compone, que tiene rollo y tal, y esa persona es Íñigo Zabala.

ÍÑIGO ZABALA: En el medio Capi, un viejo zorro que hacía de intermediario, mánager, agente, productor, abogado... De todo, parece que aparte de a mí se lo había enseñado a otras compañías. Y la cosa se puso como se pone a veces en la industria, un poco difícil. Yo pensé que ya teníamos un trato, y luego Capi llamó para decirme: «Oye, es que hay otra compañía interesada, vamos a negociar, a ver cuánto pagáis, etcétera». La otra compañía era Ariola.

JOSÉ MARÍA CÁMARA: Mi primer contacto con Alejandro es totalmente anecdótico. Yo acababa de volver de un viaje por Estados Unidos, y estaba picadísimo con la irrupción del rap en el panorama musical. Fuimos Álvaro de Torres y yo a una discoteca de Torrejón de Ardoz, que era donde estaba eclosionando localmente el fenómeno. Por allí pululaba también el Capi y más gente de la industria, y al final de la jornada, uno de los raperos se nos acercó y nos dijo: «Hay un buga tremendo en la puerta, lo que yo daría por firmarlo». Era el mío, un Ford Escorpio negro. Yo creía que la firma era algo que se quitaría en el lavacoches, me hizo gracia y le di las llaves: «Haz lo que quieras con el coche».

Al rato los raperos me devolvieron las llaves del Scorpio y, cuando salí, me habían pintado el coche con grafitis de arriba abajo. Todo menos los cristales. Capi me dijo que si les podíamos bajar a Madrid en mi coche tuneado. Subió un amigo suyo detrás y, en algún momento del trayecto, con todo el mundo mirando el coche, empezó a hacer palmas y a cantar. «Oye, Capi, este amigo tuyo es un pedazo de artista...». Era Alejandro.

CAPI: La historia es rocambolesca. José María Cámara había organizado un concurso de raperos, y me había pedido hacer unas grabaciones. Ese fue el momento en el que le enseñé la primera maqueta. Yo por entonces no tenía trato con Warner, aunque sí conocía a Íñigo Zabala como miembro de La Unión, a través de Nacho Cano.

JOSÉ MARÍA CÁMARA: Un buen día Capi nos trajo la casete de Alejandro, que estaba saliendo de Hispavox.

CAPI: La maqueta se la pasé a Álvaro de Torres, que trabajaba con Cámara de director artístico. Álvaro me ofreció hacer un single... y fui a ver a Íñigo, a ver qué pensaba él. Le dejé la maqueta entera, y le dije que nos ofrecían hacer un single. Íñigo me propuso grabar un álbum, volví a hablar con Ariola y empezó la subasta y la sucesión de ofertas económicas era cada vez mayor. Aquello parecía la Bolsa.

JOSÉ LUIS DELAPEÑA: Lo de BMG salió mal por Álvaro de Torres, que dijo que no le gustaba el artista, y ahí fue cuando Capi lo trajo a Warner. Cámara se enteró y le montó un pollo a Álvaro, y lo intentaron retomar, pero Capi y Alejandro tenían el recelo de que en BMG no había un convencimiento pleno.

Finalmente las dos multinacionales sacaron a la calle toda la artillería buscando hacerse con las canciones del nuevo talento, una subasta en toda regla. La joven Warner ofrecía ilusión y las ganas de una propuesta refrescante. Por su parte, BMG Ariola lideraba el negocio con paso firme, jugaba en las grandes ligas. Había un chico nuevo en la ciudad, que dirían los Eagles, y llegaba la hora de pujar.

ALEJANDRO: Álvaro de Torres, que estaba en Ariola, me ofreció grabar un sencillo, y si funcionaba, grabar un álbum. Yo le dije a Capi que para grabar un single yo no me metía en un estudio. Si no confiaban en mí, no me interesaba, estaba ya harto de que me vacilaran. Íñigo me ofreció grabar el disco con Warner y hacer dos vídeos. Se enteró el de Ariola y me ofreció grabar el disco, hacer tres vídeos y un anticipo de cien mil pesetas (seiscientos euros). Warner me ofreció el disco, tres vídeos y un millón de pesetas (seis mil euros). Y yo en casa de mi madre, sentado en el suelo al lado de un teléfono verde de aquellos que había entonces a la entrada de la casa. Mi madre viendo una película, peleándose con el protagonista: «Pero ¡¡coge la pistola!!» *(imita la voz de su madre)*.

ÍÑIGO ZABALA: Yo estaba dispuesto a pagar el mundo, mundo y medio, hacer el pino, ponerme de rodillas, lo que fuese. Según subía la oferta, yo la iba subiendo también. BMG Ariola era una compañía muy grande y nosotros éramos una compañía pequeña, sin tradición de música local, recién desembarcada en España. En todo partíamos en inferioridad de condiciones.

ALEJANDRO: Y yo le decía: «Mamá, me acaban de ofrecer un millón de pesetas». «Sí, claro, hijo, un millón de pesetas... Tú estás fatal». Y colgaba. «Mamá, que me han ofrecido dos». «Este chiquillo, qué imaginación tiene. Déjame en paz, que estoy viendo la película», me decía. Y tres, y cuatro y cinco y hasta diez millones de pesetas de la época. Jamás se había pagado ni una peseta por un artista nuevo. Íñigo llegó a los diez millones y Ariola ofreció once. A mitad de la negociación, José María Cámara, que era el presidente de Ariola, había quitado a Álvaro de Torres para ponerse él a negociar.

SAÚL TAGARRO: Siempre he tenido la costumbre de dejar a la gente hacer aquello que pensaban que debían hacer, y salvo que pusiesen la compañía en riesgo, siempre he permitido a todo el mundo hacer lo que proponía. Así que le dije a Íñigo: «Si no hay más remedio, le daremos ese dinero». Entonces Íñigo me decía: «Es que, si no, lo quiere fichar BMG», y, claro, eso era razón de más para que hiciéramos un sacrificio (risas)... y tiramos adelante.

ÍÑIGO ZABALA: Saúl me dio total libertad para firmar, confiaba totalmente en mí y este caso no fue una excepción. Cuando vio que la competencia andaba detrás del artista, me apoyó y eso fue fundamental, porque era un contrato mucho más caro de lo normal para un artista nuevo.

ROSA LAGARRIGUE: Al principio Saúl le dejaba hacer mucho a Íñigo y a la compañía. Nunca tuve la impresión de que Saúl estuviese tan metido. Otra cosa fue cuando vio color de verdad, en el disco «Más», ahí ya cobró mucho más protagonismo.

José María Cámara: Recuerdo el día, era viernes, y llegamos al acuerdo con Capi, Álvaro de Torres, que era el director de RCA, y yo, y nos dimos la mano. Alejandro se venía a BMG. Esa misma noche estuve yo presumiendo del fichaje con Tato Luzardo, que llevaba promoción internacional.

Íñigo Zabala: El caso es que todo lo que fue la parte económica la luché hasta el final..., y ya hubo un momento en que vi que se me iba, y llamé a Alejandro.

Capi: Le dije a Alejandro: «Yo soy muy amigo de Cámara, así que decide tú». En ese momento llamó Íñigo.

Íñigo Zabala: Y le dije: «Yo te deseo lo mejor, sé que te va a ir bien vayas donde vayas porque eres un superartista», le dije lo que sentía por su música y por lo que me había presentado en la maqueta. Ahí se quedó la cosa, y yo pensé que ya había terminado el tema...

José Luis Delapeña: Íñigo llamó a Alejandro y le dijo: «Yo creo que Warner es tu compañía, pero firma con quien tú quieras porque vas a tener éxito de cualquier forma».

Alejandro: Y entonces me llama Íñigo y me dice: «Nosotros no podemos ofrecer más, pero yo siempre voy a ser fan tuyo, vas a vender muchos discos, eres muy bueno, y lo que haces me encanta y me llega al corazón». Colgué y llamé a Capi y le dije que quería firmar con Warner, y me dice: «Es que han ofrecido un millón menos». Y le dije: «Me ha dado una razón que vale más que un millón».

Capi: Nos fuimos con Íñigo Zabala, el que tanto ha hecho y significado en la carrera y en la vida de Alejandro, hasta volverse su amigo inseparable. El tiempo le dio la razón a Alejandro, que se convirtió en un artista reconocido en todo el mundo, a la vez que Íñigo se convertía en una de las personalidades más decisivas de la música latina a nivel internacional.

Íñigo Zabala: El caso es que luego él me contó que aquella llamada fue determinante para que él decidiera firmar con Warner. Capi me llamó y me dijo: «No sé lo que le has dicho a Alejandro, pero me ha confirmado que ya se acabó, que se acabaron las pujas y que vamos a firmar con Warner. Alejandro solo quiere trabajar contigo».

JOSÉ MARÍA CÁMARA: Y el lunes nos encontramos con que Alejandro Sanz había firmado con Warner, en lo que yo siempre he considerado una gran traición de Capi, y se lo he dicho en todos los idiomas posibles. Aunque Capi es un traidor profesional, de modo que esto tampoco es raro.

El tiempo demostraría que la decisión de firmar por la compañía de Íñigo Zabala, presidida por Saúl Tagarro fue la acertada. Después de las desventuras en Hispavox, Alejandro encontraba por fin un hogar donde le querían de verdad, donde creían en él, una casa desde donde podría mostrar al mundo el resultado del sueño que había perseguido desde que su padre le regaló su primera guitarra. Soñar despierto es el mejor modo de hacerlo, y Alejandro estaba bien despierto...

LA TATA: Íñigo empujó muchísimo, y fue un acierto de todos que al final se fuera con Warner, de Alejandro, de Capi y de Rosa Lagarrigue. Puedo decir que BMG apostaba más alto, pero Alejandro se decidió por Warner porque veía más ilusión, más profesionalidad, quizá gracias a su intuición vio que esa gente tenía muchas ganas de trabajar con él, que creía mucho en su música.

SAÚL TAGARRO: No recuerdo bien la cifra, eran ocho o nueve millones de pesetas (cincuenta y cuatro mil euros), que en aquel tiempo era muchísimo dinero, sobre todo para alguien que no es que no hubiera debutado, es que había publicado un disco y no había vendido ni uno. Yo tenía esos dichos que uno tiene de viejo: «Pero, Íñigo, este chico no ha vendido ni un disco, y nosotros, que sí los hemos vendido, le tenemos que dar ocho millones de pesetas, ¿no tendría que ser al revés?» (risas).

ÍÑIGO ZABALA: Se firmó el contrato. Para un artista novel era un contrato importante, y yo me quedé con la alegría del fichaje y con la ansiedad de que la apuesta funcionase, porque, aunque yo no tenía dudas, la propuesta musical era revolucionaria en aquella época.

ADOLFO CANELA: Cuando firmó con Warner yo trabajaba en Hewlett Packard. Me llamó a la oficina eufórico: «Canela, tío, no te lo vas a creer, ¡¡he firmado con Warner!!». Fui de los primeros en enterarme.

Le dieron un adelanto y fuimos a comprar el portapistas Tascam con su soporte, tal cual.

José María Cámara: A partir de ahí recuerdo con precisión que me asombró mucho el trabajo excepcional que hizo Warner, trabajo que yo atribuyo a mi entonces cordial enemigo Saúl Tagarro, que hizo un trabajo admirable, histórico. Aparte del artista y las canciones, está el modo pertinaz en que Saúl Tagarro le dio leña sin pestañear.

Viviendo deprisa

16
Viviendo deprisa

«No hay nada imposible, hay que perdonar,
si no, no se avanza».

Música: Alejandro Sanz, *Los dos cogidos de la mano*

*U na vez firmado el contrato con Warner, Alejandro se sumerge casi de
inmediato en el estudio de grabación para registrar las canciones de su
primer álbum. Íñigo Zabala y el resto de trabajadores de la joven compañía
dejaron claro que su entusiasmo por ficharle respondía a un convencimiento
verdadero. Aquellas mismas canciones de la maqueta rechazada por Hispavox
viajaron hasta el estudio sin escalas. El viaje comenzaba viviendo deprisa.*

Eva Dalda: Cuando Alejandro llega a Warner, yo trabajaba en el
departamento internacional. Al principio, el suyo fue un fichaje en
el que nadie creía.

Aparte de Íñigo, Saúl y un pequeño grupo de personas en la compañía, nadie pensaba que aquello iba a convertirse en lo que luego fue.
Para eso existe el olfato de los A&R, para detectar aquello que nos pasa
desapercibido a los demás. Cuando ya se grabó el disco, cada vez empezaron a ser más los convencidos.

Capi: Alejandro Sanz tiene un primer disco que es el que hacemos
él y yo solitos, sin un concepto de arreglador y sin tampoco un concepto de producción, con unos músicos en un estudio y con un viejo
maestro que es Eddy Guerin para que llevara la dirección. Los dos

hacemos un primer disco con nuestras propias ideas. Se trata de un álbum muy sencillo, un disco de juventud lleno de ilusiones, en el que lo que predomina son las ganas tan grandes que teníamos de trabajar.

Íñigo Zabala: El caso es que empezamos a grabar. Capi tenía sus ideas, él y Alejandro ya lo habían hablado, y quisimos ser respetuosos con esto. Capi quería trabajar con Eddy Guerin, y nos pareció bien, y se hizo muy rápido.

Eddy Guerin: Lo primero que me llamó la atención de Alejandro fue lo buena persona que era: entrañable, cariñosísimo. Recuerdo que en aquella época Alejandro no tenía coche, y entonces quedábamos a la puerta de mi casa, a las 9 de la mañana. Yo vivía en la calle Velázquez y le dije: «Tú vienes y yo te llevo en coche». Y cuando yo bajaba, él estaba en el portal esperándome con *El País* en la mano, y me decía: «Maestro, le he comprado *El País*». Fíjate tú, cosas que normalmente no hacen los artistas. En aquella época ya era entrañable. Luego siempre ha sido muy cariñoso conmigo, cuando nos hemos visto, enseguida ha venido a saludarnos, le queremos mucho. Mi mujer es una fan empedernida de Alejandro.

Capi: En el primer disco, yo no permití que se escribiera un solo arreglo. Y eso que estaba Eddy Guerin, un musicazo impresionante al que no le dejé escribir una sola nota. Lo que hice fue traer a los mejores músicos de estudio de Madrid, juntarlos con Alejandro a la guitarra y que fuesen construyendo alrededor de él. Eddy, que era un maestro, tenía una frase famosa: «Eddy Guerin no utiliza goma de borrar en sus arreglos». Aunque, por cierto, sí que le dejé hacer una introducción de piano exquisita en uno de los temas.

Eddy Guerin: Yo hice los arreglos, la grabación y la producción de «Viviendo deprisa». Capi fue quien me presentó a Alejandro, nuestro primer contacto fue en una audición en casa de un amigo, donde cantó unas canciones. Me gustó mucho porque enseguida pude ver que era algo diferente. Me llevé esas maquetas a casa, preparé los arreglos y fuimos a la grabación.

Capi: Grabamos sobre la base de la guitarra de Alejandro y, a partir de ahí, improvisando ideas sobre la marcha con cuatro o cinco músicos. El resultado es el sonido espontáneo de «Viviendo deprisa».

José Luis Delapeña: Grabamos en los estudios Quarzo, por el parque del Conde Orgaz. No fue una grabación barata para la época, seis millones de pesetas, que fue lo que le dimos a Capi, era bastante dinero.

Eddy Guerin: En aquella época, Warner estaba en un proceso de fusión y eso afectaba a la financiación, y nos costaba mucho conseguir un presupuesto de categoría. Tuve que luchar mucho para que me trajeran un piano de cola y querían que lo hiciera con un teclado porque no había presupuesto. Me negué en redondo, dije: «Este disco tiene que llevar un piano de cola como Dios manda». O sea que, además de producir, arreglar y tocar, me tocó luchar. Estaba yo de bastantes malas pulgas.

Al teléfono Eddy Guerin resulta un hombre entrañable. Habla despacio y se le nota que lo hace desde el cariño verdadero. Guerin es un gran músico, de corte clásico, alguien que había trabajado con las estrellas históricas del pop español de los setenta. Íñigo y José Luis lucharon para que el disco fuera un trabajo pop donde los músicos tocaran sencillo, como si fuera un grupo de pop tocando en directo. Tenían buenas canciones con unas letras fabulosas y ese era el espíritu que había que mantener. Eddy se entusiasma cuando habla de Alejandro...

Eddy Guerin: Este disco no mostraba apuntes flamencos. Eso surgió así, quizá por los arreglos, quizá porque era su primer disco; él estaba desprovisto de cualquier atadura, era muy libre. Yo nunca pensé en darle un aire flamenco al disco. Cuando nos presentaron nos cantó cosas flamencas y además hablando se le notaba un cierto acento. Pero en el disco no.

José Luis Delapeña: Alejandro estuvo todo el tiempo en el estudio, escuchando lo que hacían, opinando y tal. En la grabación participaron Juan Cerro a las guitarras, Manolo Toro al bajo, Mariano Rico a la batería y Javier Losada en los teclados.

Adolfo Canela: Los coros de «Viviendo deprisa» los hicimos todos Alejandro y yo, y por cierto que él en los créditos figura como «Alejandro Sánchez». Eddy Guerin nos recriminó el haber cometido una disonancia en un coro, y nos entró la risa...

Eddy Guerin: Alejandro ha sido uno de los pocos artistas, por no decirte el único, que ha estado presente en la grabación durante todas las horas que duró el proceso. Estaba en un rincón, asentía, le gustaba, e incluso cantaba con nosotros en directo para hacer las maquetas.

Íñigo Zabala: Decidimos que el primer single fuera *Los dos cogidos de la mano* y empezó la promoción. Alejandro, Capi, Guerin, José Luis Delapeña y yo éramos los únicos que conocíamos el disco, y había que enseñarlo al mundo.

Eddy Guerin: Recuerdo especialmente *Pisando fuerte,* una canción maravillosa, y también *Lo que fui es lo que soy.*

Sole Giménez: Cuando Alejandro estaba grabando «Viviendo deprisa» me propusieron grabar un dueto con él, me aconsejaron mal y no lo hice. Soy de decir que sí a las colaboraciones, pero en ese momento era bastante influenciable y no lo hice, y siempre lo he lamentado.

Eddy Guerin: Mientras estábamos grabando comentábamos entre los músicos: «Oye, este chaval es diferente». En aquella época se grababa muchísimo, estábamos todos los días en el estudio y conocíamos a muchísima gente, y enseguida nos dábamos cuenta de la categoría de cada artista.

José Luis Delapeña: Al poco de salir el disco, coincidí de copas con amigos de mi anterior banda, Los Elegantes, y me decían: «José Luis, sacando discos como el de este chico, no vas a durar mucho en el puesto».

17

Alejandro Sanz

«¿Por qué Sanz y no Sánchez? No sé, pregúntele a Marilyn Monroe. Es como el que se pone el mono para ir a trabajar...».

Música: Alejandro Sanz, *Lo que fui es lo que soy*

Las sesiones de grabación y mezcla en los estudios Quarzo duraron pocas semanas. La foto de la icónica portada corrió a cargo de Pablo Pérez Mínguez. Cuando todo estuvo en su sitio, ahora sí, las diez canciones del primer disco de Alejandro Sanz ya estaban listas para enseñar y convencer al mundo.

José Luis Delapeña: El disco lo grabamos muy rápido, las canciones ya estaban, y lo sacamos el 22 de abril de 1991. Con el primer single, *Los dos cogidos de la mano*, pasó poco.

Íñigo Zabala: Ahí empezaba lo difícil, porque esto se salía totalmente de lo normal y de lo que se consideraba comercial, no era lo que se ponía en la radio ni nada parecido. Lo primero que había que hacer era enseñarlo internamente en la compañía. A todo esto, Warner crecía muy rápidamente, con un equipo cada vez mayor, y había que empezar la promoción interna para convencer a la gente de que esto iba a ser la bomba.

Alfonso González: Cuando pasé del Departamento de Promoción a ser jefe de Producto Local, el primer encargo que recibí fue el lanzamiento de Alejandro Sanz. El objetivo comercial que se me dio era de quince mil unidades. Sobre el papel era un marrón, un artista de un estilo que la compañía no había trabajado nunca. Teníamos a La Unión, Miguel Bosé, que era un artista con mucha pegada, Álex y Christina a punto de separarse, y grupos del corte de La Dama se Esconde o Presuntos Implicados, pero nada parecido a Alejandro Sanz.

SOLE GIMÉNEZ: Detecté en él una inclinación por las canciones bien hechas de la historia de la música italiana de los sesenta y setenta, artistas como Claudio Baglioni, etcétera. Yo veía en él un heredero de ese buen hacer, de composiciones no fáciles pero sí preciosas, con mucho recorrido, y esa voz rasgada, que no era habitual en la España de esos años.

FEDERICO ESCRIBANO: Al principio no nos lo creíamos tanto, por el enfoque que tenía de artista de fans. Sin embargo, Alejandro tenía algo muy bueno que sigue teniendo hoy: es un tipo que te seduce en cuanto le conoces, nos conquistó y nos quedamos tranquilos porque vimos que teníamos un artista.

NACHO MAÑÓ: Le recuerdo como un nuevo artista que revitalizaba un poco el fenómeno fan que se había quedado dormido tras los años de la movida, de los grupos de la época. De pronto aparecía un solista que reunía chicas jóvenes a su alrededor, con un repertorio romántico, pero con un trasfondo distinto al de los referentes anteriores de este tipo de fans.

CAPI: Teníamos puestas muchas esperanzas en la primera canción que se sacó, *Los dos cogidos de la mano,* pero no funcionó. Pero el disco estaba cargado de singles. Y tuvimos la suerte de que Íñigo Zabala decidió apostar por un segundo sencillo, y se eligió *Pisando fuerte,* que es un hito.

SAÚL TAGARRO: La primera vez que intuí que estábamos ante algo importante fue cuando, estando en mi despacho, me llamó Ramón Colom, a la sazón director de RTVE: «Saúl, me han dicho que habéis fichado a un artista que se llama Alejandro Sanz. Me gustaría conocerlo, ¿puedes organizar una comida y así charlamos con él?».

RAMÓN COLOM: Yo un día vi un videoclip de alguien a quien no conocía y pensé: «Este tío está muy bien». Al cabo de unos días volví a ver el mismo vídeo y ya me quedé con el nombre del artista y con que era de Warner Music, y le pregunté a Saúl Tagarro, porque me podía interesar para mandarlo a Eurovisión. Saúl me dijo que no creía que el artista accediera, pero le pedí que organizara una comida para conocerlo y charlar. Evidentemente, dijo «no». A partir de ahí, yo pensé que podía convertirse en una estrella, como luego ocurrió. Gracias a Saúl diseñamos una línea de trabajo con Alejandro en los programas de TVE.

SAÚL TAGARRO: Ramón Colom vio el disco mucho antes de que empezara a vender, yo casi no me había enterado de que existía aún. Aquella fue la primera vez que alguien de una televisión, no ya el director, sino incluso un responsable de un programa, me llamaba para interesarse por un artista mío..., y ya llevaba treinta años en el oficio, y eso para mí fue una llamada de atención.

RAMÓN COLOM: Fue una apuesta, pero no solo mía, yo se lo pasé a los responsables de producción ejecutiva de Entretenimiento, Javier Cavaré y su equipo, y al director de Producción de Programas y director de Prado Del Rey, Ernesto Santos Romo, y ellos lo vieron claro, entendieron que allí había algo y que había que trabajarlo.

SAÚL TAGARRO: La segunda vez que Alejandro captó mi atención fue cuando me llamó Fernando Salaverry*: «Oye, Saúl, habéis fichado a un chico que se llama Alejandro Sanz, estoy interesado en llevar su *management,* con Toni Caravaca»... Y le dije que le pondría en contacto, pero que creía que ya tenía mánager.

ROSA LAGARRIGUE: En 1991, Íñigo Zabala, que había sido artista mío en La Unión, era Director Artístico de Warner y me hablaba, me hablaba y me hablaba de ese chico... Yo estaba hasta arriba de trabajo con Mecano y él no paraba de hablarme de él: «Tienes que conocerlo, tienes que manejarlo tú». Empecé a escuchar los primeros singles y sí, estaba muy bien, pero lo cierto es que yo vivía en otra película. Hasta que un día, volviendo de un viaje, lo llamé y esa misma noche quedamos a cenar en Txistu, un restaurante vasco de Madrid. Y, la verdad,

---

* Ejecutivo de la industria musical. De 1963 a 1974 trabajó en Discos Hispavox. En 1989 formó parte del comité de dirección de Cadena Ser, fue subdirector de Los 40 Principales.

me cautivó: me pareció, rápido, simpático, carismático... Yo ya conocía su música y pensé «va a ser que Íñigo tiene razón». Y a partir de ahí negociamos y rápidamente empezamos a trabajar. Firmamos en Septiembre de 1991.

Tenía tres cosas que me convencieron: la música, la fe y la intensidad que le ponía Íñigo Zabala; bueno, y ese carisma alucinante que descubrí en la cena, que me hizo apostar a muerte por ese chaval de veintiún años.

RAMÓN COLOM: Tengo una cierta intuición, no porque yo sea capaz de ponerle en una partitura lo que tiene que cantar, pero escuchando a las personas llegas a las conclusiones de qué cosas van a ser capaces de hacer. También es verdad que a lo largo de mi vida profesional me ha tocado descubrir talento: Pepe Navarro, Manuel Campo Vidal, Paco Lobatón, Concha García Campoy, Ángeles Caso... Me tocó a mí valorarlos a todos ellos y ponerlos en circulación. Y en eso sí que hay un cierto sexto sentido. También me he equivocado con algunos, bien porque no he sabido valorarlos o porque les he valorado demasiado. Pero, en el caso de Alejandro, quizá acerté. Las teorías que yo tenía sobre el personaje cuando le conocí se han mantenido en el tiempo.

En Cádiz

18

El mundo empieza en Cádiz

«La florecita está muy bien, pero debes mostrar también la raíz, eso tan feo y sucio que está bajo tierra. De ahí sale la savia del arte».

Música: Isaac Albéniz, *Suite Española N.º 1, Op. 47*, Cádiz

*P*or lo general, en las reuniones de ventas y convenciones de marketing de *una multinacional se respira un cierto ambiente de escepticismo. Cuando se presentaron las canciones de Alejandro Sanz por primera vez a toda la compañía, las cosas no fueron muy diferentes. Hubo en aquella presentación en Warner voces sarcásticas al escuchar* Los dos cogidos de la mano *y el resto de canciones de «Viviendo deprisa». Ángel López, el que entonces era el director comercial de Warner, hizo suyo el proyecto y con el tiempo se convertiría en un personaje clave para entender el éxito del disco.*

Salir con un cantante solista era muy audaz porque, en aquella época, la red de ventas estaba acostumbrada a llevar la música de grupos. No deja de ser curioso que la primera ciudad en abrazar las canciones de Alejandro Sanz fuera precisamente Cádiz.

Íñigo Zabala: Dentro de la compañía había gente que se lo creía y otra que no tanto. Había mucho escéptico, y cuando lo presentamos en una reunión de ventas y puse *Los dos cogidos de la mano*, la gente se echó a reír: pensaban que nos habíamos vuelto locos.

Lo oímos ahora y nos parece algo normal, pero es normal porque él lo inventó.

Eduardo San José: Cuando salió «Viviendo deprisa» yo era jefe de ventas de Madrid, reportando a Ángel López. En una convención nos presentaron a Alejandro Sanz. Ese día en la cena Alejandro me preguntó si yo pensaba que era capaz de triunfar, y yo le dije que sí. Es cierto que hubo algún vendedor *espabilao* que se mostró escéptico, pero, en general, todo el equipo de ventas estaba completamente seguro y se creía el proyecto. Éramos una compañía muy joven y necesitábamos un éxito importante a nivel local.

Íñigo Zabala: Hay que darle mucho crédito a Ángel López. Agarró al vendedor de Cádiz, que se había medio reído del proyecto como si fuera una locura mía, y dijo: «Vamos a empezar la promoción por Cádiz». Y aquel vendedor terminó siendo íntimo amigo de Alejandro. Lo que pasó a partir de ahí, con la gente de promoción y de ventas, es que Alejandro se los fue ganando persona a persona, del primero al último, provincia por provincia.

Alfonso González: La red de ventas nos apoyó muchísimo, y Alejandro se los ganó a todos, uno por uno. El apoyo del director comercial Ángel López y de su segundo, Eduardo San José, fue decisivo, y Alejandro tuvo ese respaldo desde el minuto uno.

Eva Dalda: La famosa reunión de ventas en la que el disco fue acogido con risas y en la que Ángel López dijo aquello de: «Se acabaron las risitas», y al vendedor de Cádiz que se había reído el que más, le dijo: «Como te hace tanta gracia, vamos a empezar a trabajar este disco en tu zona» fue clave. Y desde ahí fue un trabajo de convencer a todos poco a poco. Luego, cuando explotó, todo el mundo se apuntaba, claro.

Alfonso González: El primer punto de España en el que el disco empezó a moverse fue Cádiz, en las pequeñas tiendas de Algeciras, La Línea... Habíamos hecho firmas y hasta sorteamos una moto, una Honda, y montamos un tumulto en el concesionario de la marca. Y por entonces Alejandro estaba todavía con los calostros, era un neonato musical. Se hizo íntimo de Umberto Camino Leo, el vendedor de Cádiz.

Cuando estaba preparando este libro, envié un wasap a Juan explicándole el proyecto. Juan conocía de primera mano los entresijos del despegue de Alejandro Sanz en la provincia de Cádiz, ciudad en la que trabajaba como coordinador de Los 40 Principales durante el lanzamiento de «Viviendo deprisa», en el año 1991. Escuchar la voz de Juan Ochoa da gusto. Si cierras los ojos y solo le oyes hablar, puedes imaginar fácilmente decenas de anuncios y cuñas publicitarias que te han acompañado a lo largo de los años.

Juan me confirma que tiene grabado en la memoria cada minuto de aquel periodo de construcción en el que Alejandro pasó de ser un artista debutante a una superestrella. «¿Te lo escribo?», me dijo...

JUAN OCHOA: Hay momentos en nuestras vidas de cuya magnitud no somos conscientes hasta que el tiempo, ese juez certero, nos permite valorarlos en su justa medida. Situaciones en las que nuestra participación, por mínima que resulte, nos hace sentirnos orgullosos de la suerte de haberlas vivido y poder atesorarlas en el cofre de la memoria como joyas de incalculable valor. Algo así debe sentir un astrónomo al descubrir los primeros destellos en el infinito universo de una nueva estrella. Algo muy parecido a lo que recuerdo de aquel año: 1991.

Quien crea en la confabulación de los astros encontrará en estos recuerdos unos valiosos aliados para confirmar su fe. Todos los elementos encajan a la perfección cuando se trata de favorecer el nacimiento de una estrella, y no de una cualquiera. Ese año quedó señalado sin duda como uno de los más inolvidables de la historia de Cádiz, cuna de la libertad desde mucho antes y, desde entonces, del nacimiento de una leyenda de la música.

Cádiz. Ay, mi *Cai*.

La llegada a Radio Cádiz de la Cadena SER de Miguel Ángel Pascual, quien traía ideas revolucionarias para sacar la radio a la calle y convertirla en promotora de una infinidad de fiestas y eventos nos permitió desarrollar intensas acciones de promoción con la mayoría de artistas que sonaban en nuestras emisoras musicales. Eso hizo que el equipo de Los 40 Principales viviera meses de frenética actividad. En aquel momento yo era el responsable de coordinar la emisora y el equipo. Entre todos nos organizábamos para realizar los turnos de la fórmula, producir los espectáculos y presentarlos y, por supuesto, procurar ser buenos anfitriones de una legión de artistas que generosamente se brindaban para participar en nuestras fiestas. Un trabajo agotador pero tremendamente gratificante. Nuestros oyentes respondían a cada convocatoria, lo que hacía que las compañías discográficas se volcaran proponiéndonos artistas para completar los carteles. Artistas que quedaban encantados con el recibimiento de la gente de Cádiz. Pero nada comparable con lo que vivimos desde la irrupción de Alejandro en el panorama musical español.

Corría el mes de mayo de aquel año cuando a nuestro director se le ocurrió que sería una buena idea llevar la radio también a las ferias de la provincia. La más inminente era la de Chiclana de la Frontera. Una feria, para quien no conozca las de nuestra tierra, es un recinto lleno de distracciones para sus visitantes: atracciones, casetas de entidades y actuaciones promovidas por los ayuntamientos que podían hacer que nuestra propuesta quedara diluida entre tanta oferta, así que teníamos que hacerlo muy bien si no queríamos que los artistas se llevaran de allí una sensación frustrante por no haber cubierto sus expectativas de promoción. Entre todas las propuestas que barajamos surgió la de Alejandro Sanz. Un artista que nos gustaba, y mucho, pero recién llegado a nuestra fórmula y con apenas un par de singles en desarrollo. Un par de meses con el primero, *Los dos cogidos de la mano*, y se acababa de lanzar *Pisando fuerte*. Apenas empezábamos a saber algo de aquel artista con una imagen muy atractiva y un tanto enigmática.

Había empezado a hacer la lista de posibilidades para organizar el cartel cuando uno de los miembros del equipo, Luis Baena, quien además de DJ es un buen músico, entró en el estudio justo en el momento en el que yo acababa de pinchar *Pisando fuerte*. «Quillo, ¿has escuchado bien a este chaval? Este niño es un artistazo». Sin duda. Las letras de sus canciones, románticas y directas, sus cuidadas melodías y una voz distinta y afinada, capaz de moverse desde el susurro más íntimo hasta desbordarse en un torrente de energía que llegaba a estremecer, le hacían destacar por encima del resto de opciones. No lo pensamos más. Queríamos a Alejandro Sanz.

Umberto Camino era el delegado de Warner en Cádiz y recibió encantado la noticia de que decidiéramos apostar por Alejandro, de quien ya me anticipó que tenía raíces gaditanas. ¿Quién le iba a decir en ese momento a Umberto que incluso el portal de su casa se convertiría al poco tiempo en lugar de peregrinaje de las avispadas fans dispuestas a hacerle llegar todo tipo de mensajes y regalos para aquel artista que empezaba a contagiar las primeras emociones? Inmediatamente contactamos con Alfonso González, jefe de producto, genuino y buen estratega, que tenía la responsabilidad de la promoción en aquellos primeros compases del lanzamiento de «Viviendo deprisa», el primer álbum oficial de Alejandro Sanz. Había que actuar rápido para que, en apenas un mes, aquel chaval de Moratalaz que pretendía abrirse camino, en un momento en el que los lanzamientos discográficos de grandes figuras copaban las listas de ventas, pudiera conquistar a la audiencia. Y nos pusimos a ello.

La primera vez Alejandro vino a la emisora del paseo marítimo n.º 1, vestía camisa de rayas celestes y blancas, pantalón vaquero claro y zapatillas de deporte blancas. A la moda, pero sencillo. No necesitaba disfrazarse de artista. El que lo es lo sabe, y él ya lo tenía bien claro. Le recuerdo muy educado, casi denotaba cierta timidez, pero demostraba una absoluta seguridad cuando hablaba con pasión de su trabajo, de sus canciones y de la producción musical que Capi había dirigido para aquella grabación. «Hola, soy Alejandro Sanz y estoy encantado de estar en Los 40 Cádiz para presentarte mis canciones». Aquel primer saludo en antena al presentar su single nos bastó para comprobar que ese acento único, con un inconfundible ramalazo de raíces andaluzas, sería un perfecto aliado para conquistar a nuestra audiencia.

El convencimiento ya fue absoluto cuando durante el almuerzo, y más tarde tomando unos cafés en la calle Ancha de Cádiz —la misma que se abarrotó unos años más tarde cuando hizo su magnífico pregón de los carnavales en la plaza San Antonio—, Alejandro empezó a desplegar sus conocimientos y su pasión por nuestra música. Desde el flamenco, con Camarón como referente —al que dedicó una preciosa canción que nos regaló una noche en su habitación del hotel Atlanterra, de Zahara de los Atunes, tras un concierto en Conil y que creo que nunca llegó a grabar por la repentina e inesperada muerte del genio cantaor de La Isla— y por supuesto de Paco de Lucía —de quien hablaba como si lo hiciera del mismo Dios y de quien no permitía que nadie pusiera en duda su maestría por muy flamenco que fuera el crítico—, hasta los carnavales. Esa tarde, que se nos hizo corta, recitó y cantó cuplés y pasodobles históricos a la perfección, incluso alguno de la comparsa de Martínez Ares —*El niño*—, la misma agrupación que vio cómo sus fotografías en las carpetas de las estudiantes gaditanas empezaban a compartir espacio de la noche a la mañana con las de este conquistador imparable que venía dispuesto a convencer al mundo.

Nos ganó de pleno. Nos convertimos en sus admiradores incondicionales, reforzamos las tocadas en radio de sus canciones, desarrollamos una intensa promoción de su primera aparición y comprobamos cómo, día a día, una ola de fans iba creciendo sin freno esperando impacientes a conocerle en persona. Y llegó el día de la actuación en la caseta de la feria de Chiclana. Un escenario modesto y una caseta con un aforo aproximado de unas mil personas se convirtieron en el punto de atención de aquella noche de viernes. Se desbordaron todas las predicciones, dentro y fuera de la caseta. Sus fans, llegadas de toda la provincia, coreaban cada unas de sus canciones y pedían más. La simbiosis entre público y artista era perfecta, en ese mismo instante tomamos conciencia de lo que empezaba a ocurrir con aquel figura que había superado en tiempo récord todas las expectativas. Aquella noche ya resultó difícil sacarle de allí tras la actuación. Todo el mundo quería conocer y llevarse un autógrafo del artista que, pertrechado tras su guitarra, acababa de firmar el tratado de su primera batalla ganada. Fue tal el éxito que Alfonso González pidió al cámara de la televisión local que había grabado la actuación —por entonces los móviles no llevaban cámara— que le diera una copia de la cinta antes de marcharse para llevarla el martes siguiente a la reunión de coordinadores de Los 40 en Madrid, donde se votaba la entrada de su nuevo single.

Por supuesto fue seleccionado disco rojo como una de las novedades más importantes de las propuestas de la cadena 40 Principales.

Había comenzado un fenómeno que ya no pararía de crecer y que muy poco tiempo después nos depararía una anécdota aún más sorprendente.

Las visitas de Alejandro se hicieron frecuentes, su pasión por Cádiz y su gente era absoluta. En tan solo unos meses ya podíamos confirmarlo como el artista revelación del año en Cádiz, pero nos quedamos cortos. Con la idea de potenciar la promoción y como agradecimiento por el éxito de ventas alcanzado, Warner Music decidió hacer un concurso en nuestra emisora y regalar un ciclomotor entre los participantes. El éxito de participación fue histórico, superaba cualquier concurso de los que habíamos hecho anteriormente. Pero ni aun con esos datos podíamos sospechar lo que ocurriría el día de la entrega del premio. Por encajar en la intensa gira de promoción de Alejandro, acordamos realizar la entrega entre semana, un día lectivo, miércoles creo recordar. Durante toda esa mañana, los teléfonos de la redacción de la emisora no pararon de sonar, los compañeros de informativos nos preguntaban qué habíamos hecho, si teníamos algún concierto previsto porque no paraban de llamar madres y padres preocupados porque sus hijas habían faltado a clase esa mañana. Vamos, que se habían puesto de acuerdo para hacer lo que allí llamamos «rabona». Lo que no imaginábamos era la magnitud de la quedada.

El concesionario con el que habíamos gestionado el sorteo del ciclomotor, Motos Castro, se encontraba situado en plena Avenida de Andalucía, frente al San Felipe Neri, uno de los colegios más conocidos de la ciudad, y al acercarnos en el coche de Umberto comprobamos que había un nutrido grupo de fans apostado en la puerta esperando su llegada. Aún no nos explicamos dónde se escondían, pero, nada más llegar a la puerta y tras correrse la voz de que por fin se trataba de él, las fans de Alejandro empezaron a aparecer por todas las calles adyacentes en tal cantidad que en apenas unos minutos consiguieron colapsar la arteria principal de la ciudad. Era evidente que habían estado escondidas toda la mañana esperando ese momento. Entrar en el establecimiento fue una odisea. Todas querían tocar y besar a su estrella. Así que artista y escolta acabamos por los suelos hasta que conseguimos calmar un poco la situación. No fue fácil, porque aquella masa de chicas emocionadas no paraba de crecer. La policía no tardó en hacer acto de presencia, intentando organizar a las fans y restablecer el tráfico. Aquella multitud de enfervorecidas niñas, y no tan niñas, estaban decididas a dejarle claro aquel día que estaban dispuestas a acompañarle en su carrera hasta la cima, aunque no creo que por entonces fuéramos capaces imaginar lo alta que estaría aquella cumbre. Mientras salíamos del establecimiento, pudimos escuchar la frase de uno de los agentes que definía a la perfección lo que acabábamos de vivir: «¿Esto qué es, chiquillo? Esto no se ha visto aquí en la vida si no es en una manifestación de los astilleros». Ese fenómeno fan nacido en su Cádiz ya no paró de crecer jamás y de extenderse por todo el mundo, y Alejandro, siempre generoso con su gente, se lo ha sabido agradecer componiendo la banda sonora de sus vidas.

Unos años más tarde, durante la presentación en Madrid del álbum «El alma al aire», tuve la ocasión de agradecerle en la rueda de prensa, en nombre de la gente de nuestra tierra, el regalo que nos hizo componiendo *Cai* para el álbum «Cañailla», de Niña Pastori, a lo que Alejandro me respondió, haciendo gala de una inconfundible guasa gaditana: «Juan, tú sabes que yo compuse esa canción para que no me cobren cuando vaya por los bares». Y *Cai* se volvió a rendir ante la sonrisa más morena.

A lo largo de nuestras carreras en la radio musical, hemos disfrutado de muchos lanzamientos de artistas sólidos y con éxitos relevantes, pero puedo asegurar, sin temor a equivocarme, que si algo compartimos los coetáneos de Alejandro es la fortuna de haber asistido al nacimiento y desarrollo espectacular de una de las figuras más influyentes de nuestro tiempo. De un artista universal.

En 2002, Alejandro fue nombrado hijo adoptivo por dos localidades de la provincia de Cádiz: Alcalá de los Gazules, donde nació su madre, María Pizarro, y Algeciras, cuna de Jesús Sánchez, su padre.

Su padrino, Manuel Alejandro

19

La estrella de la radio

«Pienso que no hay retorno a la vieja manera de escuchar
música... Antes un disco era importante...».

Música: Alejandro Sanz, *Completamente loca*

Hasta la llegada de la revolución digital y el desembarco de las plataformas de música en streaming y portales de vídeo online, la
radio era, con gran diferencia, el motor principal de la industria del
disco. Dicho de otra manera, el ser o no ser de un artista dependía en
gran medida de la decisión de unos pocos señores que trabajaban en la
radio.

Los promotores de radio de cada una de las discográficas visitaban a los
directores y coordinadores de las emisoras, que, como césares en la Roma
clásica, levantaban o bajaban su dedo pulgar condicionando en gran medida el futuro de una determinada canción.

Los «padrinos», aquellos hombres y mujeres que desde sus posiciones
estratégicas en las diferentes emisoras apoyaban un determinado lanzamiento eran, por definición, el activo más valioso del negocio. Poco importaban
meses de composición y una grabación de primera división si, llegada la hora
de la verdad, tu canción no sonaba en la radio. Visto con perspectiva, el
sobrenombre de «padrinos» venía como anillo al dedo.

He vivido en primera persona cómo algunos directores de cadena eran
recibidos en camerinos con tratamiento de jefes de estado, y aunque las

canciones de Alejandro tuvieron casi desde el principio el apoyo de la radio, no fue un camino ni mucho menos fácil.

Jordi Casoliva: Una de las (pocas) cosas buenas que tiene hacerse viejo es que el paso del tiempo pone las cosas en su sitio, y la perspectiva de los años da valor a lo importante y elimina lo superfluo.

Hubo un tiempo, en los años noventa, en que todos los que trabajaban en la radio habían descubierto a Alejandro Sanz. Las frases más comunes aquellos años eran: «Yo ya lo sabía en cuanto le escuché», «yo le conozco de cuando no era nadie y creí en él», «yo fui el primero en decir que este chico sería grande», etcétera... Jamás un artista ha tenido tantos padres y madres. ¿Por qué? Pues, viéndolo en positivo, por su forma de ser. Alejandro ha sido desde el principio un tío atento y amable con la gente, una persona abierta y gentil que ha sabido involucrar en su carrera a todos los locutores, técnicos, periodistas, etcétera, que ha conocido. Por eso todos le sienten como propio. Y eso está muy bien.

Pues no, yo no le descubrí. A mí me lo descubrió un grande, Íñigo Zábala, que se cogió un avión solo para decirme a mí y a unos cuantos que Alejandro Sanz iba a cambiar la historia de la música en España. Y así fue. Y al cabo de unos días lo conocí, acompañado de aquella chica de promoción de WEA que luego iba a ser la persona que diera sentido a mi vida (todavía insiste Alejandro que él me la presentó y no se lo puedo discutir porque no lo recuerdo).

Alfonso González: Al contrario de lo que ocurre ahora, en los medios existía la figura del prescriptor, la persona que apuesta. En este caso fue Rafael Revert la persona que hizo posible lo que pasó, fue la persona clave para el desarrollo del artista en la radio.

Íñigo Zabala: La ayuda de Rafael Revert fue importantísima. Los 40 Principales eran el ser o no ser del éxito. Revert lo vio *ipso facto*, no solo le gustó la música de Alejandro, sino que también detectó que desde hacía muchos años no había en España un solista joven que movilizara masas de gente. Lo que yo veía claro desde un punto de vista discográfico, él lo vio desde la óptica de la radio muy rápidamente.

RAFAEL REVERT: En Los 40 siempre estábamos buscando cosas nuevas, que pudieran gustar a gente más joven, a un público diferente al que teníamos. Esto era distinto y había que apoyarlo para conquistar a un público que no teníamos. Enlazaba con los solistas de los setenta, con Camilo Sesto, con Aznavour, con Celentano... ese tipo de música que suena muy agradable y llega fácil al corazón. Alejandro tenía los temas, y unos textos que te llegaban realmente.

LUIS MERINO: Alejandro tenía dos cosas importantísimas: las cualidades artísticas como *performer* y, sobre todo, que componía muy bien y las letras eran muy buenas, y veías la semilla o el germen de todo esto. Yo me di cuenta enseguida, quería que fuese algo importante, me parecía un tipo con capacidad de carrera.

RAFAEL REVERT: El primer disco me lo trajo Íñigo Zabala, lo estuvimos escuchando y creo que le dije algo como que era interesante y «vamos a ver hasta dónde puede llegar, porque vamos a apoyarlo». El que tenía fe era Íñigo, Saúl Tagarro seguro que también, no de entrada, pero sí viendo los resultados, porque Saúl era un tío muy matemático, vio que era un tío grande y lo pasó a la categoría de grandísimo.

SAÚL TAGARRO: Mi técnica era muy simple: sacábamos una serie de artistas al año, y con el que mejor funcionara invertíamos el dinero, y punto. Para mí el repertorio no era el área donde solía opinar. En este primer tramo no tuve contacto con el artista. Yo en general he tenido poca relación con los artistas. Iba a conciertos de inicio o fin de gira, esas cosas. Fuera de eso, salvo en raras ocasiones no tenía contacto con ellos. Una vez fui a cenar con Massiel y me encontré en el restaurante con Raphael... quien al día siguiente me montó una escena de celos de chupa de dómine. Esas cosas me habían ocurrido en el pasado, y tenía mucha cautela con estas historias.

LUIS MERINO: Yo había aprendido de Rafael Revert que en la radio es fundamental desarrollar artistas, porque se produce un vínculo entre el artista y el medio de comunicación, e incluso los DJ's que son los que conectan con el público, que es lo que mantiene vivo al medio. Entonces, para mí, que acababa de llegar a Madrid hacía un par de años, era muy importante. Venía de Valencia, donde me había dedicado a generar artistas locales: Presuntos Implicados, Comité Cisne, Glamour, toda la movida techno de Valencia... y en Madrid fue de los primeros artistas con los que dije: «Esto tiene que petar».

RAFAEL REVERT: A Alejandro Sanz lo conocí en una entrevista que vino a hacer a la radio. Yo no he sido muy de tener contacto con los artistas, porque: si tienes mucho roce, los temas personales interfieren con tu trabajo. Los saludaba y tal, pero no tenía grandes conversaciones con ninguno. ¡A mí el que me gustaba en realidad era Elvis Presley!

ALEJANDRO: Nunca le he negado una llamada o una entrevista a mis amigos de la radio. He mantenido el contacto y he estado ahí. Siempre tengo cinco minutos para alguien que tenga cinco minutos que perder conmigo.

RAFAEL REVERT: Esto es lo que yo hacía: a finales de semana, en mi casa, escuchaba todas las novedades solo en uno de esos tocadiscos en los que los discos iban cayendo uno detrás de otro, hasta doce. Yo los ponía sin saber de quiénes eran y tomaba notas en mis papelitos, «este es así, lento, rápido, vale para esto, para lo otro, es bueno, malo, regulín»..., y cuando terminaba de oír los doce ya les ponía el nombre del artista, una especie de cita a ciegas con los discos. Y así escuché miles.

El trabajo de un promotor de radio discográfico entonces consistía, fundamentalmente, en influir a cada uno de los coordinadores de la radio provincia por provincia. Se les llamaba, visitaba, invitaba, agasajaba o lo que hiciera falta con el objetivo de hacerles cómplice de tu próximo lanzamiento.

Los coordinadores de Los 40 se juntaban en Madrid semanalmente para votar por el número uno y la rotación en radio de las novedades otorgando al número de tocadas diarias un determinado color. Es decir, a la canción que recibía un apoyo «first class» se la denominaba disco rojo y la «clase turista» recibía el color negro. Había, claro, diversidad cromática: azul, verde, etcétera, en función del número de veces que sonabas en la radio cada día.

Los trabajadores de las compañías recibíamos las noticias de color esperando que desde la radio llegara un fax. Sí, hoy resulta algo arcaico, pero aquel papelucho tenía el valor mismo de un décimo premiado en Navidad.

JOSE RAMÓN PARDO: Alejandro empezó a interesarme, profesionalmente, más adelante. Yo dirigía Radio 80 Serie Oro, que precisamente se dirigía al oyente maduro y nostálgico y, hasta ese momento, Alejandro Sanz no entraba en eso que ahora llaman nuestro *target*. No lo conocía personalmente hasta que un día, comiendo en un restaurante italiano, alguien me lo presentó. Estaba comiendo en una mesa cercana y lo primero que me dijeron de él fue eso de «este chaval va para figura».

No es que no los creyera, pero todas las compañías, con sus correspondientes departamentos de promoción, decían lo mismo del porvenir de sus artistas. Y estos halagos muchas veces señalaban más las intenciones que las realidades. Pero en el caso de Alejandro pronto se vio que efectivamente tenía madera de artista y me propuse seguir su carrera y empezar a programar sus discos, ya en M80, la cadena heredera de la Serie Oro, que también dirigí por esas fechas.

ALFONSO GONZÁLEZ: Yo tengo el orgullo de considerarme el maestro de obras que puso los cimientos de un edificio que hoy, veintiséis años después, no tiene ni una gotera.

LUIS MERINO: En la radio trabajábamos con varios parámetros: en primer lugar las llamadas, las mañanas de los sábados o en el programa de Joaquín Luqui. En segundo lugar, las cosas que hacías con los artistas en Madrid o en cualquier emisora de España y, por último, las ventas de discos. Estas eran las variables que se evaluaban para subir o bajar los discos en las listas. Yo creo que un artista que funciona al tercer single ¡es un milagro, ahora es casi imposible! Ahora la comunicación es más sencilla, pero también mucho más fraccionada, más focalizada. Lograr amplios espectros de difusión es mucho más difícil que antes. Y que al tercer single se note la respuesta me parece milagroso.

RAFAEL REVERT: Desde la radio le cambiamos la vida a muchísimos chavales y a muchísimos grupos, porque llegamos a tener cinco millones y medio de oyentes que eran amantes de la música, a los que les gustaba esto. Por eso cuando algo se convertía en éxito era fácil que vendiera cien mil o doscientas mil unidades. Éramos conscientes de ello y nos preocupaba mucho acertar y no dejarnos ningún disco fuera, y cuando nos pasaba, a lo mejor lo retomábamos dos o tres semanas después. Yo escuchaba muchas emisoras que no eran las nuestras para ver qué ponían, y para ver si había algo que me llamaba la atención, siempre luchando por impulsar carreras, porque lo que queríamos era crear artistas españoles que funcionaran.

En aquella época, la primera reacción que tuve era que estábamos escuchando algo que era diferente a lo que sonaba en ese momento en las radios y en el panorama musical español. Alejandro Sanz aportaba una nueva manera de hacer canciones y de escribir los textos: no se parecía a nada que hubiéramos escuchado. Entonces, nos llamó la atención. También es verdad que yo nunca pensé que llegaría donde lo ha hecho, que es una barbaridad.

La industria musical, famosa por los egos y desplantes de ciertos artistas, DJ's y ejecutivos de postín, se pasmó ante la sencillez de aquel chico cada vez que se cruzaba con ellos. Y su talante no era impostado, le nacía del mismo lugar que surgía su música y sus canciones, del corazón.

FEDERICO ESCRIBANO: Las reuniones de coordinadores de radio eran los martes. Las noches de los lunes nosotros solíamos quedar con ellos en una serie de bares, y Alejandro era uno más, nos acompañaba, y se hizo amigo de todos los principales coordinadores. Y Alejandro es un tipo que se gana a la gente. Cuando curras con él, lo ves como tu colega, te hace sentir eso. Y es el tío más listo que me he echado a la cara. No solo es un buen artista, además es muy empático.

ALEJANDRO: Me hice amigo de todo el mundo, los vendedores, los coordinadores de radio, tanto en España como más adelante en América. Entonces se conocía a todo el mundo, era algo mucho más personal. Los programadores de Los 40 el día anterior de la votación se juntaban todos en un garito de la calle los Madrazo, el Ambigú, detrás de la Gran Vía. Y los artistas íbamos y era un poco como un mercadillo: «Oye, ¿mañana me vas a apoyar?» (risas).

ESTEBAN CALLE: Allí se vendía el pescado. Entonces había más compañías que ahora. Estaba CBS en solitario, Polygram y Mercury, Ariola, BMG, Warner, DRO, todo el mundo intentando seducir a los coordinadores.

RAFAEL REVERT: Nosotros teníamos una manera de trabajar que consistía en escuchar los discos en grupo. Todos los martes, nos juntábamos con quince o veinte personas que venían de toda España y escuchábamos religiosamente todas las novedades, discutíamos y decidíamos qué discos se apoyaban. Cada uno apoyaba sus favoritos, los coordinadores locales aportaban discos de sus lugares de origen, grupos a los que defendían a muerte. Pero lo que sí es cierto es que se hacía con amor, con ganas de acertar con lo que iba a funcionar. Nuestro objetivo era acertar con lo que le gustaba a la gente, y como todos íbamos juntos, pues al final funcionaba todo.

ALEJANDRO: Por allí paraba toda la fauna del negocio: Rosendo, Antonio Vega, Faemino y Cansado, Duncan Dhu, Ronaldos, Gabinete Caligari, Seguridad Social... Cuando yo llegué con mis canciones no había ningún solista en ese momento, lo que se llevaba era el pop-rock español, los grupos con las letras canallas, y llegaba yo con la historia de uno que tiene un accidente de moto (risas).

ALFONSO GONZÁLEZ: Desde el principio fue una constante captación de adeptos. Se convirtió en una especie de club, solo nos faltó repartir carnets. Y eso que partíamos del «no», y en un periodo cortísimo de tiempo, en un par de semanas antes del lanzamiento, recorrimos España y nos reunimos con los principales personajes de la radio, comíamos con ellos, y Alejandro se los fue ganando a todos. Llegábamos a Sevilla por la mañana, hacíamos todos los medios posibles, nos íbamos a Jerez por la tarde, lo reventábamos, a la mañana siguiente a Cádiz, por la tarde a Málaga... Hicimos miles de kilómetros.

RAFAEL REVERT: *Los dos cogidos de la mano* es un single que no levantó voces discordantes, yo creo que de los veinte que éramos, dieciocho votamos rojo a mano alzada.

ALFONSO GONZÁLEZ: Tuvimos la suerte de que el día antes de presentar el disco a la radio, Fernando Salaverry, que estaba poniendo las bases de lo que luego sería 40 TV, nos comunicó que iban a programar el primer vídeo, el de *Los dos cogidos de la mano*. Coincidimos con Revert en un concierto de Luis Miguel en el Alcalá Palace de Madrid, y ya nos dijo que ese martes la canción iba a entrar en 40 Principales.

EVA DALDA: Recuerdo que el vídeo de *Los dos cogidos de la mano* se grabó en el Honky Tonk, y precisamente, para seguir reclutando fieles, se invitó a toda la compañía a asistir. Y ahí, Alejandro estuvo tan carismático y tan sumamente encantador, monísimo con esa carita y esa sonrisa, que se pasó el rato hablando con todo el mundo y enamoró a todo el equipo. Y a partir de ahí el convencimiento fue pleno y la gente se empezó a emocionar y a ver lo que podía ser aquello.

Alfonso González: Con el objeto de dotarle de credibilidad, de demostrar que Alejandro era más que una cara guapa, un día entre semana de junio se organizó el primer concierto con banda en el Honky Tonk de Madrid. Asistió toda la compañía, y cuatro gatos de los medios.

Esteban Calle: El Honky era el sitio habitual para hacer cosas en aquella época. Quedábamos con gente de medios, se hacían *showcases*... Creo recordar que para aquella actuación en el Honky se le pusieron unos músicos de figuración: Javier Catalá, Daniel Zamora... Me parece que algunos tocaban con Patricia Kraus y alguno luego hizo la gira del primer disco. Los músicos de Patricia molaban mucho. Las teles de los noventa tiraban mucho de músicos de figuración que eran un espanto. Hacer que los roqueros parecieran roqueros aunque fuera para hacer un puto *playback* era un suplicio. Estos eran músicos de verdad, no eran gañanes. Por cierto, el portero que sale en el vídeo era el portero del Honky de verdad...

Rosario Flores: Me acuerdo perfectamente de la primera vez que hablé con Alejandro, y él también, porque siempre me lo recuerda. Fue en la discoteca Pachá, en la presentación de mi disco «De ley». Se me acercó y me dijo que era Alejandro Sanz y que quería tocar en mi disco. Yo no sabía quién era, y la verdad es que no le di bola ninguna. Un poco osado sí fue, la verdad, él siempre me lo recrimina (risas), ¡no se le olvida!

Eva Cebrián: En Los 40 y en Dial se le ve como alguien que se lo ha currado emisora por emisora. Los coordinadores le adoraban, y hay que pensar que en sus comienzos los coordinadores se convirtieron en figuras claves de la radio en los años posteriores: Chaves, Reglero, que está en México, Sandro Dangelli, Tony Aguilar, Mikel Corral, Jaume Baró... Todos los que hemos seguido en la radio hemos contado con él en entrevistas, en fiestas, en entregas de premios...

Alejandro: El primero que puso una canción mía en la radio fue Carlos Arco. Recuerdo la primera vez que escuché una canción mía en la radio. Iba en un coche, el Seat 600 de mi madre, para mí fue increíble. Tengo muy buenos recuerdos de mis canciones sonando y la verdad es que eso se queda para mí.

JUAN CARLOS CHAVES: Yo estaba trabajando en Los 40 Principales en Algeciras. Una mañana estaba de turno haciendo radio y llegó el envío de discos de las discográficas, en aquella época era distribución puramente física, llegaban unos paquetes inmensos de discos por mensajería. Y cada jueves se abrían porque los viernes se cambiaba la fórmula. Lo que hoy en día se hace en cadena en toda España, se hacía entonces en cada una de las trescientas sesenta y cinco emisoras asociadas. Me llegó un single suelto de Warner en un sobre, una portada de un chaval muy joven apoyado sobre un brazo. En la cabina teníamos dos platos y pude hacer la preescucha del single mientras en el aire sonaba otra canción de la fórmula. Me sorprendió mucho, me pareció algo nuevo, con una sensibilidad fuera de lo normal, y me salté el disco que tocaba poner para pinchar ese directamente.

EVA CEBRIÁN: Hemos escrito veintiséis años de historia de Dial y de Los 40 con Alejandro. Arrasó desde su debut con *Pisando fuerte*, y la historia de estas dos emisoras no se entiende sin Alejandro. Ni tampoco el presente y el futuro. Ahora mismo estamos en doce países, somos una marca global y nos une el idioma. En la fórmula de Los 40 ha sido mágico poder construir artistas locales y poder apoyar el talento de nuestro país. Y siguen teniendo cabida, tengan la edad que tengan. La cuestión no es el tiempo que lleves en la música, sino la capacidad para adaptarte a lo que se espera de ti.

JAVIER LLANO: Hablar de Alejandro Sanz es hablar de VIDA. Es hablar de la vida de todos y cada unos de nosotros, de la vida de una generación entera a la cual ha puesto banda sonora. Cada uno de nosotros ha hecho suyas frases de sus canciones, las tenemos en la memoria relacionadas con nuestras propias experiencias, de manera que esas canciones se multiplican, se hacen infinitas y van creando más y más vida.

Seguro que si nos preguntamos cuáles son los momentos más importantes de nuestra vida y con qué canción los describiríamos, más de uno de ellos estaría relacionado con una canción de Alejandro. Ese primer amor que siempre llega pisando fuerte, esa pérdida del amigo que desaparece de tu lado sin poder despedirte, ese desamor que llega con la distancia y te deja solo con tu soledad, esa adolescencia viviendo deprisa, esos amigos nuestros por los que haríamos lo imposible, ese inconformismo que no es lo mismo que hastío, esa fuerza del corazón que derriba muros, ese aprendiz de la vida, ese intento de reconquista del amor para que no te dejen, esa súplica para que te dejen besar, esa vida extraterrestre al lado de nuestros marcianos favoritos, esos lamentos por catástrofes como la de Haití, ese amor tan intenso, verdadero y eterno a nuestros pequeños capitanes, y esa gran definición de quien nos dio la vida... Tantas experiencias que todos hemos vivido o que viviremos en algún momento, porque se trata de eso, de vivir, de saborear todo lo que está a nuestro alrededor, de dar gracias a Dios por todos los instantes de nuestra vida y por poder acompañarlos de canciones como las de Alejandro que siempre tiene una frase magnífica y especial para cada uno de ellos.

Lo de «especial» le viene por partida doble, por orígenes de su padre, ya que tuvo la suerte de nacer en Algeciras, y por su propia persona. Especial por tener ese sentimiento, especial por saber escribirlo, describirlo, detallarlo, y sobre todo por transmitirlo. Especial por dejarnos cantarle a la vida a través de sus canciones, por dejarnos utilizar sus frases en muchos momentos claves donde el resto de mortales nos quedamos sin palabras, por hacernos disfrutar cada vez que vamos a un concierto suyo, por hacernos cantar aunque lo hagamos muy mal, y especial sobre todo por no cambiar, por no olvidar sus raíces, por seguir siendo un chiquillo jugando en la plaza Alta, por no perder su acento, por ser un abanderado de España sintiéndose orgulloso de todos y cada uno de los rincones de esta piel de toro.

CRISTINA BOSCÁ: Con los años, he tenido la suerte de ver en directo a los artistas más importantes del planeta. La radio, mi trabajo, me ha permitido conocer a los mejores, a los pocos que poseen ese aura, esa capacidad única para hacerte sentir lo que aún no sabes que sientes. Los años han pasado y ya no soy esa niña que experimentaba su primer flechazo con la música, pero cada vez que estoy con Alejandro, cada vez que lo veo sobre un escenario, cada vez que soy tan afortunada de formar parte de algún momento que nunca olvidaré a su lado, siento que esa niña no se enamoró de un artista por casualidad, sino del ARTISTA con mayúsculas que nunca nadie olvidará. Del ARTISTA que sigue conectando con su público como el primer día. El ARTISTA que lleva toda una vida superándose y sobrecogiéndonos como nadie sabe hacerlo. Tuve miedo de conocer a Alejandro en persona. Me puse muy nerviosa cuando me encargaron que lo entrevistara. Y esto sucedió cuando ya podía presumir de una experiencia nada desdeñable y no se me alteraba el pulso con nadie. Excepto con él. ¿Y si me decepciona? ¿Y si se rompe la imagen tan maravillosa que tengo de él? Qué curioso que no solo no ocurrió nada de lo que temía, sino que mejoró hasta el infinito todo lo que pensaba de Alejandro. Más auténtico, más mágico, más artista, más talentoso y mejor persona que todo lo que había construido sobre él en mi mente. Después llegaron muchos más encuentros increíbles en los que nunca faltaron sus abrazos, sus sonrisas, su complicidad, su cariño... En especial recuerdo una de las entrevistas que le hice en directo en Los 40 cuando juntos pusimos su último single. Porque ahí me di cuenta de que al otro lado habría escuchando alguien que, como yo en su día, empezara a contar ese momento como el primero en el que descubrió la increíble sensación de que te pellizquen el corazón con el talento y la capacidad que solo Alejandro Sanz tiene.

JUAN CARLOS CHAVES: En cabina teníamos un teléfono de aquellos de góndola, con un piloto que te avisaba de las llamadas de teléfono. Fue poner el single y empezar a parpadear el piloto, llegaban llamadas preguntando cómo se llamaba la canción, quién la cantaba... Llamé a Warner y me dijeron que era un nuevo lanzamiento, un tal Alejandro Sanz.

En la radio con Joaquín Luqui

20

Tú y yo lo sabíamos

«Yo no trato de contarle mi vida a la gente, trato de contarle la suya».

Música: Freddie Mercury, *The Great Pretender*

J oaquín Luqui es la voz de una generación. Muchos crecimos al ritmo de las canciones que nos mostraba desde su micrófono en Los 40. Mis primeras cintas de casete están grabadas de la radio, música de U2 o Michael Jackson convivían entre las presentaciones apasionadas y pausas dramáticas de Joaquín. Aquellas cintas tenían sabor. No soy nostálgico, pero me gustaban los tiempos en los que los DJ contaban cosas.

Comenzó con solo dieciocho años en la emisora de la SER en Pamplona, y en 1969 llegó a Madrid para trabajar en la revista El Gran Musical *y en la radiofórmula de Los 40 Principales. Su voz particular, una melena desaliñada y un sello inconfundible como locutor con su famoso «tres, dos o uno» lo hicieron un personaje casi familiar.*

En televisión colaboró con Canal+ y TVE, y una de sus grandes pasiones musicales fueron Los Beatles. En 1998 obtuvo el Premio Ondas al mejor presentador de programa musical.

En cierta ocasión, de camino a México, precisamente para ver un concierto de Alejandro en el DF, Luqui se sentó a mi lado en el avión. Hablaba sin parar, contando anécdotas con artistas. Mientras hablábamos recortaba sin parar páginas con fotos y artículos sacados de una enorme pila de revis-

tas que había subido a bordo. «¿Qué haces, Joaquín?», le pregunté. «Recorto las cosas más interesantes y las leo con calma después», me dijo. Me pareció un argumento muy razonable, generalmente el ochenta por ciento del contenido de aquellas revistas era accesorio.

Me gustaba hablar con Luqui. Si te gustaba la música, su compañía era un regalo enciclopédico de valor incalculable. Con el tiempo le fueron arrinconando en la radio y su papel en antena quedó casi como el testimonio de una época pasada, el recuerdo de un tiempo en el que las personas eran más importantes que las máquinas.

JOAQUÍN LUQUI: Gracias a la radio oí música por primera vez y comprendí, absolutamente, que la música era una parte necesaria y totalmente imprescindible en mi vida. Desde allí soñaba que alguna vez estaría en alguna emisora y trataría de ayudar a los oyentes de la misma forma.

LUIS MERINO: Por parte de Joaquín Luqui, el apoyo a Alejandro fue total desde el minuto uno. Porque Joaquín tenía una cosa que forma parte de la filosofía de Los 40, que era apoyar el producto local por encima de todo, y con lo que quedaba de programación, lo mejor de los artistas de fuera.

ALFONSO GONZÁLEZ: Bueno..., Joaquín Luqui se resistió un poco al principio.

JOAQUÍN LUQUI: Alejandro es fenómeno de fans, cantautor, en el nuevo flamenco, entre los artistas españoles que han triunfado fuera y con los que han llegado a lo más alto con su primer disco. La historia lo tratará como lo que es: uno de los más grandes y queridos. Seguiremos hablando de él dentro de veinte años. Alejandro ya ha demostrado lo que tenía que demostrar.

LUIS MERINO: El producto nacional debe tener, y tenía, preferencia de paso. Y Joaquín, que era un tipo muy de *teens*, que venía de Duncan Dhu, de Backstreet Boys..., como decía Iñaki Gabilondo, era el pilar que unía directamente al artista con el fan, y quería artistas españoles por encima de todo. Y Joaquín entra a saco. Y de hecho yo creo que fue vital porque Joaquín era muy *pesao*, «esto va a ser tres, dos o uno» y no podía ser de otra manera, porque lo decía tantas veces que terminaban siendo tres, dos o uno.

JOAQUÍN LUQUI: Alejandro Sanz lo dejó claro desde el primer disco. Alejandro puede presumir de ser un autor total y de tener una sensibilidad que llega más allá.

ALEJANDRO: La primera vez que Luqui habló de mí en la radio le estaba escuchando y fue una de las sensaciones más abrumadoras de mi carrera. No vendía canciones, ni artistas; regalaba intuición y los que le escuchaban sabían que no les defraudaría.

IÑAKI GABILONDO: Joaquín Luqui fue el enviado especial de las fans. Amó la profesión, pero sobre todo amó a los oyentes y hablaba para ellos.

RAFAEL REVERT: Joaquín Luqui era fan de Alejandro desde el primer momento. Le gustó, porque era un fijo del «tres, dos o uno», siempre salía en sus comentarios.

IÑAKI GABILONDO: Nunca se desclasó, siempre fue el muchacho navarro de Caparroso que tenía un secreto que contar. Era una persona siempre feliz y con los ojos muy abiertos, alguien que, en una profesión llena de zancadillas, no jugó sucio nunca.

ALEJANDRO: Recordaré siempre la primera vez que lo vi, y bendijo mi trabajo, me apoyó. Siempre dio el sitio a todo el mundo y respetó a todos los artistas sin importar el número en la lista, sin importar si eran o no conocidos... Nos enseñó a todos y se ganó el respeto a fuerza de cariño y a fuerza de espíritu. «My friend», «tres, dos o uno», su caja de palillos, su pelo, su forma, sus misterios; Joaquín, el último mohicano, el llanero solitario... Joaquín era la música. Amó profundamente siempre la música por encima de la industria, de los negocios, de los intereses.

LUIS MERINO: Cuando yo publiqué el libro de Joaquín Luqui *3, 2 o 1* le pedí a cuatro artistas que me escribieran algo sobre Joaquín Luqui. El único que estuvo a la altura fue Alejandro. Él escribió: «Yo me di cuenta de que esto iba a funcionar en el momento en el que oí a Joaquín presentar mi disco por la radio. ¡Cómo lo presentaba!». Y esa carta que había escrito Alejandro Sanz tuvo que convertirse en el prólogo del libro. Joaquín, desde el primer momento, fue incondicional, in-con-di-cio-nal.

En 2014, Luis Merino editaba a partir de un manuscrito de Luqui, fallecido en 2005, el libro 3, 2 o 1... Tú y yo lo sabíamos, donde relataba

*experiencias junto a algunas de las figuras más importantes de la música,
muchas de las cuales él anticipó como buen visionario.*

Alejandro escribió el prólogo de aquel libro:

Mi querido «my friend», me piden que escriba sobre ti para prologar un
libro tuyo y se me encoge el alma porque me recuerda tu ausencia. Ya que
tú nunca acudiste a lo simple, no lo haré yo. No te puedo decir que tú
nunca morirás, ni pamplinas de ese tipo. Tú y yo lo sabemos, ya no estás,
pero déjame que te traiga de vuelta en esta máquina del tiempo que es la
memoria de la esencia. Lo esencial del recuerdo.

Querido Joaquín, en estos tiempos donde hay más héroes que gestas,
más premios que acciones que los merezcan. En estos tiempos donde el
ego de todo el mundo revolotea sobre sus logros, tratando de distraer la
atención de lo verdaderamente importante; en estos días, es cuando más
se te echa de menos. Hay quien nunca entendió que la verdadera «estrella de la radio» era esa persona que amaba la música por encima de todo,
la comunicación y el compromiso con su disciplina. Existen (aunque
siempre existieron) los que creen que ser una estrella de la radio significa
alimentar un ego insaciable y oscuro... Pero tú, querido Joaquín, tú eras
y siempre serás la «radio star» más grande que hemos tenido, y el más
sencillo, cercano, tierno, excéntrico y maravilloso de todos.

Te echo de menos en el aire y en el mantel y en el estudio. Echo de
menos tu sorda sapiencia tímida y siempre educada. Tus secretos guarda-
dos en bolsas de plástico; tus montañas de palillos rotos en las largas
sobremesas lo mismo en Venecia, que en Madrid o Londres, al abrigo de
tu voz mesurada de bruma mañanera, de trigo verde, de pana gastada.
Echo de menos el grito de tu escandalosa cabellera, esa nube esponjosa
de cabello blanco que, a modo de cúmulo nimbo, coronaba tu sesera y se
convertía en el centro de todas las miradas, como la corona de Einstein,
como la de aquel científico loco que viajaba en el tiempo..., pero la tuya
dormía acostada en tu mesura. Así de inconexo, mi sentimiento caricato,
mi nostalgia y mi apego.

Echo de menos tu complicidad sin posturas, tu sinceridad de ropero
viejo, tus cruces en el pecho... Echo de menos tu pelea sorda contra lo
conveniente y lo rentable en pos de lo auténtico. Echo de menos tu pa-

racaídas de corazón bueno; tu consejo quieto, tu inquietud y tu asombro, en busca siempre de tesoros escondidos en cajones repletos de sueños. Echo de menos tu indiferencia infantil ante los espejos y ante los cristaleros, tu regate sin malicia pero certero... Hoy, aunque te reirías si te lo dijera, no te encuentro un solo defecto...

La primera vez que hablaste de mí en la radio yo te estaba escuchando y fue una de las sensaciones más abrumadoras de mi carrera. Tú no vendías canciones, ni artistas; tú regalabas tu intuición y los que te escuchaban sabían que no les defraudarías. Tres, dos o uno, querido Joaquín. My friend... Para mí solo habrá un número uno, tú. Pero quisiera haberte clonado, no en tres, sino en tres mil.

Quizá, si aún estuvieras aquí, muchas cosas no hubieran pasado. Quizá se mantendría intacta aquella natural dignidad con la que hacías tu trabajo. Aunque también quizá es preferible que no hayas vivido algunas cosas, no sé. Me encantaría que todos los artistas que hoy copan las listas de nuestro país te hubieran conocido, hay algunos muy buenos y sé que sus carreras se habrían visto marcadas por tu desaliñada generosidad.

La música, como tú decías, puede con todo: con las crisis, no solo la de la industria, la de la credibilidad, la del desapego de la sociedad, la de la confrontación y todos los demás ruidos. La música se hace hueco y aparecen nombres nuevos que, al menos a mí, me mantienen alerta, vivo... Y me hubiera gustado escucharte en la radio del coche descubriéndolos.

Querido Joaquín, me da un poco de rabia porque, aunque es verdad que somos muchos los que aún te recordamos con el recogimiento del agradecimiento verdadero, también es verdad que hay muchos que en las conversaciones pasan por tu nombre como de puntillitas educadas y mamonas, como fingiendo un afecto que no sienten, porque en realidad nunca te conocieron, aunque te buscaban para lo que tú y yo sabemos.

Pero, como decía, también hay muchos que, al encontrarse contigo en una frase o en algún cuento, se paran un segundo y saborean tus huellas y se les sale una nostalgia que visten de media sonrisa sin mucho acierto. Para esos amigos y para mí, tú has sido el más grande de la radio, y como una de las cosas que han cambiado es que no se puede hablar por nadie sin la presencia de un abogado o una asociación que represente a los citados, lo diré así: si por mí fuera, pondría una estatua tuya en Gran Vía 32, con un pedazo de placa que dijera: «Joaquín Luqui fue el corazón de la radio». Ahí lo dejo... y dejo al mismo tiempo mi gratitud, mi amistad y mi eterno duelo al pie del silencio, y arrojo mi tristeza contra las ventanas del tiempo. My friend, mi querido quinto Beatle, mi añorado padrino del aire, te echamos de menos, mi guitarra, mi voz, mi mantel y mi palillero.

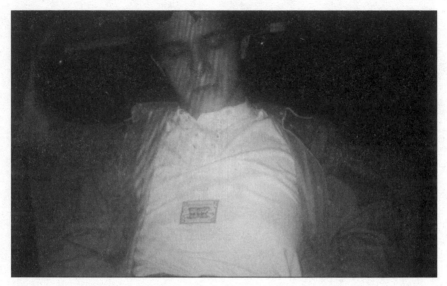

Un momento de descanso

21
Súper 1

«Uno no piensa en gustarle a la gente cuando está haciendo
una canción, piensa en gustarle a la canción».

Música: Paraíso, *Para ti*

E l negocio de la radio ha ido evolucionando con el tiempo, ¡qué remedio!,
aunque algunas cosas no cambian. De entre las inamovibles, las principales emisoras siguen apostando por «sacar la radio a la calle», es decir,
recorrer España y montar saraos con forma de festival, evento playero, concierto en fiestas de guardar o una ceremonia donde poder reunir artistas
y entregar unos premios.

Este formato subsiste con el paso del tiempo y permite, acertadamente,
que público de todas las provincias ponga cara a sus locutores favoritos mientras disfrutan de la música de sus estrellas. El modelo funciona y ahí sigue.

Durante el viaje promocional de «Viviendo deprisa», Alejandro se subió
al autobús del Súper 1 de Los 40 y recorrió España de punta a punta. Literal.
De Ferrol a Murcia, de Gerona a Huelva. El Súper 1 era el nombre de aquel
evento itinerante y, en 1991, una de las piedras angulares del triunfo de
Alejandro.

CAPI: Los principios no fueron nada fáciles. Julián Ruiz, que en
aquel momento era una eminencia dentro de la Cadena Ser, se metió
en el despacho de Saúl Tagarro en Warner y le dijo: «¿Qué hacéis con
este chico? Si no va a vender un disco en su puta vida».

ALEJANDRO: No fue sacar el disco y vender un millón. Hubo que trabajar como perros. Había un equipo de promoción en Warner impresionante, la compañía era una máquina perfecta y tenía mucha credibilidad porque no firmaba artistas en los que no creyera. En la misma noche me hacía un Súper 1 en Algeciras y un Gran Musical en Sevilla, el día siguiente a La Toja, después a Huelva, después a Ibiza... sin parar.

LA TATA: Se hizo todas todas las giras de estas cadenas de radio fórmula, no solo con Los 40 Principales, también con Cadena 100, con todo el mundo, porque él sabía que esa era la forma de que sus éxitos llegaran a los demás, había que venderlo y, en aquella época, eso funcionaba muy bien.

FEDERICO ESCRIBANO: Alejandro tenía una capacidad de trabajo brutal, el mismo día hacía doce entrevistas, tocaba en las doce, le mandaba un disco firmado a cada locutor... Ha currado más que nadie en este negocio. Y le llevábamos a emisoras pequeñísimas y él en todas se entregaba igual, y en todas disfrutaba cantando y tocando la guitarra.

JORDI CASOLIVA: Yo entonces estaba trabajando en Los 40 Principales. Lo que más recuerdo de aquella época fue la segunda entrevista que le hice. Yo hacía un programa sobre la movida madrileña para la cadena 40. Alejandro lo escuchó. Y con la mala suerte que me pilló presentando la canción *Para ti,* de Paraíso. Reconozco que la calidad de la canción es muy mejorable, pero durante toda aquella entrevista y todavía hoy no he conseguido convencerlo de que aquella canción desafinada fue un tema clave en el pop español de principios de los ochenta. Y han pasado casi treinta años y ¡el c... no se olvida! No hace ni un año cuando nos vimos en el Festival de Cap Roig todavía le contaba a un amigo mío la mala música que ponía yo en Los 40. ¡Ah!, y que con las gafas que llevo se me ven los ojos muy grandes. Una y otra vez... ¡Qué paciencia!

CAPI: La primera aparición de Alejandro en una televisión fue en una local. Ni autonómica, ni privada, ni pública, una de las primeras televisiones locales: Tele Sanlúcar.

SANTI ALCANDA: Mi mayor contribución a la carrera de Alejandro es su aparición en mi programa *Top Madrid* de Telemadrid. Antes de empezar el programa yo hacía una especie de anuncio y dije aquello de «voy a presentaros a un tío que viene pisando fuerte» en un primer plano de mi cara con un pie pisándome la boca mientras intentaba decir eso. Se abría el plano y se veía a Alejandro pisándome.

El tío vino con la guitarra, cantó y me lo agradeció tanto que, al año siguiente, cuando se celebraba el aniversario del programa con un homenaje a Ray Heredia, se vino al Universal Sur en Leganés y se cantó *Alegría de vivir* con una superbanda con lo mejor del jazz y donde estaba Jorge Pardo. Recuerdo que también vinieron La Unión y Antonio Vega.

ESTEBAN CALLE: Nieves Herrero estaba muy fuerte en aquella época en Antena 3. Necesitábamos colocar a Alejandro en su programa y no había manera. A base de insistir mucho descubrimos que un día Nieves le pregunta a la asistenta de su casa si conoce a un tal Alejandro Sanz..., y aquella chica le responde: «Claro, señora, Alejandro Sanz es lo más». En ese momento Nieves nos llama y Alejandro va a su programa. Pero no solo una vez, sino que quiere a Alejandro cada dos por tres. Aquello ayuda muchísimo.

ÍÑIGO ZABALA: Alejandro por donde pasaba iba convenciendo a todos, y gradualmente el fenómeno empezó a hacerse más grande.

LUIS MERINO: Íñigo Zabala ha sido un tipo que perseguía y mantenía la presión sobre las acciones que había que realizar para que el artista siguiese creciendo. Y había gente en la compañía de discos muy tenaz.

ALFONSO GONZÁLEZ: El disco iba vendiendo poco a poco, pero la notoriedad crecía de manera sostenida. Teníamos todo el apoyo de Íñigo y nunca nos faltó presupuesto para viajar, alquilar coches, etcétera. Al cabo de seis semanas de trabajar ya estábamos haciendo televisiones. José Luis Moreno nos ofreció un paquete de apariciones en su programa. Hicimos todas las televisiones del mundo, todas las radios... Hubo rumores absurdos como que Alejandro había dicho que nunca tendría una novia vasca y nunca tocaría en el País Vasco. Tuvimos que agarrar un coche, ir a Pamplona y hacer una rueda de prensa, absurda, dando explicaciones y diciendo que su primera novia era vasca.

«Viviendo deprisa» no fue deprisa ni mucho menos. Aunque nunca se vivieron momentos de alarma, la realidad comercial se traducía en unas

ventas moderadas. A falta de ventas colosales Alejandro ofrecía jornadas de trabajo colosales. Sin esfuerzo, el premio resultaba algo improbable.

LA TATA: El disco iba, pero iba lento. Aunque, realmente, vendiendo diez mil copias ya se pagaba la producción.

CAPI: Es muy gracioso, porque según íbamos grabando el disco, lo que nos decíamos mutuamente era: «A ver si vendemos veinte mil discos y nos encargan otro el año que viene». Teníamos la fe del comienzo.

ÍÑIGO ZABALA: Nuestra idea era mostrar que era la leche, que, aparte de tener esas canciones, era un músico excelente, capaz de tocar la guitarra y cantar en los sitios más inverosímiles. Alejandro agarró furgoneta, se recorrió España durante meses, cantando en cada radio, en cada centro comercial, colegios, fiestas, donde fuese, y aquello fue aumentando de una forma increíble.

CAPI: Mirábamos el reloj sin parar. Preguntábamos cuántos discos iban vendidos cada equis minutos, como los niños en los viajes: «Papá, papá, ¿queda mucho para el éxito? ¿Cuánto falta para llegar?».

LUIS MERINO: La respuesta que nos daban las emisoras y la gente era que «este artista tira para arriba». A finales de verano nos lo encontramos un día en el estudio, venía a dar las gracias, no venía de promoción ni nada, con un buen rollo que te pasas. Me dijo que estaba muy contento y le dije: «Que sepas que la gente ha dicho, no solo el público, sino también todas las emisoras por las que has pasado, que se han quedado con un buen sabor de boca»... Como diciendo: «Hay que hacer más cosas».

ALFONSO GONZÁLEZ: Me di cuenta de que eso iba a desaparecer en el momento que entrara en escena Rosa Lagarrigue, que se encontró un artista hecho, musculado. Si Rosa, o cualquier otro mánager, hubiera estado desde el principio, nunca hubiésemos podido hacer esos planes de promoción, esos bolos en garitos, esas actuaciones en los hipermercados a las que iban a vernos cuatro gatos.

CAPI: Teníamos la ilusión de estar haciendo algo que le gustaba a la gente. Todavía no sentíamos el poderío del éxito, en ese momento no nos cambiaba gran cosa. Seguíamos llevando la misma vida de antes. Él estaba en su barrio, todavía en la misma casa, con sus amigos de toda la vida.

JESÚS (HERMANO): Aquel año se subía a un escenario a cantar, que no era nada del otro jueves, se bajaba y se iba a otra ciudad, sin parar. Allí conoció a Chaves, en un centro comercial de Algeciras. Chaves era DJ en una discoteca de la playa que se llamaba Tamarindo. Íbamos con mi prima Mónika y ya se hicieron amigos.

Juan Carlos Chaves es de Algeciras, es un hombre de radio y conoce bien a Alejandro. Yo lo conozco desde hace un montón de años, cuando él trabajaba en Sevilla. A Chaves, como a tantos otros responsables de la radio, le han hecho mucho la pelota, a mí no me sale. Eso creo que ha sido un buen punto de partida. Siempre nos hemos caído bien. Chaves empezó a pinchar en Los 40 en su ciudad y fue creciendo en la radio provincia a provincia hasta dirigir las cadenas musicales del Grupo Prisa. Hoy trabaja para Alejandro.

CHAVES: Tenía diecisiete años cuando entré de DJ de Los 40 Principales en Radio Algeciras, fue mi primer contacto en serio con la música. Eran turnos de tres horas, la radio se pagaba a trescientas pesetas la hora. Eso me permitía llevar a casa novecientas pesetas diarias, que era dinero, además de la relevancia que te daba la radio en una ciudad como Algeciras, que en aquellos momentos tenía unos noventa mil habitantes. Ser DJ a los diecisiete años allí era algo importante.

Las discotecas de la zona solían contratar a los DJ's de la radio. Tamarindo era cliente de la emisora y programaba lo que llamaban La Hora Joven, básicamente una discoteca juvenil. Los viernes pinchaba dos horitas de Hora Joven en Tamarindo y los domingos en la discoteca Portobello, en La Línea, y llevaba los vinilos de la radio, que eran como oro porque si los rayaba pinchando, iban a sonar rayados en antena. Por Tamarindo pasaba Alejandro de vez en cuando.

Desde Warner me dijeron que el artista pasaría por todas las emisoras haciendo promoción. Teníamos previsto un festival de radio con tres artistas, y faltaba uno por confirmar, así que aposté por Alejandro y pedí a la compañía que lo mandara para allí, en formato acústico.

En aquel festival había un grupo, La Granja, que era, digamos, la cabeza de cartel. No íbamos sobrados de producción y le pedimos al mánager que nos dejara usar dos líneas de la mesa para la guitarra y la voz, y me dijo que no. Así que Alejandro tuvo que tocar con una sola línea, la del micrófono. Lo inclinó hacia la guitarra, empezó a tocar, cantó la canción y aquello fue una revolución. De pronto, el telonero sin línea para la guitarra empezó a hacer mucho más ruido y a crear más emociones que el grupo famoso que se suponía que era la principal atracción.

La segunda visita promocional la utilizamos para un formato que yo me había inventado que se llamaba «entrevistas interactivas», que consistía en sacar la radio a la calle y hacer la entrevista en un escenario a la vista del público. Metimos quince mil personas en la plaza de Andalucía, y empezamos a ver que aquello se nos iba de las manos. Recuerdo el ruido de las vallas de seguridad chirriando por el el suelo avanzando hacia nosotros, levantarnos de la entrevista con pánico y, después de hablar con Protección Civil, salir de allí en una ambulancia, que era una cosa muy socorrida en estas salidas tempestuosas (risas). Nos fuimos al Hostal Bahía, en la playa del Rinconcillo, y allí ya nos tranquilizamos.

CARLOS RUFO: Cuando hizo las primeras promos y Súper 1 con las radios, su hermano le llevaba en un R5, y las niñas le tiraban papelillos con el teléfono. Y Jesús, que era un guaperas y se cuidaba mucho, decía: «A ver si al final va a ser mi hermano el que triunfe».

Solo cuatro años antes del lanzamiento de «Viviendo deprisa», George Michael le había dado la vuelta al negocio con su álbum «Faith». Aquel disco arrasó en 1987, pero, sobre todo, impulsó definitivamente el formato del videoclip en la estrategia de lanzamientos discográficos. Isabel Coixet, directora de cine procedente del mundo de la publicidad, que había debutado en 1989 con Demasiado viejo para morir joven, *le dio la vuelta a la imagen de Alejandro en su segundo vídeo promocional.*

CAPI: Una de las cosas que hizo que tuviese más éxito que el primer vídeo fue que allí apareció Isabel Coixet, porque, aunque había presupuesto, no había tanto. Se enrolló y creo que hicieron un videoclip bastante interesante, en el que, con un lenguaje publicitario y bastante moderno, Alejandro juega con una fotógrafa, una mujer más mayor, muy interesante... Y ese single nos ayudó mucho más, aunque tampoco llegamos a despegar.

ISABEL COIXET: Aquel vídeo fue hace muchos años en una galaxia muy lejana cuando a Alejandro Sanz no lo conocía nadie. Lo hice porque Capi me lo pidió. Me presentó a Alejandro, me cayó de puta madre y me dio carta blanca para hacer lo que quisiera.

ALEJANDRO: Isabel Coixet fue la que me cambió el *look*. Me pidió que me cortara el pelo, que cambiara el estilismo...

ISABEL COIXET: Me lo pasé muy bien y aprendí mucho, me gustó ver el nacimiento de un artista: era un chaval que tenía algo. La primera vez que lo vi pensé: «Este chico llegará»... Y para eso tengo ojo.

Y de pronto algo estaba pasando. Con Alejandro trabajando a destajo cada vez arrastraba a más seguidores allí donde iba. «Viviendo deprisa» ya incluía un par de éxitos en la radio apoyados por un plan de promoción intensivo y el videoclip de Pisando fuerte *rotando en televisión a todas horas. Warner y Alejandro inician entonces una estrategia de firmas de discos por los hipermercados y el disco por fin tiene el viento a favor...*

SAÚL TAGARRO: Yo vi que había que invertir dinero porque lo íbamos a recuperar con creces, ese era mi oficio. Había un mercado sano, el artista era majísimo, daba gusto hablar con él, qué quieres que te diga. Hizo todo lo que le pedíamos, fundamentalmente promoción y tiendas. Y las tiendas eran los hipermercados, fuimos de los primeros en organizar conciertos en los aparcamientos de los híper.

ALFONSO GONZÁLEZ: La venta empezó en Andalucía, pero pronto siguió Madrid, Bilbao, Zaragoza, Barcelona... firmando en los Pryca. Al principio las hacíamos por la mañana, con pocas pretensiones. En una segunda fase ya destrozábamos las tiendas, era un problema de orden público, nunca había menos de seiscientas o setecientas chicas.

EDUARDO SAN JOSÉ: Salimos al mercado con mucha fe y nos dedicamos todos y cada uno de los miembros de la red de ventas a llevarle por todos los hipermercados, los Pryca (hoy Carrefour), los Continente... Llegamos a montar un concierto en las oficinas centrales de Pryca para los empleados, Alejandro cantó allí con la guitarra y se hizo con todos.

SAÚL TAGARRO: Para nosotros los híper eran claves. A finales de los ochenta todavía se suministraban a través de mayoristas, una cosa muy lógica. Para qué iban a tener a un comprador que no tenía ni idea hablando con doce compañías discográficas, volviéndole loco... Pero llegó un momento que el peso de los híper en nuestra operación era muy importante como para dejarlo en manos de terceros. Nos enfrentamos a los grandes mayoristas haciéndonos fuertes en los hipermercados, y como nosotros lo hizo CBS. En aquel momento era muy importante para nosotros poder hacer activaciones en las tiendas, y Alejandro se prestó a todo lo que le pedimos, en tiendas y también en radios y televisiones.

Esquimal: Trabajé durante la promoción del primer disco. A las firmas íbamos Fede, Alfonso y Alejandro. La primera firma de discos fue en el Pryca de Palencia. Luego fuimos a Valencia, Zaragoza, Canarias... En Canarias hicimos televisión en la playa, y en el hotel se estaba celebrando el *casting* de Miss Finlandia, imagínate...

Eduardo San José: Lo acompañé a la presentación del disco en Canarias, fuimos a la SER en Las Palmas y colapsamos literalmente las calles alrededor de la emisora. Las pasamos canutas para entrar y salir, todo lleno de chicas llorando, tirándole de la ropa...

Saúl Tagarro: El objetivo fundamental era interesar a los compradores de la sección de discos de los hipermercados. Aspirábamos a que contaran en su casa a su mujer y a sus hijos que habían estado con Alejandro Sanz, de tal manera que si el comprador de la sección no lo trabajaba bien y la compañía no lo invitaba para ir con la familia a los conciertos, lo mismo lo echaban de casa (se ríe).

Adolfo Canela: Y un día, cuando llega a uno de esos eventos, se da cuenta de que no puede ni salir del coche porque hay una avalancha de fans increíble. Ni él ni nadie se espera eso, y, como le pasaría a cualquiera, se acojona. Empieza la locura y creo recordar que se fue una temporadita al pueblo de su madre, él solo, para asimilar lo que estaba sucediendo. Fue tan rápido que cualquiera se hubiera vuelto loco.

La Tata: Pasar de ser prácticamente un desconocido a ser Alejandro Sanz le costó mucho trabajo, no porque no le gustara, sino porque se lo curró muchísimo. Llegó un momento en que, de la noche a la mañana, empezó el éxito. El teléfono de la casa de Alejandro estaba pintado en un grafiti a la puerta de su colegio (risas). Terrible, no dábamos abasto...

ALFONSO GONZÁLEZ: En julio de 1991, en la plaza Mayor de Salamanca, yo estaba con Rafael Revert haciendo un Súper 1. Aquello estaba abarrotado de gente. Y estaban allí por Alejandro. Nos dimos cuenta de que ya era imparable.

GERE: Íbamos camino de un concierto en el Gran Teatro Falla de Cádiz. Alejandro estaba muy ilusionado, el Falla era un templo para él. De camino, paramos en una gasolinera y en un momento aparecieron de la nada un montón de fans y pintaron y rayaron la furgoneta con mensajes de amor.

MÓNIKA BELLIDO: Yo tenía diecinueve años y me di cuenta de lo que Alejandro iba a ser el día que vino a la residencia de estudiantes en Granada a verme. Ese día fue muy importante, él estaba haciendo promoción, vino allí con la guitarra, y yo por primera vez conocí el fenómeno fan que se formaba en torno a Alejandro. Entonces caí en la cuenta de lo que significaba para la música y para toda una generación. Las chicas de la residencia no podían creerlo: «Pero tú no me digas que eres prima de este chico...».

Para construir una carrera de éxito se necesita mucho esfuerzo, algo de suerte y, sobre todo, canciones. Alejandro había dado todos los pasos necesarios para lograrlo. El penúltimo empujón llegó de la mano de su siguiente single, la canción que llevaría a «Viviendo deprisa» a lo más alto de las listas. Aquella historia de un accidente de moto lo cambió todo. Se le apagó la luz disparó la carrera de Alejandro Sanz.

ÍÑIGO ZABALA: Hicimos una gran campaña de televisión y radio, y Revert se sumó con el espíritu de que aquello tenía que funcionar. Al principio no vendía nada, luego empezó a vender de una manera estable, pero no lográbamos despegar al nivel que queríamos y corríamos el riesgo de quedarnos a medias. Y entonces sacamos *Se le apagó la luz*, la canción que más me gustaba, algo que he hecho muchas veces, sacar la mejor canción cuando ya has preparado el terreno, para ya matar. Alejandro había hecho toda la promoción, se había ganado a todos los vendedores, era amigo de todas las radios, alargamos los primeros singles todo lo posible...

RAFAEL REVERT: Con frecuencia nos poníamos de acuerdo con las compañías para elegir el orden de los singles, porque su éxito era el nuestro y tratábamos de ponernos de acuerdo, y lo conseguíamos la mayoría de las veces.

ÍÑIGO ZABALA: *Se le apagó la luz* fue una conmoción y pasó lo que yo pensé que iba a pasar, y la gente dijo: «¿Qué es esto? Nunca hemos oído algo así antes de ningún artista, estas letras, esta voz, estas melodías..., es algo nuevo». Y lógicamente también había quien pensaba que no iba a funcionar precisamente por esos mismos motivos.

CAPI: Además de tener una melodía muy bella, la canción narra unos hechos de los que cualquiera podía ser partícipe. Alejandro es un gran narrador.

LUIS MERINO: Es verdad que hay gente que lo ha logrado a la primera, pero el *background* que traía de su anterior compañía no se había traducido en ninguna reacción. Las cualidades artísticas eran muy tangibles y, en el caso de Alejandro, las cualidades humanas han sido un factor multiplicador altísimo. Un tipo diez. Y cuando lo vas conociendo tú mismo te comprometes. Por eso, cuando pensaba yo «qué majo es, ya se perderá, ya se irá erosionando», y lo ves ahora y es más o menos lo mismo, dice mucho en su favor.

14 de diciembre de 1991

22

El árbol de Unicef

«El respeto se gana, no es una cosa que te regalen».

Música: Alejandro Sanz, *Pisando fuerte*

E n las Navidades de 1991, Alejandro Sanz estaba a punto de vivir el que sería el primer punto de inflexión en su carrera. Un concierto benéfico lo cambiaría todo.

Hay detalles que cambian para siempre la historia. Recuerdo perfectamente el día que vi por televisión el concierto «Live Aid» en el estadio de Wembley. Era 1985 y yo tenía trece años.

Justo después de Bryan Adams aparecieron en el escenario U2. Abrieron con Sunday Bloody Sunday y siguieron con su canción Bad. Fue una versión larguísima. En un momento determinado, Bono, sin avisar a sus compañeros de grupo, abandonó el escenario y se lanzó entre el público buscando alguien con quien bailar, alguien a quien poder abrazar. El grupo siguió tocando sin saber muy bien qué hacer. De las tres canciones previstas solo pudieron hacer dos, dejando fuera Pride, el single que presentaban en ese momento.

La historia habla de una bronca de campeonato entre Bono y el grupo. En ese momento pensaron que habían desaprovechado una increíble oportunidad para presentar al mundo su single. Cuentan que estuvieron a punto de abandonar el grupo en ese mismo momento.

Al día siguiente, todos los medios del planeta escogieron la versión de Bad y el baile de Bono entre el público como el momento más memorable del *concierto. Después de aquel arrebato de emoción espontánea de su cantante, U2 se convertirían en la banda más grande del planeta. Y todo por un detalle.*

El detalle definitivo en la carrera de Alejandro, como el Joshua de U2, tenía forma de árbol.

ESTEBAN CALLE: Recuerdo que antes de empezar a planificar las Navidades, Íñigo insistía con un mensaje: «Nos falta algo, no sé el qué, pero nos falta algo».

CAPI: Después de un año habíamos recorrido España, habíamos hecho de todo, y, eso sí, todo el mundo se había dado cuenta de que Alejandro era un artista de verdad, eso está claro. Además, tuvimos la suerte de que había mucha fan detrás de él.

ÍÑIGO ZABALA: Alrededor de octubre empezamos a ver que el disco tenía tracción de éxito. Se echaban encima las Navidades y teníamos que conseguir convertirlo en algo enorme y aprovechar el tirón del disco y la época del año. Alejandro ya empezaba a tocar en un gran musical y la gente se volvía loca, se sabían las canciones. Empezábamos a recibir montones de cartas en la oficina, que era uno de los indicadores del éxito entonces. Sacos de cartas. Lo mismo nosotros que la radio. Había que inventarse algo para asegurarnos de que en Navidad explotara.

TÍA CRISTINA: Cuando empezó el éxito, empezamos de repente a recibir cartas en la oficina. Al principio era una saca semanal, luego dos, luego tres. Abríamos y leíamos todas las cartas, las contestábamos y mandábamos una foto. Las cartas eran tremendas, escritas por niñas de nueve y diez años, cartas larguísimas donde ponían cada cosa... Llegó un momento en que no dábamos abasto y las remitíamos a la Warner.

CAPI: Y se hizo un concierto en Madrid, el famoso concierto para Unicef, y ahí es donde hizo ¡*boom!*

ÍÑIGO ZABALA: Empezamos a buscar ideas y se me ocurrió que hacer un concierto benéfico en Navidades podía ser una catapulta para darlo a conocer a todo el mundo, y que la gente supiera que había un artista nuevo con dos singles y que era capaz de llenar el pabellón de deportes del Real Madrid.

ROSA LAGARRIGUE: El 14 de Diciembre de 1991 ya estábamos haciendo un pedazo de concierto en el Pabellón de Deportes del Real Madrid, marcando la diferencia con el resto de artistas. Yo copié la idea del concierto de Navidad de algo que había visto en Nueva York: un concierto benéfico y un árbol de Navidad gigante al que cada asistente traía un regalito, que se donaría a una ONG, que resultó ser UNICEF.

Era el primer concierto que iba a dar Alejandro. Trajimos luces de Italia, lo montamos espectacularmente..., y él nos dejó a todos con la boca abierta. Que en su primer concierto estuviera al nivel, que las luces no se lo comieran... fue memorable. Y sobre todo la industria —porque los fans ya estaban todos convencidos—, percibió que aquello era diferente. Ya en 1992 hicimos cerca de noventa conciertos en España. Alejandro supo estar a la altura de ese éxito, y yo creo que se divirtió mucho en esa gira.

Ramón Colom: Ser director de TVE implicaba muchas servidumbres. Pero también te permite algunas cosas, y mientras Valerio Lazarov en Telecinco apostaba por las Mama Chicho, nosotros apostamos por artistas del país que nos parecían buenos y que pensábamos que tenían que estar en TVE como cadena de referencia, esa es la realidad. Hubo un beneficio mutuo para la televisión y para el artista.

Íñigo Zabala: Para que tuviese sentido necesitábamos a una televisión que lo retransmitiese. Saúl Tagarro conocía a Ramón Colom. Nosotros no queríamos una retransmisión a las dos de la madrugada, buscábamos una audiencia familiar..., y las televisiones privadas no iban a modificar su programación navideña por nosotros. Fuimos a ver a Ramón Colom, le conté mi idea de hacer el concierto benéfico, los regalos..., le puse las canciones, y Ramón Colom también lo agarró rápido.

Federico Escribano: Fui a Televisión Española y convencí a Ramón Colom para que TVE emitiera el concierto de Unicef.

Íñigo Zabala: Queríamos decir a todos los españoles que había un artista nuevo llamado Alejandro Sanz, que venía con una música totalmente nueva y que recién llegado era capaz de llenar un local grande y dar un concierto de una hora. Lo discutimos con Alejandro, con Capi y con Rosa, decidimos que era una buena idea y fuimos a hablar con la gente de Unicef, que estuvieron encantados con la iniciativa. Se montó una campaña alrededor del concierto y tuvimos la idea de hacer algo especial conectado con la Navidad.

GERE: Empecé a trabajar con él en el concierto de Unicef en las Navidades de 1991. Me contactaron a través de una agencia de músicos que llevaba Fran Rubio que era amigo mío. Y me metí sin conocer a Alejandro. Llegué al ensayo habiendo escuchado el primer disco para prepararlo, y, cuando lo vi coger la guitarra y ponerse a tocar, pensé: «Parece que tiene onda este tío». Y después del concierto comenté a mi mujer: «Yo no sé quién es este, pero el público se sabe todas las canciones». Desde el primer día que ensayé con él me di cuenta de que estaba ante un músico, alguien que trasmitía emoción.

ÍÑIGO ZABALA: A Ramón le pareció una buena idea, y nos dio el día 25 de diciembre a las seis de la tarde. Hubo una campaña de promos durante veinte días antes de la retransmisión. Hay que tener en cuenta que en ese momento la gran mayoría de los españoles no tenía ni idea de quién era Alejandro Sanz, y no sabían por qué el día de Navidad, a las seis de la tarde, estaba ese chico en concierto en televisión.

ALFONSO GONZÁLEZ: Grabamos el 14 de diciembre, se emitió el día 25 por la tarde, y luego otra vez el día 6 de enero, con su correspondiente campaña de promos. Por aquel entonces el disco ya estaba vendiendo, no fue algo improvisado ni mucho menos.

JOSÉ LUIS DELAPEÑA: TVE entonces tenía una cuota de audiencia descomunal, y la gente se enamoró de este chico, el hijo que toda madre quería tener, y el novio que toda hija deseaba.

ÍÑIGO ZABALA: Se capturó ese momento mágico en que el artista se dio a conocer a todos los españoles, todo el ambiente, las colas desde por la mañana, cómo las niñas corrían al abrirse las puertas, el árbol con los regalos... Algo único... Alejandro dio un conciertazo, pero lo importante no era el concierto, era que estábamos presenciando algo que se salía de lo puramente musical, y que trascendía para ser parte de la cultura pop del país, y que a partir de ahí tuvo un impacto que cambió la música española.

PASTORA SOLER: Cuando sacó el primer disco tenía yo catorce años y era una fan de las que hacían cola con «Alejandro» pintado en la cara... Nunca he sido fan así de ningún otro artista. Cada disco que sacaba lo asocio con un montón de momentos con mis amigas. Hacíamos quedadas para ver el vídeo del concierto de Unicef juntas y nos sabíamos de memoria cada gesto y cada palabra suya. Cada disco de Alejandro ha significado algo, y no solo de jovencitas, sino que hemos ido creciendo con su música hasta llegar hasta aquí.

CRISTINA BOSCÁ: Estaba en el sofá con mis padres aburrida mientras ellos veían la televisión. Miraba el techo ensimismada pensando en mis cosas, cuando de pronto empezó a sonar esa canción. Esa que había escuchado en la radio y que me había pellizcado el corazón. Me incorporé y miré atenta la actuación. Así era la persona que había conectado conmigo a través de su música. Yo era una niña pero me estaba convirtiendo en una mujer y esa canción tenía algo que ver en mi transformación. Definía lo que yo era incapaz de explicar con palabras. Cuando vi por primera vez a Alejandro Sanz en la televisión interpretando *Pisando fuerte,* no pude controlar mis lágrimas. Me quedé plantada delante de la pantalla atrapada por la magia que desprendía. Su talento y su capacidad para acariciar mi alma dejaron una huella en mí para siempre y me marcaron un camino, la música. Parte fundamental en mi vida.

LA TATA: Se invitaba a los asistentes a traer un regalo para ponerlo debajo de un árbol de Navidad que había delante del escenario. Alejandro tuvo que hacer versiones porque solamente tenía un disco, no tenía repertorio para hacer un concierto entero.

JESÚS (HERMANO): El concierto fue la bomba, además se le ocurrió decir un día que le encantaban los peluches y se formó la mundial. Centenares, miles de ositos aparecieron allí. No es exageración, había miles de peluches.

LA TATA: Fue el primer concierto importante de Alejandro, el primero de muchos que vendrían.

SAÚL TAGARRO: No estábamos intranquilos antes de que «Viviendo deprisa» reventara. Cuando decidí poner toda la carne en el asador fue a raíz del concierto con Unicef, ese es el día en que yo vi que iba a explotar.

ÍÑIGO ZABALA: Habíamos hecho mucha promoción antes del show para que llegase en el momento cumbre, la gente lo vio y el país se volvió absolutamente loco. Empezamos a vender en unas cantidades tan grandes que nuestra fábrica no daba abasto y tuvimos que poner otra a producir. Yo me había ido unos días de vacaciones y me llamaron porque el disco se había disparado. Llegamos a tener una fábrica haciendo vinilos y dos haciendo casetes, el CD era muy residual. El grueso de la venta eran casetes.

Juan Ramón Ramírez: A raíz del concierto de Unicef, cuando empieza el éxito, Alejandro llamó a mi padre para que le ayudara.

Íñigo Zabala: Al final de las Navidades llevábamos setecientos mil discos, una barbaridad, algo que nadie había conseguido en tan poco tiempo.

Alejandro: La primera vez que lloré después de un concierto fue en el show benéfico de Unicef en el pabellón del Real Madrid que se retransmitió en televisión, después de hacer ciento treinta actuaciones por toda España. Por fin vi el éxito, porque había trabajado muy duro. Había recorrido España entera en coche haciendo el Súper 1, El Gran Musical, entrevistas de todo tipo... Todo. Ese día escuchar a la gente corear mi nombre antes de subir al escenario me voló el alma.

Cuando llegué al camerino me tuve que tumbar en el suelo, no me lo creía.

23
El Desmayador

«Cuando saqué el primer disco di ciento treinta conciertos por España en solo tres meses. Tenía más conciertos que días».

Música: Alejandro Sanz, *Se le apagó la luz*

El éxito es un bien que también se cobra su precio. Alejandro en un periodo de tiempo muy corto vivió una transformación brutal. «Viviendo deprisa» se convirtió en el trabajo discográfico del año y Alejandro, literalmente, no podía caminar por la calle. Las anécdotas que rodean ese momento concreto de su vida viajan de lo peligroso a lo descacharrante. Para bien o para mal, la vida de Alejandro ya nunca volvió a ser como antes.

CAPI: A partir de ahí, Alejandro empezó un despegue artístico en vertical. En pocos meses se convirtió en el artista más solicitado en todos los platós de televisión, emisoras de radio y, como no, comenzaron sus primeros viajes latinoamericanos.

La casa de Moratalaz se había convertido en un lugar de peregrinación. Alejandro acababa de garantizar su éxito, pero había perdido gran parte de su libertad. La vida es así: uno se pasa media vida intentando conseguir el éxito y la otra media intentando que el éxito no lo destruya.

LA TATA: El cambio fue impresionante para todos: para él, para sus padres, para su familia, para su hermano, para mí, para la propia compañía que desde el principio creyó en él, apostó por él y que de buenas a primeras dijo: «Ya, llevaba razón». Costó casi un año. Yo le he llamado siempre «el eterno efímero» porque, en aquella época, todos los periodistas musicales y de sociedad pensaban que era una persona que iba a tener un éxito y que eso pasaría... Trabajó hasta la extenuación, y lo sigue haciendo porque sabe que en eso está el éxito.

ALEJANDRO: Hubo un titular al principio de mi carrera que decía: «Alejandro, el artista efímero», de esto hace casi treinta años. Aquella crítica me hizo un gran favor, porque nunca me tomé demasiado en serio ser número uno. Me di cuenta de que lo mejor que te puede pasar en la vida es verte como «un efímero», esa es la única forma de ser eterno.

MÓNIKA BELLIDO: Para toda la familia fue un impacto, un impacto positivo, aunque creo que debe de ser complicado adaptarse a ese cambio... Pero, para mí, Alejandro no es Alejandro Sanz, es mi primo Alejandro...

JESÚS (PADRE): El momento más importante de la vida de Alejandro fue su debut. Él había luchado mucho, pero nadie soñó con que llegaría tan lejos. Recuerdo que en una fiesta de aquella época se me acercó el director de Warner y me dijo: «Esto nunca te lo habrías esperado, ¿eh?». Yo le contesté: «Ni tú tampoco».

LA TATA: Llegó un momento en el que Alejandro necesitó más espacio en la casa de Moratalaz, para su ropa, para los regalos, para el equipo, y Jesús y yo nos metimos en la faena de unir dos habitaciones. Metimos la pata hasta el corvejón porque ni él ni yo éramos albañiles, nos metimos en una obra de la que no pudimos salir. Al final tuvimos que llamar a un maestro albañil para que hiciera el trabajo: una habitación más grande para Alejandro. Ese fue el primer cambio.

FEDERICO ESCRIBANO: Su cuarto de Moratalaz era un santuario.

ALEJANDRO: Me han regalado de todo en los conciertos. Todo tipo de cosas, las hay increíbles, las hay todavía aún más increíbles..., pero todas tienen un significado para mí, porque detrás hay alguien que se toma el tiempo y la molestia de hacerme un regalo.

Una vez en Barcelona me regalaron una cachorrita de pastor alemán preciosa, con una carita..., los ojos como dos lacasitos. Le pusimos la Moreneta, porque era así, oscurita. El caso es que estábamos de viaje y nos llevamos a la Moreneta a Sevilla, y la siguiente escala ya era en América, y no podíamos quedárnosla. Así que unas chicas del club de fans dijeron que se la quedaban y que la iban a cuidar de maravilla... Esa noche soñé que los periódicos de Barcelona publicaban en portada: «Alejandro Sanz abandona a la Moreneta». Me desperté de tan mal rollo que tuve que llamar a las fans para asegurarme de que la perrita estaba bien y la iban a cuidar (risas).

EVA DALDA: Alejandro siempre llevó bastante bien el cambio de vida que le vino impuesto por el éxito. Creo que nunca perdió su manera de ser, y, de hecho, a día de hoy sigue siendo igual. Creo que al principio para él fue una cosa agradable ver cómo de repente tienes seguidores..., pero llegó un momento en el que ya no podía hacer vida normal.

ALFONSO GONZÁLEZ: Él nunca cambió a raíz de empezar a tener éxito. El entorno sí, pero el artista no cambió en absoluto. Y hoy sigue igual. La diferencia fundamental fue que en el primer tramo tuvimos muchísima independencia y autonomía, y a partir del despegue ya teníamos que tirar de seguridad, con Esquimal o con Chopo. Ya no podíamos ir a la radio tranquilamente, había una cantidad de chicas que ya era ingobernable sin ayuda.

ESQUIMAL: En el parque de Castrelos, en un show para la televisión gallega que hacía José Luis Moreno, llegamos a Vigo, nos fuimos a comer unas ostras a la piedra y coincidimos con Jesús Vázquez, que era el presentador. Me fui a ver el local y el escenario tenía dos rampas inmensas que empezaban a pie de público. Le dije a los de producción que o ponían seguridad en las rampas o, si subía alguien al escenario durante la actuación, yo me llevaba al artista. Y me dijeron lo típico: «Aquí no pasa nada»... Y Jesús Vázquez me dijo: «Diles que no, Esqui, que a mí ya me han arrancado la camisa entera una vez».

Cuando estábamos a punto de salir, subí al escenario al propio José Luis Moreno y le dije: «Si sube alguien arriba, entro al escenario, agarro a Alejandro y nos vamos». Se hizo el ofendido y tal, pero colocaron unos vigilantes y dos conductores abajo en las rampas. Cuando Alejandro acabó el segundo tema, los vigilantes se retiraron, empezaron a subir niñas, salí al escenario y dije: «Lo avisé». Agarré a Alejandro y me lo llevé en directo, antes de que se despidiera...

CARLOS RUFO: Cuando dio el salto al estrellato, la sensación era de incredulidad para todos, y lo cierto es que él también pensaba que podría ser un éxito temporal, y lleva veintiséis años ahí.

EVA DALDA: Recuerdo una vez en mi despacho que comentábamos un estreno de cine, y hablamos de ir a verlo, y él dijo que ya no podía hacer eso. Dejó de hacer cosas normales desde muy jovencito, y le ocurrió muy deprisa, como dice su canción.

LA TATA: Aquello lo sufrimos, con todos los respetos a las fans. Pero, cuando son más de diez, es una multitud. La histeria colectiva es un hecho demostrado científicamente, y significa que veinte personas aúnan sus fuerzas como si fueran una y se contagian.

FEDERICO ESCRIBANO: Llevábamos seguridad siempre. Una vez, en una visita a Radio Sevilla, las niñas nos pintaron todo el coche con pintalabios y los del *rent a car* nos denunciaron porque era imposible limpiarlo. También denunciaron a Radio Sevilla porque Alejandro salió al balcón a saludar y las fans se subieron encima de los coches aparcados y los dejaron completamente abollados.

LA TATA: Cuando estuvimos en el homenaje a Paco de Lucía, en Algeciras, Alejandro llevaba un polo de un tejido muy ligero. De la glorieta al hotel había como cincuenta metros. Alejandro llegó al hotel sin polo, se lo arrancaron. Yo llevaba una camisa blanca con un chaleco... Le tuve que dejar el chaleco, porque iba desnudo. Nos hemos encontrado en situaciones de equivocarse el chófer y meterse en un callejón sin salida, y pasarlo verdaderamente mal.

ADOLFO CANELA: Lo que más me impacta es que eres una persona que baja a la calle, que toma un café en el bar, y de repente ya no puedes hacer nada de eso. Todo se vuelve muy distinto, él tenía que ir ocultándose, lo acompañaba Chopo, un guardaespaldas, y no podía estar en ningún sitio visible. Chopo, el tipo que coordinaba la seguridad de Alejandro, me lo dijo: «Es el precio de la fama».

El número de fans de Alejandro crecía día a día. Su casa de Moratalaz permanecía vigilada constantemente, decenas de seguidoras sitiaban la casa noche y día. Cayetano, el portero de la casa de la calle Doctor García Tapia, bregaba con las fans que trataban de colarse por los garajes, se filtraban por la escalera, aparecían en los ascensores. Una locura.

JESÚS (HERMANO): Con el éxito de «Viviendo deprisa» cambió todo. De ser Alejandro Sánchez Pizarro a ser Alejandro Sanz y tener doscientas, trescientas, cuatrocientas niñas en la casa, no poder salir por la puerta. Era un edificio de seis plantas y la ocupaban y se colaban por las escaleras en cuanto el portero se descuidaba. Tenía mucha paciencia corriendo detrás de ellas todo el día. Un vecino una vez me llamó la atención y le tuvimos que decir que poca culpa teníamos nosotros de todo aquello.

CARLOS RUFO: De la casa de Moratalaz los echaron literalmente. Cuando reventó «Viviendo deprisa», tenían denuncias de los vecinos. Las fans fletaban autobuses para ir, hacían pintadas, quemaban el telefonillo, se colaban por los garajes de los edificios de al lado que estaban comunicados...

ADOLFO CANELA: Recuerdo a las chicas en la puerta de su casa, en pleno invierno, tapadas con cartones, suplicándonos que le dijéramos que las recibiera.

CAYETANO RUÍZ: Día sí, día también, venían a su casa ochenta o noventa chicas, y no sé si me quedaré corto. Se colaban por cualquier sitio con tal de verlo, lo que provocaba numerosas quejas de los vecinos. Tenía que lidiar con unas adolescentes revolucionadas por la edad que me usaban de intermediario para conocer a su ídolo. Todavía hay varias rayaduras en el portal en las que se puede leer: «Te quiero, Álex».

EVA DALDA: Todo esto le afectó en su manera de vivir, pero no en su carácter, él jamás despotricó de sus fans. Él jamás dio muestras de que todo aquello le molestara, siendo como era un freno para que un chaval de su edad pudiera hacer cosas.

RAMÓN COLOM: Cuando explotó, yo llamé a su casa y, en vez de cogerlo Jesús o su madre, me salió una máquina que discriminaba las llamadas. Ya no podía hablar con él.

TÍA CRISTINA: Yo llegué a negar ser su tía, porque una vez, subiendo a su casa en ascensor, se me colaron tres niñas. Una me dijo: «¿Eres la tía de Alejandro?». Dije que sí, y la que tenía al lado, una cría de trece años, me acarició el brazo y se cayó desmayada. Pasé tal susto que ya nunca más dije que era tía suya.

CAPI: Llegó un momento en que no se podía salir a la calle.

LA TATA: Para Alejandro es difícil salir a la calle, ir a restaurantes o a sitios de copas, porque no disfruta. A él siempre le ha gustado recibir a la gente en casa, el ir y venir de gente. Íbamos un día en taxi y me dijo: «Tata, ¿sabes lo que echo de menos?... Montar en metro».

ALEJANDRO: Éxito y fama... Qué bueno ser como el grupo Kiss, que se quitan la pintura de la cara y luego salen tranquilos a caminar por la calle sin que nadie los reconozca. La fama es como un amigo que no te deja respirar. El éxito, en cambio, es un amigo que te deja tu espacio.

JULIA OTERO: Cuando alguien toca el éxito con esa contundencia, tiene que aprender a protegerse. En la última entrevista que hicimos, de más de una hora, me aportó un concepto muy interesante, y es que el éxito se «cronifica», se convierte en algo crónico desde el 91 para él. Y en esos casos parece que no se lleva bien cuando a uno no lo quiere todo el mundo... Y llega un momento, después de los inicios en que todos los *inputs* son positivos, en el que te das cuenta de que hay gente que te tiene manía, y no lo entiendes. Pero en esta entrevista él me dijo que ya sabía que no todo el mundo lo quería, y que lo tenía asumido. Lo que no entendía, y lo comparto, es que alguien pudiera detestarlo sin haberlo conocido personalmente.

TÍA CRISTINA: A él le gustaba salir a la calle, tomarse unas cañas, tocar la guitarrita..., y eso lo perdió. Cuando sacó el segundo disco estuvo unos días en la finca de su tío, en Carmona. Salió con su padre y su tío a comprar algo, y pararon en un bar de carretera a tomar un café. El señor del bar debió hacer una llamada, y se presentaron allí a los diez minutos un montón de niñas que casi los espachurran.

Alejandro salió de las Navidades como el artista más importante del momento. España inauguraba un año crucial con la Expo de Sevilla y los Juegos Olímpicos de Barcelona en el horizonte. Muchos dicen que a partir de 1992 España dio un volantazo y empezó a mirar de tú a tú al resto del planeta. Para Alejandro, 1992 marcaría en el calendario su primera gira de conciertos. Después del monumental éxito de ventas se preparó una gira que recorrería toda España. En 1992, Alejandro solo había editado un disco, apenas diez canciones con las que cubrir un show completo de noventa minutos. Pero Alejandro es hombre de recursos.

FEDERICO ESCRIBANO: En la gira de 1992 le llamaban Alejandro Sanz, *el Desmayador,* por los desvanecimientos de fans que provocaba.

GERE: Hicimos muchas salas pequeñas y medianas, sobre todo por Cataluña. Y había muchos desmayos, en algunas salas sacaban a las chicas por el escenario porque era la única manera. En Zaragoza, una vez se desmayaron más de doscientas chicas, y ese era el titular de la prensa: «Alejandro Sanz bate su récord de desmayos».

JOSE MARÍA BARBAT: Estaba trabajando en gira con Los Rebeldes al mismo tiempo que con él, y el camión en el que llevábamos los equipos de sonido y luces venía muchos días de su gira «Viviendo deprisa»... ¡lleno de pintadas de sus fans!

ALEJANDRO: Como no tenía más canciones que las del disco y tenía que tocar mínimo una hora y media..., hacíamos unas introducciones y unos solos larguísimos, versiones de mis propios temas, cantaba por bulerías y hacía unos discursos sobre temas de actualidad donde les hablaba de libros, un discurso raro para la época... (se ríe).

ALFONSO GONZÁLEZ: En 1992, RLM tuvo que trabajar con dos cachés. Cuando se quedó con el artista no había explotado, y los primeros contratos que firmó fueron a un precio. A partir de Unicef, las Navidades y la venta masiva ya subieron el precio de las actuaciones.

ALEJANDRO: El primer concierto que di fue en Sant Adrià del Besòs, en una discoteca. Cómo sería el sitio que pusieron un escenario y yo me daba con los focos en la cabeza. Entrábamos de la calle al escenario y salíamos del escenario a la calle.

En un concierto en Touro (La Coruña), en una discoteca en mitad del bosque, con un parking enorme, se presentaron como cinco mil personas. Estábamos en un camerinito detrás del escenario, y solo tenían un tío de seguridad, un exboxeador, el Pantera Rodríguez. Salgo al escenario, y los cuatro cafres que había delante se ponen a tirar de los cables de los monitores, porque yo creaba mucha suspicacia entre los muchachos... Luego la gente aporreando la puerta del camerino para entrar, y el Pantera sujetándola, nos decía: «Creo que deberían irse». Salimos como pudimos.

Un día en Salamanca iba a la radio a hacer una entrevista y lo publicitaron bastante... Se congregó en la calle una multitud de fans, y la policía tuvo que hacer un cordón para sacarme de allí. Se suponía que el cordón acababa en mi coche, pero llegué al final y no había nada. Me vi solo en mitad de aquella multitud de adolescentes con los ánimos muy alterados, y decidí tirar calle arriba. Mi obsesión era no caerme, pensaba que si me iba al suelo no saldría de allí vivo, me tiraban de la ropa, me quitaron la bufanda... Al final un policía me agarró por detrás y paró un coche que pasaba: «Queda confiscado», gritó, y nos metimos dentro. El conductor decía: «Uy, mi mujer y mi hija cuando les cuente a quién he llevado»... Y me sacaron de allí y me llevaron a comisaría.

Yo no tenía miedo a nada, yo venía de cantar y de tocar la guitarra en las aceras de mi barrio y para mí todo era increíble, único.

Alejandro y sus padres, medalla de Andalucia

24
Si tú me miras

«Quien no ha vivido no puede contar cosas».

Música: Alejandro Sanz, *Mi primera canción*

Existen diferentes teorías sobre «el síndrome del segundo disco» de un artista. Unas apuntan a que el artista atesora sus mejores canciones a lo largo de una vida y estas son las que forman parte de su primer trabajo. Cuando llega la hora del segundo esfuerzo, sencillamente no hay más.

Otros advierten que, tras un primer éxito, apenas hay tiempo para preparar en condiciones la demanda casi inmediata del mercado con una continuación a la altura del debut.

Son solo teorías. Segundos discos como «What's the story, morning glory?», de Oasis, o «A rush of blood to the head», de Coldplay, derriban de un plumazo cualquier debate de barra de bar.

Alejandro Sanz llegaba a 1993 con un éxito descomunal a sus espaldas. Grabó el disco y las canciones que le pedía el cuerpo en ese preciso momento. «Si tú me miras» es un trabajo honesto y, con perspectiva, un disco importante para comprender de forma completa los extramuros de su carrera.

ÍÑIGO ZABALA: Los segundos discos de artistas que tienen éxito con su primer álbum siempre son difíciles. Yo creía en la carrera a largo plazo de Alejandro porque sabía que tenía en la compañía al compositor de canciones latinas más importante de los últimos años, si no de siempre; lo miraba a largo plazo. Pero, por experiencia, sabía de la importancia de un segundo disco, porque marca más que el primero, marca cuál es el futuro de tu carrera y la percepción que van a tener de ti los fans, la gente, la industria, las radios, etcétera.

ALEJANDRO: Cada disco es un reto completamente nuevo. La gente que compra un disco no lo hace pensando si has vendido veintiún millones o no. Le gusta o no le gusta. Pero el éxito previo sirve para motivarte. Hay un montón de gente esperando a ver qué haces porque le afecta a su propio trabajo. Así que te lo planteas con más seriedad. Siempre da vértigo un papel vacío. Pero, afortunadamente, nunca he tenido una crisis creativa grande. Quizá en el segundo disco me costó más, porque me enfrentaba por primera vez al monstruo del éxito, que es un monstruo considerablemente poderoso, en el sentido de que asusta. El éxito asusta sobre todo cuando viene acompañado de la fama, que es muy complicada. Pero pasas eso y sigues tu camino. Y al final es lo que soy. Yo hago eso. Compongo canciones y las canto.

CAPI: Se nos brinda un disco grabado en Inglaterra, queriendo hacer un Alejandro muy «producido», con mucho nombre alrededor, con medios, con todo... Y ese fue el disco menos vendido de él.

SAÚL TAGARRO: Fue como tantos segundos discos, casi todos han sido una penitencia. El de Nino Bravo lo recuerdo bien, después del éxito del primero y de *Te quiero, te quiero,* que había sido patrimonio de Augusto Algueró. Para el segundo queríamos tener a todos los grandes compositores. Y para estar seguros de que intervenían todos preparamos un doble LP... Nos pegamos una hostia descomunal.

EVA DALDA: Eso le ha pasado a todo el mundo. Y Alejandro no fue una excepción. Además él había crecido como persona, de un chaval que no había salido de su barrio a recorrerse toda España rodeado de multitudes de fans. Y eso le influyó en su manera de ser, creció, maduró y escribió sobre lo que sentía en esos momentos.

NACHO MAÑÓ: Íñigo Zabala me sugiere producir el segundo disco de Alejandro. Recuerdo que la frase fue: «¿Quién lo puede hacer sino tú?», porque en ese momento lo que se intentaba conseguir con Alejandro es que saliera de ese estereotipo de cantante romántico para jovencitas y que se vislumbrara el artista potencial que había ahí. La capacidad o la potencialidad que tenía para desarrollar una carrera con perspectiva a largo plazo, y donde se dejara ver el artista que llevaba dentro. El artista, en el proceso de un primer disco de mucho éxito, no tiene tiempo para componer, las compañías tienen prisa para que el segundo disco salga y tratar de recoger la ola del primero, y lo que más me preocupaba era el repertorio

LA TATA: Lo viví de lejos. No participé en la preproducción ni en la producción. Los discos coproducidos son difíciles, porque el estilo de Nacho no tiene nada que ver con Capi. Alejandro, como otras veces, lo que hizo fue evolucionar, investigar, ir por aquí y por allá a ver qué le movía, qué le interesaba en ese momento, más que lo que le pudiera interesar a los demás.

ÍÑIGO ZABALA: Nosotros teníamos dos caminos por los que ir, y los discutía con Alejandro, con Capi, con Rosa y con José Luis. El primero era seguir por la senda del primer disco, intentar ordeñar esa vaca sin tomar ningún riesgo, apelar a los mismos fans, mantenernos cómodos y como compañía maximizar nuestros beneficios a corto plazo.

JOSÉ LUIS DELAPEÑA: Había vendido mucho, pero a Alejandro no se le veía como un artista de prestigio, se le veía como un artista de fans, de niñas, etcétera. Lo que se intentó hacer era dotarlo de un envoltorio mejor. El primer disco lo sacas después de toda una vida componiendo, y ahora tienes que sacar otro sin apenas tiempo para escribir. Intentamos hacer un disco de mucho más nivel, con Nacho Mañó, que ya era un músico de mucho prestigio, en Inglaterra, con buenos músicos, un gran estudio, un buen ingeniero, etcétera. El reto era mantener eso, setecientos mil en España y otros trescientos mil en México. La obsesión era conseguir que no fuera un *one hit wonder,* que tuviera recorrido.

ÍÑIGO ZABALA: La segunda opción era, sabiendo que tienes un artista que es un cantautor genial, que va a ser, en mi opinión, el mayor artista latino, tomar riesgos y sobre todo potenciar o dar prioridad a la imagen como artista por encima de otras cosas: como cantautor, como compositor, como músico, como artista para perdurar.

FEDERICO ESCRIBANO: Yo no recuerdo que en ese disco se buscara posicionar a Alejandro como un artista más adulto. Nos sorprendió a todos la elección del productor, pero, claro, el primer disco era una producción muy antigua, y tenía que haber una evolución.

Nacho Mañó: El disco reivindica una cierta «mayoría de edad» musical, esa era la cuestión. La mayoría de edad musical no es una cosa que uno pueda aplicar, es algo que se merece cuando llega el momento. Pero yo creo que, en ese disco, Alejandro pudo hacer un cambio de paradigma, del artista de fans al artista personal.

Íñigo Zabala: Así que dijimos que teníamos que cambiar. En vez de asumir que el segundo disco iba a ser difícil, lo potenciamos, nos adelantamos a la situación cambiando la producción, la portada, los vídeos... todo. Era un Alejandro más maduro, que apelaba a un público un poco más mayor, porque su público había crecido y además queríamos hablarle a otro *target*. Las canciones también eran más maduras.

Nacho Mañó: Yo creo que sí está ahí la simiente de lo que luego ha sido su carrera, sobre todo por la disposición creativa frente a las canciones, lo que los músicos pudieron aportar en los arreglos, en la forma de afrontar las estructuras armónicas; en fin, distintas cosas que son propias de un artista que tiene cosas que decir a futuro. Se trataba de que tomara las riendas, que participara en las decisiones con la libertad que te va a permitir luego ser dueño de las cosas que tengas que decir.

Íñigo Zabala: No se trataba de una planificación de la carrera de Alejandro, sino de pasos que se dieron de su mano y que él tuvo la inteligencia y la visión de aceptar, y son pasos que normalmente un artista no quiere dar, porque implican salir de la zona de confort. Y él quiso asumir ese riesgo con nosotros y dar un cambio muy importante a la forma en la que enfocábamos los discos con el objetivo de su consolidación como cantautor y como artista.

Eva Dalda: Se cuidó la portada, porque no se quiso vender al chico guapo, sino al musicazo, al artista. Lo mismo con los vídeos del disco. Se quiso tomar distancia con el fenómeno fan, porque el primer disco vendió en realidad por las canciones, pero coincidió que él era guapo y joven... y se le metió en ese saco de artista para adolescentes.

Íñigo Zabala: La producción de Nacho Mañó era menos comercial, no orientada al *hit* momentáneo, sino a la venta de un concepto de álbum. Y pasó todo lo que sabíamos que iba a pasar. El disco fue recibido con más dificultad, sorprendió muchísimo porque no era lo que todo el mundo esperaba... y obtuvimos los resultados que queríamos obtener. Vendió menos unidades, pero fue más reconocido, aumentó su prestigio como cantautor y siguió vendiendo muchísimas unidades a pesar de todo. Las fans que empezaron con él siguieron con él, y creo que dimos un paso importantísimo y que conseguimos los objetivos que nos habíamos propuesto.

ALEJANDRO: Esa es la conclusión a la que llegan algunos. Yo hice un disco para vender (risas). Es broma, yo hice el disco que me pedía el cuerpo, nunca hago un disco deliberadamente para vender. En algún momento, uno intenta copiar una canción propia, y eso puede salir bien o mal, pero no es lo mejor. Lo mejor es hacer lo que he hecho siempre, escribir para mí. Y cuando escribes para ti..., lo entiende todo el mundo.

La grabación se trasladó desde el principio a Londres, donde Nacho Mañó había tenido una bonita experiencia con Presuntos Implicados en la grabación de su álbum «Ser de agua».

JOSÉ LUIS DELAPEÑA: En aquella época casi vivíamos en Londres, dos semanas allí y una en Madrid. Grabábamos muchos discos, la libra estaba baja y los estudios eran buenos y baratos. Además, en la España de los ochenta no había estructura de industria musical y lo que nosotros hacíamos era que, cuando escuchábamos algo de fuera que nos gustaba, buscábamos al que lo había hecho y le contratábamos.

NACHO MAÑÓ: Yo traté de elegir un equipo similar al de «Ser de agua», el mismo estudio. Era un espacio creativo muy chulo: tanto ingenieros como músicos de primer nivel estaban inmersos en una estructura de estudio, músicos, técnicos, alquileres, etcétera, propios de una industria como la británica, con lo cual cuentas con un montón de recursos. Y el tiempo suficiente para que la grabación la pudiéramos hacer con la dedicación que merecía, dos meses en Townhouse Studios.

CAPI: Yo presumía de que éramos más importantes que Rick Astley, ya que él estaba grabando en el estudio B y nosotros en el A, ¡toma orden alfabético don Rick!

JOSÉ LUIS DELAPEÑA: Trabajamos a todo lujo, en Townhouse, los meses de febrero y marzo de 1993, con los mejores músicos y hasta con Paco de Lucía. Alquilamos una casa con una pinta cojonuda, la típica casa inglesa en un barrio estupendo, creo que era por Kensington.

219

Capi: Nos instalamos en una casa estupenda de Portobello Road, al lado de la de Tina Turner y casi pegada a los estudios Ton Haundk. Pero en la casa había inquilinos con más de dos patas. Cientos de ellos. La casa en sí estaba enmoquetada. Pero enmoquetada a conciencia, incluido el cuarto de baño. Una marranada.

José Luis Delapeña: Y a los tres días me llamaron Alejandro, la Tata y Capi porque les picaba todo el cuerpo, decían que la casa estaba llena de bichos, que era un asco y que se querían ir. Me tuve que ir corriendo para Londres, les metí en unos apartamentos de superlujo en Knightsbridge y allí estuvieron toda la grabación.

Capi: Nos trasladaron a unos apartamentos espectaculares. Estaban al lado de Harrods y éramos vecinos de Dodi Al Fayed.

Miguel Bosé: Durante la grabación en Londres hubo problemas con la casa en la que se quedaban él y Capi, y se quedó en mi casa bastante tiempo. No recuerdo bien los detalles, pero planearon hacerme una broma tipo «Inocente, inocente», y lo descubrí y me agarré un cabreo de la hostia y casi los mato... Ya sabes lo bromista que es Alejandro.

José Luis Delapeña: Recuerdo las comidas brutales en un italiano carísimo al lado de Harrods, con Miguel Bosé, que estaba por allí. También íbamos a un ruso a tomar vodka con caviar y oro... (risas). Era una época muy divertida, teníamos presupuesto y lo pasábamos bien, hoteles de lujo, comidas *parriba* y *pabajo,* no había problema de dinero...

Capi: Íbamos a restaurantes a comer una sola cosa. Miguel Bosé nos dio una lista de sitios donde comer. Nos aconsejó el Nikita, un restaurante ruso.

Nacho Mañó: Lo que recuerdo con más cariño es la convivencia en Londres durante esos meses. Coincidimos con Miguel Bosé, que estaba grabando «Bajo el signo de Caín», con José María Cano, que estaba preparando su ópera «Luna». Éramos un grupito de españoles, también tuvimos la visita de Javier Losada, de McNamara, de Pepe Robles, que grabó gran parte de las guitarras del disco, creo que también vino Massiel, recuerdo muchas cenas en casa de Miguel, muchas salidas a un restaurante ruso donde tomábamos vodka de sabores y nos reíamos un montón... También alguna visita espectacular, por decirlo de algún modo (risas), a la casa de José María Cano después de una cena de cumpleaños... En fin, unas cosas muy locas que pasaron allí, y muy divertidas.

CAPI: En la cena de cumpleaños de Miguel Bosé, Alejandro cogió la guitarra, la plantó encima de la tarta y, lleno de nata hasta la barbilla, le cantó el cumpleaños feliz a Miguel. Seguro que Miguel Bosé no ha podido olvidarse de su fiesta de cumpleaños en Londres. José María Cano nos invitó después a su casa, un caserón donde dicen escribió Peter Pan el señor Berrie.

La grabación de «Si tú me miras» vivió la primera colaboración entre Paco de Lucía y Alejandro. Su ídolo desde siempre era Paco de Lucía y las hijas de Paco eran seguidoras de Alejandro. Paco de Lucía apareció en Londres para pasar unas horas. Las horas se convirtieron en días.

JOSÉ LUIS DELAPEÑA: Cuando yo conocí a Alejandro iba siempre con un radiocasete que sonaba como el culo, y lo único que escuchaba era el concierto de Paco de Lucía, Al Di Meola y John McLaughlin.

ALEJANDRO: Cuando grabamos «Si tú me miras» le dije a Paco que me gustaría que tocara, vino a Londres y me dijo: «¿Esto quién lo paga, la compañía o tú?». «La compañía», le dije.

ÍÑIGO ZABALA: Para Alejandro fue un sueño tener ahí a Paco. Yo creo que Paco fue a la grabación un tanto escéptico, no sabía dónde se estaba metiendo, y yo el recuerdo que tengo es de flechazo entre ellos. Luego mantuvieron una amistad muy estrecha durante los años, con una verdadera admiración recíproca.

JOSÉ LUIS DELAPEÑA: Las hijas de Paco eran fans de Alejandro. Conseguimos que Paco viniera a Londres a grabar, y para Alejandro fue la hostia, lo más. Luego volvieron a colaborar Paco y Pepe de Lucía para el especial de televisión, y él estaba feliz. Paco le tenía mucho cariño.

CASILDA SÁNCHEZ: Fue mi padre quien nos lo presentó cuando mi hermana y yo estábamos locamente enamoradas de él, que acababa de sacar su primer disco. Mi tío lo conocía de El Rinconcillo, en Algeciras, y él era amigo de mis primas... Una tarde acabábamos de volver del colegio y mi madre nos dijo: «Poneos guapas que viene tito Pepe con Alejandro Sanz». Y, claro, creímos que era una broma..., y sonó el timbre, nos fuimos a la ventana que daba a la entrada y lo vimos llegar a casa. Nos entraron unos nervios que no queríamos ni salir al salón de la vergüenza que pasamos... Y Alejandro, que era un chaval, con esa sonrisa pícara, y tan simpático, tan gracioso y tan natural, nos firmó el disco. Me puso: «A Casilda, por esa maravillosa sonrisa», y yo lo llevé al colegio al día siguiente muy emocionada. Fue un día precioso, la verdad.

ALEJANDRO: La segunda vez que grabó conmigo le dije que lo pagaba yo: «Ya he crecido como artista y ahora me lo pago todo, esto es así» (risas). Le dije que le quería hacer un regalo para darle las gracias por grabar. Le pregunté qué quería, y me encargó una pieza de plástico de un termostato de un calentador que tenía en Cancún, que se le había roto y no lo encontraba por ningún lado. Y me dio el modelo: CO 301 H. Me acuerdo todavía, y le compré un saco entero: «Paco, ya no te va a faltar un termostato en la vida...».

NACHO MAÑÓ: Paco estuvo con nosotros dos o tres de días en Londres, y aprendí más en esos dos o tres días, conversando con él y viéndole y conviviendo, que en muchos años de estudio, porque un maestro tan generoso como él te da una lección que no se aprende de otra manera.

Me llamaba la atención la inseguridad de Paco con respecto a lo que íbamos a hacer. Todos sabíamos que cualquier cosa que hiciera iba a ser brillante, pero él tenía una autocrítica propia de un tirano: no le parecía bien ni aun cuando ya estaba más que bien y todos estábamos fascinados. Siempre tan exigente... Es la única forma de alcanzar el nivel de excelencia que él tenía.

JOSÉ LUIS DELAPEÑA: Nos contó que acababa de grabar con Bryan Adams el tema *Have You Ever Loved a Woman*. Nos dijo: «Este tío me llama, me pagan seis millones de pesetas, y no me deja tocar, me pongo a tocar y me dicen: *"too busy, too busy,* no toques tanto"». Con Alejandro llegó y tocó lo que quiso.

CAPI: Recogí a Paco de Lucía en el aeropuerto, se plantó en Londres con un chándal reflectante y un neceser del todo a cien en la mano. Él no pensaba más que dar unos toques y volverse. Paco y Alejandro se entendieron de maravilla en el estudio, de modo que esas pocas horas en el estudio se convirtieron en varios días.

Nacho Mañó: Oído con perspectiva, la colaboración de Paco y el arreglo de *El escaparate* parece que anuncia cosas de *Corazón partío*... Puede que anticipe ciertas cosas, sobre todo por la rítmica, el arreglo de metales, es una canción que tiene pinceladas de lo que él hizo luego en otros temas, sobre todo en la época del *Corazón partío* y en sus producciones posteriores con Lulo Pérez.

En la grabación de «Si tú me miras» se asumieron riesgos, y Alejandro el que más. Y fue un paso importantísimo con una clara visión de futuro: para perdurar tienes que arriesgar. Si se hubiese hecho un disco del corte del primero, posiblemente Alejandro hoy no estaría en el sitio en el que está.

Nacho Mañó: La compañía no influyó artísticamente. Warner nunca ha sido una compañía que interviniera directamente sobre el producto, me refiero a una intervención *in situ*. Sí que había algunas consignas, bastante libres: querían un disco con una posibilidad de proyección internacional. Había que convencer al equipo, tanto a Alejandro como a Capi, de que se hiciera un disco con esos tintes. Antes de ir a Londres preparé maquetas de todos los arreglos que había escrito, para que los escucharan Alejandro, Capi y la compañía y que tuviéramos un punto de partida consensuado.

Capi: Tanto Íñigo como Saúl Tagarro quisieron «prestigiar» al artista, cuando hay que darse cuenta de que el prestigio de Alejandro son sus propias canciones... Y se buscó un tipo de producción muy elaborada, con Nacho Mañó.

Nacho Mañó: Alejandro estaba comprometido en un contrato con Capi y yo debía coproducir con él, y había que buscar el equilibrio de nuestros puntos de vista respecto a lo que debería de ser ese segundo disco. Entonces hablé con ambos, con Alejandro y con Capi, para ver qué esperaban de mí. Y por parte de Capi no hubo una gran receptividad, como se puede imaginar. Él había hecho un disco que había vendido un millón de copias y creía que no necesitaba verdaderamente un cambio de rumbo, una segunda opinión, por decirlo así.

Íñigo Zabala: Capi pensaba que nos teníamos que haber mantenido en la zona de confort. Para nosotros eso significaba pan para hoy y hambre para mañana. Alejandro compartía nuestra visión, y apoyó el cambio en contra del criterio de Capi.

NACHO MAÑÓ: En algún momento mi relación con Capi tuvo cierta fricción, él sentía que yo estaba invadiendo más que complementando sus ideas. «Si el disco anterior ha funcionado bien, ¿qué hemos hecho mal?», me decía Capi. «Para que ahora tenga que venir un valenciano a decirnos cómo hacer las cosas...» (risas). Y es que las consignas de la compañía eran precisamente esas: salirse de la fórmula estándar que se había utilizado en el primer disco y asumir riesgos en la dirección de conseguir que la carrera de Alejandro a futuro estuviera abierta a posibilidades.

ÍÑIGO ZABALA: En su momento fue una locura. Nacho Mañó se consideraba un productor para artistas de tipo jazzístico, mucho más minoritarios. Contar con él como productor ya dejaba ver por dónde queríamos ir. Nacho es un musicazo, y un productor que podía hacer que el disco sonase distinto del anterior, apelando a un público más adulto, con mucha calidad en los arreglos... y con una buena química con Alejandro; se hicieron muy amigos y siguen siéndolo.

CAPI: También fue el disco donde más aprendimos, porque Warner siempre se preocupó por hacer discos bien dirigidos. José Luis Delapeña nos puso a trabajar con Chris Cameron, el arreglista de George Michael... Todo era primera línea, hasta el punto que aparece Paco de Lucía. Está lleno también de canciones extraordinarias, pero quizá no tenía la calidez del mundo latino que a él le ha hecho grande.

ÍÑIGO ZABALA: Yo creo que el repertorio del segundo disco es tan bueno como el del primero, y que si hubieran intercambiado el orden de publicación, hubiera pasado lo mismo: el primero hubiera vendido más que el segundo. Porque en el primero sorprendió todo: el artista, la imagen, la forma de cantar, las letras... En el segundo tuvimos que cambiar cosas para seguir sorprendiendo, pero el efecto sorpresa no puede ser el mismo. Si el segundo hubiera salido el primero, con la misma producción que «Viviendo deprisa», hubiera vendido un millón de discos, exactamente igual. No tenía peores canciones, simplemente era el segundo. Y a mí me parece buenísimo, de hecho me parece mejor que el primero.

NACHO MAÑÓ: No intervine en absoluto en la elección del repertorio, eso fue un tema que llevaron Alejandro y Capi con la compañía.

Incluso recuerdo que en el último momento, ya en Londres y con el disco muy avanzado, se decidió incluir una canción que estaba a medio componer, por así decirlo, que es *A golpes contra el calendario*. Recuerdo a Alejandro en una mesita en un rincón terminando la letra.

Alejandro estaba más receptivo a que complementáramos la idea, a que arriesgáramos, a que fuéramos a probar nuevas experiencias, a que viviéramos este segundo disco como una oportunidad. Yo le pregunté directamente a Alejandro, y me dio algunas claves que luego fuimos aplicando en la grabación.

«Si tú me miras» me parece un buen disco, hay momentos brillantes en la grabación, tanto de él como de los músicos, el sonido de Alan Douglas fue un sonido muy bueno. Yo creo que es un disco que sitúa a Alejandro en el principio de un camino que luego recorrió con mucho éxito.

El disco se publicó en agosto de 1993, entrando directamente al número 1. El primer sencillo, Si tú me miras, *ocupó el primer puesto de las listas de radio. El disco incluía canciones que se convertirían en hits:* Tu letra podré acariciar, Mi primera canción *o* Cómo te echo de menos *cerraban cualquier debate sobre el famoso «difícil segundo disco».*

Federico Escribano: Ya habíamos creado un artista, una marca. Salimos a trabajar con un buen plan de marketing, muchas firmas de discos... yo hice ese año ciento sesenta y tres vuelos con él. Quizá ya no íbamos a las emisoras más pequeñas, pero el ritmo de trabajo era el mismo que en «Viviendo deprisa».

Rafael Revert: En 1992, yo ya me fui a la COPE para fundar la Cadena 100. Cuando salió «Si tú me miras» lo seguimos apoyando, vino a la radio, pero con mucha dificultad porque los chicos de Los 40 no querían que viniera a la competencia, pero lo estuvimos peleando y vino, y si no recuerdo mal, fue número uno en la 100.

Rosa Lagarrigue: «Si tú me miras», un disco necesario y muy bello, por cierto, para asumir el éxito que había tenido. También para el Alejandro músico y sus propios sentimientos como músico. Así lo vimos, y el hecho de que comercialmente el éxito fuera menor que el de «Viviendo Deprisa» no hizo que se nos cayera el mundo encima ni mucho menos.

SAÚL TAGARRO: Cuando ya has llegado a cifras importantes es normal que la venta fluctúe; no todos los discos pueden vender lo mismo, no había nada por lo que preocuparse.

En un presupuesto no se puede poner ni mucho ni poco. Si pones mucho y después no lo haces, los representantes de los accionistas te aspan, y si pones demasiado poco, piensan: «¿Para qué se gasta nuestro dinero en esto?». Después de las ventas del segundo disco, cuando llega la hora de hacer el presupuesto de la compañía, uno lo que tiene que hacer es ser conservador dentro de cifras interesantes. Pero a mí lo único que me ha preocupado siempre es si el artista funciona o no funciona. Y cuando ya has vendido lo que había vendido Alejandro, es normal que un proyecto venda más o venda menos..., pero estaba claro que estábamos ante un artista con recorrido. ¿Que iba a fluctuar en ventas?... Como todos. Pero nunca tuvimos dudas con él.

Aprendiendo idiomas

25

Follow me

«El riesgo de por sí ya implica un éxito».

Música: Alejandro Sanz, *Si tú me miras*

Después del lanzamiento y promoción de «Si tú me miras», Alejandro busca en Londres un descanso, un momento de receso después de tres años de trabajo ininterrumpido. En Londres se apunta a clases de inglés, en una ciudad alejada del ruido mediático de España, Alejandro experimenta el anonimato por primera vez en mucho tiempo; un contraste necesario.

ALEJANDRO: Pasé una temporada en Londres para aprender inglés, pero lo que ocurrió fue que en el colegio en el que estaba había muchos españoles, italianos, argentinos... Hicimos pandilla y lo cierto es que no aprendimos mucho. Me enamoré de una chica y viví una historia muy bonita. Prácticamente vivíamos juntos en un apartamento de Holland Park. Hablábamos de fugarnos juntos, de tatuarnos y cuando volvimos a Madrid aquello se acabó de repente, sin ruido. Volvimos a vernos un par de veces y perdimos el contacto. Creo que en nuestro fuero interno queríamos proteger el recuerdo de lo que vivimos aquel tiempo.

ROSA LAGARRIGUE: En RLM siempre hemos empujado mucho desde el principio para que Alejandro hiciese dos cosas: aprender inglés y viajar. Yo apoyé personalmente que se fuese a Londres a estudiar y a vivir otras cosas.

José María Michavila: Él allí se relajaba mucho, ya había tenido mucho éxito en España y en Inglaterra era un ciudadano anónimo. A mí me pasaba un poco lo mismo, yo ya era diputado entonces. La gente no te paraba, nadie te decía nada, fue una época de mucho distendimiento para él y le vino muy bien. Yo le llamaba «Alejandro Fans», nos picábamos mucho. Nuestra amistad surgió de la dialéctica, del debate, del pique.

Alejandro: Con Michavila al principio no me llevaba bien. Me llamaba «The Singer», y le explicaba a la gente que si yo era un cantante para niñas, etcétera. Luego nos hicimos amigos. En realidad somos personas muy diferentes, casi opuestas. Pero Micha es un tío muy templado, dialogante y cercano a la razón. Dialogamos mucho y nos convencimos mutuamente de que no todo era blanco o negro.

Elisabetta Cecconi: Conocí a Alejandro y José María en 1994. Yo acababa de graduarme y había conseguido unirme a una firma internacional, de manera que necesitaba mejorar mi inglés. Había alumnos de varias nacionalidades y los españoles y los italianos rápidamente formamos un pequeño grupo muy unido.

José María Michavila: Teníamos una compañera de clase italiana, muy mona, Elisabetta Cecconi, y nosotros al terminar las clases fingíamos ser los guardaespaldas de esta chica: los White Knights. Íbamos con gabardina y nos compramos un sombrero cada uno, la escoltábamos. A la italiana le hacía mucha gracia.

Elisabetta Cecconi: Yo era la única chica del grupo, y Alejandro y José María se convirtieron en mis «Caballeros Blancos», mis protectores. Alejandro solía tocar la guitarra y cantar para nosotros después de las clases, o por las noches. Ya entonces tenía mucho carisma. Resultaba claro que un músico de ese talento terminaría siendo una estrella. Es un tiempo que recuerdo con mucho cariño, y, ahora que Alejandro es una figura a nivel mundial, estoy segura de que sigue siendo tan genuino como era entonces. El éxito no cambia a las personas auténticas.

En su periplo londinense aprendiendo inglés, Alejandro, entre clase y clase, también recibió visitas desde España...

Capi: Fuimos a ver a Alejandro a Londres Fanny McNamara y Luis Miguélez. El aeropuerto de Barajas volvió a asombrarse al vernos, exhibiendo nuestros modelos y equipajes descomunales por esos vestíbulos de chinos raritos, niños con sueño y americanos con mochilas y la reglamentaria botella de agua de litro.

ALEJANDRO: Se presentaron en mi casa de Holland Park Capi, Fabio Mcnamara y Luis Miguélez, de Dinarama. Fabio McNamara fue la musa de Almodóvar, muchos de los personajes de sus películas de la época se los inventaba él.

CAPI: El primer día antes de dormir, Alejandro nos hizo una exhibición de inglés a la que Fanny respondió con su propia versión de la lengua inglesa, totalmente inventada y en la que cualquier parecido con la realidad debe atribuirse al azar. Fanny es así, se inventa cada día a sí misma..., ¡cómo no se va a inventar el inglés!

ALEJANDRO: Los tres iban a buscarme al colegio como tres madres, a buscar al niño. Capi iba con una capa como Drácula, Fanny McNamara con un jersey caladito «de pelo de rata» comprado en un *charity shop,* pantalones ajustados de leopardo con sombrero tejano y tacones de aguja, pintada como una puerta, y Luis Miguélez que tenía aspecto como de neonazi. Un show.

CAPI: Fanny es Fanny, capaz de trasnochar de día, así que aquel sencillo conjunto de jersey hasta los tobillos, hecho de piel de rata de alcantarilla y con plumas verdes como de pájaro tropical, se lo encajó en una tienda y ya no se lo quitó.

ALEJANDRO: Mis compañeros de clase, Michavila y Miguel Ángel Rodríguez eran los dos del PP, imagínate cuando veían a estos tres venir a buscarme todos los días.

CAPI: Miguel Ángel Rodríguez luego sería la cara visible y portavoz del Gobierno de Aznar, y Michavila luego sería ministro. Los dos siguen siendo amigos, sí, pero gente bastante seria. Yo me los imaginaba a los tres en esa academia, con ejecutivos atómicos y políticos en ciernes, todos sentaditos en sus pupitres, con sus plumieres con lápices de colores y la profesora dándoles regletazos cada vez que pronunciaban mal... (risas).

26
Básico

«No hay nada mejor en la vida que viajar y leer. Son las dos cosas que te ponen en perspectiva sobre lo que pasa fuera».

Música: Alejandro Sanz, *Tu letra podré acariciar*

A principios de 1989, la cadena de televisión MTV, y a raíz de una actuación de Bon Jovi en una gala de los premios MTV Video Music Awards, lanza el formato musical desenchufado «MTV Unplugged». El éxito de la nueva propuesta es casi inmediato y las ventas millonarias del Unplugged de Eric Clapton en 1992 dispara la carrera de un buen número de artistas que ven en los conciertos acústicos de la cadena una oportunidad perfecta para vestir sus canciones con un nuevo traje.

Inspirado en este formato televisivo, Los 40 españolizan la idea y bautizan sus conciertos desenchufados como «Concierto Básico». Íñigo Zabala propone a Alejandro revisar las canciones de sus dos primeros discos en un concierto íntimo y en edición limitada. Alejandro graba de esta manera en 1994 su primer álbum en directo.

JOSÉ LUIS DELAPEÑA: Hicimos un básico con Los 40, tratando de insistir en el mensaje de que tocaba, cantaba, componía..., que teníamos un gran artista y no solo una cara guapa que cantaba.

ÍÑIGO ZABALA: Creamos el concepto «Básico» para vender a Revólver. Fue una propuesta que hice a Luis Merino por el éxito que estaban teniendo en todo el mundo los Unplugged de MTV.

Luis Merino: Yo recuerdo la conversación con Íñigo Zabala. Él estaba descontento con la respuesta que «Si tú me miras», al que consideraba un excelente disco, estaba teniendo. «No está reaccionando como tenía que reaccionar», decía. Un día en Milán, con Luqui, en la tienda Ricordi, hablábamos de que queríamos empezar a hacer directos para la radio, de una forma no acústica, sino sencilla, y ese es el concepto del «Concierto Básico».

Íñigo Zabala: MTV en España era irrelevante y la SER lo era todo, y ellos pensaron que una propuesta como la que yo les estaba haciendo de hacer acústicos bajo su marca era bueno para ellos. Fui el primero en proponerlo, y el primer artista fue Revólver, que todavía no había tenido éxito, pero que tenía muy buenas canciones en sus tres primeros discos, que, sin embargo, habían pasado desapercibidas. El «Básico» fue un compilado de esas canciones y se convirtió en un pelotazo bestial.

Federico Escribano: Cuando se editó el «Básico» yo ya me estaba marchando. La idea original surge una vez que vino Chris Isaak de promoción y nos pidió que sobre la marcha le montásemos un bolo, cosa que hicimos como pudimos en un club que se llamaba Morocco. Cuando vimos la reacción de los medios ante las canciones desnudas, con un mínimo aliño, vimos que este formato tenía muchas posibilidades.

Luis Merino: Hablé con los presidentes de las diferentes compañías, y es Íñigo el que lo cazó a la primera, y me pide que el primer básico sea con Revólver, que era un artista de Valencia. Le dije que quería tirar más arriba, y Revólver todavía no estaba hecho. Íñigo me respondió: «Tú conoces a Carlos Goñi, tiene canciones que pueden funcionar muy bien, y si tú te metes, yo me voy a encargar de que el concepto de "Concierto Básico" sea un pelotazo». Y nos embarcamos con el «Básico» de Revólver, que vendió trescientas y pico mil copias. Entonces, para el siguiente básico, Íñigo me llamó y me dijo: «¿Qué te parece si hacemos un básico con Alejandro y reeditamos el disco con esta nueva grabación?»... Hecho.

Esteban Calle: Por la razón que fuera «Si tú me miras» no tuvo el mismo impacto del primero. En el primer disco era un chaval con una inocencia increíble y en el segundo se convierte en un tipo maduro.

Eran muy buenas canciones, pero empezamos a sacar singles y aquello no arrancaba. Revert ya se había ido de Los 40 y Merino recomendó la idea de hacer un disco básico. Se grabó y se lanzó una edición limitada de cuarenta mil ejemplares. En Warner siempre se trabajaba a los artistas como artistas de catálogo, no como si fueran artistas del momento; se buscaba el largo recorrido. Siempre se persiguió la calidad, y «Si tú me miras» es un disco de mucha calidad, y junto al «Básico», un trabajo importante para entender todo lo que vino después.

NACHO MAÑÓ: «Básico» fue un encargo para el que no contábamos con mucho tiempo, así que a mí me pareció que la mejor forma era ir a algunos conciertos de la gira que estaba dando Alejandro, hablar con sus músicos para tratar de pasarlo a la fórmula acústica que requería el «Básico». Lo completamos con algunos músicos más, además de su banda vino Nando González con una segunda guitarra y Gino Pavone en la percusión.

LUIS MERINO: Lo grabamos en los estudios Cinearte de la plaza Conde de Barajas, con Nacho Mañó como productor, y fue un concierto impresionante. Y cuando se publicó, reforzó el lanzamiento, que ya cogió el camino adecuado.

NACHO MAÑÓ: Hicimos una relectura de los arreglos suyos del directo. Hubo momentos muy chulos, pero también algún desacierto... En algún momento alguien le dijo al público que no interviniera y eso le quitó mucho calor a la grabación. Pero quedó una grabación muy bonita. A mí me gusta mucho la versión de *A golpes contra el calendario* del «Básico». Era una canción que se adaptaba muy bien a la fórmula, y además hubo una interpretación ahí brillante por parte de Alejandro y por parte de los músicos, y para mí es el momento más brillante del disco.

ÍÑIGO ZABALA: «Básico» se convirtió además en un sello de prestigio en España, el MTV Unplugged de nuestro mercado. Y fue el paso lógico para reforzar el mensaje que estábamos lanzando sobre Alejandro: el artista, el músico, el compositor que estaba aquí para perdurar. Era el paso lógico para cerrar el ciclo de «Si tú me miras», prolongar el ciclo de vida del disco y también revisitar algunas canciones del primero haciéndolas de la forma en la que sonaba el segundo. Fue un éxito, y que luego en catálogo ha vendido muy bien, también en Latinoamérica.

NACHO MAÑÓ: Estoy muy orgulloso tanto de «Si tú me miras» como del «Básico», los dos discos que pude dirigir en la carrera de Alejandro. Siempre me alegro mucho de sus éxitos y tengo la sensación de que, aunque sea muy poquito, algo he contribuido a ello.

ALEJANDRO: ¿Cómo se mide el éxito? ¿En premios, en venta de tiques, de discos? Mi premio es cuando yo me subo a un escenario y escucho a cincuenta mil almas cantando una canción mía. Lo demás son adornos, están muy bien, lo celebramos. Pero el éxito es cuando alguien te dice que tu letra o tu canción le cambió la vida.

LIBRO II

Alma flamenca

Con Paco

27
Paco

«Paco era un faro en mitad de las oscuridades
que todo el mundo tiene».

Música: Paco de Lucía, *Casa Bernardo*

PACO DE LUCÍA: Me gusta Alejandro por su actitud como artista. Tiene la actitud de un músico más que la actitud esa de vedete y de estrella que tienen generalmente los cantantes. Entonces la comunicación con él es mucho mas fácil, ya que su lenguaje es el lenguaje que usamos los músicos para entendernos.

ALEJANDRO: Paco lo es todo para mí. Si bien no pude conocer a Picasso ni a Dalí, tuve la suerte de encontrarme con Alberti y con Paco de Lucía. Ha sido mi amigo, mi maestro, la persona que ha estado conmigo en las buenas y en las malas. Él tiene la mirada de los semidioses, porque cada cosa que dice es una verdadera sentencia.

Con Paco hablábamos de todo y nos reíamos mucho. Por muy trascendente que fuera la conversación, tenía que terminar con un buen remate, como él decía. Es como la bulería, si no tiene un buen remate no tiene gracia.

Musicalmente, lo primero que me llegó en mi vida fue el *Romance anónimo*, que me enseñaron cuando empecé a recibir clases de guitarra. ¿Quién no ha aprendido *Romance anónimo* en su primera etapa? Pero, en esa época, cuando lo que se oía era Parchís, yo ya escuchaba a Paco de Lucía. Había encontrado una cinta suya que se llamaba «Temas del pueblo», y era una recopilación de temas latinoamericanos y populares como *El vito,* y demás. Yo era un crío, pero ya quería tocar como Paco.

Paco me llamó cuando hice el primer disco. Yo ya le conocía de Algeciras. Lo sabía todo de él, soy capaz de tararear cualquier canción suya, eso se lo decía siempre a él y no se lo creía, así que me tocaba ponerme a cantar...

RAMÓN SÁNCHEZ GÓMEZ: La casa de Pepe está cerca de la mía. Alejandro me decía: «A ver si vamos un día para que tu tío me escuche, a ver qué le parece», y en un par de ocasiones estuvimos allí con José Carlos Gómez a la guitarra, y cantó temas propios. A mi tío le gustaron mucho.

PEPE DE LUCÍA: Capi me hablaba mucho de un niño, su padre era de Algeciras, que cantaba muy bien, que le iba a grabar un disco. Yo no caía en quién era su padre hasta que al cabo del tiempo me di cuenta: el Jesuli, compañero y casi familia nuestra. Y recordé al niño, que venía al patio de Poniente de casa a cantar con José Carlos Gómez. Cuando le escuchó mi padre, mi padre iba asintiendo.

MALÚ: Él venía a ver a mi padre y le enseñaba las canciones, pero esto ocurría de una manera natural, no programada, como la cosa más normal. Y como yo vivía allí, pues escuchaba las canciones, pero no es que me las pusiera a mí.

RAMÓN SÁNCHEZ GÓMEZ: Alejandro y Paco se admiraban mutuamente y, además, siendo como son, se pasaban todo el día riéndose.

LA TATA: Antonio Sánchez, el patriarca de la familia De Lucía, era muy duro. A Paco le encerraba en una habitación, desnudo y con una guitarra, y hasta que no se aprendía el ejercicio no le dejaba salir. Por cierto, que Paco de Lucía era un cantaor excelente, pero era tan tímido que necesitó la guitarra para esconderse detrás. Antonio Sánchez escuchó un día a Alejandro y le dijo: «Eso que tú estás haciendo es una mierdaaaa» (risas).

ALEJANDRO: Todo el mundo se nutre de todo el mundo. Somos el resultado de las vivencias que tenemos con los demás y lo que nos aportan unos y otros. Paco no hubiera sido Paco si no hubiera vivido lo que vivió en su época, todo lo que vivió cuando conoció a Camarón... En la vida todo marca.

MALÚ: Mi tío tenía un humor irónico negro, muy parecido al de Alejandro, un humor un poco horrible que no todo el mundo entiende. Alejandro es un hombre de carácter y es otro genio. Tenían una especie de lucha de genios, entre el amor y el respeto. Y los dos acababan como la bulería, «porrompompom», a la vez.

PEPE DE LUCÍA: «Abuelos, padres y tíos, de los buenos manantiales, nacen los buenos ríos». Su forma de ser me recuerda mucho a mi hermano Paco. Una persona a la que no le gustan las cosas superfluas.

ALEJANDRO: Para mí los artistas se dividen entre los que son flamencos y los que no. Prince es flamenco; levantarse a las tres de la tarde y comerse un puchero y echarse una siesta, también. Pero gastarse mil duros en un taxi no es flamenco. No es solo música, es un estilo de vivir.

Paco y Alejandro han sido compadres. Él, que es tan flamenco, y le gusta tanto el arte, la música, los matices y el buen hacer ha sentido por Paco un respeto, un cariño y una admiración infinitos. Y Paco también lo admiraba muchísimo, por lo que hacía, por cómo era y por la renovación del pop que ha hecho en España.

Paco era un hombre generoso, amigo de su gente. Todo el mundo quería que pusiera un cachito de su arte en sus discos en forma de colaboraciones, todo el mundo quería su toque...

PACO DE LUCÍA: Te puedo contar lo que me pasó con Julio Iglesias. Me estuvo persiguiendo hasta que le pedí una cantidad de dinero imposible. Sin embargo, cuando fui a Miami a grabar con Alejandro conocí a Julio y me rompió los esquemas: es simpático, entrañable, cariñoso. Así que terminé lamentando no haber tocado para él. En realidad, no soy tan selectivo: cualquier guitarrista que me llame, allí estoy.

ALEJANDRO: Una cosa que destacaría de Paco es su generosidad con todo el mundo. Su generosidad musical y su falta de ego. Siempre tenía una palabra de apoyo para un músico. Recuerdo una vez que entré en un taxi, al principio de mi carrera, y el taxista llevaba detrás una revista, un dominical, en el que aparecía un titular que decía:

«Paco de Lucía: Me siento más cercano a Alejandro Sanz que a muchos otros músicos». Esto lo dijo en una época en la que muchísima gente dudaba de mi capacidad musical o ponía en duda que tuviera algún tipo de proyección. Aquello se lo agradeceré toda mi vida y cambió mi forma de enfrentarme a una carrera tan larga como la que me ha tocado vivir.

Paco imponía mucho, aunque fuéramos tan amigos. Vino a verme una noche al Auditorio de México. Yo no sabía que venía y de repente me entró carraspera. Le dije: «Paco, estoy un poco *rozao*, no me lo tengas en cuenta», y me respondió: «Voy a ser muy estricto contigo y cada nota que hagas mal te la voy a decir. No te voy a pasar una». Me metí al baño los últimos cinco minutos antes de salir, esa es la única vez que he querido quedarme solo los últimos minutos. Cuando salí del baño Paco ya no estaba en el camerino, me dice mi asistente: «Paco me ha dicho que te diga que, ronco y todo, eres el mejor».

Salgo al escenario y lo veo en la segunda fila, mirándome como un águila, y a medio concierto le dedico una canción. Y cuando termina el concierto viene a verme y me dice: «¿Tú *pa* qué me dedicas a mi *na*?»... Hombre, Paco, porque te admiro... Y me dice: «Había una delante mía que ha *estao* todo el concierto cantando, no me ha *dejao* escuchar nada, y cuando me has dedicado la canción me ha mirado de arriba abajo como diciendo: ¿quién es este para que le dediquen una canción?». Ese era Paco.

En los últimos discos venía al estudio, me pedía que le pusiera las canciones y me soltaba olés en algunos momentos. Su hermano Pepe se enfadaba mucho. «A mí nunca me dice olé y a ti te ha dicho tres», se quejaba. Porque un olé de Paco era como una medalla.

Alejandro y Paco vivieron una relación de amistad pura. La admiración de uno por el trabajo del otro empezaba en el respeto y el amor a la música. La Banda del Tío Pringue era el grupo de correrías de Paco, una pandilla que vivía la vida con los brazos abiertos.

ALEJANDRO: Paco tenía una pandilla de amigos en Madrid, se hacían llamar La Banda del Tío Pringue. Ya solo queda uno, porque Carlos, que era su mejor amigo, se fue detrás de Paco, al mes de morirse él. La Tata y yo a veces íbamos con ellos y organizábamos unas buenas.

Pepe de Lucía: El nombre del grupo se lo puse yo. El Tío Pringue era un hombre que había aquí en La Cañada, con un abrigo muy grande. Y les hice un tema: «El Carlos está borracho, el Paco con la barca, los Manolos durmiendo, y a mí me duele mucho la garganta». Salíamos juntos y alguna vez vino Alejandro a comer con nosotros a un restaurantito de comida casera de la Cava Baja, que se comía muy bien, y luego nos íbamos por ahí de cachondeo a reírnos.

Alejandro: Una vez vino el Pollito de California, un guitarrista de origen californiano pero que vivió muchos años entre flamencos, que iba a tocar en un sitio por el Madrid de los Austrias y nos dijo que fuéramos a verlo. Pepe le dijo que estaban cenando con José Parra, el Camarón malagueño, y me señalaba a mí. Yo le dije: «A mí no me vayas a cantar pamplinas, me tienes que cantar bien por soleares y por seguiriyas y por todos los palos». Y se va al baño, y le quitamos la guitarra, la llevamos al coche y en la funda metimos un sifón del restaurante. Nos fuimos con él andando hasta el sitio y cuando sube al escenario y abre la funda... Se pone a cantar, muy malamente el pobre, y Paco gritaba: «¡Que le echen del país por favor! ¡Fuera!» (ríe).

Yo conocía tan bien a Paco que sabía cuando llevaba mucho tiempo sin estudiar y eso le daba mucha rabia, no le gustaba estar en desventaja en ningún aspecto. La segunda vez que grabó conmigo llevaba un año sin tocar, y solos en el estudio yo lo notaba, y él me miraba de reojo para ver si me estaba dando cuenta, y lo sabía y le daba una rabia que me quería matar. Le dije: «Paco, ¿tú no entiendes que a mí hasta tus defectos me aportan algo? Tú me dices que llevas un año sin tocar y yo soy capaz de taparme los sentidos y escuchar lo que ya tengo tuyo dentro de mí, y con eso puedo vivir el resto de mi vida, aunque no vuelvas a tocar una guitarra más...».

Paco era el más perfeccionista. Una noche en Miami vino a grabar *Regálame la silla,* nos metimos en el estudio a las diez de la noche, pues eran las seis de la mañana y todavía no terminaba de verlo bien. Yo ya desesperado con el ordenador, lo miro y le digo: «Paco, con lo que yo te admiro y te quiero y te adoro, ahora mismo no te puedo ni ver». «Pues yo a ti tampoco». «Pues vámonos a dormir». «Pues vámonos ya». Hubo un segundo, que no me lo perdonaré jamás, ¡que no podía ni verlo!

A Paco le encantaba venir al estudio y que yo le pusiera las pistas, porque, desde que en el «Más» descubrí el mundo de los programas de música, los *home studios*, me hacía prácticamente todo: las baterías, los bajos. A él le encantaba escuchar las pistas y analizarlas, era como un trabajo de arquitectura.

Para mí, Paco ha significado mucho, creo que es lo más grande que ha ocurrido en la música de este país, y para mi cultura musical lo es todo. El nombre de Chan me lo puso Paco de Lucía hace años, un día que fuimos a jugar al fútbol con la gente de Ketama. Ellos juegan de maravilla y yo fatal, así que al primer balonazo me dije: «¡Anda ya!». Paco se vino conmigo a un bar y tomando unas cañitas se nos acerca un borrachillo (con acento andaluz): *«Vosotro soi eso do tipo:* Alejandro *Chan* y Paco de Lucía, ¿no?».* Y le dije: «Sí, hemos venido a jugar un partidito...». Y salta: *«Pue pa echo e pa lo único que valéi».* Y Paco empezó con lo de Chan (risas).

Con Niña Pastori en la Venta de Vargas de San Fernando

28

Rompiendo las fronteras del pop

«Si no fuese por el flamenco, no sé si
hoy estaría aquí; probablemente no».

Música: Camarón de la Isla, *Viejo mundo*

ALEJANDRO: Me gusta moverme en el flamenco, que es atemporal,
superviviente de todos los estilos y disciplinas y capaz de abrirse al jazz o a la música brasileña. Además, adoptó técnicas clásicas
y fue culturalmente más inteligente que la música clásica. El flamenco es emocionalmente abierto y necesita introducir música interesante. Si no fuese por el flamenco, no sé si hoy estaría aquí; probablemente no.

El flamenco es mucho más que dolor, quejío y duende, que son
importantes. El flamenco es la historia de un pueblo que, al no tener
literatura, pintura ni escultura, la única forma que encontró de contar su historia fue por medio de la música. El quejío es la expresión
del sufrimiento de un pueblo y el duende es la habilidad para transmitir el dolor a través del quejío... Del flamenco podríamos hablar
durante días.

LA TATA: En sitios como Argentina o Chile, mucha gente ha sabido de la existencia del flamenco gracias a Alejandro Sanz. Cuando

Alejandro grababa sus primeros discos, todo el mundo lo veía como «italianizado». Debido a su voz un poco rasgada lo comparaban con Ramazzotti, con Sergio Dalma..., y cuando íbamos a Italia a grabar, comentábamos esto y nos decían unánimemente que de italiano no tenía nada, ¡que lo que era era flamenco y latino!

ALEJANDRO: Del flamenco me llega todo lo que sea puro, y con puro no quiero decir ortodoxo. Todo lo que sea hecho con conocimiento, porque el flamenco sí exige tener un conocimiento de los palos. A mí la gente que se pone a cantar por bulerías, dicen, y no conocen los palos que están cantando no me interesa, por muy bien que afine, por muy melódico que lo haga, por sorprendente que sea. Si no tienen compás y no saben cantar los cantes, no hay nada que hacer. Pero sí me gusta casi todo lo que se hace con ganas y con arte.

ÍÑIGO ZABALA: En todas sus canciones se ve una influencia, pero ni a él se le limitó ni creo que él se limitase a sí mismo; la música que le salía en ese momento era esa. Con el tiempo, a medida que ha crecido su seguridad en sus composiciones ha ido añadiéndole más influencias flamencas incluso en la forma de cantar, pero es una evolución personal de él, y es una de las cosas que le hacen diferente.

ALEJANDRO: José Luis Delapeña me dijo que no dijera que me gustaba el flamenco y que diera clases de dicción... No sabía lo que decía *(risas)*.

NACHO MAÑÓ: Limar los ángulos flamencos hubiera sido un error porque precisamente yo creo que la entidad de Alejandro como artista es que trasluce su formación flamenca, sin ser un artista flamenco. Yo siempre le he visto en los comienzos más cerca de la canción italiana que del flamenco. Lo que pasa es que su voz y su manera de decir las canciones tenía que respirar ese aire del flamenco. Cualquier otra cosa hubiera sido un error, hubiera sido falsear al artista.

ALEJANDRO: Yo no hago canciones para demostrar nada a nadie. Lo comenté con Paco. No hacía mucho que se había cortado en el dedo, y cuando se recuperó, me contestó: «Si me hubiera quedado así, me hubiera alegrado, porque en el fondo no tendría que estar siempre brillante. Yo no tengo que demostrar nada, pero la gente siempre lo está esperando».

Cuando siento que pierdo la inspiración, sigo trabajando. Insisto, insisto..., porque muchas veces uno piensa que pierde la inspiración, pero siempre hay una palabra o una nota esperándote un segundo más allá de cuando te pensabas rendir.

No hay nada más estricto en cuanto a compás y estructura que el flamenco. La gente piensa que es improvisación pura, y de eso nada. Lo único que sí se hace es mezclar todas las letras del mundo, a no ser que sea un romance o un poema musicalizado. Luego está lo salvaje que lo quieras cantar, hay que cantarlo con valentía, una soleá, si no se canta con fatiga, no tiene sentido ninguno. Yo solo he cantado una vez por soleá, en un disco de homenaje a Paco para *El País:* «Primera y única vez que canto por soleá. Y yo le canto a mi Paco, que no me puede tocar. Y yo le canto a mi Paco, que vive en la eternidad».

Cuando mejor se canta el flamenco es cuando la gente está muy a gusto, relajada, incluso un poco achispada y ya pierde la rigidez. Todo el mundo está con los nervios de punta hasta que se va relajando la cosa, pero a veces hay que echarle un par de narices para ponerse a cantar en una fiesta.

MALÚ: A mí los productores también me quitaban los giros flamencos, que era lo primero que me salía. «Es demasiado aflamencado», me decían. Alejandro es flamenco de cuna, es así, lo lleva en el estómago. Él no puede componer una canción que no tenga una caída armónica flamenca, es imposible. Y es lo más bonito que tiene, que hace pop mundial con el corazón, el estómago y la sensibilidad de un flamenco, y ahí hay que rajarse y morir.

CAPI: Él no hacía flamenco, pero en sus conciertos hacía así a la mitad (hace como que toca la guitarra española), y a esa gente que no conocía el flamenco o lo veía como una cosa de abuelos, una cosa española como de tercera, Alejandro se lo acercaba. En todos sus conciertos daba su pincelada flamenca, se sentaba, cantaba... y ha servido muchísimo para introducir un arte nuestro que es reconocido en el mundo entero como una de las músicas más potentes que existen, y Alejandro ha sido una de las personas que ha fomentado eso. Pero no por imposición, sino por su propia naturaleza.

ALEJANDRO: El flamenco lo puede aprender a tocar cualquiera, pero siempre siempre voy a notar cuando un guitarrista que no sea nuestro intenta tocar flamenco. Por bueno que sea. Hubo un canadiense, el Flecha, que tocaba muy bien..., pero se le notaba. Muchos lo han intentado, pero los resultados son verdaderos desastres. Queen hizo una especie de rumba que, en fin..., Miles Davis, un genio, el mejor trompetista de todos los tiempos, hizo un disco de temática española, y el flamenco no lo entendió. El único que lo entendió fue Chick Corea.

ÍÑIGO ZABALA: Siempre que le han preguntado si es un artista flamenco ha contestado que no, que por el flamenco siente un gran respeto. Si en aquella época le hubieran pedido que cantara con un aire flamenco, creo que se hubiera negado.

ALEJANDRO: Una noche acabé en un tablao de Madrid con Slash, de Guns 'N Roses, y Lenny Kravitz, con Rosario Flores y Mariola Orellana, y más gente. Lenny se vino arriba y se puso a tocar encima de las guitarras, un poco en plan funk, y la gente: «Ole, ole», y yo: «Cómo que ole, si no da una»... El flamenco no es para cualquiera. Si no profundizas en él, no lo toques, escúchalo y disfrútalo, pero no lo toques, muestra respeto. El flamenco es otra cosa.

PEPE BARROSO: Un fin de año en el campo estuvo cantando hasta las ocho de la mañana, seguramente fue el concierto más largo de su vida, guitarra y voz. Empezó por flamenco, cantó todas sus canciones, y cuando ya por la mañana me retiré a dormir, él, la Ricarda y su hijo Santi seguían abajo cantando, era algo único.

Su padre en los años sesenta ya había compartido mesa y escenario en las noches de Madrid con Lola Flores. La juerga de Saratoga o El Molino Rojo. Recibía a Los 3 de la Bahía, y en Caripén, el restaurante espectáculo que abrió Lola Flores, no faltaba el toque y el cante de Lola, el Pescaílla, Felipe Campuzano o el propio Jesús. Alejandro heredó la llave que abría el universo de la familia Flores...

ALEJANDRO: Lola Flores tenía arte en todo lo que hacía. En su última época estuve muchas veces con ella, me llamaba «el gitano blanco». En Navidad abría el Lerele a todo el que quisiera ir, literalmente recogía los objetos de valor y abría las puertas. Era muy cariñosa conmigo, ya podía haber mil personas que me buscaba y se ocupaba de «el gitano blanco». Casi todas las Navidades su hijo Antonio me llevaba a casa, yo todavía vivía en Moratalaz, en un Jeep Wrangler que le había regalado Rosario.

LOLITA FLORES: Estábamos en casa toda la familia tomando el famoso cocido de mi madre los domingos, sonó el teléfono y lo cogí yo. Era para Antonio, «te llama un tal Alejandro Sanz, desde Londres», yo no sabía quién era... «Es un tío de puta madre, que escribe que te cagas, pásamelo»... Fueron muy amigos.

ROSARIO FLORES: Alejandro vino a mi casa en Navidad varias veces, y conoció a mi madre. Un año terminamos la noche a las diez de la mañana. En mi casa en Povedilla, con mi hermano Antonio, y estuvimos haciendo canciones, y, bueno, nunca supimos qué hicimos porque la música cuando la haces y no la grabas, nunca vuelve... Mi hermano y yo discutíamos y él nos decía: «Llevaros bien, llevaros bien».

LA TATA: Hemos compartido muchas juergas, fines de año, Navidades en casa de Pepe de Lucía, de Lola Flores. Con sus hijos, con Malena, la mujer de Julio Aparicio... Alejandro estaba en medio y era uno más. Hasta yo bailaba sevillanas con Lola Flores en la comunión de Malú...

MALÚ: Mi madre era flamenca, mi padre cantaor, mi tío Paco de Lucía, es mi sangre, mi crianza, mi forma de ver la vida, no solamente la música. Yo iba a un colegio bilingüe, muy inglés, con todos los hijos de los políticos... Llegaba a casa y estaba Camarón, Lola Flores, Antonio Carmona, Alejandro haciendo compás..., para mí era normal.

LOLITA FLORES: Luego fuimos casi vecinos cuando yo vivía cerca del Parque del Conde Orgaz, y nos veíamos bastante. Hemos compartido muchas noches, muchas risas, muchos llantos... Siempre le agradeceré que, estando mi padre ya muy enfermo, cuando mi hermano y mi madre ya se habían ido, vino a visitarlo con Antonio Carmona una noche al Lerele. Y eso a mi padre le dio mucha alegría, porque adoraba a Antonio y a Alejandro, porque fue muy amigo de su hijo y se admiraban mutuamente.

Alejandro y Paco de Lucía colaboraron en diferentes proyectos a lo largo de su vida. Todavía hoy resuena el eco de su colaboración, en 1995, en el

251

Palacio de Deportes de Madrid. Paco de Lucía regaló su toque en el disco «No es lo mismo» y Alejandro por fin pudo «meterle mano» a un disco de Paco con «Cositas buenas».

ALEJANDRO: Me llamó por sus hijas: «Están locas contigo, ven a casa un día» (imita la voz de Paco). Estuve en su casa de Madrid, saludé a las niñas y ya nos hicimos amigos. Hasta ese momento, la diferencia de edad (yo era un niño y él un hombre) nos distanciaba, pero entonces ya tenía veintidós años y surgió la amistad. A partir de entonces nos conocimos muy bien, y era una persona con la que podía tener conversaciones de todo tipo.

En 1995 tuve la oportunidad de volver a juntarme para un concierto en el Palacio de los Deportes en Madrid. En una de las canciones también estaban Presuntos Implicados.

NACHO MAÑÓ: Tanto Alejandro como Paco fueron muy generosos invitándonos a Presuntos Implicados a aquel concierto en el Palacio de los Deportes de Madrid en 1995 y fue un momento muy bonito que por suerte podemos rememorar ahora, volver a verlo y comprobar que vivíamos en una burbuja fuera de la realidad, una burbuja de talento que nos permitieron saborear durante aquellos momentos.

ALEJANDRO: En 2003, cuando estaba grabando las canciones de «No es lo mismo», tuve la fortuna de contar con él otra vez. Grabó una guitarra preciosa para *Regálame la silla donde te esperé*.

Al año siguiente por fin pude cumplir un sueño y participé en uno de sus discos. En «Cositas buenas» grabé un pedacito con un tres cubano en la rumba *Casa Bernardo*.

PACO DE LUCÍA: Alejandro no pudo cantar, el día que estuvo en el estudio estaba ronco, resfriado, no podía ni hablar, pero había un tres cubano, un instrumento que es como una guitarra chica, y se puso a tocar encima de una rumba e hizo unas frases muy bonitas, improvisó algunas cosas sobre la marcha; él está capacitado para hacerlo, es un músico con conocimiento.

ALEJANDRO: Dije: «Por fin voy a poder meter un zarpazo en un disco de Paco». Luego pensé: «¿De qué manera?», y se me ocurrió el tres cubano, que lo había descubierto en mi disco anterior. Le hablé de incluir este instrumento, más que cantar, estaba falto de voz. A Javier Limón le gustó la idea, un instrumento que no se ha utilizado nunca para el flamenco y tiene una sonoridad muy particular, y creo que se puede sacar mucho provecho para el flamenco.

Trabajar con él siempre es un gusto. Es el maestro, cada disco de Paco es una nueva forma de ver la guitarra, es el único capaz de seguir innovando en cada uno de sus discos de manera contundente. Hay muy buenos guitarristas, pero Paco inventó esto.

En Londres con Paco

29

Secretos de cocina

«Me fío más de mi instinto y de mis emociones que de mi cabeza».

Música: Juan Habichuela, *Dale al aire*

Durante la última primavera vi en acción a Alejandro en la cocina. Estábamos en Jarandilla y entre fogones se movía con soltura. Bien pensado, construir platos tiene mucho que ver con fabricar canciones. Requiere paciencia, cada cosa a su debido tiempo, el maravilloso arte de combinar los ingredientes adecuados.

QUIQUE DACOSTA: Alejandro es un *gourmet*, le encanta cocinar, comer, el mundo del vino... Como artista se nutre de las distintas disciplinas creativas, de las que se retroalimenta, pero sobre todo de las personas que practican esas disciplinas. Es capaz de «crear mesas» en las que, sin querer, aparece el duende. Es un especialista en despertar el duende, aunque no siempre aparece temprano, lo que quiere decir que hay que tomarse unas buenas tazas de café y disfrutar la noche.

JESÚS QUINTERO: Alejandro Sanz es un raro, pero no porque tenga rarezas de divo, sus rarezas son el compromiso, la autenticidad, la honestidad, el trabajo bien hecho, el talento, la imaginación, la hondura, todo eso que en unos tiempos tan superficiales y frívolos como los que nos tocan vivir se ha convertido en una rareza. Cada canción de Alejandro es una flor en la basura, una flor auténtica, de verdad, entre tantas flores de plástico hechas a la medida del consumo, quizá porque él no está en venta, aunque sea el artista español que más discos ha vendido en la historia de la música española, o quizá porque sabe que no todo es lo mismo, que no es lo mismo el pata negra que la hamburguesa.

ALEJANDRO: De pequeño iba por los tablaos de Madrid con Antonio Arenas: al Café de Chinitas, el Corral de la Morería, Casa Patas... Veías a mucha gente como Juan Antonio Salazar, el niño del tupé, etcétera. Seguíamos a Antonio Salazar, un hombre de mucho talento. En realidad en los tablaos había gente con talento, pero limitada por el tipo de público. Pasaban muchas horas cantando y tocando para un público que no exige, hay que tomárselo como si fuera un ensayo. Hay cosas que funcionan para el turista y para el flamenco no. Entonces tenían que condenar la parte auténtica... para poder comer.

Y eso que, cuando los de fuera conocen el flamenco auténtico, alucinan. Normalmente solo se les ofrece el cliché, un poco como la paella..., y se pierden lo real y lo auténtico. Y el flamenco está mejor considerado fuera que aquí, en casi todas las grandes capitales hay una semana de flamenco, que es sin duda una música compleja, pero también lo es el jazz o la clásica..., e incluso el que no entiende, si ve flamenco de verdad, siente algo. Pasa como con el fado, cenamos con Mariza una vez y nos estuvo cantando, y mi hija con quince años se puso a llorar...

El purismo es un mito, es como la teoría conspirativa, de todo se echa la culpa al purismo. Flamenco puro puro hace mucho tiempo que no se hace. La batalla, si alguna vez la hubo, ya está perdida. Ya nadie se hace veinte cantes, se hacen cuatro, cantas por bulerías, por tangos, alegrías, un poquito por fandangos..., y si acaso alguna vez por soleá y seguiriyas..., y a partir de ahí no vas a escuchar una caña, un polo, un mirabrás, una vidalita*.

---

* Estilos flamencos encuadrados dentro de los llamados cantes de ida y vuelta. La vidalita flamenca se encuentra emparentada con los tristes o estilos que se cantan a ambas orillas del bajo Paraná y procede de una variante teatral acupletada recogida en España a principios del siglo XX. Mirabrás: se trata de una suerte de popurrí de diversos cantables reunidos, entre otros, por el gran cantaor jerezano Antonio Chacón a modo de «suite» de cantiñas. La caña fue un género muy popular en los primeros años del siglo XIX y su melodía pasó por ser el prototipo de canto andaluz. Polo: estilo flamenco configurado a partir de un antiguo género de la música española muy extendido desde el siglo XVIII.

Generalmente, compongo primero la música y luego voy trabajando la letra. A veces durante el proceso escribo una frase suelta que surja. También hay veces que quiero escribir sobre un tema concreto y lo hago. A la letra le dedico mucho tiempo. Cuido mucho la plástica de las letras y la fonética de las palabras, me gusta que digan lo que yo quiero decir, pero también que suenen como yo quiero que suenen. Porque nuestra fonética es muy dura y es bonito que las palabras sean parte de la música.

No hago letras de protesta en el sentido de los cantautores de los setenta y los ochenta, pero en el fondo sí lo hago, porque trato de promover una forma de pensar y fomentar las relaciones entre las personas de la manera en la que yo las entiendo, y todo tiene que ver con el amor. El amor, ese es mi fusil. Pero no me gusta escribir del amor en el sentido del fusil que dispara flores, prefiero despojarlo del lado cursi y dejarlo en la parte más orgánica y poderosa.

Muchas veces compongo en 12×8 o 6×8, por bulerías o por alegrías, y luego «traduzco» las canciones al pop. Y ese tiempo lo dejo escondido en las canciones para que lo escuche el que lo tiene que escuchar quien sepa el ritmo que es, como un guiño para aquel que sea capaz de verlo. *La música no se toca,* por ejemplo, es un tanguillo.

Dentro de cincuenta, sesenta y setenta años quedará la música, quedarán las canciones, alguien que las tararee por un camino, las emociones de la gente que las escuchó, esa es la única forma de permanecer.

Quique Dacosta: Es un personaje innovador y transgresor, sobre la base de una gran capacidad y un conocimiento de la música en general y del flamenco en particular, que es su gran valor añadido. Es un doctor de la música, para mí es la suma del conocimiento en manos de Paco de Lucía y Camarón. Yo lo veo así.

Alejandro: Cuido mucho la armonía, las líneas de bajo, las baterías. Porque una canción no es solo la melodía y la letra, sino todo lo que pasa alrededor, por qué pasa, con qué intensidad, la sonoridad de todo lo que ocurre.

La música tiene que ser un juego y una conversación con los músicos. Es muy importante escuchar, hay muchos cantantes que cantan y no escuchan. Y puedes tener una gran voz, un timbre increíble, un registro impresionante, pero si no escuchas el arreglo y no vas con el arreglo, mal vas.

Alejandro no esconde su devoción por el toque de Paco de Lucía y el cante de Camarón. Cuando los menciona, sus ojos se llenan de brillo, como el que habla de un ser divino, mágico. Alejandro hubiera dado cualquier cosa por escribirle una canción a Camarón. El de San Fernando un día llegó a Alcalá de los Gazules y se alojó en el hostal de la familia Pizarro.

ALEJANDRO: Mi forma de frasear es «camaronera». Eso no se puede quitar; no es un traje. Es una segunda piel e irá siempre conmigo porque aprendí a cantar escuchando a Camarón, y es su forma de frasear la que tengo. No sé cantar como él... Nadie sabe, pero el fraseo es suyo.

Camarón al principio era un cantaor muy bueno, pero era uno más. Cuando se encontró con Paco, dio un paso de gigante. Paco sentía pasión por Camarón, cuando le escuchó cantar, le impactó mucho y cambió su concepto del flamenco. Paco le aportó una musicalidad que Camarón no tenía y Camarón a Paco una visión nueva del flamenco.

Paco y Camarón se descubrieron el uno al otro y se enamoraron musicalmente, no se entendían el uno sin el otro. Y fue una época muy productiva y larga, hasta se atrevieron a crear su propio palo flamenco, la canastera.

Hasta Paco, todos tocaban *a cuerda pelá**. Siempre se dijo de Paco que era el discípulo del Niño Ricardo, pero a quien admiraba en realidad era a Sabicas. Y si escuchas a Sabicas ves muchas cosas después en Paco, pero él introdujo toda la armonía de las músicas que iba descubriendo según iba viajando por América, enriqueciendo la guitarra hasta ser lo que hoy se conoce como una guitarra flamenca. Hay un antes y un después de Paco, que para mí es el más grande sin discusión.

JAVIER LIMÓN: Como profesional, destaco de la figura de Alejandro dos aspectos que quizá no son tan conocidos, pero muy importantes:

---

* El toque *a cuerda pelá*, toque monódico basado en las técnicas de pulgar y el picado.

el primero es la manera sutil en la que, en todos sus discos, además de cuidar el repertorio y el impacto popular, ha tenido especial cuidado en elevar el nivel musical de los arreglos y de los colaboradores con los que ha contado. Sin otra ambición que el puro amor por la música, ha ido invitando a grandes artistas y músicos del máximo nivel mundial a todas sus grabaciones. Y vemos como en sus discos hemos tenido a Paco de Lucía, a Vicente Amigo, a la sección de metales de The Roots, a Horacio el Negro, Anthony Jackson, Vinnie Colaiuta... Pat Metheny va a sus conciertos, Arturo Sandoval sube a tocar la trompeta con él... El listado de músicos de altísimo nivel es interminable, y eso le da a sus discos una categoría preferencial a la hora de ser una referencia para las nuevas generaciones. A lo mejor las grandes audiencias no saben ponerle nombre, pero sí lo entienden y lo perciben. Y eso lo pone al nivel de artistas como Sting, que hacen música para el gran público, pero siempre buscando la excelencia.

Lo segundo que querría destacar es la gran aportación y defensa que ha hecho del flamenco en concreto. Empezó siendo guitarrista flamenco y ha terminado convirtiéndose en el gran embajador del flamenco. El tipo que ha enseñado el flamenco a Alicia Keys, a Beyoncé..., les manda discos. Invita a los flamencos a su casa, y el colectivo lo adora y lo respeta. La estrella de su vínculo con el flamenco es su relación con Paco de Lucía: su ídolo, su compadre, su padrino de boda y padrino de su hijo Dylan... Yo estuve muchas veces con ellos; los conocí, de hecho, el mismo día a los dos en casa de Pepe de Lucía.

PEPE DE LUCÍA: Alejandro es un flamenco nato. Por eso hace lo que hace, con esa armonía, esos matices, ese calor que pone en todo, que cada pellizco que hace te llega al corazón. Anda, viste y come como un flamenco. Cádiz, Algeciras, los Lucía, son ingredientes de un puchero muy bueno en el que está Paco, Malú, Alejandro, yo..., la familia.

PACO ORTEGA: Ha hecho dos cosas importantes por el flamenco. Por un lado, dentro del impacto enorme que ha tenido, siempre ha proyectado su amor por el flamenco, ya que es un gran entendido y un gran conocedor de los palos. Ha acercado el flamenco a gente que tenía prejuicios o que pensaba que el flamenco era cosa de unos pocos, o que no era «moderno». El que en medio de un concierto cogiera una guitarra flamenca e hiciese unas bulerías, o que proclamara su admiración por Paco de Lucía ha ayudado a normalizar la idea de que flamenco y juventud o novedad son cosas que pueden correr juntas.

Debajo de sus canciones hay estructuras rítmicas que tienen mucho de flamenco, aunque el tema esté vestido de pop y sin que sea en absoluto obvio. Pero hay muchas cosas en la forma de cantar y en la estructura rítmica, en las que ha creado un sello que es propio. Hay mucha gente que canta «por Alejandro», y ahí creo que tiene que ver mucho el conocimiento que él tiene del flamenco.

Íñigo Zabala: A medida que ha crecido su seguridad ha ido añadiéndole más influencias flamencas incluso en la forma de cantar, una de las cosas que le hacen diferente.

Paco Ortega: Alejandro también ha investigado mucho en el fraseo. Hace ya algunos años apareció un ser maravilloso al que queremos mucho los dos, Arturo Pareja Obregón, que utilizó el fraseo de una forma muy especial dentro del pop, que era flamenco sin ser clásico. Se trataba de una forma muy personal de estirar las frases y que de alguna forma Alejandro ha desarrollado muchísimo. Me acuerdo de una vez echando un ratito y componiendo en un hotel en La Caleta, y hablábamos de Jacques Brel, de cómo llevar las melodías hasta arriba y romperlas al final, y en eso se ha convertido en un maestro.

Antonio Martínez Ares: Lo nuestro podría ser el argumento de una canción. Los dos sabemos de nuestras obras, tenemos amigos comunes, sentimos la misma pasión por Cai, vivimos intensamente el carnaval gaditano allá donde nos encontremos (tuvimos que tragar saliva para subir al escenario de la plaza de San Antonio como pregoneros), sabemos que siempre hay una guitarra cómplice cerca de nosotros dispuesta para saltar al vacío, hemos trabajado para la misma discográfica, sabemos qué estamos creando gracias a los encuentros que mantenemos con camaradas de la profesión, los dos miramos al cielo todos los días y lo vemos lleno de gaditanas, nos partimos la camisa con Camarón, nos morimos de la risa con Antonio Reguera, llevamos con mucha honra la peculiar forma de escribir después de sentir de los hijos del levante, nos ponemos el mundo por montera para cantarle al amor, nos sublevamos contra la violencia de género, fabricamos puentes solidarios con los versos, tenemos siempre un cante en la retaguardia capaz de resumir y zanjar cualquier conversación, los dos somos los más altos de los más bajitos, los dos necesitamos tener cerca, muy cerca el mar... y no nos conocemos. Enhorabuena por todo lo bueno que has conseguido. Ya si eso quedamos, ¿vale?

Paco

30

Tú te vas y nosotros nos quedamos

«Me siento tan triste como si se hubieran muerto
mi padre y mi madre al mismo tiempo».

Música: Vicente Amigo, *Réquiem*

Paco de Lucía apoyó a Alejandro en los momentos difíciles. Aquellos días en los que la crítica era esquiva, Paco estuvo allí. Fueron compadres hasta el último día, en realidad lo siguen siendo. El 25 de febrero de 2014, el maestro Paco de Lucía decía adiós.

ALEJANDRO: Mi última gran pena fue la pérdida de Paco de Lucía. Me tiré en mi estudio de grabación tres días. No tenía consuelo. En el estudio lo mismo tocaba, que lloraba, que ponía vídeos de él... Tengo allí una guitarra que él me regaló hace mucho tiempo. La cogí para tocar y descubrí que dentro, donde está el sello, había una dedicatoria que me había puesto él, pero yo no había visto. Ponía: «A mi niño Alejandro. Paco».

Un día estábamos algunos en el estudio hablando de él. Tenía la guitarra puesta en un pedestal. Y, de repente, hace la guitarra ¡plas!, y se rompe una cuerda. Increíble. Es que una cuerda de una guitarra solo se rompe si estás tocando o afinando. Yo nunca había visto que una se rompiese así (se toca el brazo con los vellos de punta). Se lo conté a su sobrino, Antonio, que tocaba con él. Y me dijo: «Eso es mi tío, que quiere darte un susto» (risas).

MALÚ: Mi tío Paco y Alejandro se convirtieron en familia. Cuando mi tío murió y me dieron la noticia de madrugada, al primero que yo llamé fue a Alejandro, a las cuatro de la mañana. Y cuando le trajeron al tanatorio, nos permitieron a la familia cercana estar una hora solos con él, y Alejandro nos acompañó también en ese momento tan familiar.

ANTONIO CARMONA: Paco fue su compadre del alma, la persona con la que tenía más química del mundo, tenían mucha guasa los dos, sus conversaciones eran geniales. Era como su padrino, el padrino de su hijo... Los dos muy andaluces, con una química, una gracia y un arte increíbles.

ALEJANDRO: Que a Paco de Lucía no se le haya despedido en Madrid en el Teatro Real creo que es una deuda que tenemos. Tendrían que haber cancelado el evento que tuvieran y poner allí a Paco. Le trajeron en avión desde México con dinero privado. Deberían haber mandado un avión para repatriarle, como se hace cuando es un montañero, un deportista... Se le trató muy mal en ese aspecto.

No ha habido ni habrá un guitarrista en toda la historia de la música que fuera capaz de llegar tanto y tan profundamente a tanta gente con tan poco... con seis cuerdas.

El 27 de febrero de 2014, Alejandro escribía unas palabras de despedida a su amigo en una carta editorial para el diario El País. *No existía consuelo, y sigue sin haberlo.*

EDITORIAL, *EL PAÍS*, 27 de febrero de 2014
Paco de Lucía es pura historia de mi vida. No es solo que mi padre y él se conocieran de chicos, no es solo que desde chico el nombre de Paco fuera como hablar de un héroe en Algeciras. Conocí a Paco cuando en verano visitaba su casa de El Rinconcillo. Él y sus hermanos, Pepe y Ramón, y también toda la chiquillería que revoloteábamos alrededor de esa familia... tocando la guitarra a todas horas, soñando con un ole que saliera de la boca del maestro dirigido a cualquiera de nosotros. No es solo que Paco fuera la inspiración..., el motivo por el que me dediqué a la música... Es

que era el padrino de mi hijo Dylan, que hoy, cómo son las cosas de la vida, se ha levantado enfermo y triste, incluso sin conocer las desgraciadas noticias que nos iba a traer este ingrato día de febrero.

Me ha dado por pensar, claro, en cómo lo estará pasando la familia y también de qué manera estarán transcurriendo, lentas y dolorosas, las cosas en Algeciras, donde todo el mundo conocía y quería a Paco. Ellos, mi padre y el maestro, se trataron en aquellos años juveniles. Y cuando Paco ya era toda una figura, también, pero menos. Luego, con el tiempo, echó a andar mi carrera musical. Él me llamó un buen día, sus hijas querían conocer al inexperto cantante que yo era por aquel entonces, imagínense.

Después, disfruté algún tiempo de una especie de peña inolvidable en Madrid: La Banda del Tío Pringue. Un puñado de amigos de infancia que junto a Pepe de Lucía y el propio Paco me dejaron disfrutar de las noches de los viernes... Quedábamos unos cuantos, nos dábamos unas vueltas por La Latina, nos dejábamos caer por los tablaos y no parábamos de reír y de disfrutar de las cosas de la vida.

Porque a Paco, entre otras cosas, le gustaba reírse, y en ello invertía mucha de su energía. Era profundo, pero también tremendamente generoso con las debilidades de los demás, y le quitaba importancia a la solemnidad.

Y así lo recuerdo. En nuestra última conversación mantenida por mensajes de teléfono, epílogo fatal a unos meses en los que nos vimos constantemente, aquí en Madrid o allá en Mallorca, o en México nos reíamos pensando que en Cuba quizá le tenían pinchada la línea. En aquella charla también planeamos una próxima visita a México, que no, ya nunca será.

Podía parecer reservado, pero que nadie se confunda: era una persona genial en el trato. Tal vez no muchos lo conocían, pero todos lo querían. Músicos y aficionados. Yo creo que eso era porque transpiraba una enorme capacidad intelectual y emocional. Y, créanme, sus generosidades eran de las que cambiaban las cosas. Un empujón suyo podía mover montañas. Recuerdo especialmente una entrevista en *El País* en la que dijo que se sentía más cerca de Alejandro Sanz que de muchos otros músicos. En un tiempo en el que lo más fácil y obvio era la crítica, él estuvo allí el primero con un apoyo que nunca, ni por un momento, retiró.

Por todo lo cual hoy me siento tan triste como si se hubieran muerto mi padre y mi madre al mismo tiempo. Gracias, Paco, comparito... Tú te vas... y nosotros nos quedamos..., ya sabes lo que quiero decir.

Un año después de su despedida, Alejandro volvió a recordar de una manera más reflexiva a su amigo.

EL PAÍS, 13 de abril de 2015

No todas las ausencias son iguales.

Hay vacíos y vacíos, y hay ausencias y ausencias... Y hay cosas que parecen y cosas que no son. Y en el caso de Paco hay cosas que son y ni siquiera me creerían si las contara. En el nombre de lo excelso, lo divino, lo que nos hace diferentes, lo que nos salva de nuestro invierno.

Le reclamo al destino la crueldad de esa constante y maldita sensación de que, irremediablemente, se van los mejores, mientras que los que no importan duran más que el sol. Fui un privilegiado por coincidir con Paco, en el tiempo y en el pensamiento, y también tuve suerte de poder aprender con su existencia. Como el árbol aprende de cada estación. Como la tierra aprende con cada giro.

En este tiempo de informes deformes nunca me decepcionó, ni por defecto ni por excesivo..., y es que lo auténtico no se mece en los flecos de la opinión, ni el acierto. Simplemente flota por encima de las cabezas que arden desesperadas peinándose el fuego. Su presencia en mi existencia la tomo como un guiño de la vida.

Mi compadre generoso lanzaba ecuaciones resueltas para matemáticos de la pena, la alegría y el ingenio; y te envolvía lo oscuro en una risa de erizo con finales sorprendentes de ramas y de simientes. Caminaba entre los surcos de mil cuerpos esforzados conquistando la corona de los reinos que se alcanzan sin apaños, que se ganan bien ganados, sin quererlo.

Fui un privilegiado por coincidir con Paco, en el tiempo y en el pensamiento.

Yo no hago más que llorarte Paco, ya sé que tú no querrías que fuera así, pero entiéndeme.

Desde el foso de los que te teníamos como referencia, de los que no encontramos consuelo, de los seres humanos completos pero más huérfanos desde que te fuiste, no puedo dejar de llorarte. No por ti, sino por todos nosotros. Los que no entienden nada y los que, por ti, lo entendemos todo.

Paco te regalaba respuestas que eran como regalarte tiempo. Y lo hacía sin aspavientos, sin contárselo a nadie, con la humildad de quien no sabe ni lo que significa ser humilde porque no conoce lo que es no serlo.

Ahora que no está, gritan más los que siempre gritan, sueñan menos los que nunca chillan.

Ahora que no estás, mi querido Paco, ya no tiene gracia la ridiculez mezquina de los de siempre, que subidos a tu galaxia siempre tenían gracia. Ahora que no estás me arrollan las aguas negras de la corrección y la rutina. Ahora ya no puedo evitar recordar tu mirada, tus ojos clavándose en los momentos y los individuos con más autoridad que cualquier bandera y cualquier carnet. Y no puedo evitar pensar que somos todos esclavos de las tonterías, de los himnos, los colores, de las coincidencias supuestas. Qué payasos me resultan los discursos, qué ingeniosos y puros los ojos de los que sufren, qué belleza en el gesto del guerrero que no odia. Y qué pena de los que hacen, con los dedos, cuentas, y solo les importa eso..., las cuentas.

¿Quieres que te diga algo? En España desaprovechamos a nuestros genios, menospreciamos nuestra cultura y por eso tenemos ración diaria de mosqueo, de menudeo emocional, de dignidad derretida para untar. Nuestra capacidad de tragar se agranda con la velocidad con la que olvidamos a nuestros maestros.

Nunca se me olvidará la indolencia de nuestros políticos de pasarela y su incompetencia a la hora de repatriar a Paco, nunca se me olvidará la emoción de un pueblo y de los artistas del mundo entero. Nunca se me olvidará lo que pesaba tu féretro.

Quizá me lo pegó mi compadre, pero río y lloro.

Río porque me enseñó Paco y lloro porque me enseñó el resto.

Hay vacíos y vacíos, y hay ausencias y ausencias. Paco mío, compadre de mi alma..., tú sigues gritando vivo, mientras que, aquí, siguen hablando mamones..., los muertos.

LIBRO III

Chan

31

¿Y las canciones?

«Cada vez quiero menos equipaje y más carretera».

Música: Alejandro Sanz, *¿Lo ves?*

Técnicamente Alejandro Sanz me compró mi primer coche, un Volkswagen Polo tres puertas de color verde botella. En realidad, Alejandro no pagó directamente el coche, digamos que las ventas de su tercer álbum empujaron con alegría mi economía hasta alcanzar la compra de mi primer automóvil.

En 1995 yo era agente comercial en Warner, un joven vendedor que recorría la ciudad con un maletín itinerante lleno de novedades discográficas. ¿Para qué llevábamos maletines con discos como si se tratara de muestras de perfume o género textil? No tengo la menor idea, jamás lo abrí, pero yo, por si acaso, lo llevaba conmigo a todas partes.

Todavía no le conocía personalmente, pero Alejandro Sanz ya me caía bien. ¿Quién no recuerda su primer coche?

Íñigo Zabala: Antes del lanzamiento de «3», todos teníamos muchísima presión, y Alejandro el que más. Llevaba tres años girando sin parar, trabajando para entrar con fuerza en los mercados de Latinoamérica, con un cansancio bestial, una fama que le obligaba a encerrarse en casa... Una época en la que, después de haber tomado las decisiones correctas con el segundo disco, debíamos confirmarlo con un nuevo pelotazo.

LA TATA: Cuando terminamos de preparar el repertorio de «3», Alejandro presentó la maqueta y Warner dijo que eso no era lo que querían.

ÍÑIGO ZABALA: Yo iba a casa de Alejandro a oír las canciones todos los días, vivíamos muy cerca. Él estaba todo el día encerrado componiendo, vivía todavía con sus padres y yo pasaba tiempo con él escuchando las canciones y hablando de todo, cenando en familia el cocido andaluz que preparaba María, que todavía se me hace la boca agua cuando lo recuerdo, y con su padre abajo viendo el fútbol. Teníamos muchas conversaciones sobre las canciones, y cuando Alejandro pensaba que el disco ya estaba listo, tuve la sensación de que podía dar más.

JOSÉ LUIS DELAPEÑA: Nos sentamos y le dijimos: «Alejandro, tío, no tienes singles. El repertorio está bien, hay buenos temas, pero te faltan *hits,* no hay singles, necesitas currártelo más».

LA TATA: En la primera maqueta había temas que después ha grabado Miguel Bosé, como *El equilibrista.* En menos de tres meses Alejandro tenía que crear un repertorio nuevo.

JOSÉ LUIS DELAPEÑA: Se agarró un mosqueo monumental, se fue a su casa... y al cabo de un mes y medio, el cabrón volvió con los temas que fueron los sencillos del álbum: *La fuerza del corazón, ¿Lo ves?, Mi soledad y yo, Quiero morir en tu veneno...* Ni una sola de esas canciones estaba en la primera maqueta.

ALEJANDRO: El disco lo había empezado a componer nada más terminar el anterior. Eliminé y añadí muchos temas, estuve casi dos años trabajando. Los seis últimos meses en mi casa encerrado fueron los más productivos.

ÍÑIGO ZABALA: En aquella época teníamos una relación personal y profesional muy intensa, y creo que él tenía claro que todo lo que yo hacía lo hacía por su bien, porque yo era el primer fan. Él sabe que a mí su música me gusta mucho, y por eso me ha permitido muchas cosas, y cuando me he esperado más de sus canciones, él me ha hecho caso porque entiende que a otros fans les puede estar pasando igual que a mí. Esa era la forma en la que enfocábamos las decisiones.

LA TATA: Cuando Warner rechazó la primera maqueta yo no entendía nada, pensaba que el repertorio estaba muy bien, y no podía comprender que Alejandro agachase la cabeza e hiciera un disco nuevo. Pero, sea como sea, hizo otro disco que seguramente era mejor. Puede que Warner llevara razón.

Íñigo Zabala: Todo lo que pasó con «Más» es consecuencia de «3», porque ese disco fue el que le confirmó como un artista absolutamente vendedor. «Más» entró al número uno la primera semana y se quedó allí casi dos años, pero «Más» nunca hubiera entrado directo al número uno de no ser por «3».

En el estudio con Emanuele y Capi

32
¡Quita eso!

«Los discos se dejan, se abandonan, no se terminan».

Música: Ornella Vanoni, *Perduto*

El tiempo ha dado la razón a Íñigo Zabala y al propio Alejandro a tenor de los resultados artísticos y comerciales del tercer asalto discográfico. Las decisiones que se tomaron en aquellos días de 1995 fueron determinantes en la carrera de Alejandro. Después de «Viviendo deprisa» y «Si tú me miras», las nuevas canciones tomarían una dirección diferente...

Íñigo Zabala: Teníamos dos posibilidades: quedarnos donde había dejado el segundo disco o avanzar, que es lo que preferíamos: «Ya hemos mandado el mensaje, ya lo habéis entendido, ahora queremos confirmar que Alejandro es el número uno, a millas del siguiente». Y para eso necesitábamos tener las canciones y una superproducción.

José Luis Delapeña: Contactamos con el arreglista de Ramazzotti, Celso Valli. Me fui a Bolonia, comí con él, todo de puta madre, quería hacerlo. Celso había producido a Ana Belén, a Miguel Bosé, tenía un prestigio enorme en Italia. Lo dejamos todo arreglado y al poco tiempo empiezo a llamarle y no me cogía el teléfono, no contestaba los *e-mails*..., y el tío me dejó colgado.

Estábamos a un mes de empezar a grabar el disco y no tenía ni productor ni arreglista. Hablé con Tino Silvestri, el A&R de la Warner italiana y me hizo una serie de recomendaciones. Hablé con Capi, hablé con Alejandro... Total, que agarré un avión, me planté en Milán, compré sesenta discos del top italiano, me encerré en el hotel y me puse a escucharlos

CAPI: Después de una aparente crisis tras el segundo disco, y digo aparente porque a día de hoy «Si tú me miras» lleva vendido una barbaridad, Íñigo Zabala me llamó para una cena en su casa, y me planteó: «Capi, tenemos que dar un cambio, y yo he mirado tres arreglistas».

ÍÑIGO ZABALA: En esa época habíamos lanzado un disco de Ornella Vanoni, «Stella nascente», del que estaba enamorado. Un disco de regreso de la artista, que musicalmente no tenía nada que ver con Alejandro, pero con unos arreglos muy modernos.

CAPI: Íñigo me los vendió como «arreglistas» italianos. Me dijeron que debíamos darle un vuelco, acercándonos al primero, que también tenía un corte muy desgarrador y muy italiano, y «a ver cuál te gusta a ti, y así lo incorporamos al equipo». Me enseñó tres arreglos, y había uno de Ornella Vanoni que fue el que más me gustó.

ALEJANDRO: Estábamos por Tarifa haciendo las fotos del disco. Las sesiones las hicimos antes de grabar y, en el coche, José Luis Delapeña me empieza a poner trabajos de productores italianos. Yo iba dormido atrás y me despertaba, y le decía: «¡Quita eso!», me ponía unas cosas horribles..., y de repente suena *Perduto,* una canción de Manuel Alejandro cantada por Ornella Vanoni. «Este me gusta, este es el que quiero», le dije.

Si ha habido una constante que se ha repetido a lo largo de la carrera de Alejandro (y hay pocas cosas que se hayan repetido), quizá apuntaría la pertinaz apuesta por los valores artísticos por encima de cualquier otra variable aparentemente «más segura». Para la producción de «3» se escogió a un perfecto desconocido, una apuesta audaz y muy valiente. Y Alejandro acertó.

ALEJANDRO: Aquello de Ornella Vanoni era la única producción que Emanuele había firmado hasta entonces.

ÍÑIGO ZABALA: Pensamos en esos arreglos trasladados a la música de Alejandro y lo que en ese momento queríamos, un punto medio jazzístico que encajaba con lo que había hecho Nacho Mañó, el punto latino y un toque vanguardista de cosas anglo y cosas italianas, arreglos de cuerda... Muy novedoso. José Luis Delapeña se puso manos a la obra para localizar a Emanuele Ruffinengo, que hasta entonces no había producido nunca un disco ni en España ni en Italia, lo cual era nuevamente una locura. En aquella época Italia tenía éxito internacional con artistas como Eros Ramazzotti, Jovanotti, etcétera, y España no estaba en esa situación. Los productores italianos veían España como un mercado algo antiguo.

José Luis Delapeña: Pregunté al A&R italiano, y me dijo que Ruffinengo era un tío joven que tocaba con el grupo Pooh, pero que no era nadie todavía. Lo hablé con Alejandro y Capi, les gustó la idea y ya quedé con él y le traje a España, y a partir de ahí tiramos para adelante. Era un tío de veintitantos años con un currículo no muy amplio, pero era nuestro hombre.

Emanuele Ruffinengo traía bajo el brazo unas pocas grabaciones en producciones italianas y todavía menos palabras en español cuando llegó a España. «Háblame en italiano y yo te contesto en español, ya verás como nos entendemos mejor». Así recibió Alejandro al que iba a ser su nuevo productor. Arreglista de Ornella Vanoni o Mario Lavezzi, Emanuele logró aportar una nueva emoción al mítico grupo italiano Pooh duplicando las ventas de su disco «Uomini soli». Y, más o menos, eso era todo. Ruffinengo y Alejandro iniciaron en Venecia una de las trilogías más exitosas de la música latina.

Emanuele Ruffinengo: A finales de 1994, Alejandro estaba buscando a alguien para producir su próximo disco. Había triunfado con el primer disco, pero el segundo había vendido menos y estaba buscando la manera de hacer crecer su carrera. Él miraba mucho a Italia, buscaba la energía y la emoción de la música italiana. Yo recibí una invitación para conocerle por parte de Warner España. Apenas había oído su nombre, muy de lejos porque en Italia no había publicado nada. Me contactaron a través del A&R de Warner Italia, me pidieron material y yo les mandé muestras de todo lo que había hecho, incluido el tema de Ornella Vanoni.

Íñigo Zabala: En realidad, Alejandro no necesitaba un productor a la antigua usanza. En sí mismo él ya es un productor, un músico, y lo que necesitábamos era alguien que hiciera los arreglos y que hiciese que el disco sonase como un cañón. Pero fue una decisión muy audaz, porque Emanuele nunca había producido nada. Cuando se lo presentamos a Alejandro, Capi debió de pensar nuevamente que estábamos locos.

EMANUELE RUFFINENGO: Me fui al aeropuerto sin saber ni una palabra de español, y compré uno de esos libritos para aprender que venden para los turistas. El viaje duraba dos horas y aprendí cuatro cosas: uno, dos, tres, tú, yo, nosotros... Llegué a Madrid y fuimos a comer con Alejandro, y estuve muy a gusto. En tiempo real él me enseñó el jamón y algunas cosas muy buenas de España.

CAPI: A partir de ahí empezamos un trabajo junto con Emanuele, que es un músico extraordinario en todo lo que se refiere a armonía. Es entregado en su forma de trabajar y creo que nos aportó muchísima sabiduría.

EMANUELE RUFFINENGO: Cuando yo llegué, el repertorio de lo que luego sería el álbum «3» estaba ya supercerrado, y me dio la sensación de que tenían algo de prisa porque habían invertido ya mucho tiempo buscando y decidiendo cómo hacer el disco. Nos habíamos conocido a finales de 1994, y en marzo de 1995 ya estábamos grabando. Yo no estuve involucrado en las maquetas y, cuando empecé a trabajar en los arreglos, Capi y Alejandro insistieron en que no trabajara solo, sino que hiciera el trabajo con ellos.

ÍÑIGO ZABALA: Ruffinengo aceptó y produjo un gran disco, en el que conseguimos nuestro objetivo: que no sonase como ningún disco español ni latino de la época. Cuando salió «3», sonaba completamente diferente a cualquier otro disco, ya fuera de grupos o de solistas, estaba a otro nivel.

EMANUELE RUFFINENGO: Me dieron absoluta libertad para escoger los músicos para la grabación. Por parte de Warner la única preocupación era el tiempo, pero no había problemas de presupuesto, no querían ni oír que algo no funcionara por falta de presupuesto. Eso me dio mucha tranquilidad.

33

Un, dos, tres

«Yo soy músico, soy libre...».

Música: Alejandro Sanz, *Por bandera*

C on las canciones en la maleta y ya decidido el rol de productor, Warner decidió trasladar la grabación de «3» a Italia. Alejandro y los músicos reclutados por Emanuele Ruffinengo viajaron hasta Venecia, concretamente a un lugar que se encuentra entre Treviso y la plaza de San Marcos, un entorno maravilloso en el mismo centro de la nada. El disco se grabó en Venecia, en Condulmer Studios, un estudio en mitad del campo donde grababan Sade y Simply Red.

CAPI: El éxito nos había dado la posibilidad de trabajar siempre con lo mejor, con la libertad de poder cambiar, hacer, comentar, olvidar y volver a retomar, algo que es fundamental. Hoy en día ya no se puede producir así, es muy difícil.

LA TATA: A Alejandro le convenía quitarse de en medio, salir de España. Si estás componiendo o grabando aquí, al final tienes como poco a tres amigos cada día en el estudio mientras tú estás haciendo cosas. Y eso al artista no siempre le conviene, porque le distraen, se cohíbe, por lo que sea. De manera que nos fuimos a Villa Condulmer y allí estuvimos grabando.

ALEJANDRO: En Condulmer estuve muy a gusto, había una gran tranquilidad, y aquel era uno de los principales motivos por los que solía grabar fuera de Madrid. La concentración era mayor alejado de todo el ruido.

La grabación de «3» se prolongó por espacio de casi tres meses en los que Emanuele y Alejandro trabajaron en sesiones maratonianas las canciones del disco. Mientras, allí, en medio del Veneto, donde apenas ocurría nada y en el aire flotaban notas perdidas de La traviatta, *los días para algunos pasaban muy muy despacio...*

CAPI: Antes de empezar la grabación, al pronunciar el nombre de Venecia en voz alta me di cuenta de que era el lugar al que más deseaba ir.

EMANUELE RUFFINENGO: Grabamos en un sitio muy bonito, en una casa antigua con muy buena acústica, donde construyeron el estudio.

LA TATA: Venecia es una ciudad maravillosa para visitarla, pero es muy aburrida. Terminabas de trabajar en el estudio, te ibas a Venecia, y estaba muerta. Aquella niebla no la habíamos vivido ni siquiera en Londres. Empezamos a grabar en febrero y estuvimos casi tres meses grabando allí, y la verdad es que llegó un momento en que estábamos aburridos.

CAPI: Venecia, repetía, y resonaban por la habitación los canales, los gondoleros con sus camisetas de rayas, los palacios renacentistas. Dirk Bogarde en la película *Muerte en Venecia* creo que se muere de la peste, pero, en esa ciudad, lo más probable es morirse de puro y simple aburrimiento.

Emanuele fue el responsable de seleccionar a los músicos de la grabación. De su mano llegaron el bajista Paolo Costa, Lele Melotti a la batería o Phil Palmer a la guitarra. La aportación de Alejandro fue decisiva, incluyendo músicos españoles a la terna italiana de Ruffinengo. Desde España llegó Adolfo Canela que, junto con la Tata y Elena Ruggero, se encargó de los coros. En «3», Emanuele incorporó a Ludovico Vagnone, un joven guitarrista que, con los años, se convertiría en una pieza clave en los discos y giras de Alejandro.

EMANUELE RUFFINENGO: Yo seleccioné los músicos, pero también Alejandro. Siempre fuimos un equipo de trabajo y yo nunca quise entrar y cambiar todo.

A todos los músicos italianos Alejandro les hizo el test de la bulería; tenían que entender cómo funciona el 12×8. Yo lo tuve que aprender para la ocasión para enseñarles lo básico. Y los italianos lo aprendíamos, pero no lo llevábamos en nuestro ADN, así que lo mezclábamos con lo nuestro y salía un resultado interesante.

ALEJANDRO: Me rodeé de músicos excelentes. En cada disco hago pequeños homenajes porque la música es un constante homenaje, se inventó hace mucho tiempo. Creo que el pop lo inventó Albinoni. Los Beatles lo escuchaban mucho, debieron ser fans de él. Me rodeé de gente capaz de responder a esos pequeños homenajes. En «3» hay giros en la voz que no tienen nada que ver con el pop, ni con el rock, son más bien flamenco o soul, o jazz. El guitarrista había trabajado con Eric Clapton y Dire Straits y Paolo con Sting, y eso se nota.

CAPI: Trajimos a un guitarrista inglés que había grabado hasta con David Bowie, y a mí me encanta David Bowie, pero no era un guitarrista para Alejandro, era un guitarrista que no utiliza efectos, que es para otra cosa... Y, siempre, uno de los colores que Alejandro tenía en esta primera época eran esas guitarras serrucho, ese rock que envolvía estos primeros trabajos de él. Y me traje a nuestro guitarrista de cabecera, que era Pepe Robles de Módulos, que sí entendía directamente de estas guitarras tipo Queen, que adornaba muy bien.

EMANUELE RUFFINENGO: Ahí fue donde entró Ludovico Vagnone, que estaba al principio de su carrera y era muy amigo mío. Un músico muy versátil, que toca jazz, pop...

LUDOVICO VAGNONE: Me llamaron para grabar las guitarras del disco «3». Habían pasado varios guitarristas por la grabación y ellos estaban buscando un sonido muy específico que yo tenía. A Alejandro le gustó y fueron surgiendo más cosas. El productor me explicó lo que querían hacer, un traje nuevo para este artista superdotado. Entonces yo tenía veinticuatro o veinticinco años, era la primera vez que grababa para un artista no italiano..., un reto muy estimulante.

CAPI: Emanuele acertó con la incorporación de Ludo, un guitarrista soberbio, un músico de enorme categoría, humana y artísticamente. Las guitarras empezaban a ser más modernas dentro de esa línea.

LUDOVICO VAGNONE: El día que conocí a Alejandro yo no hablaba nada de español, nos comunicamos como pudimos, yo en italiano hablando despacio y él mezclando los dos idiomas. Luego empezamos a tocar juntos, él ya tocaba brutalmente bien, se puso a tocar flamenco con la eléctrica, una cosa espectacular. Y por ahí fue donde encontramos el nexo de unión, en la música.

EMANUELE RUFFINENGO: Entramos en el estudio sin los arreglos, y ya allí, con los músicos, Capi y Alejandro los hicimos. Era nuestro primer trabajo juntos y lógicamente querían ver cómo trabajaba, cómo me acercaba a un tema y lo desarrollaba.

El disco «3» fue muy diferente a los que yo había hecho hasta la fecha. Alejandro me propuso que, en lugar de que trabajara como arreglista y productor, le propusiera ideas, que fuéramos juntos al estudio a trabajar. Yo entré al estudio prácticamente sin conocer el repertorio, y eso fue muy estimulante porque construimos los temas trabajando en equipo.

ALEJANDRO: Emanuele y yo aprendimos mucho juntos. Los tres discos que hicimos juntos, «3», «Más» y «El alma al aire», fueron mágicos. Fue entonces cuando empecé a trabajar con ordenadores, con el programa Logic, que hasta entonces era prácticamente desconocido para mí.

EMANUELE RUFFINENGO: Para mí todo era nuevo. La compañía me dio la responsabilidad y me presionó lo justo. En realidad, de alguna forma, era un experimento para todos. Me explicaron que el primer disco costó casi nada y vendió un millón de copias y, sin embargo, el segundo fue bastante caro y había vendido mucho menos. La compañía tenía claro que no era cuestión de inversión, sino de los contenidos: las emociones, la energía. Eso era lo que buscaban, no era una cuestión de marketing. Creían en la capacidad como artista y compositor de Alejandro y lo que necesitaban era alguien que fuera capaz de entenderlo.

Cuando empecé a trabajar *¿Lo ves?* no era consciente de la importancia de la parte personal de esta canción para Alejandro. Lo primero que yo hice fue suprimir la intro de piano, que es un poco como un ejercicio de estudiante, y le puse una introducción que me parecía técnicamente «más importante». Cuando Alejandro lo oyó me dijo: «Quizá musicalmente es mejor, pero yo quiero conservar la frase de piano». Y ahí fue cuando entendí que, más que aportar muchas ideas, tenía que respetar lo que la canción pedía. Volví a escuchar la maqueta y preparé un nuevo arreglo tratando de respetar eso sin aportar tantos elementos míos.

Para la producción, Emanuele propuso una mecánica de trabajo. Junto con Alejandro decidió arreglar un tema diario: diez días, diez temas. Escuchaba una canción cada mañana, trabajaba sobre ella y Alejandro le daba total libertad para trastear con la canción hasta que Emanuele proponía algo de lo que estuviera convencido. Por la noche la escuchaban juntos y tomaban decisiones, un proceso muy rápido y coral.

EMANUELE RUFFINENGO: Yo tengo formación clásica, soy músico de jazz, trabajo mucho con ordenadores para la creación musical... No estaba dedicado al pop, hacía muchísimas cosas, tenía mi propio estudio. A mí me gustaba mucho la programación y a Alejandro le interesó mucho experimentar en ese terreno. Les dije que quería hacer algo diferente, prefería asumir el riesgo de que me dijeran que algo no les gustaba antes de adoptar una actitud conservadora y tratar de hacer «música italiana» o «música española». Y esto funcionó bien, yo proponía diez cosas, siete se rechazaban y tres no, y así trabajamos.

Capi fue muy importante también para mí. Tuve una relación muy tranquila con él, porque entendió bien cuál era mi espacio en el proyecto. Hablaba mucho con él, Alejandro me transmitía mucho sobre la música de España y el flamenco, que era lo que a él le gustaba, y Capi me dio muchos consejos sobre cómo tratar la voz, por ejemplo. Cuando se hace una producción, es muy importante relacionarte bien con la gente para lograr hacer lo que en realidad quieres. Capi nunca hizo que me sintiera «vigilado».

Capi me dijo: «Mira, yo no soy músico y no vamos a hacer una competición entre los dos, ese es tu terreno, pero hay cosas en las que sí quiero estar». Por ejemplo, estuvo muy involucrado cuando se grabaron las voces de «3» porque él conocía a Alejandro, yo aún no dominaba el idioma y no encontraba las palabras correctas para explicarme, y Capi hizo esa función, porque entendía bien lo que quería y necesitaba el artista y supo transmitírmelo. Nunca competimos, él no invadió mi terreno ni yo me metí en el suyo. Fue realmente un trabajo de equipo que combinaba diferentes culturas, habilidades, y que funcionó porque cada uno respetaba mucho al otro.

ALEJANDRO: Dentro del disco había una parte costumbrista encabezada por canciones como *Ellos son así,* que hablaba de los amigos del barrio de toda la vida; *Mi soledad y yo,* una historia de viajes y distancia; y *Canción sin emoción,* una historia sobre la imposibilidad de un autor de escribir una canción emotiva.

Hay una segunda parte más autobiográfica: *¿Lo ves?, La fuerza del corazón, Quiero morir en tu veneno* y *Se me olvidó todo al verte...*

CAPI: Las canciones se trabajaron en equipo, estaban muy bien planteadas desde mucho antes de entrar en el estudio. Con Emanuele trabajamos en las estructuras y en los sonidos nuevos que aparecieron en este disco.

ALEJANDRO: Hay una parte fundamental en ese disco, y es la voz. Me gusta trabajar con la voz, con las segundas voces, con los coros.

Mi forma de componer cambió en «3». Utilicé nuevos elementos como el ordenador, aunque seguí usando guitarra y piano. El ordenador me ayudaba a estructurar las composiciones, pero la guitarra o el piano seguían siendo la mejor herramienta para componer.

CAPI: «3» fue un disco de aprendizaje, de encontrar la nueva línea para mí y mucho más para Alejandro. Él siempre ha ido aprendiendo paso a paso. Porque antes de grabar discos como artista tuvo la experiencia de trabajar conmigo, de estar en infinidad de grabaciones y producir cosas. La investigación en el estudio le ha gustado desde siempre.

EMANUELE RUFFINENGO: Mis temas favoritos del disco no son necesariamente los sencillos. *Por bandera* me gusta por la mezcla que tiene de español, italiano y un poco funky. Otro tema que me gusta mucho es *Eres mía,* que es una gran balada, con estructura de bolero. *Quiero morir en tu veneno* también la recuerdo muy bien. El orden de las canciones, que es muy importante en un disco, lo decidió Alejandro.

Los trabajos con Alejandro han sido siempre muy espontáneos. Yo he grabado discos que han sido muy dirigidos, con mucho *feedback* de mucha gente, pero este no era el caso. Él hizo muchos cambios incluso en las letras hasta el último momento. Yo veo a Alejandro como un poeta, y un poeta hace lo que quiere, yo nunca le he sugerido un cambio en el texto, y además yo no domino el idioma como para tener una opinión sólida.

Capi: A veces dicen que por qué no hacemos discos juntos otra vez, y simplemente lo que pasa es que el momento histórico no se da. La grabación de «3» supuso los últimos coletazos de lo que se ha llamado La Gran Producción, fue un placer y un gusto vivirlo.

Alejandro y su padre

34
La fuerza

«La única compañera segura que vas a tener
en toda tu vida es la duda».

Música: Alejandro Sanz, *La fuerza del corazón*

El álbum se estrenó en radios con La fuerza del corazón, *un primer sencillo donde Alejandro mostraba el poder del amor en toda su extensión, la necesidad de hacer cosas cuando algo conmueve, la fuerza del corazón lo abarcaba todo. «3» ocupó el primer lugar de las listas de ventas y* La fuerza del corazón, *sutil, elegante y pasional, se convertiría en una de las canciones más importantes de Alejandro, y lo hace indiscutible como músico, compositor y artista.*

José Luis Delapeña: Hicimos una firma de discos en El Corte Inglés de Sol para el lanzamiento y había una cola descomunal de niñas como locas, como en el primer disco, y pensamos: «Ha vuelto Alejandro». Y a partir de ahí fue todo para arriba, todos los singles funcionaron, TVE hizo una gran campaña y un especial de televisión.

Alejandro: *La fuerza del corazón* es un himno al poder del amor, descrito como un torbellino místico que todo lo puede. El corazón, poner el corazón en algo, es lo que nos hace crecer y superar adversidades. No hay nada en este mundo que nos llene y nos mueva tanto como el amor. Algunas de las luchas más importantes que ha librado el ser humano han sido por amor.

El amor se ha sobrepuesto a prejuicios, leyes injustas, mandatos religiosos impuestos por el hombre, rechazos y condenas de todo tipo... El amor ha sobrevivido a todos los obstáculos que se le han puesto, y las personas son capaces de poner en riesgo todo, incluida la propia vida, por amor. A esa energía le dediqué esa canción.

Con «3» Alejandro se convirtió en una superestrella, vendiendo cerca del millón de discos. Se grabó el disco íntegro en portugués para Brasil, en italiano... Era ya el gran artista de la compañía.

CAPI: Warner se dio cuenta de que, si vendía en español, ¿por qué no iba a vender también en otro idioma? Fuimos a Roma a grabar en italiano y a Río de Janeiro para hacer la versión en portugués.

EVA DALDA: Cuando salió «3», yo ya era directora de marketing de Warner y me encargaba de todo lo que era publicidad. Tengo un recuerdo claro del disco «3», y son los directos. Con las canciones de ese disco, Alejandro consiguió el material para que sus conciertos fueran más contundentes que nunca. Tenía muchas canciones buenas y los conciertos eran grandiosos, y ahí explotó y se convirtió en el rey de las giras. Eran conciertos memorables, hilaba un éxito con otro y el público quedaba entregado.

EMANUELE RUFFINENGO: El éxito de «3» lo viví desde fuera porque yo no vivía en España. En Italia no se hablaba de este disco, y yo seguía las noticias porque hablaba mucho con Alejandro. Yo no noté un gran cambio hasta el disco «Más».

LUIS MERINO: A partir de «3» ya se hace imbatible como artista. Para mí, *La fuerza del corazón* es quizá una de las canciones más importantes de Alejandro Sanz. Me parece de una sutileza, una elegancia y una pasión muy difíciles de igualar. La producción es una superproducción. En paralelo él ya está consolidado en Latinoamérica. Está *Mi soledad y yo, Quiero morir en tu veneno, ¿Lo ves?...* El común de los mortales pensaba que eso ya no se podía superar.

KIKO FUENTES: Trabajaba en la agencia de publicidad de Warner y nos encargaron un vídeo promocional previo al lanzamiento de «3». Me citaron en el hotel Los Galgos de Madrid, donde se celebraba una convención de ventas. En el *lobby* me presentaron a Alejandro, fue la primera vez que lo vi en persona. La Tata me pasó una serie de recuerdos de la grabación por si servían para el vídeo, entre ellos las tarjetas de embarque de los vuelos. Comenté este encuentro con la hija adolescente de unos amigos que era muy fan. La chica me rogó que le enseñara la tarjeta de embarque de Alejandro, la tocó y automáticamente rompió a llorar...

ÍÑIGO ZABALA: Cuando salió, «3» no era el disco más esperado del año. Sorprendió que viniese con tan buenas canciones y que se colocase en el número uno. Recuperó los fans que habíamos perdido en el segundo disco, cuando nos centramos en su faceta como cantautor, y cimentó su carrera de tal forma que, cuando salió «Más», ya sí era el disco más esperado del año. «3» volvió a ser el álbum más vendido del año, y como artista empezó a adquirir estatus de mito.

35
Aprendiz de maestro

«Las canciones, cuando van pasando de mano en mano,
van perdiendo un poco de tu esencia, pareciéndose
más a otros y menos a ti».

Música: Alejandro Sanz, *Aprendiz* (maqueta)

El trabajo como compositor de Alejandro ha estado enfocado casi de manera exclusiva a canciones que conforman el repertorio de sus álbumes en solitario. Todas las canciones incluidas en sus discos llevan su firma. Pero Alejandro, antes de tocar el éxito con su primer disco, ya había desarrollado su vocación escribiendo para otros.

JESÚS (HERMANO): Adolfo Canela era muy amigo de Alejandro y Pedro Miguel. Pasaban mucho tiempo juntos los tres.

ADOLFO CANELA: Pedro Miguel, Alejandro y yo trabajamos juntos como compositores durante algún tiempo. Hicimos un disco para María Vargas, el tema *Vente conmigo,* que grabaron Azúcar Moreno, y canciones sueltas como *Quiero morir en tú veneno,* que se la ofrecimos a Sergio Dalma y no la grabó al final.

LA TATA: *Quiero morir en tu veneno* se la habíamos dado más tarde a Juan Carlos Valenciaga, que la grabó, aunque no tal y como la conocemos por Alejandro, porque luego se hicieron arreglos en la estructura de la canción. Emanuele, con buen criterio, pensó que le faltaba algo antes del estribillo final, y se hicieron algunas modificaciones. El título de la canción mata, en México había un DJ de radio que se emocionaba y decía gritando: «¡Quiero morir en tu repinche veneno!» (risas).

CAPI: Sergio Santos, el marido de María Vargas, nos dio un dinerito para hacerle un disco a María. Les dije: «Tengo dos chavales que no sabéis cómo escriben. Son los León y Quiroga del siglo XX». Les proporcionamos dos bolis y dos cuadernos a Alejandro y a la Tata y se pusieron a escribir canciones.

ADOLFO CANELA: Yo iba mucho por casa de Alejandro, y él también pasaba por mi barrio con la Tata. Una vez vinieron, no me encontraron, y me dejaron un grafiti en el portal: «Te echamos de menos», firmando como «Los Quiroga» (risas).

LA TATA: Hicimos muchas canciones. *Volver a Sevilla* es una canción sobre la añoranza de mi ciudad, que escribimos en la oficina. Alejandro y yo estábamos un día bajando la escalera y le dije: «Tengo un tema». Lo escuchó y me dijo que lo siguiéramos trabajando. Lo terminamos y se lo entregamos a María Vargas, que era amiga de Antonio Arenas y quería hacer un disco. María es una anfitriona espectacular, hace unas berzas que son gloria bendita y canta que te mueres. Ella confió en nosotros cuando no éramos nada.

Pepe Barroso es un buen tipo. Le conozco hace tanto como tiempo llevo en el negocio de la música, así que de alguna forma Pepe siempre ha estado por ahí, cortés, amable. Las reuniones en su casa de Madrid después de algún concierto, especialmente a finales de los noventa y durante los primeros años de los dos mil, alcanzaron el estatus de veladas míticas. Por allí desfilaban artistas de rock, cantantes melódicos, genios flamencos, ejecutivos del sector, apellidos nobles, políticos... Un spin off de las tertulias culturetas de café, pero con espíritu decididamente punk. Recuerdo una noche que Pepe me presentó a un joven político: «Este tío va ser uno de los hombres fuertes de su partido», me dijo. A la semana siguiente el muchacho dio positivo en un control de alcoholemia y fue apartado de la primera línea de su partido. Cada vez que lo veía por la tele me acordaba de las palabras de Pepe y de su vaticinio...

Chascarrillos costumbristas aparte, Pepe Barroso tiene ojo clínico. Después de levantar un imperio con Don Algodón en los años ochenta y ser pionero en España en el negocio de la franquicia textil, Pepe se lanzó en bomba a la piscina discográfica. De su buen tino salieron artistas como Los Caños o premios como el Grammy por el mejor álbum de flamenco con un disco de Pepe de Lucía. Precisamente la hija de Pepe de Lucía y una canción de Alejandro completaron la historia...

PEPE BARROSO: A Alejandro lo conocí en casa de Pepe de Lucía cuando me presentaron a Malú, que entonces tenía trece años. Yo acababa de empezar con la compañía. Estaban allí Alejandro y Capi. A raíz de aquella reunión fue cuando fiché a Malú e hicimos «Aprendiz».

MALÚ: Yo ya era fan con «Viviendo deprisa», fardaba mucho en el colegio: «Si quieres te traigo una foto firmada, porque es mi primo» (pone voz de niña repelente). A mí me apasionaban todos sus discos, llevaba un collar con un tres gigante del disco «3».

PEPE DE LUCÍA: A mi niña la conoce desde que era una ratita. Yo montaba unos fiestorros en mi casa de Pozuelo, y él siempre venía, venían todos los artistas de Madrid. Las fiestas más sonadas eran las de Lola y las mías. Estábamos ahí cantando y yo había un momento en que ya me acostaba, y todos los sinvergüenzas, incluido él, se quedaban en el jardín a hacer guerra de pasteles. Por la mañana me encontraba aquello lleno de hormigas.

PEPE BARROSO: Una noche en el estudio que tenía en su casa, le pedí a Alejandro que me enseñara canciones que pudiera hacer Malú. Me pasó una casete con temas que él ya había compartido con más gente, aunque eso en aquel momento no lo supe. De esa cinta le pedí tres canciones que se incluyeron en el primer álbum de Malú. Una de ellas era *Aprendiz*.

MALÚ: Mi padre tenía *Aprendiz* en casa, grabada por Alejandro a piano y voz. Como era productor, la tenía para ofrecerla a otros artistas. Y una de las veces que mi padre la puso me llamó mucho la atención, me gustó tanto que me llevé la cinta a mi habitación y me la aprendí a base de oírla.

Y en una fiesta en casa, con todos cantando y bailando, como siempre, estaba un amigo de mi padre, el productor Jesús Yanes. Me escuchó cantar flamenco y dijo: «¿Por qué no le grabamos una maqueta a la niña?».

Fuimos al estudio, y yo no sabía qué cantar, mi padre quería que cantara flamenco y yo que nada. Se enfadó mucho y le dije que me sabía bien una de Alejandro que él tenía en el estudio, la que se llamaba *Aprendiz*.

PEPE BARROSO: Yo por entonces tenía la costumbre de poner las maquetas de las canciones de los artistas de Pep's en una de mis tiendas de Ekseption, para ver cómo reaccionaba la gente. Coincidió que estaba en la tienda Ana Torroja, sonó *Aprendiz* y ella me dijo: «¿Quién canta esta canción?», y le hablé de Malú. «Qué bonito lo canta, a mí me la habían pasado y yo no sabía cantarla». En otra ocasión, Rosario me dijo lo mismo: «¡Cómo lo canta! Yo tuve esa canción y no supe darle esa historia». Es un pedazo de canción y Malú es una intérprete increíble.

LUIS MERINO: Alejandro es un tipo que colabora con todo el que se lo pide y se entrega de una forma que no es normal, primero porque es un músico de primera línea, pero luego porque es una gran persona, y siempre que puede hacer algo lo hace. *Aprendiz* para mí es uno de los supertemas de Alejandro, y se lo dio a Malú.

MALÚ: La canté a capela, tal cual, y dejaron la voz grabada. Jesús Yanes se llevó la cinta y la presentó en una compañía independiente, les interesó, y ahí ya se la mandaron a Alejandro. A mí me daba mucha vergüenza, no quería que él se enterara, pero al parecer le gustó, porque me dio dos canciones más: *Donde quiera que estés* y *Antes que amantes, amigos*.

PEPE BARROSO: Cuando el disco de Malú llegó a cincuenta mil copias, hicimos una entrega de disco de oro en la discoteca Pachá. Le pedí a Alejandro que viniera para que lo hiciera él, y me dijo que imposible, tenía una cita con el dentista que no podía mover. De modo que allí estaba yo, con el disco de oro en las manos, en el escenario, y alguien de la compañía desde un lado me dice: «Alejandro...», y yo: «No, no viene», y me insisten: «¡Alejandro!», y yo: «Que no». Y en ese momento aparece en el escenario Alejandro, la sala se vino abajo y él nos dio la sorpresa y un tremendo espaldarazo a Malú.

MALÚ: Yo tenía dieciséis años. Era un evento de presentación a los medios y Alejandro dijo que no iba a venir. Luego apareció, y yo en todas las fotos salgo llorando porque no lo esperaba y me emocioné muchísimo.

Grabando Más

36

Y ahora más

«Mi Dios es un informático: un señor que tiene
las claves de mi sistema operativo».

Música: Alejandro Sanz, *Siempre es de noche*

3 *» consolidó a Alejandro como el artista más importante de España y su continuación se convirtió en el disco más esperado de 1997. Entre el lanzamiento de «3» y el siguiente disco, Alejandro cambia de casa y se traslada, con toda su familia y la modelo mexicana Jaydy Michel, desde el barrio de Moratalaz hasta la calle Toronga, un barrio tranquilo al noroeste de Madrid. Poco tiempo después, a finales de 1998, Jaydy Michel y Alejandro se casarían en Bali y en 2001 serían padres de Manuela, su primera hija.*

Los meses de gestación de sus nuevas canciones desembocarían en un fenómeno sin precedentes en la industria discográfica española. Aquella casa alumbró un disco para la historia: «Más».

ALEJANDRO: Eran diez canciones elegidas entre unas treinta o cuarenta que formaban el repertorio inicial, tuve que dejar fuera muchas canciones que me gustaban.

Más que historias cotidianas, de la vida real, que es lo que solía hacer en mis canciones, quería hablar un poco más de sentimientos, de historias del corazón.

JESÚS (HERMANO): Él tenía una habitación grande arriba, se hizo una obra cerrando la terraza y levantó un estudio insonorizado, con una de esas mesas de mezclas antiguas grandes. Alejandro pasaba allí horas y horas.

Alejandro: Trabajaba de noche en un estudio que tenía en la misma habitación en la que dormía y donde soñaba, la fábrica de sueños.

El proceso de componer es principalmente... trabajar. No creo en la inspiración divina. Sí creo que hay momentos más propicios en los que es más fácil llegar a ese punto en las canciones.

Jesús (Hermano): Yo dormía en la habitación de al lado, puerta con puerta. Era la primera época de los estudios móviles con ordenador. Yo sabía que mi hermano estaba solo en la habitación, pero de allí salía una orquesta entera. Escuchaba bajos, baterías, guitarras... mientras intentaba dormir, porque yo me iba a trabajar al día siguiente. Y así pasaba las horas muertas, y un día y otro día...

Mónika Bellido: Vine a estudiar periodismo a Madrid a casa de mi hermana. En septiembre del 96 la trasladaron y la madre de Alejandro habló con mi madre: «Oye, la niña (porque yo para mi tía María era «la niña») no se va a quedar sola...», y ya me mudé a casa de Alejandro en Toronga.

Jesús (Hermano): En ese momento vivía con nosotros mi prima Mónika. En la casa vivíamos mis padres, la Tata, Jaydy, Alejandro y yo.

Mónika Bellido: Fueron unos años muy bonitos. Me levantaba muy temprano y Alejandro llevaba una vida de artista, se pasaba muchísimas horas en el estudio, no paraba... Yo asistí al alumbramiento de ese disco.

Antonio Carmona: Fuimos vecinos en la zona de Arturo Soria, era en la época de «Más». Nos veíamos con mucha frecuencia y yo lo vi componer algunas de las canciones de este disco. Siempre me ha sorprendido mucho con cualquier detalle. Antes de «Más» ya era un grande que escribía y relataba unas canciones que no se podían aguantar. Lo que pasa es que con «Más» ya tomó su rumbo, con el disco más potente que se ha hecho en español.

Tras el éxito de «3», todos los actores involucrados en la carrera de Alejandro tuvieron claro continuar con el equipo de trabajo formado por Alejandro y Emanuele Ruffinengo. Yo hacía tiempo que había dejado mi maletín itinerante lleno de novedades discográficas y trabajaba en el equipo de promoción, concretamente en el departamento de prensa, formado íntegramente por mi persona. Mi despacho estaba estratégicamente situado frente a la puerta de entrada en la segunda planta de las oficinas de Warner Music, en la calle López de Hoyos. Mi ubicación era la mejor de toda la planta. Era el primero en saber quién entraba o salía, algo especialmente útil cuando lo hacía el presidente, Saúl Tagarro.

ÍÑIGO ZABALA: Decidimos que el siguiente disco lo haríamos con el mismo productor. Era lógico por todo lo que había pasado.

EMANUELE RUFFINENGO: Producir este disco después de «3» no era tanto una cuestión del éxito alcanzado como de lo a gusto que nos sentíamos Alejandro y yo trabajando juntos. Mi aportación había sido respetuosa, equilibrada. Yo no llegué allí diciendo que iba a cambiarle la vida, y sentí que haríamos el siguiente disco juntos.

CAPI: Después de «3», tiene una vida, una posición, todo lo que cualquier artista con la juventud de Alejandro puede lograr: dinero, éxito, tener a sus padres y su familia maravillosamente bien, amigos por todas partes... En ese momento, se pone a componer. Trabajó muchísimo.

MÓNIKA BELLIDO: Es verdad que Alejandro es supertrabajador, y con «Más» estaba intentando hacer algo grande. Es muy perfeccionista y estaba buscando la esencia de su manera de escribir, de componer.

ALEJANDRO: Estaba en plena búsqueda tratando de encontrar mi sonido definitivo, cómo iba a cantar, cómo quería componer, cómo quería expresarme...

EMANUELE RUFFINENGO: El proceso previo a la grabación fue muy rápido, muy sencillo, bastante similar al de «3». Tampoco intervine en la selección de las canciones, que era un trabajo que a Alejandro le gustaba hacer él mismo. Yo no vivía en España y seguía teniendo hasta cierto punto la barrera del idioma, y mi papel era el de elevar las canciones y llevarlas hasta el siguiente nivel. Iba a su casa, me cantaba los temas y me pedía opinión, pero no estuve tan involucrado como lo estuve más tarde en «El alma al aire».

CAPI: Todas las cosas que se habían trabajado durante los siete primeros años desembocaron en este disco que hoy es mítico, una enorme colección de canciones, en una grandísima organización de producción, un equipo maravilloso, en un momento humano único y claro.

SAÚL TAGARRO: Hasta «Más» era un artista grande, pero no impresionante. Yo había vendido cantidades similares de otros artistas en mi carrera: Perales, Nino Bravo, pero llegó «Más», y ¡ya era otra película!

Cuando se enfrentó a la tarea de componer las canciones de «Más», Alejandro estaba en plena búsqueda. Durante más de un año se aisló de todo y de todos en su habitación tratando de encontrar su sonido definitivo, la manera adecuada de cantar, la forma de componer y la manera como quería expresarse. El periodo de preproducción fue extenuante, un intenso trabajo casero que allanó el trabajo posterior en el estudio.

ALEJANDRO: Estuve un año encerrado componiendo, y mi madre me dejaba la bandeja con la comida en la puerta y entraban solo una hora para limpiar.

LUIS MERINO: Recuerdo que un día él me cuenta, ya terminada la gira de «3», que está muy disperso, que tiene demasiadas carpetas abiertas y que se va a encerrar, que no va a ver a nadie y que se va a dedicar a trabajar en el nuevo proyecto. Y creo que así fue, porque luego amigos suyos me contaban que su madre le subía la comida al estudio. Estuvo un tiempo largo dedicado a desarrollar las canciones. Y, para que la suerte te venga, no hay nada como estar trabajando todo el día. Yo estoy convencido de que cuando se hace un álbum como este o cuando los Beatles hicieron el «Sgt. Pepper's»..., ahí no hay ninguna casualidad. Hay un año de trabajo con dedicación exclusiva, y si eres muy bueno y tienes mucha capacidad, sacas lo mejor de ti.

JESÚS (HERMANO): En la planta de abajo tenía un tablao flamenco con una chimenea grande. Y él no salía mucho, pero por allí pasaban los amigos: Canales, Paco de Lucía, Marta Sánchez, Pepe Barroso, yo que sé... Lo pasábamos muy bien.

MALÚ: Se iba mucho a esa casa y pasaban muchas cosas buenas allí. Comidas, cenas, reuniones, amigos...

CAPI: La casa de Alejandro era el coño de la Bernarda. Alejandro siempre tiene un rincón donde está él, busca su rincón creativo, se encierra... Pero también socializa, en aquel momento estaban por allí las Flores, Irene y Chelo Chamorro, Mariola Orellana, Antonio Carmona...

JESÚS (HERMANO): Por la casa pasaba todo el rato el Capi, la Ricarda y su hijo Santi. Venían también Iván Zamorano y Figo. También vino a vivir a casa un par de semanas Ricky Martin, que entonces andaba con los pelos largos. Eso sí, mi hermano ni salía por la puerta.

LOLITA FLORES: Cuando se encerró a componer «Más», nosotros íbamos por allí a molestarle. Tengo una foto con él en la casa, vestida de indio, con un penacho de plumas que no sé de dónde salió. Pasaba mucho rato con su madre, hasta que ya le abrían la puerta del estudio para que saliera... Me acuerdo mucho de cuando compuso *Amiga mía*, yo siempre pensé que esa canción era para mí, me hizo ilusión, y tuve la poca vergüenza de adjudicármela.

En aquella época la Tata había atravesado problemas de salud. Alejandro no suele dar demasiadas explicaciones sobre el significado de sus canciones. Cada canción es un universo diferente y cada persona debe interpretarla de manera distinta. No hay razón para explicarle a la gente sus canciones, al fin y al cabo son suyas. Que cada cual interprete lo que quiera...

LA TATA: Mientras preparaba «Más», Alejandro y Jaydy se fueron unos días de vacaciones a Faro, y Alejandro me pidió que fuera porque estaba mal y necesitaba verme. Cuando llegué, Alejandro me dijo: «Quiero que escuches una cosa que he escrito», y era *Si hay Dios*. Él me dijo: «No creas que es tu historia...». La canción habla de la Dama Blanca, el hada que ayuda a los que la necesitan aunque no pidan esa ayuda. Y él es así, él siempre lo ha hecho conmigo. Para mí, ver el dolor callado de Alejandro fue muy importante. Yo sabía, como dice la canción, que él no iba a llorar a lágrima viva, a él le sale más fácil escribirlo.

ALEJANDRO: Las canciones deben de ser un mundo para cada persona, y cada persona las debe de interpretar como mejor le venga. No quiero decir que las canciones sean un antídoto contra nada, lo que quiero decir es que, aunque para mí tienen una historia bien clara y bien definida y las he escrito por algo, para otra persona pueden significar otra cosa y yo no soy quien para tirarle por tierra su punto de vista.

CAPI: Esas composiciones, en el fondo, son retazos de su vida, de personajes que le inspiran, historias de la realidad cotidiana que hacen toda esa colección de canciones que se llama «Más». Las canciones eran la base fundamental de todo: habla del amor, de la amistad de Jaydy, de alguna amiga con problemas, habla de temas surrealistas y consigue hacer la canción histórica: el famoso *Corazón partío*.

ALEJANDRO: Los ideales son el ingrediente fundamental para escribir canciones, *Si hay Dios* es una canción que reivindica algunos ideales.

Creo que todo forma parte de Dios, es una energía. Es imposible que en una galaxia tan grande estemos nosotros aquí por toda una serie de casualidades. Llámale Dios a esas casualidades, yo le llamo Dios. Prefiero creer en un Dios que pensar que un día me voy a caer muerto y ahí se acaba todo.

Es increíble que un animal como el hombre sea capaz de hacer todo lo que nosotros hemos hecho, ¿no hay algo de divino en eso?

LA TATA: Él es creyente, pero no está de acuerdo con la doctrina católica.

ALEJANDRO: Yo creo, pero no soy como Juan Luis Guerra, que incluso es pastor. Ojalá lo fuese. Recuerdo cuando volvíamos del Concierto por la Paz que organizó Juanes en Colombia. En medio del viaje el avión empezó a moverse y yo me moría de miedo, así que le dije a Juan Luis: «Oye, tú que tienes mano con Dios, habla con él». Me contestó: «¿Yo? Ya he hablado con él. Me ha dicho: Salmo 4.40. ¿Por qué temes? ¿Es que no tienes fe?». Yo tengo muchas crisis de fe. No es fácil creer.

Mi Dios es un informático: un señor que tiene las claves de mi sistema operativo.

EMANUELE RUFFINENGO: Cuando escuché las maquetas, las canciones que me llamaron la atención fueron *Hoy que no estás, Amiga mía, Y, ¿si fuera ella?* y *Corazón partío. Siempre es de noche* era una balada que fue cobrando una fuerza distinta y otra dimensión debido a la batería que la inicia.

CAPI: *Amiga mía* es una de mis canciones favoritas de Alejandro, una canción que es una declaración de amistad.

LA TATA: *Amiga mía* es la historia de una amiga que se enamora de un artista famoso que está casado, y ella no puede conseguir nada y lo sabe, porque él no va a dejar a su mujer. Ella se lo cuenta a Alejandro y él le da su consejo, pero ella no quiere darse por enterada: «Qué más puedo hacer, amiga mía, vas a tu rollo y me oyes como quien oye el telediario».

ALEJANDRO: Yo creo que las canciones las termina de escribir cada uno. Si tienes alguna vivencia que tiene que ver con una determinada canción, la captas enseguida.

CARLOS RUFO: La primera vez que escuché «Más» en aquel casete sin masterizar, en su habitación con mi socio, yo me iba hundiendo en la cama. No había escuchado nada igual en mi vida, pero ¿qué era eso?

37
De Milán a Roma

«Yo me olvido de todo lo demás, me olvido de las cifras, me olvido de lo que vayan a decir, me encierro en mi estudio, no escucho nada de música, no escucho opiniones, entonces me encierro con mis canciones y me doy la paliza con ellas».

Música: Alejandro Sanz, *Amiga mía*

La grabación de «Más», debido a su presupuesto, el número de estudios utilizados, los músicos participantes y sus ingenieros, fue una de las producciones más ambiciosas de la época. La grabación se realizó a caballo entre Milán y Roma. En Roma Alejandro se hospedaba en la residencia Rupetta, un alojamiento habitual de políticos.

EMANUELE RUFFINENGO: Grabamos primero en Milán y luego en Roma más por una cuestión inspiracional, la idea era trabajar en las dos ciudades porque las dos podían aportar cosas diferentes.

CAPI: Este es un disco genial, como es la Capilla Sixtina de Miguel Ángel.

LA TATA: En ese disco hubo de todo, hubo catástrofes, hubo risas..., cambios de hoteles (risas).

JOSÉ LUIS DELAPEÑA: A primera hora hablé con Íñigo y le dije que ahí no podíamos tener a Alejandro porque se iba a montar la de Dios. A todo esto Alejandro había estado toda la noche tocando el saxofón y Pedro Miguel el fagot, montando un follón acojonante... Total, que a las ocho de la mañana, sin dormir, me subo a un taxi y me recorro todos los hoteles de Milán, entonces no había Internet ni nada.

ALEJANDRO: Soy Alejandro Sanz, no san Alejandro, aunque algunos piensen que mi vida ha sido siempre modélica. Mis primeros años conformaron una fase en la que pasaron muchas cosas. En España, a los veintitantos años es normal querer quemar garitos, y al menos yo puedo contarlo. La vida tiene mucho de desgaste en general, y concretamente componer puede ser muy destructivo a veces. Y de hecho es bueno bajar a los infiernos de vez en cuando. No puedes cantar canciones que emocionen jugando al golf. La savia del arte también surge de esa raíz fea y sucia que está bajo tierra.

JOSÉ LUIS DELAPEÑA: Después de muchas vueltas acabé en el Hilton, que tenía una suite libre, que además estaba en un extremo del hotel, con lo cual el ruido no era un problema, y además tenía un piano en la habitación. Cogimos la suite y las tres o cuatro habitaciones contiguas y así arrancamos. Estuvimos dos meses allí.

Las expectativas con este disco obviamente eran diferentes a las de «3», pero ni Warner ni Alejandro trasladaron ningún tipo de ansiedad a Emanuele, raramente hablaban de lo que había vendido el disco anterior o cuales eran los planes para superarlo.

EMANUELE RUFFINENGO: Yo he trabajado con otras compañías que sí me hubieran manifestado el estrés de que vender menos que el disco anterior habría sido un fracaso, y Warner nunca me habló en este sentido. Y Alejandro tampoco. Él me dijo: «Todos queremos tener éxito, pero lo primero que tenemos que hacer es un trabajo que sea bueno, que sea auténtico». Nuestra relación era muy artística, y por eso le respeto tanto.

ALEJANDRO: Hay muchas maneras de hacer una misma canción, y siempre está bien, cualquier camino que escojas es correcto, pero ¿cuál es el que más se acerca a tu forma de pensar? Eso es lo que intentamos hacer en la preproducción, acercarnos más a lo que yo sentía con cada canción.

LUDOVICO VAGNONE: Me llamaron para grabar «Más», y en cuanto entré al estudio y escuché *Siempre es de noche* fue una emoción tras otra... *Hoy que no estás, La margarita dijo no, Ese último momento, Corazón partío...* Estaba claro que ese disco no podía fallar.

ELIO RIVAGLIO: Me llamó Ludo, y participar en este disco fue un increíble honor. Meses después, cuando me propusieron tocar en la gira de «Más», me fue imposible, estaba girando con Pino Daniele y otros tres artistas. Para mí, no poder unirme a la banda fue muy doloroso, como una puñalada.

EMANUELE RUFFINENGO: La grabación de «Más» fue un poco distinta de la de «3». Para mí el proceso fue mejor. Yo ya hablaba un poco español, y podía conversar, opinar, pelearme..., comunicarme bien. Además teníamos la experiencia anterior. En «Más» yo pasé algunos días solo en mi estudio trabajando las maquetas, estuve involucrado en el proceso antes de entrar a grabar, aunque una vez ahí ya trabajamos juntos como en el disco anterior. Yo respeto muchísimo a Alejandro, es músico y sabe muy bien lo que hace cuando compone: no te da solo la melodía, sino que te aporta los acordes, la base rítmica...

CAPI: En «Más» es donde por primera vez se utiliza el Pro Tools. Emanuele me puso un ayudante y yo le decía: «La *p* está un poquitito mal...». Por cierto, la voz en este disco está espléndida porque tiene una dicción perfecta, que era simplemente poner la tecnología al servicio de la propia expresión de Alejandro, porque, cuando hay tanta montaña de sonido, las frecuencias se pueden comer las pronunciaciones de las palabras.

EMANUELE RUFFINENGO: Me di cuenta de que en este disco estábamos haciendo cosas diferentes. Tuvimos una libertad para trabajar que fue muy positiva y que yo no encontraba cuando hacía otras producciones, sobre todo en Italia. El único límite que teníamos era no hacer cosas raras, y esa fue una de las claves del éxito.

En la grabación de «Más» hubo un trabajo muy minucioso de composit *de voces. Se trabajó mucho en digital, la grabación, la edición... Uno de los primeros discos, incluso a nivel mundial, en los que se utilizaron estas técnicas. Se jugó mucho con programaciones.*

EMANUELE RUFFINENGO: Trabajé muy bien porque él me daba tiempo para desarrollar cosas. Venía por la mañana un par de horas, y luego me dejaba solo para avanzar y proponerle cosas. En aquella época todavía se grababa en cinta.

ALEJANDRO: Lo más interesante de «Más» fue la mezcla elegante de Emanuele entre lo acústico y las máquinas. Yo tenía arreglos escritos, pero fue Emanuele quien los desbordó.

ANTONIO CARMONA: Alejandro te saca la estrofa, el puente y el estribillo en diez minutos, cuando a ti te lleva tres días... Tiene mucha facilidad, toca el bajo, la guitarra, el piano, maneja muy bien el Pro Tools. Lo sabe hacer rápido, efectivo y sin darle muchas vueltas, porque la primera idea es la que vale. Yo soy de los que le da veinte mil vueltas a las canciones, y él sin embargo no. En cuanto tiene una estrofa, le sale todo con una naturalidad impresionante.

EMANUELE RUFFINENGO: Estuvimos trabajando mucho tiempo juntos sobre las canciones y sus posibles versiones. Mi aportación principal fue decidir la introducción de cada una y, como él tenía tanto material, también opiné sobre la selección de los temas, dando mis razones. La ventaja que tuve con «Más» era que empezaba a entender las letras y los juegos de palabras tan importantes en la obra de Alejandro. Básicamente en el anterior trabajo había trabajado con él sin saber español.

El trabajo formado por las canciones de un artista, al fin y al cabo el motor principal de este hermoso negocio de la música, necesita también de un equipo de altura. Debo decir que el grupo de trabajadores de Warner en España en 1997, liderado por Saúl Tagarro e Íñigo Zabala, era una piña, una máquina que funcionaba como un reloj. Ventas, promoción, marketing, internacional... Todos empujamos a una en este disco. Saúl solía ser poco intervencionista en cuestiones de A&R, y en este caso también se mantuvo al margen. Cuando tuvo la oportunidad de escuchar las canciones, lo hizo. No se trataba de levantar el pulgar como un césar romano. Saúl es un hombre de negocios. Sabía que entre aquellas diez canciones se escondía la piedra de Rosetta del negocio.

SAÚL TAGARRO: Recuerdo ir a Italia a la grabación, cenar con Alejandro y con Íñigo... y la siguiente escena, ya en Madrid, era ver a Íñigo entrando en mi despacho con una casete con las primeras mezclas: «Escúchate esto y dime lo que más te gusta». Tenía la costumbre de escuchar las canciones solo una vez, y siempre en el mismo equipo. Las escuchaba una vez porque, habiendo trabajado en la industria, ya había ido muchas veces a los estudios, donde te sientan en la mesa y te ponen las canciones a todo volumen... y cuando sales piensas: «Qué cantidad de canciones buenas». Claro, acabas oyéndolas cien veces y todas te gustan. Y después eran un fracaso descomunal. De modo que decidí que si no me entraban a la primera, pasaba.

LUIS MERINO: Me invitaron a ir al estudio, creo que era en Venecia, y luego no sé qué pasó, que no pude ir, y me quería cortar las venas...

SAÚL TAGARRO: Íñigo me dio la casete. Mi sala de escucha era mi coche, tenía un Rover por aquel entonces, un trayecto de una hora yendo de Madrid a mi casa en Miraflores y viceversa. Al día siguiente le devolví la cinta y le dije: «Está muy bien, tiene tres singles: *Amiga mía*, *Corazón partío* e *Y, ¿si fuera ella?*». Me respondió que era lo mismo que pensaban todos, pero que, en mi caso, más que por oído era por oficio. A mí un LP con tres buenas canciones ya me valía.

La figura de Miguel Ángel Arenas es indisoluble a la de Alejandro. Capi estuvo desde el principio, conocía mejor que nadie a Alejandro y observó día a día su crecimiento artístico. De «Viviendo deprisa» a «Más» (sin contar prehistóricas aventuras cutrelux), el viaje había sido extraordinario. En un momento determinado, Alejandro pisó el acelerador y envió un mensaje claro: el que quiera venir que se suba en marcha, esto ya no para...

CAPI: En el estudio a lo único a lo que me dedicaba era a leer el *Hola*, que me gusta mucho, porque Alejandro tenía unos horarios muy diferentes a los míos. Y mi trabajo era coordinar la letra, elegir las partes mejor cantadas... Me encantaba poder tener el *Hola* español, porque después de tantos meses fuera de Madrid uno no se entera de lo que hay...

ALEJANDRO: La verdad es que Capi era un productor de la vieja escuela, de los que iban al estudio y lo organizan todo... En «Más», a mitad de la grabación vio que el nivel de trabajo y de exigencia era tal que se borró. Emanuele y yo estábamos en un nivel altísimo, yo ya empezaba a trabajar con el Logic, a hacer arreglos, etcétera, y Capi estaba aburridísimo. En Roma me dijo que se volvía para España. Yo nunca le dije que no se quedara.

LA TATA: Capi no tiene la preparación musical ni los medios que tienen los productores de hoy en día, que son los que hacen los arreglos, manejan la mesa, los micros..., pero tiene un ojo clínico para saber quién puede ser un artista, y eso es importante.

CAPI: Yo no soy un productor, soy más bien un descubridor de estrellas. Con «Más» acaba mi etapa con él, supongo que yo no tenía más que enseñarle a él ni él a mí. Porque un artista tiene etapas en la vida, y no se esclavizan. Los Beatles están toda la vida con George Martin, y terminan con Phil Spector... Y eso es maravilloso porque cuando llegas a un momento de crecimiento tan alto artísticamente, quizá tienes que destruirlo todo y empezar de nuevo. En el fondo, esta destrucción del equipo no llegó a producirse del todo porque el señor Ruffinengo se quedó ahí como pensando que él iba a levantar aquello más... Y aquello no se pudo levantar más alto.

ALEJANDRO: «El alma al aire» vendió menos (aunque también funcionó muy bien), pero porque el mercado de los discos empezaba a caer en tromba por la llegada de la piratería. «Más» vendió muchísimo, el último disco en vender a lo bestia, pero «El alma al aire» musicalmente es igual o mejor que «Más».

EMANUELE RUFFINENGO: Mi estatus como productor cambió después de «Más». Cada vez más artistas y compañías empezaron a interesarse por mi nombre, ya eran dos discos de mucho éxito, y me empezó a llegar mucho trabajo, no solo en España e Italia, sino también en Latinoamérica.

CAPI: Ruffinengo lo que quiso fue perpetuarse él como músico, y no lo logró. Porque en la creación de una canción no influye solamente lo que Alejandro pueda tener, sino también el mundo que la rodea. Y si ese mundo no tiene los sentimientos, las situaciones, los momentos y un grupo de gente muy cercana... Yo siempre tendré claro que la Tata y yo fuimos los que estuvimos viendo cómo crecían las canciones, aportando nuestra visión para que el artista las mejorara, etcétera.

Hay gente que vive para el éxito, y yo vivo para el camino, que es lo que me gusta, y lo mismo soy el mayordomo del artista siendo como soy, con un ego que no me cabe, pero siempre soy capaz de ponerme al servicio del artista, porque esas vivencias son el éxito para mí. Si yo hubiera sido una persona ambiciosa, estaría en Miami como una loca tirada por ahí. Que soy una loca en España, pero tengo la Cibeles, tengo mi creatividad y mi libertad, y no voy a cambiar mi mundo por esa ansia que han tenido otras personas, porque eso me separa del éxito... Pero el camino soy yo, el camino es lo que a mí me gusta.

Las diez canciones del álbum tenían su alma y personalidad propia. Alejandro compuso diez historias diferentes donde el orden y ritmo del álbum eran otro acierto extra. Por mucho que lo escuches, «Más» no cansa, es una colección de canciones extraordinariamente sólida, destinada a perdurar y a pasar por encima de modas y tendencias. Con el disco terminado empezaba el gran viaje de Alejandro.

LUIS MERINO: Yo creo que él era consciente de que estaba publicando un álbum histórico, pero la reacción no es previsible hasta que no la ves.

CAPI: «Más» es la culminación de una etapa. Es, digamos, la síntesis sobre todo del anterior disco.

EMANUELE RUFFINENGO: Cuando terminamos el *mastering* yo ya me separé un poco del disco y no volví a escucharlo hasta que salió a la venta. Ahora, pasados veinte años, escucho «Más» y no cambiaría nada.

ALEJANDRO: Cuando terminé «Más», cuando me vacié de las emociones, de las melodías, de las armonías..., yo sabía el disco que había hecho. Todavía hoy lo escucho y siempre hay cosas que me sorprenden musicalmente, que siguen estando vigentes. La gente hizo suyo ese disco y formó parte de su vida.

La portada de Más

38

El Nautilus

«Trabajar duro y dudar absolutamente de la excelencia, huir
de la autocomplacencia, seguir en la búsqueda diaria».

Música: Alejandro Sanz, *Aquello que me diste*

L a historia de los grandes discos está casi siempre asociada a grandes
portadas. El «Revolver» de The Beatles hubiera sido un poquito peor de
no haber contado con el arte de Klaus Voormann. «Dark Side Of The Moon»
está conectada a la portada de Storm Thorgerson. «Sgt. Pepper's Lonely
Hearts Club Band» es mejor disco gracias a la icónica imagen de Peter Blake...

Después de un retrato de Alejandro algo melancólico en su primer disco,
una imagen más intrigante para el segundo y un primer plano en «3», lo
fácil hubiera sido apostar por otro rostro guapo para la portada de «Más».
Pero no fue así.

El diseñador Rafa Sañudo fue el escogido para llevar a cabo el diseño de
«Más». Rafa había trabajado con los hermanos Coen y entre sus hitos posteriores diseñó el controvertido plano del metro de Madrid. El concepto de aquella
portada es hoy uno de los iconos pop más reconocibles de la música popular.

RAFA SAÑUDO: Yo llegué a Warner para enseñar las canciones de mi
grupo y también con idea de componer para otros artistas. Acababa de
volver de estudiar cine, con especialización en escenografía y dirección
de arte en Estados Unidos. Llegué a tener una oferta para grabar con EMI,
pero en realidad lo que quería hacer eran portadas de discos y vídeos.

José Luis Delapeña: La mujer de Rafa era amiga de Íñigo y llegó a la compañía con unas canciones, nos trajo una maqueta como cantante y le sugerimos que tirara por el diseño, que se le daba mejor (risas).

Rafa Sañudo: Cuando fui a ver a Íñigo Zabala, le enseñé también mi trabajo como diseñador. Enseguida le llamó la atención e hizo venir a José Luis Delapeña y Eva Dalda para que vieran lo que estaba haciendo. Al día siguiente me pidieron ideas para el nuevo disco de Revólver, «Calle Mayor», y para un proyecto que se llamaba «Esperanto». Enseñé muchas cosas y no me compraron nada.

Al cabo de unos días me pidieron más cosas para David Summers y estuve a punto de mandarles a paseo, pero José Luis Delapeña me convenció y finalmente hice todo el arte del disco «Perdido en el espacio». Planteé ideas para el arte y para el vídeo y fue el primer proyecto completo que hice con Warner. Era algo que no se hacía mucho en España, crear un concepto de portada del cual surgían los singles y los vídeos. Pasaba de la letra de las canciones o de la historia que contaba, lo que hacía era buscar una estética para todo el proyecto. Un concepto que sirviese para unificar todas las canciones del disco. En el fondo, el videoclip era un instrumento para poder hacer un *spot*, para hacer publicidad en televisión y vender discos.

Para la portada de «Más» las fotos son de Jesús Ugalde, se buscaba algo innovador. Fue un proyecto muy pensado.

Rafa Sañudo: «Más» fue el segundo o el tercer proyecto que hice para Warner. En la compañía ya había un gran ambiente con este disco, se daba por hecho que sería el más importante ese año, y contaron conmigo. Aún no se sabía el título, y empecé a trabajar en bocetos e ideas.

José Luis Delapeña: Yo hablaba con Alejandro y le decía que teníamos que buscar un nombre para el disco: que fuera algo sencillo, corto, efectivo, y de ahí salió «Más».

La Tata: Yo dormía en la primera planta y él en la segunda. Alejandro me llamó, a veces me pedía que le subiera algo, que me ocupara de apagar los equipos del estudio y cosas así. Subo, estaba allí también Jaydy, y me dice: «Tata, ¿qué título le pondrías al disco?». Me quedé mirando el suelo, las paredes... y dije: «Más». Se rio, me dijo que lo traía preparado, pero no, se me acababa de ocurrir. Es cierto que muchas veces he colaborado para poner los títulos de sus canciones, pero en ese caso fue pura improvisación.

ALEJANDRO: Podría haberse llamado «Nautilus» como el estudio donde lo grabamos. O también «A pelo», mucho más castizo y directo. Dudé si ponerle el título de una canción del disco, pero no me convencía. Podría inventarme algún tipo de excusa para explicar el nombre de «Más», pero se llama así porque siempre procuro dar un poco más en cada disco que hago, y este ha sido el único motivo. Lo de la Tata es verdad, me lo dijo y lo vi.

RAFA SAÑUDO: Fui un día con Íñigo a casa de Alejandro en la calle Toronga, debía de ser mayo de 1997. Alejandro y yo congeniamos muy rápido. Le enseñé mi trabajo y empezamos a hablar. Fue la primera vez que usé una herramienta que luego me fue muy útil, robada de un cortometraje de Jean Pierre Jeunet, *Cosas que me gustan y cosas que no me gustan*. Le pedía a los artistas que me hiciesen una lista de cosas que les gustaban y que detestaban, cosas gráficas, visuales, no conceptos místicos, sino «me gustan los lunares, no me gustan los cuadros escoceses», eso es lo que buscaba. Pistas plásticas que me dieran claves sobre el personaje. También me servía ver su casa, porque el lugar donde uno vive es una escenografía de su alma.

Desde Warner querían hacer una portada innovadora, diferente, un concepto con fotos producidas, no las típicas portadas con fotos-retrato posadas. Con Rafa Sañudo se consiguió precisamente esto. Queríamos hacer historia en cada elemento del disco.

RAFA SAÑUDO: La portada es para el artista, no para el diseñador. Alejandro era muy cercano y muy cándido, me fue muy fácil entenderme con él. El segundo contacto fue ya en Milán, en el estudio de grabación, donde además se me encargó rodar un EPK, y a esa reunión ya llevé mis carpetas de trabajo para el disco. Capi, que entonces tenía mucha influencia sobre el artista, facilitó mucho las cosas, porque le gustó lo que vio.

CAPI: Le pusimos en contacto con un amigo italiano dueño de un restaurante para la localización del *making of*. En aquel viaje trajo los bocetos de portada, un trabajo que transmitía sencillez, pero escondía verdadero talento.

Me apasionan las historias que se esconden detrás de los discos. Antes de que «The Dark Side Of The Moon» saliera a la venta, los miembros de Pink Floyd hablaron con su diseñador. No querían más fotos de la banda en sus portadas. Richard Wright, teclista del grupo, envió indicaciones concretas al diseñador Storm Thorgerson:

Richard: Storm, no queremos una de tus fotos extrañas.

Storm: ¿A qué te refieres? Eso es lo que hago, fotos.

Richard: ¿Y si cambiamos?

Storm: Pero yo no hago diseño gráfico.

Richard: Bueno, ¿acaso no es un desafío?

RAFA SAÑUDO: Presenté como veinte líneas creativas, pero lo cierto es que la portada de «Más» correspondía a la primera idea que me vino a la cabeza. Yo suelo trabajar así, soy muy de intuiciones y de impulsos. Muchas veces me están encargando un trabajo y antes de que el cliente termine yo ya sé lo que voy a hacer, no soy de lenta elaboración. Una buena portada es aquella que puedes definir en una frase corta, esta portada era «la de las mil caras». Ni el artista ni la compañía me pusieron ningún impedimento, tuve una autopista muy ancha para desarrollar mis ideas. Alejandro confiaba en Íñigo a pies juntillas, y, por su lado, Íñigo confiaba en mí. Me dieron toda la confianza del mundo trabajé muy a gusto, y salió muy bien. Fue para mí un escalón gigante, de repente todo el mundo me llamaba. De todas las portadas que hice para Alejandro Sanz, es la más importante y mi preferida.

JOSÉ LUIS DELAPEÑA: Rafa Sañudo se convirtió en el diseñador de cabecera de la compañía, trabajaba muy bien. A partir de entonces casi todas las portadas se las encargábamos a su estudio.

ÍÑIGO ZABALA: La portada de Rafa Sañudo se convirtió en un clásico, y todavía hoy resulta moderna. Durante el proceso de creación de «Más», ayudó el hecho de que mucha gente hizo su mejor trabajo para el disco, todo lo que había a su alrededor tuvo estrella, había magia desde el principio y todo el mundo aportaba lo mejor de sí mismo.

En el estudio

39
Ella

«*Y, ¿si fuera ella? nació en una tarde, y es de esas canciones que nacen casi terminadas, no tienes que retocarlas nunca*».

Música: Alejandro Sanz, *Y, ¿si fuera ella?*

Recuerdo perfectamente el momento en que escuché Y, ¿si fuera ella? *por primera vez. Era en esa época en la que se escuchaba música a todo volumen en la oficina. Íñigo salió medio aturdido de su despacho, decía cosas como «es increíble, esto es la hostia» y frases parecidas. Atravesó el hall de la segunda planta reclutando a gente para escuchar el que iba a ser el primer sencillo del disco. Flipamos, claro. Hay canciones que me encantaría poder escuchar siempre como si fuera la primera vez.* Y, ¿si fuera ella? *es una de ellas. Nunca me cansa.*

ALEJANDRO: Después de la composición y la grabación de «Más», me había pegado tal paliza que estaba exhausto antes de empezar la promoción. En aquel momento las promociones eran largas, duraban meses. Ahora sacas un disco y te vas de gira, pero entonces duraban tres o cuatro meses. Me hubiera gustado tener un poco más de ego, ser como esos artistas que bajan de un coche oscuro con gafas de sol y no les importa nadie (risas), ser un gilipollas, un tío temido (más risas), pero no me salía, y eso que lo intentaba...

ÍÑIGO ZABALA: Hoy en día, *Y, ¿si fuera ella?* es su canción número uno del fondo de catálogo, si tenemos en cuenta las cifras del *streaming*, etcétera. Es una canción conectada con el disco «3», aunque es muy innovadora, por la dificultad que tiene, por la letra... Pero es ya un clásico del pop. Con esta canción el disco entró en el número uno a principios de septiembre, en el último trimestre del año, cuando la industria sacaba un disco enorme cada semana. Y «Más» se instaló en la primera posición y nadie lo apeó de ahí. Y antes de *Corazón partío* ya se habían superado holgadamente las seiscientas mil copias.

ALEJANDRO: *Y, ¿si fuera ella?* habla de la gente que pasa por la vida de uno. Cuando termina una relación, nunca sabes si la persona a la que estás dejando marchar era la persona de tu vida. Aunque yo creo que todas las personas que pasan por tu vida, sí son lo más importante de ese momento. Pero queda esa eterna duda, la pregunta de si esa persona podía haber sido la que más feliz te hiciera del mundo.

LA TATA: Todas las canciones tienen su historia. Alejandro y Jaydy estaban pasando una crisis, y Jaydy se volvió a México. Había que hacer algo para convencerla de que merecía la pena volver a España. Y yo le dije a Alejandro: «Dile a Jaydy que se venga una semana a Madrid, pero no la lleves a tu casa, para que no se sienta bajo presión. Vamos a reservarle una *suite* en el Palace y que ella decida si quiere estar contigo o no. Si ella te dice "quédate", entonces habláis, pero que ella tenga libertad para decirte sí o no». Y en ese tiempo de incertidumbre hasta que vino Jaydy fue cuando se creó *Y, ¿si fuera ella?*

CARLOS RUFO: Él siempre me ha llamado cuando estaba grabando. Cuando tocó *Y, ¿si fuera ella?* a los de Warner fue en mi estudio con una guitarra mía, y me dijo «creo que ya tengo el single», no estaba escrita ni la letra.

JOSÉ LUIS DELAPEÑA: *Y, ¿si fuera ella?* la llevamos a la radio y de primeras dijeron que no la querían tocar. Dijeron que si era una balada no podían ponerla... y al final la programaron y fue un exitazo. Y en las Navidades siguientes se retomó *Y, ¿si fuera ella?* con un *spot* de Freixenet, con Laura Ponte. Volvimos a tener otras Navidades de la hostia, una cosa insólita.

EMANUELE RUFFINENGO: Cuando escuché *Y, ¿si fuera ella?*, pensé que la canción nos iba a permitir crear un enorme contraste entre la estrofa y el estribillo, algo que nunca se había oído antes. Quería una estrofa muy desnuda, con el piano y pocos instrumentos, con el protagonismo en la voz de Alejandro, que a mí me transmitía la emoción de un cante flamenco, y un estribillo con toda la banda, una pared de sonido.

La canción tiene una particularidad, y es que una parte larga no tiene arreglos, es solo piano y voz de una forma muy sencilla y directa. En ella la voz es lo más importante. La letra es muy fuerte y esta desnudez musical la refuerza mucho. Luego hay un momento en el que la canción explota y esto la hace muy impactante.

Luis Merino: Un día viene Íñigo a la oficina, yo tenía el despacho en la esquina de Gran Vía con la calle del Barco, con un sol espléndido y un equipo de música excelente, y me trae una canción: *Y, ¿si fuera ella?* Pongo la canción: «Si no te importa, la voy a oír otra vez». Y la escuché tres veces seguidas, y le dije a Íñigo: «Si te digo que es de las mejores canciones que he escuchado en mi vida, creo que te lo he dicho todo».

Jordi Casoliva: De Los 40 pasé a M80 y más tarde a Cadena 100, y es cuando ficho por *La Jungla,* de José Antonio Abellán. En verano de 1997 Abellán me llama para hablarme de Alejandro. «Ha hecho el disco de su vida. Va a cambiar la historia del pop español». ¿Otra vez? Lo mismo que me dijo Íñigo. Cierto es que Abellán no había sido nunca un gran devoto de Alejandro. En esa misma llamada y por teléfono me puso *Y, ¿si fuera ella?,* que hoy para mí sigue siendo la mejor canción que ha hecho, y eso es decir mucho. Ese disco era «Más», y Alejandro había construido la colección de canciones más grande de la historia de la música en España. Es fácil decirlo ahora, pero Abellán me lo dijo un mes antes de que saliera a la venta.

Íñigo Zabala: El orden de los singles fue fundamental. Intuíamos que *Corazón partío* sería número uno durante un año, y si hubiera sido el primer single posiblemente hubiera canibalizado al resto del disco. Creo que fue un gran acierto salir con *Y, ¿si fuera ella?* que, por otro lado, hoy, veinte años después, se recuerda tanto como *Corazón partío.*

Y, ¿si fuera ella? es una de las canciones compuestas por Alejandro más difíciles de cantar. Es una canción espiral: da vueltas y sube, y cuando está arriba, sube más, y cae en vertical para volver para arriba. En el departa-

323

mento de prensa algunos medios hostiles comenzaron su aproximación al universo de Alejandro con esta canción. A raíz de Y, ¿si fuera ella? muchos críticos empezaron a preguntarse de dónde había salido Alejandro. Teniendo en cuenta que «Más» era su cuarto disco, la cosa tal vez no iba mal del todo.

Íñigo Zabala: Son dos canciones muy distintas pero del mismo nivel, pero sigo pensando que el orden de los sencillos fue decisivo. Con *Corazón partío* fue una explosión increíble, y además sabíamos que teníamos una gran bala reservada, que era *Amiga mía*.

Mónika Bellido: Cuando escuché *Y, ¿si fuera ella?*, yo le decía: «Alejandro, esta canción es para cantarla alguien que tenga mucho poderío, porque hacen falta muchos pulmones»...

David Bisbal: Estaba en el colegio cuando salió «Viviendo deprisa». Hicimos escala en Valencia y ese día estaba Alejandro firmando en El Corte Inglés, así que todas las chicas del viaje se fueron a hacer la cola para tener su disco firmado. Yo era un niño al que le gustaba cantar, y algunas de sus canciones me gustaban muchísimo. Es uno de los músicos que más han significado para mí.

Cuando salió «Más», yo estaba a punto de empezar a cantar en la orquesta. Tenía dieciocho años y sus canciones fueron un reto para mí: *Corazón partío, Y, ¿si fuera ella?*... En aquella época mi tesitura era nula, y me tocaba bajar de tono todos los temas que cantaba. Pero a nivel musical y armónico los temas de Alejandro eran los que más me costaban. Incluso hubo un momento en que tuve que dejar de cantarlos porque no me salían.

Vanesa Martín: *Y, ¿si fuera ella?* me hizo llorar mucho, estaba en plena adolescencia y amorosamente hecha un lío con los chicos, y me hizo pensar muchísimo. Me daban ganas de vivir con esta canción. Para mí es una de las mejores que se han escrito en la historia.

David Bisbal: Años más tarde, cuando OT me dio la oportunidad de cantar *Y, ¿si fuera ella?*, esa canción que tenía que dejar de cantar a mitad de verano porque era incapaz de hacerla, me supuso un reto, otra vez. Y pensé: «Ahora o nunca». Por eso Alejandro es tan importante en mi carrera, porque cuando pude sentir la canción, enamorarme de ella y transmitir lo que me hacía sentir, ya no me la pude quitar de la cabeza. Y la he cantado en muchos escenarios, con Alejandro delante, homenajeándolo... Significa mucho para mí.

En 1997, la televisión musical en España estaba en un proceso de madurez. Poco a poco, los lanzamientos discográficos necesitaban cada vez más de un soporte visual potente. Para Y, ¿si fuera ella? Warner contrató al realizador español Alejandro Toledo, el primero de los siete videoclips que rodaría junto a Alejandro Sanz en los siguientes años. Toledo, un director asociado al mundo de la publicidad, captó de inmediato la esencia de la canción entregando uno de los vídeos más sólidos de toda su carrera. El clip, al igual que la canción, fue todo un éxito.

Luis Merino: Un detalle personal. Yo he mantenido viva mi colección de LPs (en vinilo), y hace un año compré el vinilo de «Más», porque no salió en su momento. Y lo volví a oír. Y es un disco que escucho tres o cuatro veces al año, y lo oigo entero. Y una pieza clave: los vídeos de ese álbum son antológicos.

Íñigo Zabala: El primer vídeo era casi un *spot* de televisión, tenía mucha calidad; uno de los mejores vídeos de su carrera.

Alejandro Toledo: Nos reunimos con Pablo Martínez, que era el productor y mi socio en aquel momento, y no me acuerdo de si vino Capi también. Alejandro se puso a hablar con esa cosa suya de *«pisha, qué pasa»*, esa manera que tiene de seducir a la gente, y entramos completamente en el personaje, que nos encantó a mí y a mi socio, y dijimos: «Vamos a hacer este videoclip como sea». Trajimos a un director de fotografía danés fantástico, creo que hicimos una foto muy bonita en este clip. Lo rodeé de muchísimas chicas guapísimas, que era un poco el tema de la canción, buscar en cualquier mujer la imagen de aquella a la que estaba buscando.

Eva Dalda: Hacer las campañas de publicidad de Alejandro era facilísimo. Lo primero es que ibas a un público masivo, no había que buscar nichos, además teníamos presupuesto y las canciones, el artista era guapo... Tan era así que para el siguiente disco yo lo único que pedía a los videoclips era que hubiera una buena toma del estribillo, veinte segundos de buen primer plano de Alejandro para poder informar de que salía un nuevo álbum o del que había un nuevo single. Eso me costó alguna bronca con Alejandro Toledo, yo le pedía los brutos del rodaje para hacer los *spots,* porque siempre íbamos a última hora con los materiales para hacer la campaña. Y me decían que el montaje no estaba acabado, que si el aspecto artístico..., pero yo no necesitaba el montaje, solo quería esos veinte segundos. Y, por cierto, el estribillo de *Y, ¿si fuera ella?* ¡dura veinte segundos exactos!

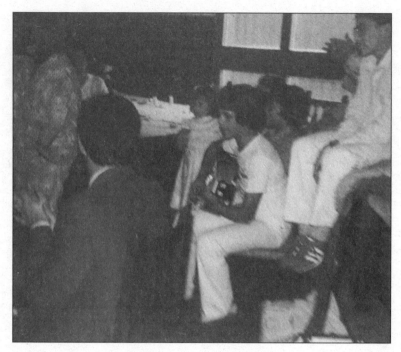

Tocando en familia

40
Corazón partío

«Después de la tormenta siempre llega la calma».

Música: Alejandro Sanz, *Corazón partío* (maqueta)

C on Corazón partío *ocurre algo curioso. Casi todas las personas con las que he hablado recuerdan perfectamente dónde estaban cuando la escucharon por primera vez. Y aquellos que no se acuerdan, tienen algún recuerdo asociado a ella. Corazón* partío *es una canción que se sabe casi todo el mundo. Yo también, claro. Cuando la escuché por primera vez, Íñigo me preguntó: «¿Esto te lo comprará la gente de prensa, no?».*

Aquel verano me recorrí España con un discman y las canciones de Alejandro. Volaba a Bilbao y ponía el disco al periodista de El Correo. *Cogía un coche y me iba a San Sebastián, donde me esperaba el de* El Diario Vasco. *Y así en Galicia, Andalucía, Levante... Me marchaba un lunes y regresaba el viernes. Conocí todas las redacciones de diarios de España y en algún caso fui a las casas de los periodistas. Me sentaba delante de él, les ponía el disco y esperaba cuarenta minutos.*

Siendo honesto, yo diría que casi ninguno mostró entusiasmo una vez terminó de escucharlo. Sus momentos de excitación musical casi siempre se asociaban a lanzamientos que vendían trescientas o cuatrocientas copias. Por aquel entonces Warner distribuía el sello SubPop. Esos discos funcionaban con los periodistas musicales igual que las chucherías con un niño.

Resultaba improbable que alguien te llamara pidiendo el nuevo disco de Phil Collins, pero, si se trataba de artistas como Zumpano, Friends of Dean Martínez o Red Red Meat, el teléfono se colapsaba... ¡Qué cosas!

Antes de terminar el año, esos mismos periodistas a los que yo había visitado llamaban a Warner solicitando entrevistas personales con Alejandro. *Corazón partío arrasó con todo. Incluso con los prejuicios.*

JORGE JAVIER VÁZQUEZ: Yo trabajaba en Grupo Here: *Pronto, Super Pop, Nuevo Vale* y *Teleindiscreta*, y colaboraba en todas. Y para *Super Pop* en alguna ocasión tuve que escribir un artículo sobre Alejandro Sanz, pero firmado como chica, con muchas exclamaciones en plan fan... Y antes de que sacara «Más», también para *Super Pop,* me citaron en la Warner para oír cuatro canciones antes de una entrevista, que era requisito previo y cosa que me parece muy bien, y una de las canciones era *Corazón partío.*

ALEJANDRO: Siempre que me pongo a componer intento hacer la mejor canción del mundo, pero no siempre se consigue. Porque ¿cuál es la mejor canción del mundo? Es muy difícil saberlo. En atletismo todo el mundo sabe quién ha ganado, pero, en las emociones, ¿quién decide qué es lo que emociona más? Depende de cada persona, de lo que haya vivido, de en qué momento y en qué lugar le llega una canción. Esa es la maravilla del arte. Lo importante es que te haga pensar, que te detenga unos segundos y te dé un masaje en el alma.

MÓNIKA BELLIDO: Una buena canción la puede hacer cualquiera, pero una carrera como la que él lleva, eso no es solamente la inspiración, hay mucho trabajo, mucho esfuerzo y mucho talento. En Algeciras, él siempre andaba con papeles escribiendo y devorando libros. A mi hermana, que también es filóloga, siempre le iba detrás: «Prima, que me he quedado sin lectura». Siempre estaba ideando, creando... Cuando escuché *Corazón partío* me llamó: «Prima, ven», porque a él le gusta que yo escuche las cosas antes...

ÍÑIGO ZABALA: Alejandro empezó a componer y ya se veía que el disco traía veneno, porque las demos eran increíbles... Y ya casi al final del proceso de composición, Alejandro me llamó muy excitado y me dijo: «Tengo algo muy especial, me gusta mucho y quiero que lo oigas». Fui a su casa y me puso *Corazón partío.* Y hasta que se publicó la volví a escuchar otras quinientas veces. Y se veía que esa canción iba a matar, iba a marcar una época.

ALEJANDRO: *Corazón partío* la empecé a escribir en un hotel en Monterrey durante un viaje de promoción. Después de una jornada larguísima de entrevistas, líos en las puertas de la radio, huyendo con los coches, etcétera, llegué a la habitación con ganas de crear mi espacio, mi mundo, mi universo. Agarré la guitarra y tardé muy poquito en sacar el estribillo. Y pensé: «Mira qué rumbita, como para Camela o alguien así, si la quisieran...». Pero luego empecé a escribir la estrofa y la llevé hacia otro sitio, la grabé en un casete, la escuché toda seguida y pensé: «No está mal»...

LA TATA: En México nació *Corazón partío,* que en principio era una historia y se convirtió en otra. Finalmente se terminó en Madrid.

ALEJANDRO: Lo de «Corazón partío» era una frase que decía Camarón en una bulería. Es de esas canciones que se quedan ahí, para siempre. Un pequeño homenaje a mis raíces. La letra es un conjunto de imágenes y sensaciones sobre los momentos más felices de mi vida, que han sido los de mi infancia, cuando estaba en el campo con mis tíos en Sevilla, cuando mirando al cielo me di cuenta de que existían las constelaciones... *Corazón partío* habla del adiós a ese mundo, a la inocencia, pero con la idea de que, pase lo que pase, tienes que seguir adelante.

Una canción enorme como Corazón partío *también tuvo un proceso enorme de gestación. Compleja y perfecta, hasta llegar a su versión final las piezas no encajaron a la primera...*

LUDOVICO VAGNONE: Estuve durante la grabación de las bases, bajo, batería y una guitarra de referencia, y no podía ser consciente de la trascendencia de aquellas tres horas de estudio. A medida que se fueron montando los arreglos y fue tomando la forma definitiva, se vio que la genialidad estaba allí. El estribillo, la letra... Es imposible que algo así no funcione. Ya entonces se veía claro, no había duda de que era un pelotazo.

ALEJANDRO: Tuvo un proceso complicado. La grabamos entre Milán y Roma, pusimos muchísimos recursos, pero a mí no me terminaba de gustar cómo quedaba, me parecía que no llegaba, le faltaba el pellizquito ese que te da una canción cuando realmente comunica.

EMANUELE RUFFINENGO: Al principio elegimos un camino totalmente equivocado. Yo me acerqué al tema de la misma manera que lo estaba haciendo con el resto de canciones del disco, con un concepto pop en los arreglos. Lo grabamos y Alejandro me dijo: «Los otros nueve temas me encantan, pero a este le falta algo, no podemos hacerlo así, se merece algo más. Es un arreglo correcto, pero no funciona».

ALEJANDRO: Estábamos a punto de mezclarla, y yo no decía nada porque me daba vergüenza quejarme: «Oye, la canción no me gusta», o: «No es así». Pero al final tuve que decirlo: «Esta canción no está». Me dijeron: «Y cómo no va a estar, si nos hemos gastado tanto dinero en grabarla, y han venido los mejores músicos y todo...». «Sí, pero no está, no me llega, no me transmite, no me pellizca el alma». Y entonces llamé a Vicente Amigo y a Rubén Dantas para la percusión, y entre todos hicimos la canción en vivo, y terminó siendo la canción que es.

EMANUELE RUFFINENGO: Fue Alejandro quien tuvo la intuición de hacer *Corazón partío* de una manera diferente, porque la primera versión era un pop más italiano. Teníamos que hacer algo más, lograr la fusión de pop, latino y flamenco, aunque no teníamos una idea clara de hacia dónde ir. Ya no teníamos a los músicos que habían grabado en Milán, y yo llamé a Alfredo Paixao al bajo y Elio Rivaglio a la batería.

LA TATA: En la grabación de *Corazón partío,* Alejandro decide junto con Emanuele y Capi que sea Vicente Amigo quien toque la guitarra española y que los coros los hagan Mayte Pizarro y Elena Ruggiero, la mujer de Emanuele.

VICENTE AMIGO: Me llamaron de la oficina de Alejandro para invitarme a colaborar en el disco «Más», cosa a la que no me pude negar, porque me encantaba y me sigue encantando Alejandro. Y ahí surgió una amistad que iba a durar toda la vida a través de la música.

EMANUELE RUFFINENGO: No tardamos mucho en grabarlo, pero previamente nos habíamos pasado un día entero hablando de música, pensando los acordes y tocando juntos.

VICENTE AMIGO: Nada más escuchar la canción se sentía el potencial, y lo dije: «Esto va a ser el bombazo del siglo, redonda, con el ritmo, la armonía y la melodía perfecta para poner a todo el mundo de acuerdo».

También resulta curiosa la paternidad múltiple de los arreglos de la canción. A pesar de que la estructura estuvo clara desde el principio, fueron los arreglos los que dieron el golpe de gracia definitivo a la canción. Por allí estaba Emanuele, y Alejandro, claro. Pero también se sumó Capi y Lulo Pérez, diferentes cocineros aportando el ingrediente mágico que faltaba en el guiso.

CAPI: Cuando estábamos haciendo el *Corazón partío* hubo muchos cambios hasta encontrar el camino. Yo tuve que cogerme la cinta..., porque Emanuele, como buen italiano, lo que sí sabía eran sus ritmos, su calor, pero eso no tenía nada que ver con lo que se buscaba..., y yo, ya desesperado, porque aquello no funcionaba ni a la de tres, me vine para España.

EMANUELE RUFFINENGO: En algún momento se decidió que un tema así necesitaba metales. Me aconsejaron a Lulo, que es un músico 360° que toca piano, trompeta, compone... Lulo vino con una frase increíble, de unos quince segundos, que tenía jazz, funk, swing..., y la combiné con el arreglo que yo había hecho. Luego, en el estudio de Milán, edité las tomas y creé el arreglo que se escucha en el disco.

CAPI: Yo había trabajado en otra grabación mía con Lulo Pérez, que me había hecho unos arreglos de metal, y me dije: «El problema es que estos músicos saben hacer lo que saben hacer». Había un bajista famosísimo con unas manos que parecían los pies de un dinosaurio, una cosa tremenda, y había mucha magia ahí, estaba Vicente Amigo tocando maravillosamente, impregnando de flamenco..., pero faltaba lo latino.

EMANUELE RUFFINENGO: El arreglo final es a medias entre el de Lulo y el mío. Toda la parte del final, con los metales, los coros y las improvisaciones de Alejandro la arreglé trabajando en mi casa. Y en la grabación final hay un *composit* de voz con las partes de Lulo y las mías. Lulo se atribuye la paternidad del arreglo, pero en realidad no fue así. Lulo también tocó el piano, pero luego yo lo reinterpreté porque quería hacer algo diferente, que no fuera salsa tradicional. Fueron muchos *inputs* de varias personas y yo me encargué de poner el orden final.

José Luis Delapeña: *Corazón partío* nos encantaba, pero teníamos dudas porque cambiaba el camino que habíamos trazado para Alejandro. Además, hubo una movida con el ingeniero, Juan Vinader, porque a Emanuele no le parecía que el trabajo estuviera bien hecho... En la tercera versión ya entró como bajista Paixao, y Elio Rivaglio a la batería. Y es verdad que Emanuele no lo terminaba de pillar, y fue Capi el que buscó a Lulo Pérez, metió los metales, el piano tumbao, y le terminó de dar forma a la canción ya en España.

Capi: Faltaba la unión del romanticismo, el flamenco y lo latino; la fusión. Yo sabía que lo latino se basa todo en un tumbao, y Emanuele como músico italiano no manejaba ese tipo de ritmo. Y hacía falta esa magia que es el trompeterío y la percusión latina. Senté a Lulo en el salón de mi casa, le puse la cinta y le expliqué lo que quería. En cuarenta y ocho horas metí a Lulo en un estudio y puso esa última frase que le faltaba al tema y ya con eso funcionó.

Jesús (Hermano): Recuerdo un día que Capi me puso el *Corazón partío* y dijo que esa sería una canción para la historia. Y no se equivocó.

El destinatario final de Corazón partío *es una de las leyendas urbanas más repetidas cuando se menciona la canción... Que si Alejandro la escribió para que la cantara fulanito, que si era para menganito. Como suele ocurrir, la verdad es mucho menos legendaria...*

La Tata: Alejandro quería que para la percusión viniera Antonio Carmona, así que nos pusimos en contacto con Mariola y Antonio, que estaban en Ibiza. En aquella época, Ketama había iniciado un *impasse* (que parece que va a ser eterno) y Antonio arrancaba su carrera en solitario. Y Mariola nos dijo que Antonio no podía venir de percusionista a un disco de Alejandro Sanz «porque es cantante». Antonio toca que te cagas la percusión y lo ha hecho después con Alejandro, pero en aquel momento yo creo que se equivocó. Tenía que haber estado allí.

José Luis Delapeña: No recuerdo los detalles, pero hay que tener en cuenta que, antes de «Más», Alejandro no tenía el prestigio del que disfrutó después. Antonio Carmona era un artista muy consolidado, y me imagino que Alejandro le llamaría y él pasó. Alejandro era un artista de mucho éxito comercial, pero los medios de prestigio no le trataban bien, se le veía como un chavalín guapo, pero nadie se planteaba que sus canciones eran buenísimas.

CAPI: Es un bulo que *Corazón partío* se le ofreciera a Camela. Alejandro quiso hacer una analogía porque la Warner siempre estaba que si el flamenco, que si esto, que si lo otro..., pero él tenía muy claro que era una de las mejores canciones de su vida. El Dioni estaba emocionado, porque la analogía es cierta. Como la Warner lo que quería era material de corte italiano, Alejandro hizo esta definición de la canción «como para Camela», pero él era consciente, y todos los que estábamos alrededor también, de que esa canción era la hostia... El flamenco no estaba bien visto en una compañía tan pija como era Warner.

MIGUEL ÁNGEL CABRERA (CAMELA): ¿Qué canción me hubiese gustado componer? *Corazón partío.*

JOSÉ LUIS DELAPEÑA: *Corazón partío* la hizo Alejandro para Rosario, que no la quiso. Teníamos dudas, y esto Alejandro siempre me lo echa en cara, porque yo le decía que no hablase con acento andaluz, porque en ese momento lo del flamenco no tenía una buena percepción.

ROSARIO FLORES: No es cierto que a mí se me ofreciera *Corazón partío,* yo creo que la hubiese cantado (risas). Yo la escuché ya por él. Coincidimos de promoción en Puerto Rico, y estábamos en el mismo hotel. Después de trabajar, nos juntamos de fiesta y él nos tocó esa canción que iba a grabar, *Corazón partío,* y la estuvimos cantando y bailando, disfrutándola. A mí me la enseñó en *petit comité,* él no podía imaginar entonces la que iba a montar con esa canción...

Igual que ocurrió con la canción, el rodaje de Corazón partío *fue un alumbramiento difícil. Se rodó en dos días en Madrid; la primera jornada en una especie de universo cabaretero con músicos de jazz, etcétera, y en el segundo día Alejandro cantaba la parte más movida de la canción con un grupo de baile. El tema incluía una parte más flamenca, y Alejandro Toledo, que había rodado el documental* Estilo de España *para la Expo 92, había montado una coreografía para esa parte. Cuando Alejandro Toledo fue a rodarla, Alejandro se quedó mirando. Hasta ese momento no había dicho prácticamente nada en todo el rodaje...*

ALEJANDRO TOLEDO: El rodaje de *Corazón partío* fue duro, sobre todo la parte en la que él aparecía cantando. Normalmente Alejandro, si las cosas se dan bien, suele aceptar todo, y si no le gusta algo, pues lo dice y lo para. Me sorprendió que dijera que la parte flamenca que habíamos montado no le gustaba nada. Y me dijo: «Espérate un momentito, *pisha*». Cogió el teléfono y llamó a Antonio Canales, me acordaré siempre de esto. Y yo pensé: «Este *pesao* me va a fastidiar el rodaje, vamos a acabar aquí a las mil...».

Resultó que Antonio estaba por allí, cerca de donde estábamos rodando, en un bar en la Castellana, y apareció así como de pronto. Iba vestido de negro, llevaba una gabardina, esto creo que era en invierno. Y, de repente, Alejandro habla con Antonio, le ponemos una parte de la música flamenca de *Corazón partío* y Antonio se pone a bailar, a hacer unos gestos que yo no entendía.

Alejandro me dijo una cosa que me dejó bastante sorprendido: «Mira, *pisha,* cómo interpreta los metales», y me quedé viendo lo que Antonio estaba haciendo. Grabé, volví para atrás y, efectivamente, me di cuenta de que estaba interpretando los metales. Alejandro tenía toda la razón en lo que estaba diciendo, y lo que hizo Antonio era maravilloso dentro del videoclip.

ANTONIO CANALES: Yo siempre les digo a los puristas que no se asusten, que el flamenco es algo que no se va a perder en la vida. Como decía Chaplin: «El flamenco necesita de la deliciosa libertad de equivocarse». Y tiene que haber flamenco-pop, flamenco-rock, flamenco bueno, flamenco malo, flamenco teatral, y algo como Alejandro, que puso a medio mundo a bailar con *Corazón partío*. Creo que es una forma de abrir el flamenco hacia otras cosas.

ALEJANDRO TOLEDO: Toda la parte de Antonio la improvisó completamente, no se había preparado nada, llegó y se puso a bailar, y yo me quedé fascinado por algo que no entendía, y, sobre todo, fue la explicación de Alejandro lo que me encantó, y entendí lo que Canales estaba haciendo. La fuerza que le daba a ese momento flamenco me pareció algo único.

Sello conmemorativo

41

Si no lo sabes tú, te lo digo yo

«Todas las canciones tienen un porqué, todas las canciones
vienen desde lo más profundo de un compositor».

Música: Alejandro Sanz, *Corazón partío*

*E*n algún momento de 1997 resultaba imposible escapar del poder mag-
nético de Corazón partío, *pocas veces una canción ha puesto de acuerdo a tanta gente. Fueron miles las voces que abrazaron aquellos cinco minutos y cuarenta y tres segundos de inspiración.* Corazón partío *derribó
murallas de género o edad, fue una canción hipnótica de todos para todos.*

*Hace algunos años leía una inquietante pero sorprendente teoría aso-
ciada con el grupo ABBA. Aquellos cuatro suecos con cara de buenas personas dominaron las listas de éxito durante la década de los setenta a golpe
de canciones irresistibles para el oído humano. Algunos hablaron de técnicas
experimentales en el proceso de composición de sus canciones. Armónicamente perfectas, dicen que imprimían en el cerebro humano algún tipo de
toxina que aseguraba que el individuo fuera incapaz de olvidarlas. Cuando
las escuchas es difícil resistirse a esbozar una sonrisa. Es algo casi instinti-
vo. Igual que ocurre con* Corazón partío.

JULIA OTERO: Pocas veces una canción te agita por dentro y se clava
en tu cerebro a la primera escucha, y con *Corazón partío* me ocurrió.

A mí y a varios millones de personas más. Una canción primorosa que llegaba hasta el final, que tocaba todas las notas sentimentales del oyente. La hemos hecho nuestra y ya nadie puede hablar del «corazón partido» sin pensar en Alejandro. Cuando uno ya aporta a la cultura popular, al lenguaje cotidiano de la gente, una expresión como *corazón partío* o *no es lo mismo*, es que ya ha tocado el cielo directamente. Alejandro ha colocado en el imaginario popular estas expresiones.

PENÉLOPE CRUZ: Empecé a escuchar la música de Alejandro en la época de *Pisando fuerte*. Yo estaba en plena adolescencia, tenía dieciséis años, y me encantaba. Más tarde tuve oportunidad de conocerlo en el contexto de la grabación de un disco solidario. Fue en casa de Antonio Banderas y aluciné bastante, porque eran Antonio, Alejandro y Vicente Amigo, y verlos a los tres creando en directo fue un momento de los que no se olvidan.

Como tantos españoles, tengo muchos recuerdos asociados a las canciones del disco «Más», *Corazón partío* tiene esa explosión de alegría y de vitalidad, es uno de esos temas que es imposible escucharlo y no sentirse un poco mejor. Al llevar tantos años ahí, Alejandro y su música pasan inevitablemente a formar parte de la vida de las personas.

RAFAEL REVERT: Es una de las canciones que más he cantado en la ducha y afeitándome, porque me encantaba, junto con las de Elvis en español debe de ser la canción en español que más he cantado en mi vida.

JOAN MANUEL SERRAT: *Corazón partío* es una canción sin duda alguna extraordinaria, que reafirmó a Alejandro Sanz en la música española contemporánea. Las mujeres la incorporan a sus propios presentes con mucha vehemencia, es una canción escrita con un conocimiento muy grande de la sensibilidad femenina.

PABLO MOTOS: Para mí es la canción perfecta. Estoy seguro que a cualquier persona que la oiga por primera vez se le pone la carne de gallina. *Corazón partío* es tan perfecta que si la cantas en el coche a la vez que él, te crees que tú también cantas bien.

XAVIER SARDÁ: Al margen de su música, me impresiona esa especie de disposición personal de extraordinaria profesionalidad casi congénita. Tan sencillo y tan complejo.

SOLE GIMÉNEZ: Bajaba por las escaleras de mi casa y sonaba *Corazón partío* en la televisión, era antes del *boom*. Me quedé clavada, pensando: «¿Qué es esto?». Me pareció el diez del diez, madre de Dios bendito, qué canción acaba de hacer Alejandro. Un diez, al nivel de *Mediterráneo* de Serrat. Redonda, lo tiene todo. Pocas canciones me han impactado tanto.

MALÚ: *Corazón partío* me pareció muy de él, muy nuestro, era nuestro lenguaje del vino, las palmas y las risas en casa. Una vez en un evento con muchas personalidades donde estaban hasta los reyes, había un cuadro flamenco y les pidieron que si por favor podían tocarla, y allí se levantó todo el mundo y se puso a bailar. Fue un momento muy divertido.

PAU DONÉS: Alejandro toca la guitarra flamenca del copón, es un tío muy talentoso, le tengo mucho respeto. Hace canciones que a mí me hubiera gustado escribir, como *Corazón partío*.

MANUEL CARRASCO: Cuando escuché «Más» la primera vez estaba en casa de mi madre. Me impresionó el cambio que suponía *Corazón partío,* tuve que escucharla varias veces y me fue directo al corazón.

INDIA MARTÍNEZ: Yo iba con mis amigas al karaoke, no encontraba ninguna canción que pudiese cantar para unirme a ellas, y siempre pedía *Corazón partío;* era de lo poco que había allí que me gustaba por los aires flamencos, y lo que me permitía empatizar con mis amigos, eso y algunas cosas de Niña Pastori.

CARMEN PARÍS: Entre 1995 y 2000 estuve trabajando como cantante y animadora en el hotel Papa Luna de Peñíscola, una experiencia que me ha servido muchísimo y una gran escuela..., aunque no para dedicarse a eso siempre. Y los dos últimos veranos, antes de fichar con Warner, allí me hinché a cantar *Corazón partío*. Además, yo había cantado con Mayte Pizarro, que grabó los coros en el disco. Cuando salió ya me pareció un temazo. Una canción nada fácil que a mí me dio la clave: se puede tener éxito haciendo música de calidad, y eso es lo que yo, en mi onda, he querido hacer.

NIÑA PASTORI: Lo que pasó con *Corazón partío* pudo haber pasado con cualquier otra canción de Alejandro, porque hace buena música. Para mí, con toda la humildad del mundo lo digo, él tiene canciones que son mucho mejores, pero esta llegó en el momento exacto y dio en la diana.

Rozalén: Alejandro me invitó a cantar con él *Corazón partío* en Albacete, y yo hacía cuatro días que había roto con mi pareja. Para mí fue terapéutico, pensaba: «Con todas las canciones que tiene, justo ahora me invita a cantar esta...» (risas).

Albert Rivera: *Corazón partío* es el single de los singles, una canción para la que no ha pasado el tiempo; todavía la escucho. En aquella época, cuando salieron los primeros grabadores de CD's, y preparé una compilación de favoritas de la música española, empezaba por esta canción, que era la tres del disco. Lo recuerdo bien porque me lo sabía de memoria.

Melendi: *Corazón partío* no es mi canción favorita de Alejandro, es difícil elegir una. Pienso que en «Más» hay dos de las baladas más bonitas que se han escrito en castellano: *Y, ¿si fuera ella?* y *Amiga mía*.

Gemma Nierga: A mí el *Corazón partío* me supone el descubrimiento de un Alejandro Sanz al que yo no había prestado atención, quizá porque lo veía como un artista de fans. Y no solo esa canción, todo el disco «Más» lo disfruté mucho.

Pablo López: No es que obviara *Corazón partío,* pero estaba obnubilado con otros temas del disco. De hecho, el que más me gustaba es *Aquello que me diste.* Pero de *Corazón partío* tengo que decir que yo he crecido y madurado musicalmente gracias al arreglo que tiene esta canción, que es una puta barbaridad y que me sigue sobrecogiendo. No estaba tanto en mi radar, pero me enganché por una cuestión más de *hit* que por el aspecto musical.

Jesús Vázquez: Conozco a Alejandro más o menos en el año 1992. Yo ya había empezado en la televisión y me ofrecieron hacer un disco. Acepté porque me encanta la música y siempre soñaba con subir a un escenario y cantar, aunque nunca tuve un gran talento ni como músico ni como cantante.

Lanzamos un disco con el apoyo de una cadena de televisión y coincidió con uno de los primeros lanzamientos de Alejandro. Nos encontramos en un AVE, en el que nos sentaron al lado. Él seguramente no se acuerde. Yo seguía su carrera desde el principio y veía que era un gran músico, que componía sus canciones... y a mí me producía ganas de hacer lo mismo. Entré al tren y lo vi allí sentado, él fue simpatiquísimo conmigo, charlamos todo el camino, me estuvo contando todo lo que había luchado hasta empezar a funcionar, y a mí me produjo una gran impresión; ya se veía en él la semilla del gran artista y gran músico que es. Y fue también el primer momento en el que yo me di cuenta de que tenía que escoger el camino en el que yo fuera más fuerte, porque si no iba a sufrir mucho. Mi disco no fue mal, vendió bastante y pude hacer una gira, pero vi claro que mi camino era la televisión.

No volví a verlo, pero hay un momento muy importante en mi vida, en el año 1997, en el que una serie de sucesos muy negativos desembocan en dos pérdidas muy dolorosas para mí, que fueron la de mi madre y la de mi pareja de entonces. Y ese momento coincide con el *boom* de *Corazón partío*. Me marché a Italia con unos amigos para descansar y distanciarme de los recuerdos una temporada. Y cuando llegué a Italia, todos mis amigos cantaban *Corazón partío,* se habían enamorado de la canción. Es banda sonora de mi vida, y además me ayudó y fue como un bálsamo para mí, en una época en la que cogí fuerzas para recuperarme, para remontar, e inevitablemente, en esa remontada de mi vida, suena siempre *Corazón partío*.

ANTONIO OROZCO: Yo le descubro a los catorce o quince años con «Viviendo deprisa». Luego, cuando estrené mi primer coche a los diecinueve años di con «Más», y la canción que me impactó fue *Corazón partío,* era algo que rompía todos los moldes de lo que se hacía en España en ese momento. Él siempre ha arriesgado, en muchas ocasiones sin tener necesidad. Para muchos de nosotros es un espejo, hay mucho que aprender de él sobre cómo escribir ciertas cosas en tu carrera.

PABLO LÓPEZ: La ignorancia es a veces muy atrevida, y escuchas a gente que, por ir de *snob,* dice que *Corazón partío* es «la peor canción de Alejandro». Y yo les digo que se sienten al piano y traten de tocar la estrofa, que es una putada que te cagas. Le ha hecho un flaco favor ser uno de los mayores *hits* de la historia de España, pero es una canción riquísima musicalmente, muy compleja, es ahí donde está la grandeza de Alejandro, que se ha comido el planeta haciendo canciones que son jodidamente complejas, no es nada fácil Alejandro.

GEMMA NIERGA: Con *Corazón partío* tengo varios recuerdos. Uno de ellos es que el día de mi boda, en Córdoba, en el Salón de los Mosaicos, pedí que sonara cuando estábamos firmando. Tardé mucho en contárselo a Alejandro, se lo dije fuera de antena no hace demasiado.

JOAN MANUEL SERRAT: Las mejores canciones en español pueden ser *Mediterráneo* y *Corazón partío,* o pueden ser otras. Hablar de la mejor canción en español depende de muchos factores, la vigencia del mismo autor, por ejemplo... Nunca es una clasificación objetiva. Cuando en su momento se eligió *Mediterráneo* por votación como la mejor canción de los últimos cincuenta años, podía haber sido cualquiera de las diez o quince que aparecían en la lista. Para mí el valor de esta canción no sube ni baja en función de una votación popular.

En 1998, Alejandro recibía el Premio Ondas a la mejor canción del año por Corazón partío. *Aquella noche Alejandro ponía el broche de oro a la gala con una memorable actuación junto a un cuadro flamenco y el baile de Antonio Canales.*

EVA CEBRIÁN: Cuando los coordinadores votábamos las canciones los martes en Los 40, desde la primera vez que la escuchamos supimos que había algo sorprendente y original. Tengo especialmente marcada la actuación, e incluso la prueba de sonido, de *Corazón partío* en los Premios Ondas de 1998, con Antonio Canales.

GEMMA NIERGA: Recuerdo perfectamente aquella gala de los Premios Ondas, yo presentaba la gala con Iñaki Gabilondo. Antonio Canales se abrió la camisa y se había dibujado un corazón en todo el pecho.

ÍÑIGO ZABALA: Alejandro, con «Más» y *Corazón partío,* empoderó al pop en español y a los artistas españoles en todo el mundo, convirtió a la música española en tendencia, y logró que las expectativas de la industria española sobre el repertorio local crecieran de manera exponencial.

Entrenando con Dylan

42
Las tiritas

«Tiritas pa' este corazón partío, titiritando de frío».

Música: Alameda, *Sobre tu piel*

El impacto de Corazón partío *fue tan descomunal que hasta los más insospechados oportunistas llegaron a levantar el dedo reclamando su trozo de pastel. En algún momento de la primavera de 1998 se recibió en Warner una carta certificada de un despacho de abogados de Barcelona.*

Muy Sres. míos:

Me dirijo a Uds. en nombre de nuestro representado, la firma multinacional xxxxxxx, titular de la marca registrada Tiritas, inscrita en el Registro de Patentes y Marcas con el número bla bla bla bla.

Habiendo tenido conocimiento de la utilización no autorizada de dicha marca por parte de su artista Alejandro Sanz en la letra de la canción titulada *Corazón partío,* la cual en su primer verso y siguientes reza literalmente «tiritas pa' este corazón partío, titiritando de frío», y dado el grave perjuicio que para la marca de nuestro representado supone dicho uso ilegítimo de la misma bla bla bla bla.

Les instamos a:

- cesar inmediatamente en la explotación de dicha canción, así como la de todos los soportes fonográficos que la incorporen.

- facilitarnos información detallada sobre las ventas de la canción y todas las cantidades devengadas por su explotación de cualquier tipo, a fin de posibilitar la evaluación de los daños económicos causados a nuestro representado.

(...)

Les invitamos a celebrar una reunión a la mayor brevedad posible, a fin de alcanzar un acuerdo amistoso satisfactorio para todos que evite las desagradables consecuencias de las acciones legales que, en caso de no recibir contestación por su parte, nos veremos obligados a emprender, siguiendo las instrucciones de nuestro cliente.

Atentamente...

En aquel momento la actividad de todas las personas que integrábamos el equipo de Warner Music giraba en torno a Alejandro Sanz y el disco «Más». Instalado en el número uno de ventas desde su lanzamiento en septiembre de 1997, el álbum era una locomotora imparable que un mes detrás de otro nos hacía pulverizar el presupuesto. La secuencia de singles era interminable y el artista giraba por toda la geografía abarrotando recintos de gran aforo. En pleno epicentro de aquel fenómeno, todos los ojos miraban a Alejandro Sanz. También, sin duda, los del osado picapleitos que firmaba la carta, que vete tú a saber si tenía algo que ver con los gurús del esparadrapo, o pura y simplemente estaba poniendo la caña...

A los pocos minutos de llegar el sobre certificado se recibía la llamada del abogado del mánager del artista, que también había recibido su carta del presunto representante de Mr. Tiritas. Nos urgía a reunirnos para estudiar el tema y plantear una estrategia de defensa.

KIKO FUENTES: Llegó la carta famosa de las tiritas y, ante la perspectiva de un conflicto legal que pudiera poner en peligro el mejor proyecto de la historia de Warner en España, no me quedó otra que subir al despacho de Saúl con el parte de guerra. Cuando uno entraba allí, nunca se sabía cómo podía acabar la cosa. Saúl estaba en plenísima forma, y toda esa energía suya podía estallar, y lo hacía muchas veces arrasando lo que estuviera en su camino. De modo que allí estaba yo, un poco acojonado, delante de su mesa, mientras Saúl leía la carta con un gesto entre curioso y airado, cuando levantó la mirada, alzó una

348

ceja y me dijo: «No hagas absolutamente nada. Si cada vez que un loco se dirige a nosotros nos ponemos a trabajar para él, no sé de dónde vamos a sacar tiempo para vender discos». Asunto zanjado. Y con acierto, nunca más volvimos a oír hablar de aquel despacho ni de aquella absurda reclamación. Qué tío tan sabio.

ALEJANDRO: Los de Tiritas, o quien decía hablar en su nombre, me quisieron demandar, argumentaban que era una marca y todo eso. Pero «tiritas» ya no es una marca, y además les estaba haciendo publicidad gratis. Nunca hicieron nada más, supongo que les desaconsejaron seguir adelante.

Hay gente para todo, una vez me entrevistó un chico que me dio su tarjeta y en ella ponía «guitarrista, organista y árbitro de baloncesto»...

43
América

«No hay más miedo que el que se siente cuando ya no sientes nada».

Música: Alejandro Sanz, *Y solo se me ocurre amarte*

Warner había trabajado tres discos de Alejandro con gran éxito en España. La música de Alejandro ya había viajado hasta América en cada uno de los discos anteriores, pero, con la edición de «Más», el foco se iba a poner definitivamente en Estados Unidos y Latinoamérica.

Un inciso. Hablemos un instante de uno de los inventos más maquiavélicos jamás creados por Saúl Tagarro: la convención de ventas de verano. Si hay algo que todos los que trabajamos al lado de Saúl durante aquellos maravillosos años recordamos con nostalgia es la reunión del mes de agosto, que ocupa un lugar privilegiado.

Mientras media España se zambullía en cálidas playas o disfrutaba del sencillo placer de un tinto de verano helado bajo la sombrilla de un chiringuito, los empleados de Warner pasábamos los primeros días del mes de agosto en algún hotel de secano a cuarenta grados (Toledo, Córdoba... Si había algún lugar con calor extremo, allí íbamos nosotros). ¿Quién quiere playa pudiendo estar ocho horas al día en el salón de banquetes de un hotel? Eso pensaba yo...

Bien, el caso es que Warner editaba su primera novedad importante del cuarto trimestre el primer día de septiembre, una especie de «el que da primero da dos veces». Se trataba de una fecha estratégica, justo antes de la «vuelta a casa» vacacional, con el disco más importante bien expuesto en todos los lineales del mercado. El verano era además un periodo de pocas noticias, por lo que, a priori, la presencia en medios estaba garantizada. En aquella reunión, «Más» era el disco.

Las compañías imitaron desde entonces eso de reunirse en verano, aunque la idea fuera de Saúl, que conste en acta. Cada vez que pienso en horchata o tintos de verano, me viene a la cabeza la figura de Saúl caminando con camiseta y pantalón blanco y zapatos Bally a juego por algún hotel del interior peninsular. Es sin duda algo masoquista, pero lo echo de menos.

Para preparar el abordaje del continente americano, el lanzamiento mundial de las nuevas canciones de Alejandro se realizó en México.

ROSA LAGARRIGUE: Se venía haciendo un trabajo muy importante desde el principio. Ya en 1994, Alejandro estuvo en Viña del Mar y tuvo el apoyo de artistas de la talla de Luis Miguel y Miguel Bosé. En 1996, después del disco «3» hizo dos teatros Metropolitan en México... Eso ya era muy gordo. Fue un trabajo muy constante por parte de Alejandro y de Warner.

ÍÑIGO ZABALA: Una de nuestras frustraciones con Alejandro fue siempre la venta internacional. Quitando algunos veteranos como Julio Iglesias, no había artistas españoles que funcionaran bien fuera.

El disco «3» en España fue un pelotazo, un éxito increíble, pero internacionalmente no. Por eso en «Más» la prioridad era la internacionalización, y cuando escuchamos las cuatro primeras canciones, nos cagamos, pues no había que estudiar mucho para saber que este era el disco para conseguir vender internacionalmente tanto o más que en España.

Cualquier cosa que pudiera afectar a esta internacionalización nos preocupaba, y de ahí, por ejemplo, que a mí me preocupara que dijera «partío» en lugar de «partido» en *Corazón partío*. Sigo pensando que hubiera dado igual. Alejandro en esa canción quería además mandar un mensaje, y lo consiguió, y llamándola *Corazón partío* le contó a todo el mundo que él daba importancia a sus raíces por encima de otras consideraciones comerciales.

SAÚL TAGARRO: Tuve que llamar a todos mis colegas en Latinoamérica tres millones de veces, y pasaban y pasaban. Ya me había ocurrido antes con Nino Bravo.

Íñigo Zabala: Por eso decidimos hacer el lanzamiento en México con una presentación en directo. Era una apuesta muy arriesgada, pero conseguimos que gente muy importante de ese mercado asistiera. Alejandro hizo un *showcase* increíble y convenció a todo el mundo, y el vídeo de *Y, ¿si fuera ella?* también impresionó. Y se hizo evidente que íbamos a conquistar ese mercado.

Javier Pons: Es verdad que los responsables de las radios viajábamos mucho en la época a este tipo de eventos, pero la presentación mundial de «Más» en México la recuerdo como algo muy familiar, creo que es la vez en la que más relajados hemos estado todos, porque Alejandro era como parte de la familia. Fue un viaje muy divertido, muchas chifladuras. Recuerdo un baile en una hacienda mexicana por la noche, todos despendolados (Alejandro el primero), DJ's, coordinadores de Los 40 y de otras emisoras, líos en las habitaciones (risas).

A otros sitios ibas un poco más tenso, representabas a la radio, adquirías ciertos compromisos respecto a los discos que te presentaban, y es verdad que allí había un *feeling* de que aquello era especial e iba a pasar algo muy gordo...

Jordi Casoliva: Durante el viaje a México para la presentación mundial de «Más», llego al hotel y «alguien» ha llamado para que a un conocido locutor español le quiten el colchón de la cama porque le gusta dormir sin él. Alejandro lo cuenta llorando de risa a los españoles que acabamos de llegar. Me ve. Para y me dice: «¡Claro, habéis sido vosotros, los de *La Jungla!*». Las miradas me atravesaron como puñales y me puse rojo como un tomate.

Eso de que hay pocas noticias en verano y la exposición en medios estaba garantizada es casi siempre cierto. Casi siempre no es siempre, claro.

El lanzamiento promocional de «Más» estaba perfectamente diseñado; conexiones en directo con los principales informativos de televisión, comunicaciones con los programas de radio, entrevistas para los principales diarios...

Pero algo inesperado sucedió poco antes del lanzamiento del disco. Pocas personalidades ocupaban tanto espacio en medios como la princesa Diana de Gales. El 31 de agosto de 1997 Lady Di fallecía en París tras sufrir un accidente de coche. Todos los medios cancelaron cualquier contenido previsto en sus informativos y durante una semana solo se habló de la princesa del pueblo y Dodi Al Fayed.

Por mucho que el nuevo disco de Alejandro Sanz fuese el álbum más esperado del año, ni él ni nadie podían competir con la noticia de la década. El caso es que la promoción se congeló y seguimos adelante. A veces, actos inesperados desembocan en resultados inesperados. La promoción de Alejandro fue una catástrofe y, sin embargo, las canciones poco a poco fueron encontrando su camino al margen de las circunstancias coyunturales.

SAÚL TAGARRO: Lo que finalmente hicimos para entrar en aquellos mercados fue más sofisticado: poner ejecutivos españoles en Latinoamérica. Al poco tiempo Íñigo se marchó a México como futuro sucesor de André Midani, y después fue para allá Mariano Pérez. Y cuando conseguimos eso, ya lo conseguimos todo.

ÍÑIGO ZABALA: A partir de enero de 1998 yo ya estaba trabajando en México, ya se había avanzado mucho, pero la compañía mexicana todavía no le había puesto el amor requerido, tampoco los medios estaban convencidos al cien por cien, y Alejandro no había estado en el país lo suficiente. Llevábamos como treinta mil discos cuando llegué, y aunque se notaba que había algo, no se había producido la explosión. Saqué *Corazón partío* y fue mágico. Hicimos todo lo que habíamos hecho en España: promoción personal, campañas de televisión muy potentes, número uno de radio... y reventó.

Alejandro se convirtió en el nombre del momento, con un reconocimiento grandísimo de su calidad como cantautor. No hubo que explicar nada, porque todo lo que habíamos hecho en España se trasladó allí e hizo que el trabajo de pico y pala que se llevaba haciendo durante años diera sus frutos.

ALEJANDRO: Hubo un tiempo en el que el mercado español permitía vivir muy bien. Había muchos artistas que vendían más de cien mil discos, algunos que pasaban del medio millón e incluso algunos de un millón. Eso daba para hacer cuarenta o cincuenta bolos todos los años, los ayuntamientos hacían muchas contrataciones. En aquel momento, explicarle a un artista que tenía cierto estatus que tenía que irse a América a empezar de cero era complicado. Sin embargo, a la larga es lo que te permite tener una carrera sólida. Cuando no estás fuerte en un mercado, puedes trabajar en otro.

Íñigo Zabala: Antes de «Más», Alejandro estuvo con su guitarra actuando en colegios, en centros comerciales, en todas las radios... Cuando ahora van los artistas de promoción, no saben lo que era eso. Montarse en un coche con la guitarra y dos personas de la compañía, y recorrerse el país tocando en todos sitios es algo durísimo. Y esa siembra dio frutos con *Corazón partío*.

Saúl Tagarro: Yo siempre tuve claro que Alejandro, que había hecho viajes de promoción a América en todos los discos, tenía que instalarse en Miami, y a la vista está que era lo correcto.

Íñigo Zabala: Y el resto de la región se fue sumando, un país detrás de otro. Argentina, Chile, Perú, Ecuador..., países que habían sido poco receptivos a la música que llegaba de España. Ni Mecano había vendido allí. Alejandro se convirtió en el artista más demandado, el artista al que se querían parecer otros artistas.

Alejandro: Argentina era un mercado prohibido para los artistas españoles. Tenían su propio rock en español y era como si lo protegieran. Miguel Bosé, que era enorme en México y una superestrella en Chile, nunca llegó a entrar con fuerza. Ni siquiera Mecano en lo más alto de su carrera, con toda la fuerza de su compañía detrás, llegaban a llenar el Luna Park, que son cinco mil localidades. Cuando yo llegué con *Los dos cogidos de la mano,* una balada adolescente que además llevaba *cogidos** en el título, parecía que tampoco iba a lograrlo. Y fui tocando en lugares cada vez más grandes hasta hacerlo en el estadio del River... En Argentina puedes bromear sobre cualquier tema, menos el fútbol. Cuando España ganó el mundial estábamos actuando en el Luna Park de Buenos Aires. Se me ocurrió felicitar a la selección y mi propio público se puso inmediatamente a silbarme. Claro que anduve rápido y dije: «Ustedes ya lo ganaron dos veces, déjennos a nosotros ganar uno», y ya me aplaudieron... (risas).

---

* Coger: este verbo significa en español de España 'agarrar', pero en algunos lugares de Latinoamérica significa 'practicar sexo'.

Íñigo Zabala: En México vendió un millón y medio. Creo que ha sido el último disco que vendió esas cantidades. Cuando hicimos, otra vez allí, la fiesta de celebración del millón, no hizo falta insistirle a nadie para que fuera, como había pasado en la presentación de agosto de 1997. Todo el mundo quería ir, desde secretarios del Gobierno a artistas, la competencia, todos los medios... Luego vino el matrimonio de Alejandro con una mexicana, y pasó de ser un artista a ser una celebridad.

Tony Campos: *Corazón partío* le abrió la puerta de Miami. Él cantaba sus canciones de una manera muy personal. Cada canción era parte de su vida. Y su voz era también muy particular. Pero *Corazón partío* fue fundamental. De no haber estado esa canción, le habría costado mucho más sonar en la radio americana.

Miguel Ángel Gómez: Alejandro nos puso el petardo en el culo a todos los que estábamos en el negocio. Ese volumen de ventas que alcanzó globalmente parecía reservado a las grandes estrellas internacionales. Y, claro, nuestros artistas nos decían: «Mira a Alejandro, está fuerte hasta en Estados Unidos, yo también puedo vender fuera». Y en algún caso se consiguió y en otros no.

De vez en cuando el negocio alumbra ejecutivos incuestionables. Es difícil comprender el éxito de Alejandro Sanz sin la figura de Íñigo Zabala. Es imposible entender algunos de los cambios más importantes del negocio sin la presencia de Saúl Tagarro. Algunos de sus competidores lógicamente también estaban a la altura. José María Cámara lideró la euforia vendedora de la poderosa Ariola, reconvertida posteriormente en BMG. Universal puso en manos de Jesús López las riendas del mercado latino. Chairman & CEO de Universal Music Latin America & Península Ibérica, Jesús, congenió rápidamente con Alejandro.

Jesús López: En la época de «Más» yo ya estaba en México. Conocía muy bien el proyecto, y a Saúl Tagarro y sus ideas de marketing, porque fui su alumno en Hispavox. Saúl daba clases de marketing, de asistencia voluntaria, los sábados por la mañana en la oficina. Además, yo tenía la información de primera mano, porque era un poco como el embajador de España fuera. Mis artistas, que eran muy amigos, como Serrat, Sabina, Mecano o Radio Futura, cuando venían a México pasaban mucho por casa. Y Alejandro venía mucho, y allí es donde yo lo conozco y nos hacemos amigos, veo cómo se enamora del país, cómo se hace con la gente, hasta el punto de que su primera mujer es mexicana...

En mi casa se comía comida española, lo cual después de un tiempo en América era de agradecer, y además había un buen ambiente artístico, compañeros artistas mexicanos, se creaban bohemias... Era una casa muy divertida y lo pasábamos muy bien. Ahí surge la relación personal, aunque técnicamente Alejandro, firmado con la competencia, era un competidor de mis artistas.

El «Más» de Alejandro arrasó en España, México, Argentina, Chile... Tuvo un increíble éxito en el mercado norteamericano despachando más de seiscientos mil discos solo en USA, y Corazón partío *abrió la puerta de acceso al difícil mercado brasileño. Cruzando fronteras, las canciones de Alejandro llegaron hasta la misma Tailandia...; cosas de la globalización, supongo.*

JAVIER PONS: Algunos meses más tarde, Warner nos invitó a Nueva York para ver a Alanis Morissette, y al día siguiente a Alejandro en el Beacon Theater. Musicalmente y a nivel de sensaciones, siempre te aporta algo especial, y cuando vas a un templo como el Beacon y ves a Alejandro ahí tocando su repertorio, con el público entregado, es impresionante... Por no hablar del posconcierto, que fue memorable (risas).

JORDI CASOLIVA: En el concierto en NY, el Pulpo estaba haciendo la gira americana con Alejandro como «enviado especial» para Cadena 100. Cuando los directivos de grandes cadenas de radio españolas (la competencia nuestra) están esperando para que les dejen pasar a *backstage* para saludar al artista, el Pulpo pasa y les dice: «Esperadme aquí, que conseguiré que os dejen pasar». Más miradas asesinas hacia mí y más risas con Alejandro al contárselo luego.

KIKO FUENTES: Aunque Alejandro ya tenía un gran perfil en USA, el tema de seguridad en un recinto como el Beacon era completamente diferente de lo que ya ocurría en España. Quiero decir que el público estaba pegado al artista, sin foso ni vallas. Y hubo varias invasiones del escenario, chicas histéricas que se abrazaban a Alejandro como si no hubiera un mañana. Y Manolo Cerdá, su persona de seguridad, con las manos llenas, tratando de separarlas sin ser excesivamente contundente... Bastante peligroso, la verdad. Tenía sentada a mi lado a Ana Torroja y ¡estábamos en *shock!*

Íñigo Zabala: En el mercado de Brasil vendió trescientos sesenta mil discos. *Corazón partío* consiguió lo que ninguna canción en español había logrado. Piensa que Julio Iglesias vendía, pero cantando en portugués. Hasta el cantante Milton Nascimento la versionó, se convirtió en un himno. Eso da una idea del tipo de canción que es *Corazón partío,* una canción que da origen a un nuevo género.

Incluso se produjeron ventas importantes en Tailandia. Estábamos eufóricos, nos decían que los turistas españoles lo compraban mucho..., hasta que detectamos que la compañía local lo que estaba haciendo era exportarlos masivamente a España y el resto del mundo como importaciones paralelas (risas).

En el mes de julio de 2000, Alejandro viajó hasta Bruselas donde se celebraba la tercera edición de los Platinum Europe Awards, premios con los que la Federación Internacional de la Industria Fonográfica (IFPI) premiaba a los grupos y solistas que habían vendido más de un millón de discos en el continente europeo. Aqua, The Cardigans, Sasha, Adriano Celentano, The Corrs, Jean Michel Jarre, Mel C, Luciano Ligabue, Herbert Gronemeyer, el cantante belga Helmut Lotti y Hevia estaban también allí entre los galardonados, junto a Alejandro.

Los premios los entregó el presidente de la Comisión Europea, Romano Prodi. Alejandro cerraba con esta ceremonia el viaje triunfal de las canciones de «Más» por todo el mundo. Recogió el premio de manos de Phil Collins y, con bastante guasa, dedicó el premio a su madre.

Alejandro: Mi madre creía que Romano Prodi era un ciclista.

El Auditorio de México

44

La voz sin voz

«Dime en cuál de tus miedos te diste cuenta de que eras valiente».

Música: José Alfredo Jiménez, *El rey*

Trabajar cerca de Alejandro ofrece oportunidades increíbles de vivir experiencias inolvidables. A principios de 1998, Alejandro daría una lección de pundonor imposible de olvidar.

La prensa generalista, es decir, diarios, suplementos y revistas no musicales, había pasado de puntillas por sus canciones durante tres discos y medio. El runrún de Corazón partío más que un murmullo era clamor, así que, tímidamente, aquellos que renegaban de él fueron aceptando lo evidente. Pero no fue ni mucho menos fácil.

En honor a la verdad, y es de justicia atribuir el mérito a quién le corresponde, fue Mikel López Iturriaga la persona que derribó el muro infranqueable de la prensa seria con una portada mítica en El País de las Tentaciones, el suplemento cultural más influyente en aquel momento.

Mikel era entonces el responsable de música en el suplemento. Más tarde daría un vuelco a su vida reinventándose con gran éxito como El Comidista, que proponía un estupendo viaje sensorial a través de platos y cubiertos. El caso es que Tentaciones tenía seguramente el perfil más alejado del universo Sanz de toda la prensa española, y Mikel apostó por aquel tipo que arrasaba con el Corazón partío. Buscaba explicaciones a semejante fenómeno. Y vaya si las encontró.

Viajamos juntos hasta el DF y asistimos a uno de los conciertos más memorables de toda la carrera de Alejandro. Aquello fue portada un viernes del mes de marzo de 1998, y a raíz de su publicación todos los medios «serios» fueron dando protagonismo a Alejandro en sus páginas. Alejandro fue portada del suplemento de ABC, El País, El Mundo, La Vanguardia, El Periódico de Catalunya, *revistas de hombre, revistas de mujer, periódicos locales, provinciales, municipales...* Tentaciones *abrió el melón.*

MIKEL LÓPEZ ITURRIAGA: Antes de «Más» yo veía a Alejandro Sanz como una especie de Eros Ramazzotti, pero en guapo, aniñado y español. Aunque, como todos los ídolos de fans, me interesaba como fenómeno —y como objeto de deseo—, su música despertaba en mí la misma pasión que los himnos de la Legión o los cánticos de las monjitas descalzas. Es decir, ninguna. Nunca jamás me ha gustado el modelo de cantante melódico que encarnaba Alejandro, con esas melodías y esas letras taaaan previsibles.

ÍÑIGO ZABALA: La prensa «seria» no veía a Alejandro exactamente como un cantante romántico, pero tampoco llegaba a percibirlo como un cantautor con talento. Cuando Alejandro hizo su primer Auditorio Nacional en México, todos seguíamos comprometidos en lograr que se reconociese el éxito de Alejandro y se invitó a *El País de las Tentaciones,* el suplemento semanal de *El País* que salía los viernes y que tenía mucha credibilidad cultural.

MIKEL LÓPEZ ITURRIAGA: Supongo que decir esto no es nada original, pero «Más» es el disco con el que me doy cuenta de que Alejandro Sanz no es un niñato más cantando canciones monas para adolescentes calenturientas. Allí no solo había una canción perfecta que es historia del pop español *(Corazón partío),* sino temazos con *crescendos* emocionales muy locos como *Y, ¿si fuera ella?* y dejes aflamencados que colocaban su música en una nueva dimensión. Por actitud, a mí me recordaba un poco al mejor Camilo Sesto, un artista del que soy devoto, y por eso empecé a pensar que quizá estaba un poco equivocado con mis cálculos sobre el personaje.

ÍÑIGO ZABALA: Llevamos a Mikel Iturriaga a ver el *show.* Pensábamos que Alejandro merecía la atención de este medio, porque había hecho cambiar el pop en España de una manera trascendental y había tenido una influencia cultural importantísima.

Mikel López Iturriaga: Vi claro que teníamos que contar la historia de Sanz. El reportaje que escribí fue su primera portada en un medio «serio», pero lo cierto es que no merezco ninguna medalla por ello: él ya estaba arrasando, había publicado un disco importante, y como periodistas era nuestro deber contarlo, más allá de que nos gustara más o menos. Así que pedimos a Warner que nos permitiera hacer una historia con él que fuera más allá de la rutinaria y odiosa entrevista promocional. Pasé tres días siguiendo su gira por México, donde ya tenía un enorme éxito, y tuve bastante acceso al personaje, que me produjo reacciones encontradas. Por un lado, me pareció un tipo amable y cercano (todo lo amable y cercano que puedes ser cuando estás rodeado de un circo de personas que te llevan y te traen como a la más arquetípica estrella del pop). Por otro, me horrorizó la verborrea estandarizada que se deslizaba en sus charlas conmigo, propia de una persona que ha hecho mil entrevistas y pone el piloto automático cada vez que ve una grabadora encendida.

Ubicado en la avenida del Paseo de la Reforma, el Auditorio Nacional de México se levanta majestuoso justo enfrente de la zona residencial de Polanco y el Campo de Marte. Es el principal recinto de presentaciones en el país y está considerado uno de los más importantes en el mundo. Se construyó en 1952, y sus casi diez mil butacas han recibido en su escenario a Louis Armstrong, Duke Ellington, Juan Gabriel o Paco de Lucía. Un éxito en el auditorio es el salvoconducto para triunfar en México.

Alejandro: Estábamos actuando en el Auditorio de México DF trece días seguidos. Uno de los días venía Mikel López Iturriaga, un tipo al que yo le tenía bastante yuyu y que era de los críticos durillos, y la compañía andaba un poco nerviosa con esto. Había cantado la noche anterior y había ido muy bien.

Y justo la noche antes nos habíamos quedado en las habitaciones con los músicos y con Pancho Céspedes, cantando y tomando tequila hasta las mil. Cuando me levanté estaba completamente afónico.

Mikel López Iturriaga: Lo que más recuerdo de aquel viaje es la actuación de Alejandro Sanz. Antes del *show*, tenía la voz absolutamente arrasada, no podía casi ni hablar. Pero era un bolo importante y había que cumplir, por lo que Alejandro salió a cantar una vez aplicados los remedios habituales en estos casos (chute de cortisona y demás parientes).

ALEJANDRO: Yo creo que Mikel López Iturriaga había estado también la noche anterior. Hay cosas que no se deben de mezclar nunca: guitarra, tequila, Pancho Céspedes, habitación, hotel, México, concierto... En esa ecuación sobran por lo menos tres o cuatro elementos.

ÍÑIGO ZABALA: Aquel concierto fue muy especial, porque Alejandro perdió la voz y estuvo a punto de suspender. Estaba hundido, y yo, francamente, no sabía si podía ayudar. Fui a verlo al camerino, al principio la seguridad no me lo permitía, pero luego pude entrar. Me quedé a solas con él y estuvimos hablando... Era su primer show importante en México y suspenderlo era un drama. Él no tenía nada de voz, apenas podía hablar. Y allí había diez mil fans y anular hubiera sido devastador.

ALEJANDRO: Salí al escenario, fui a cantar la primera frase y no podía. Me metí para adentro y dejé a la banda tocando la canción.

MIKEL LÓPEZ ITURRIAGA: Yo estaba en el *backstage,* y en una de estas salió del escenario, se agachó a mi lado con el cuerpo totalmente encogido y dijo: «No puedo, tío, no puedo».

ÍÑIGO ZABALA: Me dijo: «No puedo salir a cantar así», y yo le dije: «Sal y diles que no tienes voz, que no puedes cantar, pero que pueden ayudarte, que vas a hacer lo posible por que todos lo pasen bien». Salió y dijo eso, que era una situación difícil para él porque se había quedado afónico, etcétera, y terminó siendo uno de los mejores conciertos de su vida.

GERE: Se encerró en el camerino y no quería salir. Intenté entrar para hablar con él, y Chopo, el de seguridad, no me dejaba. Finalmente me permitió entrar, y conmigo estaba también Íñigo Zabala.

ÍÑIGO ZABALA: Al principio no podía cantar nada, pero al final del del concierto hizo *Y, ¿si fuera ella?* a pulmón, ya con la voz caliente, y lo dio todo. Era el público el que cantaba y lo pasaba en grande, y fue algo increíble. Cómo sería la cosa que sus músicos le sacaron del auditorio a hombros como si fuese un torero, con el público volcado, la gente llorando... Si lo hubiésemos hecho a propósito, jamás hubiésemos conseguido algo así. En aquella época no había celulares con cámara, de otro modo esas imágenes hubieran estado en YouTube para siempre.

Rosa Lagarrigue: En ese concierto lo pasé francamente mal, casi prefiero ni recordarlo. Por un lado tenía al gestor del Auditorio que me quería demandar, al pobre Alejandro sin voz, Mikel López Iturriaga y el resto de medios... Algo horrible. Íñigo hizo un papel muy importante, y fue él quien le convenció para que cantara. Yo soy más cobarde, más blanda o más prudente, me daba miedo que se jodiera la voz..., pero mientras yo lidiaba con la parte empresarial, Íñigo insistió: «Alejandro, si no lo haces te vas a arrepentir». Y cantó, y fue apoteósico, con ese carisma, esa magia... No sé de dónde sacó la voz, pero la sacó.

Gere: Empezó a cantar, y poco a poco fue calentando la voz y el medicamento le fue haciendo efecto. Cuando terminó el concierto tuvimos que saludar durante muchos minutos y le sacamos a hombros. Él siempre transmite su alma, su piel, la sinceridad con su público. Como músico le ocurre lo mismo, puede no ser un virtuoso, pero transmite, y eso es innato en él.

Alejandro: Salí y dije al público: «Como veis, estoy afónico. El que quiera irse, puede hacerlo y le devolvemos su dinero. Y el que se quede que sepa que va a ver el mejor concierto de la gira».

Mikel López Iturriaga: Pidió disculpas al público por el estado de su garganta. Acabó dando un concierto absolutamente épico. Fue una lección de pundonor. Me dejó pasmado.

Alfonso Pérez: Es algo que les ocurre a todos los artistas, no creo que haya ningún cantante que no haya pasado por esa experiencia. Pero él, tenga o no tenga voz, lo da todo, las tripas si hace falta. Siempre que se ha encontrado mal, lo que ha hecho es tirar para adelante y darlo absolutamente todo, y eso no todos los artistas lo hacen.

Alejandro: Me puse a cantar como podía, la gente me ayudaba, en las notas más altas cantaba el público. Me fui calentando y terminamos el concierto. Los músicos me sacaron en hombros como si fuera la Macarena. Fue muy emotivo. Y en El País lo describieron como «una lección de pundonor». La verdad es que le eché huevos. He suspendido muy pocos conciertos en mi vida. Hay que hacer lo imposible por celebrarlos, porque la gente hace un esfuerzo por estar ahí.

Íñigo Zabala: Fue algo histórico. Cada uno de los diez mil espectadores llevó luego a otros diez mil a posteriores conciertos de Alejandro.

45

En vivo y en directo

«La vida es un regalo, ábrelo...».

Música: Alejandro Sanz, *Hoy que no estás*

En 1998, Alejandro comenzó la gira de «Más» en el continente america-no, recorriendo países como República Dominicana, Ecuador, Venezue-la, Colombia, México, Argentina y Estados Unidos. En todas esas actuacio-nes, las entradas se agotaron con meses de antelación a la fecha de los conciertos. Después, el tour continuó por España, donde ofreció cincuenta y seis conciertos y se convirtió en el primer artista que actuó, en una sola gira, cuatro veces en la plaza de toros de Las Ventas de Madrid y tres en el Palau Sant Jordi de Barcelona, con todas las localidades agotadas. Más de un millón y medio de personas en Europa y América vieron ese espectáculo de Alejandro, que culminó en 1999 con multitudinarios conciertos en Lisboa, Río de Janeiro y São Paulo.

VICENTE MAÑÓ: En junio de 1998, por encargo de la oficina de Alejandro, hice la producción del concierto en el estadio del Levante y fuimos a un estadio directamente. He hecho la producción de todos los conciertos de Alejandro Sanz en Valencia desde que nació como artista hasta hoy.

Las entradas de la gira «Más» salieron a la venta en noviembre de 1997, y en diciembre las treinta mil localidades para el 20 de junio estaban agotadas. Algo sin precedentes, a lo bestia.

Siempre que hay un artista que despunta de manera muy notable por encima de los demás, el mercado se acelera por inercia, es una especie de turbina que hace que se mueva todo. Pero, en realidad, Alejandro llevaba su propia velocidad. El gran salto de «Más» fue pasar de llenar plazas de toros a llenar estadios, y eso fue una consecuencia del éxito del disco y de *Corazón partío.*

Lo que consiguió fue lo que antes habían logrado Mecano o Miguel Ríos con el «Rock&Ríos», puso un nuevo récord que está todavía por superar, sobre todo a nivel de venta de discos. Para los artistas contemporáneos supuso la esperanza de que las ventas se pudieran superar. Sobrepasó las expectativas del mercado y suscitó una gran admiración y sorpresa por parte de todo el mundo, y a la vez una sana, y a veces no tan sana, envidia.

En cuanto a las producciones, no paraba de crecer en calidad. Ya en la gira de «Más» llevaba un pasillo provocador tan enorme que para montar la estructura tuvimos que hacerlo desde fuera del estadio porque las grúas no cabían dentro. Siempre se ha dejado la pasta en llevar unas producciones magníficas. Él es consciente de que hay que cautivar al público y mantener la expectativa hasta el año siguiente, no basta con los *hits,* hay que ofrecer un directo soberbio, y lo ha ido manteniendo gira tras gira trayendo producciones que nunca se habían hecho en España. Ha ganado dinero, pero ha invertido mucho en sus directos desde siempre.

LUDOVICO VAGNONE: Me ofrecieron estar en la gira de «Más» y acepté encantado. Fue una experiencia increíble, una avalancha de energía, días buenos, días menos buenos... Una convivencia de casi dos años. Terminé la gira como director musical.

ALFONSO PÉREZ: En el invierno de 1997 entré en la gira de «Más» por un *casting,* y allí nos conocimos. La flexibilidad de Alejandro, ese dar cancha a sus músicos, generaba una autoestima en todos que era muy importante para la creatividad. Nos comunicábamos con la música, pocas palabras...

LUIS DULZAIDES: Cuando me llamaron para el *casting* de la banda yo no sabía quién era, y no quería ir, no sabía qué hacer porque tenía poca experiencia en pop; estaba con Ketama, con Rosario, en cosas flamenquitas, aunque lo mío era lo latino. Mandé unas grabaciones y me eligieron. Aquí trabajé más el tema de los *loops,* de combinaciones de diferentes sonidos para crear un ritmo que caminara ahí abajo.

MAURIZIO SGARAMELLA: En aquella época yo tocaba en la banda de la mujer del productor de Alejandro, fue él quien me propuso ir de gira. Conocí a Alejando por primera vez en un estudio de grabación de Milán, y me pareció una persona muy agradable y con sentido del humor. Después, cuando nos encontramos en Madrid para los ensayos de las giras, me di cuenta de que aquel «jovencito» de Milán era en realidad un verdadero ídolo en España.

Los ensayos fueron muy largos y muy duros: un mes en Italia, en diciembre de 1997, y un mes en Madrid, en enero de 1998. Diez músicos, muchos ordenadores, muchas secuencias y mucho trabajo.

PIERO VALERO: Cuando llegó la gira de «Más» yo estaba a punto de lanzar mi propia banda, en la que era el cantante, después de tocar para artistas como Pooh, Ramazzotti, Ornella Vanoni... Emanuele me propuso unirme, y acepté. Luego llegué, me encontré con la barrera del idioma, gente nueva, la perspectiva de estar fuera de casa un año y medio... y al cabo de un mes estaba dispuesto a abandonar. No me encontraba a gusto al final de los ensayos en Italia. Era viernes por la noche y regresé a casa con la intención de no volver. Había quedado en ir el lunes a ensayar mientras se encontraba sustituto. Y, cuando llegué, los chicos, Gere, Luis Dulzaides... me dijeron: «¿Estás seguro? Va a ser una gira increíble». Así que al final me quedé. Y ahora, veinte años después, puedo decir que ha sido la mejor etapa de mi vida.

LUDOVICO VAGNONE: Hay algunos conciertos de los que no recuerdo ni una imagen, solo la de subir al escenario, mirar cómo él empezaba a tocar, y lo siguiente que recuerdo es estar bajando el escenario. Así hay unos cuantos. Estaba tan involucrado emocionalmente en el proyecto que era como un sueño.

PIERO VALERO: Lo que vi en la banda de «Más» es que éramos como hermanos, y durante los tres o cuatro años que tocamos juntos hemos sido una familia. No ha habido un día en que no hubiera buen rollo y fiesta.

MAURIZIO SGARAMELLA: Había una relación bellísima entre músicos, técnicos, agencia y Alejandro. A pesar de ser personas de distinta etnia y cultura, todo el mundo trabajaba muy a gusto y de forma constructiva. Ese es el recuerdo que todavía hoy llevo conmigo.

HELEN DE QUIROGA: Nos conocimos en una televisión, en la época de *Corazón partío*. Fue un «hola y adiós», pero ya se percibía la luz que tiene, la onda. Luego, a través de Alfonso Pérez y Pascual Egea, que era el *tour manager,* entré en la banda, y empecé a ensayar. Se presentó sin avisar y me pilló sin anestesia, muy simpático, muy cercano, muy de romper el hielo.

GERE: ¿Romper el hielo? Para eso Alejandro es único. Maurizio se acababa de incorporar, y como aún no se sabía qué temas se iban a hacer, el tipo estaba muy agobiado, se había escrito todas las baterías del vídeo de directo, con sus *breaks* y sus apuntes. Llegó Alejandro, les presentaron y se lo explicó: «Me he escrito todo el vídeo, nota a nota, puedo hacer los *breaks* exactos o, si lo prefieres, puedo cambiar...». Le interrumpió y le dijo: «No te preocupes, si apenas me importa el bajo, imagínate la batería». Luego se dio la vuelta y le dijo: «Es broma», con esa cara suya de niño travieso.

PIERO VALERO: Creo recordar que el primer concierto fue en Santo Domingo. Al principio de la gira no llevábamos metales, yo hacía los arreglos con teclado, y después de cuatro meses empezamos la gira española, ya con metales y toda la banda.

MAURIZIO SGARAMELLA: Recuerdo que fue una gira llena de conciertos. Tanto por parte de Alejandro como por la nuestra se notaba que era la primera gira mundial importante, por lo tanto, Alejandro quiso tocar en sitios pequeños y grandes, imagino que para dar la posibilidad a todos sus fans de poderle ver en directo.

PIERO VALERO: El público fue muy impactante. Yo ya había girado con artistas grandes, pero nunca me había enfrentado a un ruido de ciento veintiséis decibelios de voces de chicas gritando todo el tiempo. Nunca me ha pasado con ningún otro artista con el que haya trabajado.

LUIS DULZAIDES: Yo no me di cuenta de quién era Alejandro hasta que hicimos el primer concierto y se apagaron las luces. Empezamos a tocar y ya no se oía nada por los gritos de la gente, era espectacular cómo vibraban en cuanto sonaban los primeros acordes.

PABLO LÓPEZ: El primer concierto al que fui fue en el campo de fútbol de Marbella, en la gira de «Más», yo tenía catorce años. Mi madre vino también, pero era yo el que quería venir *por cohone*, y me acuerdo de cada detalle, de la guitarra que llevaba... Me hice friki, y eso que lo pasé mal porque soy medio claustrofóbico y estaba aquello petadísimo.

HELEN DE QUIROGA: Como yo soy fan de Alejandro, me siento a veces como parte del público. Me tengo que concentrar mucho porque no tengo la sensación de estar trabajando, gozo tanto que a veces hasta me pierdo, me confundo.

JOSEP SALVADOR: Aquella gira fue mágica, cada noche era especial.

HELEN DE QUIROGA: Lo mejor de currar con él es que siempre pone todo el alma. Como cantante, yo comprendo y percibo muy bien la forma en la que él pone el corazón en lo que hace.

Había algunas fans que me decían de todo, me tiraban cosas, me hacían cortes de manga... Alejandro empezó a presentarme como «mi prima» para que no me odiaran tanto (risas).

PIERO VALERO: Para nosotros se convirtió en normal ver los desmayos de las fans, o ver llegar volando un sujetador al escenario. En uno de los primeros conciertos, Alejandro estaba tocando *La margarita dijo no* y llegó volando un sujetador que se colgó de su guitarra, y ahí se quedó toda la canción... (risas).

Él vive el concierto muy intensamente desde dentro. No aparenta estar nervioso, es el jefe y tiene que mantener la calma, pero algo le corre por el cuerpo. Llega al alma y al corazón de todos los que están allí para verlo... y eso tiene que llenarle de responsabilidad. Pero no lo demuestra, siempre va muy ligero al escenario.

Hay muy pocos artistas a los que el éxito besa para toda la vida, y Alejandro es uno de esos elegidos.

ANA BUENO: Iba a entrevistar a Alejandro en un hotel de Villajoyosa, cerca de Alicante, durante la gira de «Más». Nos habían citado por la mañana y la cosa se fue alargando hasta que, a eso de las cinco y pico de la tarde, apareció *el niño*, recién levantado y en plena forma. Así que nos disponíamos a empezar la entrevista... y servidora se había olvidado la grabadora en Madrid.

Me buscaron otro hueco en la apretadísima agenda de Alejandro para hacer la entrevista. La segunda oportunidad fue en un concierto en La Coruña. En mi avión viajaba un periodista de *El País* que supuestamente tenía una entrevista exclusiva sobre la gira «Más». Acordé con el responsable de la compañía que si nos veíamos, haríamos que no nos conocíamos, así que viajé de incógnito y ni nos saludamos ni nada para que *El País* no supiera que *El Mundo* también tenía su entrevista.

Aquella gira fue espectacular, Alejandro estaba a otro nivel. La entrevista, por cierto, salió muy bien. Estuvimos hasta bien entrada la noche con Alejandro y su equipo. Hubo tan buen *feeling* que esa vez hice algo que nunca hago y nunca he vuelto a hacer. Le escribí una carta de las de papel y bolígrafo, una carta de las de antes, dándole las gracias y emplazándole para una juerga flamenca con una amiga común, la gran Sara Baras.

JORDI CASOLIVA: Tras su concierto de la gira «Más» en Barcelona, al terminar el *show,* se organiza el típico besamanos con millones de vips. Alejandro aparece y, de forma sigilosa, casi imperceptible, esos vips se van agolpando a su alrededor y le capturan. Un momento muy habitual en su vida en el que yo siempre doy un paso atrás para dar espacio a los «buitracos». Y una vez más, él se las apaña para liberarse y venir hacia mí. Y ese día me dio el abrazo más largo que me ha dado nunca. Y sé por qué. Aquel fue un concierto maravilloso (de hecho, era el último de varios días seguidos en el Sant Jordi), y ese abrazo no era para mí, era para Barcelona, porque para él, en aquel momento, yo era «Barcelona».

Aparte de la increíble recepción de las canciones de Alejandro por todo tipo de público, aquella gira deparó momentos surrealistas. Pasar desapercibido empezó a ser una misión casi imposible.

VICENTE MAÑÓ: El año de «Más» era tal el grado de fanatismo y de ansiedad que había en los fans por verlo que, a pesar del tamaño del estadio, la gente adivinaba el lugar por donde tenía que salir él y era imposible sacarle del camerino. Ya acabado el concierto, habría unas tres mil o cuatro mil personas en la zona del *backstage.* La pregunta era cómo sacar de allí al artista, y a alguien de mi equipo se le ocurrió la idea. Así que tuvimos que sacarlo en una ambulancia de la Cruz Roja con las sirenas encendidas para que la gente creyera que estaban evacuando un herido y se fueran apartando, cuando el que iba dentro era Alejandro Sanz.

ALEJANDRO: Más de una vez he tenido que salir del estadio escondido en una ambulancia, pero en un concierto en Argentina me tuve que disfrazar de policía, y encima me reconocieron. No hay nada peor que lo reconozcan a uno disfrazado...

PEPE BARROSO: No es la única vez que hemos tenido que cambiar de coches como en las películas, y hasta disfrazarnos para poder movernos. Una vez en México nos disfrazamos de guiris, íbamos con Jaydy y Mónica, mi mujer. Yo me hacía el americano porque soy grande, y, como hablo mal inglés, cada vez que hablaba se descojonaban de mí.

ALEJANDRO: Estábamos en México y queríamos alquilar un barco para pasar el día. Para que no nos persiguieran los paparazzi nos disfrazamos de gringos, yo me puse una gorra con rastas y Pepe Barroso iba con sombrero tejano, hablando con acento macarrónico: «Yo muchou dinerou». Llegamos a alquilar el barco y el mexicano me mira y me dice: «Pero si usted es Alejandro Sanz». Y yo con las rastas (risas).

GERE: Una vez actuamos en Barcelona, en un escenario montado en una esquina del puerto. Había una multitud tan enorme que nuestro equipo de seguridad vio claro que de allí no íbamos a poder salir entre el público de manera segura, y el empresario tuvo la brillante idea de sacarnos «en el velerito de un amigo». Se suponía que embarcábamos, hacíamos una travesía de cuarenta y cinco minutos hasta un puerto cercano, y allí estaría el autobús que nos llevaba al hotel. Sonaba muy bien, un gran plan. Terminó el concierto, nos metimos en el barco entre bromas, «qué guay el barco», etcétera. Al cabo de una hora empezó a hacer frío y no llegábamos a ningún puerto. El patrón se había confundido y nos tocó seguir hasta el puerto siguiente, a dos horas de distancia. Todos congelados, jurando en arameo. El autobús nos esperaba en el pueblo equivocado, no había móviles... Llegamos al hotel a las ocho de la mañana.

Pepe Barroso: Yo viví el éxito de «Más» con mucha emoción, recuerdo el concierto del Estadio Olímpico de Sevilla, fue una noche mágica. Estábamos en el hotel Alfonso XIII y para salir tuvimos que meternos en un camión de la lavandería para poder sortear a la gente que había allí, y unas calles más allá ya nos esperaba Manolo Cerdá con el coche.

Gere: Un día, en un hotel, mientras hacíamos el *checkin,* se coló un grupo de chicas y le rodearon, como una melé, y tuvimos que emplearnos a fondo para liberarle porque estaba en verdadero peligro.

Ludovico Vagnone: Los músicos hemos vivido situaciones increíbles incluso sin estar Alejandro. En una ocasión, en América, los fans trataron de volcar nuestra furgoneta porque pensaban que Alejandro estaba dentro. Faltaron centímetros para que aquella furgoneta diera la vuelta, y debería pesar mil y pico kilos con media banda allí dentro. Una locura.

Luis Dulzaides: Las llegadas a los aeropuertos eran tremendas, a Alejandro se lo tenían que llevar en volandas porque se lo comían. Una vez en Ecuador los músicos íbamos en una furgoneta pequeña y la gente empezó a moverla y pasamos verdadero miedo. Abrieron la puerta de atrás y Gere tuvo que sujetarla como pudo.

Desde su primer concierto, Alejandro apostó por ofrecer a sus seguidores el mejor espectáculo posible, una muestra de respeto hacia su público que se esfuerza por estar siempre con él. Pascual Egea fue el responsable de sus giras desde sus inicios...

Pascual Egea: Cuando tiramos de la cuerda de la memoria los recuerdos no siempre fluyen en nuestra mente. En mi caso casi no existen. Desde el principio aprendí que son los sentimientos los que realmente importan y el resto no son más que anécdotas que en su mayoría han sido alteradas por el paso del tiempo y quedan lejos de lo que fueron en realidad.

Mi primer encuentro con Alejandro fue en el verano del 91, en un concierto de Mecano, cuando acababa de empezar su carrera. Fue a buscarme a mi oficina de producción y yo no lo reconocí. «¿Te acuerdas del día en que nos conocimos, que tú...?». Esta pregunta se repitió durante años hasta que dejamos de trabajar juntos en el año 2004.

Siempre lo entendí como un guiño de complicidad entre ambos. Desde siempre otorgaba a todo su entorno más cercano esa confianza, pero poco a poco, debido al abuso de algunos de sus «amigos«, fue siendo mucho más selectivo.

Cientos de conciertos, cientos de ciudades, cientos de miles de kilómetros y muchas anécdotas de las que solo recuerdo la gran personalidad, el estilo único, las ganas de vivir, un amigo de sus amigos y sobre todo un gran artista y una gran persona. «Quiero lo mejor», decía Alejandro, y lo mejor siempre era él.

Con Miguel Bosé

46

Séptimo de caballería

«Si no haces lo que te gusta, más te vale que creas en la reencarnación».

Música: Joaquín Sabina, *Princesa*

C uando terminaba la gira de «Más», Alejandro se presentó en Televisión Española como protagonista de un monográfico en el programa de Miguel Bosé, Séptimo de caballería. En 1997, Bosé recuperaba para la televisión pública un estilo de programa musical heredero de los grandes espacios muy populares en la década de los setenta y ochenta; un precioso formato donde la música era la principal protagonista.

Séptimo de caballería reactivó la música en España con un programa de espíritu íntimo, entrevistas largas y de cierta profundidad, donde las actuaciones en directo recibían un tratamiento delicado. Por allí desfilaron Madonna, R. E. M., Alanis Morissette y una larga lista de nombres importantes donde también estaba Alejandro.

Acompañado por sus músicos, Alejandro interpretó canciones junto a Juan Habichuela y Ketama, cantó con Joaquín Sabina, con Arturo Pareja Obregón y Niña Pastori. Malú sedujo a media España con una estremecedora versión de Y, ¿si fuera ella? y Miguel Bosé rompió las reglas de su propio programa cantando por primera vez.

MIGUEL BOSÉ: Cuando hicimos el monográfico de *Séptimo de caballería*, el programa aún estaba arrancando, llevábamos solo dos o tres grabaciones. Nadie conocía entonces la complicidad que teníamos

Alejandro y yo. Cuando propongo el programa a TVE, era el primer monográfico que yo quería hacer, con una fórmula que luego dedicamos a artistas como Enrique Morente o Joan Manuel Serrat. La directora de musicales vino al plató y estuvimos hablando de los siguientes programas, y le dije que el próximo iba a ser un especial de Alejandro Sanz.

KIKO FUENTES: El caso de Susana Uribarri, de cuyo nombramiento se decía que era un favor personal de Aznar a Julio Iglesias por su apoyo en una campaña electoral, era bastante flagrante. Se dejó la dirección de musicales de TVE en manos de una persona que, según se comentaba, había mostrado públicamente su interés por que Janis Joplin visitara TVE... en 1998. Paradójicamente, bajo su gestión se produjo el mejor espacio musical televisivo de la historia de este país.

MIGUEL BOSÉ: Ya había terminado la gira de «Más», una gira histórica, de récord, y el disco llevaba vendido bastante más de un millón solo en España. Y me dijo: «Pero... ¿quién es este Alejandro Sanz?». Y yo le dije: «¿Cómo que no sabes quién es Alejandro Sanz?». Estaba en el número uno desde hacía meses, había vendido en todo el mundo... «Es que como yo vengo de Miami...», me respondió. Yo me quedé pasmado, recuerdo que estaba Santi Alcanda a mi lado y me miró porque no daba crédito.

En *Séptimo de caballería* hicimos posibles duetos que las discográficas jamás hubieran permitido, cosas espectaculares. Alejandro me sacó de sorpresa a cantar *Si tú no vuelves* con él, y aunque yo me había propuesto no cantar en este programa, aquella fue la única vez que me salté la norma.

PANCHO CÉSPEDES: A Alejandro lo conocí cuando lo llevé a regañadientes a un concierto en México y amanecimos. Alejandro fue el primer ángel que trajo mi disco a España. Como compositor siempre emociona, es muy auténtico, busca sus raíces jugando y soñando. Ser auténtico solo te lo da la raíz, y él la tiene.

MIGUEL BOSÉ: Alejandro hizo el programa por amistad, por la complicidad que teníamos. Ya había terminado la gira y cerrado el ciclo de «Más». La emisión del programa tuvo tanto éxito que se tuvo que reprogramar, se pasó dos veces, con una audiencia estratosférica. Fue también cuando España descubrió a Malú, que hizo una interpretación magistral de *Y, ¿si fuera ella?*

ROSA LAGARRIGUE: Joaquín Sabina nos hizo sufrir hasta el último minuto, no supimos si vendría hasta que lo vimos llegar, y luego cantaron *Princesa* y fue maravilloso. Y también el espaldarazo que Alejandro dio a Malú y a Niña Pastori, con el apoyo de Miguel Bosé.

MALÚ: No lo olvidaré jamás, y, en efecto, hubo un antes y un después de ese programa. Me empezó a llamar todo el mundo, realmente «pasó algo» allí. Aquel día a mí me habían dado otra canción y tenía pánico, quería que me tragara la tierra. Me había currado la canción que me habían dicho, la tenía clarísima. Y en una de las pausas de la grabación no sé qué pasó que me dijeron que tenía que hacer *Y, ¿si fuera ella?* Casi me muero, yo tenía 16 años...

Bajé al plató con Alfonso Pérez para ver el tono al piano. Yo me sabía la canción porque la escuchaba como fan que era, pero nunca la había cantado y estaba nerviosísima. Y tenía sentada a mi lado a Niña Pastori, no se puede cantar mejor que ella, y Miguel, y Alejandro... Así que cerré los ojos y me puse a cantar. Terminé y me dije: «Qué desastre, qué vergüenza, he cantado fatal», roja como un tomate, no me atrevía ni a hablar. Y de repente me empezó a llamar todo el mundo, y todavía hoy mucha gente me dice que me escuchó por primera vez en *Séptimo de caballería* en el Especial de Alejandro. Lo veo ahora y me da mucha ternura. En aquel momento yo no sabía ni cantar...

En Bruselas en los Premios IFPI

47

Pero ¿tú estás loco?

«Trabajar duro y dudar absolutamente de la excelencia, huir de la autocomplacencia, seguir en la búsqueda diaria».

Música: Arturo Pareja Obregón, *Sevilla*

Durante las Navidades de 1997, «Más» alcanzó el primer millón de discos vendidos en España. Mientras los altos mandos tomaban la tradicional copa navideña en la tercera planta de la oficina, en la segunda estábamos brindando las cluses de tropa: jefes de producto, promoción, etcétera. Bajó Saúl, se sumó a la celebración y dijo: «Hemos vendido un millón, pero no toméis demasiado champán, porque vamos a vender otro». Naturalmente todos pensamos que estaba loco. Pero no...

JUAN CARLOS CHAVES: Cuando escuché «Más» en la casa de la calle Toronga —él siempre me ponía los discos en privado antes de lanzarlos—, al oír *Corazón partío,* le dije: «Va a vender un millón de discos», y me dijo: «Ya veremos»... Y cuando llegó al millón le llamé y le dije: «Ahí lo tienes».

JAIME OLEA: Los vaticinios de Saúl Tagarro nos sorprendían cada día. Recuerdo que en la convención de ventas previa a la salida del disco, Saúl agarró uno de sus célebres cabreos, aquellos de la vena hinchada, y hablaba de un millón de discos. Para nosotros aquello era la hostia, y a él ya le sabía a poco.

JAVIER SÁNCHEZ: No recuerdo el objetivo de dos millones, lo que nosotros manejábamos era que había que superar un millón trescientas mil unidades, que era el récord de ventas vigente hasta entonces, el de «Descanso dominical», de Mecano.

SAÚL TAGARRO: Íñigo ya estaba en México y volvió para las fiestas. Y le dije, mientras brindábamos con todo el equipo: «Tú has vendido el primer millón, y yo, yo voy a vender el segundo». Naturalmente, pensó que yo estaba loco. Vendimos el segundo millón, pero no fui yo, fue Kiko, que hizo un pacto de *royalties* con Antena 3.

KIKO FUENTES: Una cosa que dominábamos muy bien en esos años eran las campañas de televisión a riesgo compartido o *a royalty,* como las llamábamos. Televisión Española y Antena 3 tenían una red de conexiones locales y se quedaba mucho inventario de *spots* sin vender. Ahí entrábamos nosotros, comprando los espacios a última hora, y a precios de chiste, y con este tipo de acciones vendimos el segundo millón de «Más», haciendo *spots* nuevos de cada single que sacábamos. Antena 3 hizo un buen negocio también. Las Navidades del segundo millón de discos gracias al anuncio de Freixenet, que fue la hostia, nos mandaron de regalo un radiocasete Sony, una rumbosidad inédita.

ROSA LAGARRIGUE: El objetivo de vender dos millones fue una de esas cosas maravillosas que solo podía hacer Saúl Tagarro, con su marketing tan agresivo. Tengo que decir que a mí me tenía un poco asustada y al propio Alejandro no le gustaba forzar tanto, porque prefería que las cosas fueran ocurriendo de una forma más natural. Pero lo cierto es que Saúl tenía razón y al final se llegó a los dos millones y se hizo aquella fiesta brutal en México, algo sin precedentes.

JAVIER PINTOR: Después de los éxitos vendiendo «Si tú me miras» y «3», yo quería comprarme un coche. La gente del banco, antes de que supieran que se editaba «Más», me había pedido un aval bancario que yo no podía conseguir. Cuando se anunció el lanzamiento, me fui con la hoja de novedades a la oficina bancaria y, después de ver lo que yo había cobrado en los discos anteriores de Alejandro, ¡me dieron el crédito de manera instantánea!

JUANMA CARRERA: En algún momento del segundo año de «Más», cuando íbamos a por los dos millones de copias, un día en mi coche, eufórico por lo bien que iba el negocio, me puse a dar gritos de alegría, a dar hostias en el volante y alaridos. Y en esto se me ocurre mirar por la ventanilla, la llevaba bajada, y tenía a mi izquierda un coche de la Policía Municipal. Tocaron la sirena y me indicaron que parara; esto nunca me había sucedido antes, y me pasaba la vida en el coche. Me hicieron aparcar, y hasta que no me hicieron la prueba de alcoholemia y drogas no me dejaron irme. Yo se lo trataba de explicar: «Es que soy comercial de una discográfica y llevamos dos millones de discos de Alejandro Sanz y tenía un subidón...».

Jesús Pérez: El disco «Más» cambió la vida de mucha gente, y seguro que también la de un puñado de trabajadores de Warner Music. Esta grabación influyó, como yo nunca he visto hasta la fecha, en la vida de las personas que formaban el equipo de ventas. Su estatus personal cambió radicalmente. «Más» ayudó a que muchos proyectos larvados por falta de seguridad económica se hicieran realidad (comprar una casa, afianzar una relación de pareja, tener hijos....).

Jaime Olea: Hablar de «Más» es hablar de Saúl Tagarro. Quiso aplicar toda su experiencia, que no era poca, en aquel trallazo. Nos regaló frases antológicas: «Quiero más televisión, más televisión y más televisión», y Marketing no paraba de poner anuncios y le parecían pocos. O aquella de: «Como venga alguien a darme el coñazo con un artista que no sea Alejandro Sanz, ¡¡se va a la puta calle!!».

A pesar de haber recogido premios con anterioridad, no fue hasta la publicación de «Más» cuando Alejandro es oficialmente un artista premiado y reconocido.

Capi: En este país tenemos un problema de complejo nacional: si eres feo, fracasado, con una camisa a cuadros y maltratado, eres bueno. Si eres un chico joven, bien parecido, con ilusiones y con ganas, eres un producto. Eso lo llevo yo viviendo desde los Tequila, «que si van vestidos de colorines», «que si esto es marginal»... La gente de este país es tremendamente cruel, la industria es cruel, el público es bastante cruel...

Julia Otero: Su primer disco era el de un crío muy joven que pegó fortísimo porque se lo merecía, enamoró a miles de chicas porque era una belleza, porque era un verdadero Bollycao (risas); era, y es, un tío guapísimo. ¡A mí me gusta como comer chocolate! Y el éxito a veces tiene mala prensa entre los críticos, lo cual es de una mezquindad enorme. Pero, bueno, él se podría haber columpiado en ese éxito y seguir en esa línea, y lo que hace es avanzar, madurar y buscar unas fusiones y una mezcla que explotan en el disco «Más».

Rosa Lagarrigue: Con Alejandro costó lograr el reconocimiento de los medios, especialmente de la prensa escrita. Pero todos los que trabajábamos con él estábamos convencidísimos desde hacía mucho tiempo. Ese menosprecio de los medios se vive siempre mal, decir lo contrario sería mentir. Pero por otro lado es habitual, yo ya lo había experimentado con Mecano, de los que se decían auténticas barbaridades hasta que todos se rindieron ante ellos; lo mismo con Miguel Bosé y otros muchos grandes artistas que hemos visto y seguiremos viendo. La propia Malú ha tardado quince años en ser reconocida por algunos.

Alejandro: A algunos críticos les ha costado, por inercia, hacer buenas críticas de mis discos. Por ejemplo, Diego A. Manrique en «No es lo mismo» hizo buenos comentarios, cuando antes había sido bastante duro conmigo. Manrique llegó a Miami, en la promoción previa de «El tren de los momentos», y le llevé a dar un paseo en lancha y a la bocana del puerto, donde entran las olas grandes, y le pegué una paliza tremenda. Cuando volvimos el pobre iba todo descamisado, mojado, las gafas llenas de sal... Hicimos la entrevista. Al mes salió, creo que en la *Rolling Stone,* y ponía muy bien el disco. La crónica empezaba diciendo: «Con el esfínter bien apretado»...

Una de las cabeceras más icónicas, si no la más, de la prensa musical internacional desembarcaba en España en 1999. Como cierre promocional a todo el proyecto de «Más», Alejandro ocuparía la portada del primer número de la revista Rolling Stone *en España.*

Andrés Rodríguez: En el verano de 1999, comprobé que los sueños, si se sueñan fuerte, se cumplen. Algo me hizo prever la primavera el día en que Jan Wenner, fundador, editor y director de *Rolling Stone,* nos dio el beneplácito para editar en España la que sería la primera edición de la revista. Superada la euforia de mi nombramiento como director, me puse a pensar en la primera portada. La decisión de colocar a Alejandro Sánz en la portada de la revista fue muy meditada. ¿Por qué? Porque en Estados Unidos *Rolling Stone* lo mismo sacaba en su portada a Grateful Dead o a Nirvana que a Britney Spears, y su prestigio no se veía afectado.

La gran duda que teníamos fue cómo se tomaría la audiencia más militante, más roquera para entendernos, el lanzamiento de *Rolling Stone* en España, el primero en español en todo el mundo, la presencia de Alejandro Sanz en la cover. Sanz disfrutaba del éxito estratosférico de *Corazón partío,* que sonaba en bodas, bautizos y comuniones con unanimidad de abuelos, niños y adolescentes. Y llamamos a Rosa Lagarrigue, entonces la representante de artistas más poderosa de España. Rosa no accedió de inmediato porque siempre fue una mánager exigente y muy protectora con sus artistas, pero tras varias llamadas, Warner incluida, accedió en nombre de Alejandro.

La entrevista la realicé en dos partes, porque así me pareció que cumplía más la ortodoxia del nuevo periodismo. Había leído una y otra vez la estupenda recopilación de artículos de *Rolling Stone* publicada por Ediciones B, que recomiendo fervientemente, y soñaba con que la primera pieza de la revista estuviese a la altura. La cita fue en el chalet de Somosaguas en el que vivía Miguel Bosé y que había sido la casa familiar de los Bosé Dominguín. Me llamó mucho la atención cómo Bosé protegía a Alejandro, imagino que de su éxito, porque entonces era el artista más buscado. Las fotografías se hicieron en otra cita diferente y ahí estuvo parte del conflicto, y no en el texto, que fue revisado, en pequeñeces, por la propia Rosa Lagarrigue, que también pidió si la edición norteamericana de la revista podría hacerse eco de la entrevista.

La portada tenía forma de desplegable y a mí se me ocurrió que fuese un primer plano en el que Sanz se tapase la cara con un jersey de cuello vuelto (rojo, con el objeto de poner la cabecera en amarillo y españolizar más el lanzamiento). La fotografía me permitiría inventar algún título ingenioso y al descubrir la segunda portada encontrar la cara completa de Alejandro Sanz con algún gesto que nos hiciese vender revistas. Pero a Rosa le pareció que Alejandro «tenía cara de loco» y me pidió cambiar la foto. Pero al final nos salimos con la nuestra, no antes sin haber tirado de la cuerda hasta que casi se rompió. Titulé: «¿Dónde se esconde Alejandro Sanz?», para explicar dentro cómo el tipo más buscado estaba viviendo en la casa de Bosé, donde se sentía tranquilo y seguro del impresionante foco mediático que lo asediaba.

Con Serrat y Sabina

48
Trío de eses

«Muchas de mis canciones tienen vocación de ser costumbristas,
me hubiese gustado escribir como Joan Manuel Serrat».

Música: Joan Manuel Serrat, *Romance de Curro el Palmo*

Durante muchos de mis encuentros con los participantes de este libro, cada vez que mencionaba el nombre de Alejandro aparecían, como si de un resorte se tratara, tres palabras asociadas: compositor, Sabina y Serrat. Autores de diferentes generaciones, Joaquín Sabina y Joan Manuel Serrat ofrecen una profunda influencia en Alejandro, pero, por méritos propios, sus canciones comparten, junto a las del Noi del Poble Sec y el de Úbeda, algunos de los mejores capítulos de la música en español.

JULIA OTERO: Alejandro es mucho más joven que ellos, y a veces ser generoso con los adjetivos con él podría costar más que hacerlo con personas más veteranas como Serrat y Sabina. Pero en esa terna Alejandro Sanz entra por méritos propios, por singularidad, por estilo y sello personal, por capacidad de llegar a millones de personas, por sus letras, por sentimientos y contenidos que hemos hecho nuestros. Yo soy muy de Serrat y creo que *Corazón partío* está al nivel de *Mediterráneo*, siendo canciones muy distintas.

ALEJANDRO: El tema principal de mis canciones sigue siendo el amor. Es que el amor es una fuente inagotable de dudas, es lo que tiene de maravilloso. El amor, la muerte son esos misterios sobre los que puedes escribir toda la vida y seguir sin tener ni puñetera idea. Hay que dejarse sorprender por eso. Tuve una etapa en la que traté de ser más costumbrista, un poco la escuela Serrat y Sabina. Pero volví a lo abstracto, digamos.

JOAN MANUEL SERRAT: Yo tuve mis referencias, Joaquín tuvo las suyas, y Alejandro, mucho más joven que nosotros, aunque ya no es tan joven, tiene las suyas. Le recuerdo muy a principios de los noventa, y tiene toda esa tremenda influencia de la que es heredero, aprendiz y esclavo.

ALEJANDRO: Muchas de mis canciones tienen vocación de ser costumbristas, me hubiese gustado escribir como Joan Manuel Serrat. Le encuentro el significado a mis canciones aun cuando pasa el tiempo, y eso es maravilloso porque el subconsciente también escribe.

Curiosamente, después de componer *El escaparate* en el disco «Si tú me mirás», me enteré de que él tenía una, *De cartón piedra,* que hablaba precisamente de lo mismo. *El escaparate* es la historia de alguien que se enamora de la foto de un escaparate. Se pasa la vida yendo a visitarla y todos los días ve su sonrisa eterna, perfecta. Sin embargo, él siempre ve esa sonrisa distinta. Habla con ella y se imagina que cualquier día, de repente, va a aparecer por detrás y le va a tocar el hombro. Cuando cierran por la noche, le dice: «Me voy a casa, me tengo que separar de ti, pero mañana vuelven a abrir, vengo otra vez y de nuevo serás mía». Pero un buen día llega y le han cambiado el decorado del escaparate. Se han llevado la foto. Pregunta en la tienda y se ríen de él. Se va a buscarla donde echan la basura y la encuentra allí. Coge la foto echa pedazos, pega todos los trozos y se la lleva a su casa.

JOAN MANUEL SERRAT: Alejandro es una persona a la que tengo un gran afecto y un artista al que le tengo un gran respeto. Soy muy feliz de ver cómo ha trabajado para abrirse camino en esta historia de la música con tanta ilusión y tanto talento. Lo recuerdo al principio, cuando empieza a trabajar y yo lo conozco, y lo comparo con la estrella en la que se ha convertido en este momento, a pulso. Me satisface mucho y, sin ser yo responsable de esto, me siento muy orgulloso.

ALEJANDRO: Serrat ha sido el mejor letrista que ha dado este país. Es un señor que tiene una manera de explicar las cosas que ya la quisiera yo para mí. Su humor es tan agudo, a pesar de su magnificencia, que contrasta con su humildad, que tengo que quitarme el sombrero. En el caso de Sabina, admiro los temas que hablan de su entorno, de su barrio sin ningún prejuicio. Tiene tanta sensibilidad que le alcanza para ser un gran amante de Latinoamérica.

DANI MARTÍN: Sus discos me retrotraen a mi casa, a mi hermana, a mis padres, a una época muy familiar y muy bonita, un vinilo de «Viviendo deprisa» en casa. Para mí es como Serrat, como Sabina..., parte de la familia, y eso es lo que ocurre en los diferentes países, gusta a padres e hijos. Un tipo con un carisma muy especial.

PEPE BARROSO: Yo me sabía todas las canciones de «Viviendo deprisa», cuando lo conocí ya era fan suyo. Para mí los más grandes son Sanz, Sabina y Serrat.

JOAN MANUEL SERRAT: Alejandro Sanz nace musicalmente cuando están triunfando El Último de la Fila y Mecano en ese disco maravilloso que fue «Descanso dominical». Alejandro es el gran artista que viene a continuar este gran grupo inolvidable que fue Mecano.

GABRIEL RUFIÁN: Yo tengo gustos musicales variados. Me han gustado mucho los cantautores: Sabina, Pablo Milanés, Silvio Rodríguez..., y Alejandro era más lírico, más poético, y me impactó. Para mí el descubrimiento fue el disco «3», y luego el *boom* con el disco siguiente.

JOAN MANUEL SERRAT: Cuando escuché a Alejandro por primera vez, descubrí un artista completamente consolidado. Él solo con la guitarra... Ya veía en él todo aquello en lo que se ha convertido finalmente. No sé si hay paralelismos conmigo, yo no soy quien debe decirlo. Ni él encontrará paralelismos ni yo en él. Lo que sí puedo decir es que, desde los orígenes, nació con una solidez extraordinaria y con un talento que ha ido creciendo con el tiempo.

Seguramente puede haber coincidencias entre nosotros, pero si yo le admiro a él no es tanto por los paralelismos como por las diferencias.

GABRIEL RUFIÁN: Me gusta mucho Alejandro, es casi algo inconfesable. Y, como le pasa a casi toda mi generación, forma parte de mi infancia y mi adolescencia. El primer contacto con su música es en el tocadiscos de una prima mayor que yo, y ya me pareció que sonaba bien, que era otra forma de cantar, eran poemas cantados. A nivel particular, mi disco preferido es «3», me parece el más puro. *¿Lo ves?*, sobre todo, en la versión de piano y voz, es para mí la canción más bonita de Alejandro.

HELEN DE QUIROGA: Alejandro tiene, como dice Joaquín Sabina, esa *cuarta cosa* que no se puede explicar, ese algo que tienen los artistas, que entran en una habitación y parece que se ilumina.

JOSÉ MARÍA BARBAT: Alejandro Sanz es claramente el resultado de ese paisaje musical tan rico: une estilos y tradiciones, flamenco, rock, su ascendente con Serrat y Sabina, y lo plasma en su pop-rock de autor que solo podía dar, con alguien de su talento, un éxito bestial.

JOAN MANUEL SERRAT: Desde el primer momento yo le reclamé, y él se acordará, como público, amigo y admirador, que usara más esta maravilla de manejo de guitarra que él admira en otros, especialmente en Paco, que ha sido para él su gran referencia. Alejandro, él solo con la guitarra, era tan maravilloso, tan fresco de escuchar...

CAPI: Joan Manuel Serrat, que es de otra generación, dice que empieza escuchando por la radio lo que oía su madre en Barcelona, y allí en los años cuarenta, cincuenta, y hasta sesenta, se escuchaba la copla, por eso es un enorme coplero.

JOAN MANUEL SERRAT: Me gusta mucho su versión de *Paraules d'amor* en catalán. Él puede cantar lo que quiera, y lo hace siempre muy bien. Tiene eso que los flamencos llaman *ángel*. Él tiene mucho *ángel*, mucha gracia, con independencia de su talento puro y duro. Y esto le permite ir sobrado por la vida.

MANUEL CARRASCO: Lo que ha conseguido él no lo ha conseguido nadie, un estilo muy personal... Y ha puesto las bases de por dónde seguir, como en su día hicieron Sabina o Serrat. Y yo soy uno de esos artistas que han tenido en cuenta el camino que él estaba abriendo, y lo sigo teniendo en cuenta, porque es un artista con una capacidad infinita.

JOAQUÍN SABINA: Borges concebía el paraíso como una biblioteca. Yo no, pero cada vez me acerco más a esa idea. Una noche vinieron a cenar a mi casa Guti y Alejandro, y Alejandro dijo una cosa muy graciosa: «Y tanto libro *¿pa* qué?» (risas). A mí los benditos poetas líricos me han vuelto coleccionista y bibliófilo, solo por joderlos.

ALEJANDRO: Yo adoro a Joaquín. Es el profesor que siempre quise tener para mi escuela. Me hubiera gustado que me hubiera dado clases de historia y de todo. La casa de Sabina tiene una magia especial. Él lo rodea todo de magia. Hablamos de infinidad de cosas: de lo humano, de lo divino, de política, religión, todo. Y todo en un tono que me encanta, porque no dramatiza nada.

JOAQUÍN SABINA: Para mí, Alejandro, fundamentalmente, no es un ídolo prefabricado, lleva mucho tiempo trabajando. Me gusta mucho cuando dice eso de «ni antes era tan malo ni ahora soy tan bueno». Yo creo que sí es muy bueno, es solo una falsa modestia de él. No es un invento de casa de discos, tiene mucho que decir con el piano, con la guitarra, con el flamenco, con el pop...

ALEJANDRO: Todos tenemos algo de Sabina.

JORDI BASTÉ: Estamos en una época en la que es muy raro que alguien sea cantautor, compositor, guitarrista y además multirreconocido en el mundo. El problema es que tiene cara de tener treinta años y va camino de los cincuenta, y por eso no siempre le comparan con los grandes. Siempre digo que Alejandro Sanz ha tenido un problema, que es ser un tío guapo. Pero es una referencia, y formará parte de la historia de la música española.

JOAN MANUEL SERRAT: Yo también tuve que sobreponerme a esta historia del artista de fans, pero en el fondo lo que ocurre es que hay mucha gente a la que le gustas. Yo no diría que Alejandro fuera un artista de fans. Tenía muchas fans, pero era un artista de gran calidad desde el principio, con fans o sin ellas. Lo que pasa es que a él le acompañaba una personalidad muy simpática, era un chico guapo y toda una serie de cuestiones que le facilitaban la relación con el otro sexo.

JORDI BASTÉ: Decía Almodóvar que en este país, cuando eres joven y tienes éxito, la gente te ayuda a subir. Ahora, cuando estás arriba, la mayoría de los que te han ayudado a subir te pegan leches para que bajes, para hundirte. Y mantenerte ahí arriba tanto tiempo es muy complicado, y ahí están Sabina, Serrat, Ana Belén... y Alejandro Sanz, que lleva ahí veintiséis años. Te puede gustar o no, a mí me gusta mucho porque durante la época de «Más» descubrí al músico, compositor, letrista e intérprete que no fui capaz de ver en un concierto que me horrorizó por los gritos de las fans. Te puede gustar o no, pero hay que reconocer el talento; yo era más de los Beatles que de los Stones, pero no se me ocurre negar el talento de Jagger y Richards...

JOAN MANUEL SERRAT: No tengo una favorita de su repertorio, pero hay algunas a las que guardo un gran cariño, como *No me compares (No m'equiparis),* hice una versión en catalán del tema para Alejandro. También me gustan muchísimo *Cuando nadie me ve* y *Corazón partío...*

ESTEBAN CALLE: Hay una cosa muy bonita que me dijo Íñigo Zabala que recuerdo con cariño. Después del primer disco, cuando Alejandro ya era un éxito, un día me llamó al despacho y me preguntó: «Esteban, ¿qué pasa con Radio 3?». «Pues que no lo ponen, ¿cómo van a poner a Alejandro Sanz en Radio 3?», le dije. «Pero ¿tú has ido a pedir que lo pongan?». «Pues no», le contesté. Y entonces me dijo: «Pues tienes que ir y que te digan que no, y que sepan que están diciendo que no quieren poner al futuro Serrat, que se están perdiendo a un tío que está llamado a ser el nuevo Serrat». Eso fue en 1993, y me parece que hoy, siendo lógicamente un artista completamente diferente a Serrat, Alejandro Sanz es un nombre indiscutible y uno de los grandes en la historia de la música española. Decirlo hace más de veinte años era una osadía.

El primer concierto al que asistió Alejandro fue en la plaza de toros de Algeciras y precisamente fue una actuación de Serrat. Muchos años más tarde, concretamente en la cuarenta y cinco edición de los Premios Ondas, Alejandro y Joan Manuel compartieron escenario en una colaboración para enmarcar. Juntos cantaron Romance de Curro el Palmo, *una de las canciones favoritas de Alejandro.*

LUIS MERINO: Íbamos a darle el Premio Ondas a la carrera a Joan Manuel Serrat, en 1998. Y yo le digo a Serrat que lo que me gustaría es que no fuese solo, que tuviese un valor añadido, y que a mí me gustaría que cantase con Alejandro, y hablo con Alejandro y me dice que encantado no, encantadísimo. Pero tiene que ser una canción: *Romance de Curro el Palmo.* Se trata de una canción que es una joya enterrada y, aunque es de las mejores de Serrat, no es de las más conocidas. Y me dice que tiene que ser en directo, claro, faltaría más. Y entonces hicimos la aproximación a Serrat, que también estuvo encantado..., pero aquí no había compañía detrás, era la SER. Y me metió un rejón de costes de producción que casi lloro. Y le dije a Augusto Delkader: «Mira lo que me ha pasado», y me respondió: «¿A ti no te parece que eso es lo más grande que puedes hacer por los Premios Ondas? Y si es lo más grande, para qué te amargas con detalles que a los quince días no vas a recordar». Y salió fantástico. Está en YouTube y nunca se ha editado.

JUAN CARLOS DE LA IGLESIA: Alejandro llevaba tiempo soñando con ese momento. Antonio Vega le había chafado el plan de grabar ese tema en un disco homenaje a Serrat porque se lo había pedido antes. Sabiendo eso, se justifica lo demás. ¿Quién no se pondría nervioso junto al Noi del Poble Sec?

JOAN MANUEL SERRAT: El *Romance de Curro el Palmo* la hemos interpretado juntos varias veces, la primera cuando nos premiaron a ambos en los Ondas. Después hicimos una versión muy bonita en mi disco «Antología desordenada», que celebraba mis primeros cincuenta años. Alejandro puede cantar lo que quiera, y lo hace siempre bien.

En una entrevista en Argentina, Joan Manuel Serrat lanzó un titular explosivo: había encontrado en Alejandro a un digno sucesor y ya se podía morir tranquilo.

ALEJANDRO: Yo no creo ser sucesor, nadie podrá sustituirlo. Nos conecta el que él sepa que yo nunca voy a dejar de usar las mejores palabras en los peores sucesos, creer que las mejores canciones todavía no las escribí. No quiero que se muera nunca. Serrat siempre nos va a hacer falta.

49
El ala este

«Creo que los dos ingredientes para el potaje de la música son el aire y el alma. Si no tienes alma, no tienes aire, no hay posibilidad de hacer nada».

Música: Alejandro Sanz, *El alma al aire*

ALEJANDRO: Cuando digo «aire» me refiero a lo que aluden los flamencos cuando hablan del «aire». El aire es una forma de entender el swing cuando cantas, tocas algún instrumento o haces música. Eso es precisamente de lo que hablaban las canciones de «El alma al aire», esa especie de olita que está en las canciones y que cuando las escuchas va transportándote sobre ellas. No sabes por qué, pero es un tipo de cadencia que te mece. Viajar en la música es como viajar en el aire.

Después de más de dos años de trabajo ininterrumpido con la promoción, lanzamiento y gira de «Más», Alejandro llegó a 1999 exhausto. Las ventas del disco rompieron todos los récords en España y Latinoamérica, y Alejandro empezó a escribir las canciones de su nuevo disco en casa de un buen amigo mientras se levantan los cimientos de su nueva vivienda. Alejandro dejaría su casa en la calle Toronga para mudarse hasta la zona norte de Madrid.

MIGUEL BOSÉ: Estuvo viviendo en mi casa un año y medio largo, ahí compuso «El alma al aire», ahí escribió *Cai* para Niña Pastori y cosas para Antonio Carmona. Él se vino a casa porque, recién llegado de

Bali, estaba sufriendo el acoso de cierta prensa, y mi casa era un búnker donde no se acercaba nadie, porque nadie que viniera a incordiar era bienvenido. Se vino con Jaydy y al poco tiempo vino Rebecca de Alba. También estaban Nicolás Sorín, Fernando Ortiz, David Ascanio, Nacho Palau... Un montón de gente del mundo de la música. Justo durante ese periodo es cuando tuve el accidente de coche, y él estuvo allí toda la época en la que yo tuve que guardar cama con un corsé.

PEPE BARROSO: Antes de vivir en casa de Miguel Bosé pasaron un tiempo en mi casa. Ya en Somosaguas estuve varias veces allí, cenando esos platos de pasta que prepara Miguel tan bien.

ALEJANDRO: Acababa de volver a Madrid con Jaydy y la casa que nos estábamos construyendo estaba en obras. Hablé con Miguel y nos invitó a quedarnos en su casa mientras lo necesitáramos... y estuvimos un año. Era la casa de Dominguín y Lucía Bosé, yo la definía como romántica, decadente, estaba como viniéndose abajo, dejando ver todo su esplendor pasado. Y con todo el romanticismo de la familia Bosé Dominguín. Allí vivía mucha gente, pintores, artistas...Ahí compuse «El alma al aire» y *Cai*. Vinieron a verme la Niña Pastori y Chaboli: «Tío Chan, queremos que nos produzcas el disco»... Y les di la canción.

Cuenta la leyenda que Paco Ortega y Alejandro Sanz tardaron tres días en recorrer apenas setenta kilómetros y descubrir al mundo el talento de María. Después de hablar con los protagonistas, uno descubre que la legendaria peripecia es tan verdad como que después del sol aparece la luna. Alejandro tardó en llegar, pero la espera de la Niña Pastori mereció la pena.

NIÑA PASTORI: Habíamos contactado con él en un rastrillo benéfico en Madrid. Dentro del recinto había una caseta, La Parrala, en la que se podía comer y había un cuadro flamenco. Nosotros fuimos por mediación de Concha Baras, la madre de Sara Baras, que tenía una academia de baile en San Fernando y era amiga de mis padres. Asistíamos a muchos concursos de baile, y yo acompañaba como cantaora. Concha le propuso a mi madre lo de La Parrala, le dijo: «Es una cosa benéfica, va muchísima gente y es una oportunidad para que a la niña la puedan ver». Yo hacía unos cantes, cantaba un poquito por bulerías y tal. Y allí tuve oportunidad de conocer a Alejandro, ya quedó con mis padres y hablamos también con BMG Ariola.

PACO ORTEGA: Yo entré en contacto con María Vargas, que había regresado de una larga ausencia de treinta años, se había retirado después de casarse, después de haber hecho cosas muy importantes con Paco, con Manolo Sanlúcar. A mí me fascinó su voz y entré en contacto con ella, era la época de Paco Ortega & Isabel Montero. En su círculo estaban Alejandro y también la Tata y Adolfo Canela, y también Capi. Nos hicimos amigos, nos caímos bien enseguida, porque tenemos un sentido del humor parecido y nos reíamos mucho, y empezamos a vernos frecuentemente, tanto en casa de María Vargas como fuera, y desde entonces tenemos una gran amistad.

Convencí a Alejandro para que se metiera conmigo en el proyecto de Niña Pastori. Hicimos un viaje para que la conociera, y quedamos con María y su familia en la Venta de Vargas. Nos fuimos a Sevilla en el AVE, y en Sevilla alquilamos un Mercedes para ir a San Fernando, que está a setenta kilómetros..., y estuvimos parando en todos los sitios, en Cádiz, en Jerez nos echaron de un hotel...; lo pasamos realmente bien. A todo esto, la familia de María esperando en la puerta como en *Bienvenido Mr. Marshall,* llamando siempre a una gente que nunca llegaba, y como íbamos los tres, Alejandro, la Tata y yo, hicimos una muletilla: «Que es tres, que stress, hay que seguir, hay que seguir»...

NIÑA PASTORI: Tendría como doce o trece años cuando salió su primer disco. Me lo puso mi vecina y amiga Carmen, que hoy es mi representante. Ella tenía una radio pequeñita en la habitación que compartía con su hermana mayor y siempre estaba escuchando música de todo tipo. Una tarde, después del cole, estábamos abajo en la calle, como siempre, y me dijo: «Ha salido un chaval guapísimo, y canta que te cagas» (risas), «unas canciones superbonitas, vente a casa y te las pongo». Era la época en que uno grababa las casetes de la radio cuando pillabas las canciones que te gustaban. Yo en mi casa lo que escuchaba era flamenco, también me llegaba lo que ponían mis hermanos mayores, que escuchaban a Triana y Alameda y esta onda. Y en la habitación de Carmen escuché por primera vez «Viviendo deprisa».

Luego con un hermano mío, el que va delante de mí, empezamos a escuchar el disco entero y nos hicimos muy fans. Y las casualidades de la vida, dos o tres años más tarde, yo ya era una muchachita de quince años, tuve la suerte de que pudiese venir a conocerme a San Fernando. Mis amigas no se lo creían, él era ya superconocido. Mis padres eran los que habían hablado con él, y me dijeron que venía. Tardaron un poco en llegar..., pero llegaron (risas).

Paco Ortega: Con Niña Pastori colaboramos en los dos primeros discos: «Tú me camelas» y «Eres luz». Coincidieron con un momento de gran éxito de Alejandro, que estaba superliado y no pudo estar todo lo encima que le hubiera gustado, aunque le compuso un tema precioso en cada disco. Yo hacía la producción y la supervisábamos juntos.

Alejandro: Emanuele nunca había escuchado flamenco, y conmigo empezó a conocer todo lo de Paco, etcétera. Tenía una capacidad de trabajo impresionante, se tiraba los días enteros en el estudio. A mí me gusta producir implicándome mucho, como cuando hicimos en el año 2000 «Cañailla» con Niña Pastori. Ahora puedo apoyar a artistas que me gusten, pero no hasta el nivel de ponerme a producir, prefiero centrarme en mis proyectos. Hoy en día es muy difícil crear un clásico. Antes era capaz de escribir en cualquier sitio, escribía canciones en los hoteles, en los viajes... Ahora me cuesta mucho, tengo que tener una rutina para ponerme a escribir, y también para leer.

Niña Pastori: En el primer disco, Alejandro me dio una bulería y un fandango, en el segundo me dio *Qué pena,* otra bulería preciosa que le encantó a la gente. Y para el tercer disco, «Cañailla», ya hizo la producción con Josemi Carmona y Emanuele Ruffinengo.

Carmen París: Alejandro demostró que era posible hacer música de calidad y vender. Y ese concepto lo entendí cuando escuché lo que Alejandro y Ruffinengo habían hecho. Y no solo en *Corazón partío,* también en otros muchos temas de Alejandro, y en *Cai* de la Niña Pastori.

En la casa de Miguel Bosé se vivieron momentos de pura conexión artística. Alejandro se sumergió profundamente en la creación de nuevas can-

ciones. Las paredes de la casa de Somosaguas respiran arte, de Picasso a Visconti, de Andy Warhol a Oswaldo Guayasamín...

MIGUEL BOSÉ: Decíamos que él vivía en el ala este y yo en el ala oeste. Pasamos los minutos más bellos de mi vida con Alejandro, con Jaydy, con Rebeca... Entre las personas de mi entorno y las del entorno de Alejandro, cuando se hacían reuniones, cenas o lo que fuera, lo que surgía era siempre espectacular.

EMANUELE RUFFINENGO: Pasamos mucho tiempo juntos en casa de Miguel Bosé, escuchando las maquetas y grabando. Él me decía: «Tengo la letra», y tocábamos juntos. Pasaba allí cuatro o cinco días, regresaba a Italia, volvía a a Madrid... Y, además, Warner pidió maquetas más completas. En aquel momento cada vez utilizábamos más programación.

ALEJANDRO: En esa época Lucía Bosé se fue a Segovia a montar su museo de ángeles, y su habitación, un lugar maravilloso con suelo de arlequín, se convirtió en mi estudio y monté un piano allí. Miguel llegaba a las tres de la mañana de hacer *Séptimo de caballería* y pasaba a verme, nos reíamos mucho, inventábamos canciones.

MIGUEL BOSÉ: Durante la época de «El alma al aire», Alejandro y yo teníamos un entretenimiento que era componer canciones de heavy metal al piano, que tiene mucho mérito. Ni se sabe las que llegamos a hacer. Y hubo una cuya letra y partitura devoró el piano, que se llamaba *Manoli,* hablaba de alguien que trabajaba en mi entorno. La letra de *Manoli* se la tragó el piano, se coló por detrás de la tapa y nunca la pudimos recuperar. Y ahí seguirá dentro para toda la vida...

ALEJANDRO: Me pasaba tocando hasta las cinco o las seis de la mañana. Aquello era una casa, y no estaba insonorizado como un estudio. Tenía un interfono con la zona de la casa donde estaba Miguel, y a veces me llamaba en mitad de la noche: «Te ha faltado un acorde ahí». «¿Qué acorde, Miguel?». «¡El que sea!».

MIGUEL BOSÉ: Muchas veces intentamos componer juntos y no hubo manera, jamás, nunca. Porque con toda nuestra amistad y nuestra convivencia, no hay personas más diferentes en todo, hasta musicalmente. Yo amo su música, pero no sé cómo agarrarla, no puedo entrar por ningún lado porque no hay nada más lejano a mí. Él es pop, acústico, sureño... y yo soy pop europeo, nórdico, informático, con otro sonido y otra manera de estructurar y armonizar la música. Y él, cuando la Academia me hizo Person of the Year, fue capaz de hacer una versión de *Si tú no vuelves* es-pec-ta-cu-lar, llevándosela a su terreno.

CAPI: En una ocasión, cuando estaba en casa de Bosé componiendo «El alma al aire», me enseñó algo que había compuesto: «Mira lo que hice anoche». «Está bien», contesté. Me miró a los ojos y me dijo: «Ayer no existía». Esa fue su gran lección para mí, la necesidad de mostrar el mayor respeto por el acto de la creación.

El trabajo de Emanuele fue muy diferente al de sus otras dos colaboraciones anteriores. A raíz del éxito de Corazón partío, *Alejandro le pide que el siguiente álbum quiere grabarlo siguiendo el mismo patrón conceptual; no se refería al tipo de canción, sino a utilizar músicos distintos en cada tema. Además, el nuevo disco ya no tendría nada de «italiano», siendo en esencia un disco español y flamenco.*

ALEJANDRO: Durante el tiempo que pasa entre un disco y otro normalmente aprendo mucho y lo aplico rápido para el siguiente trabajo. No tengo prejuicios a la hora de incluir en mis discos todo lo que aprendo, incluso cuando puede parecerle a la gente de mi alrededor que me estoy despegando de mi tipo de música, que es la que hago en cada momento.

ÍÑIGO ZABALA: El trabajo que hizo Emanuele en la grabación de «El alma al aire» fue colosal, le dedicaba más de veinticuatro horas al día. Fue un disco impresionante con canciones excepcionales, y un paso adelante muy importante. Y Alejandro asumió riesgos también en este disco, basta escuchar el primer sencillo, *Cuando nadie me ve,* que fue extraordinario. Es un disco de una calidad increíble y el del reconocimiento definitivo.

MIGUEL BOSÉ: Creo que «El alma al aire» es absolutamente su disco más inspirado. Lo hizo con tiempo, en un entorno óptimo, recién casado, tremendamente feliz, con una creatividad que se le iba disparando. Todo lo que hacía era brillante en esos años, una creatividad desbordada que le acompañó hasta que perdió a su padre. En ese disco no hay una sola canción que sobre.

EMANUELE RUFFINENGO: Para mí supuso un trabajo brutal porque el proceso de producción cambió. Fue un año de innovación también en materia de *software* de producción. Lo que hacíamos era que yo grababa muchas cosas, y luego elegíamos. A los músicos de sesión les pedía que hicieran varias cosas diferentes y luego yo construía el arreglo, ensamblando diferentes tomas.

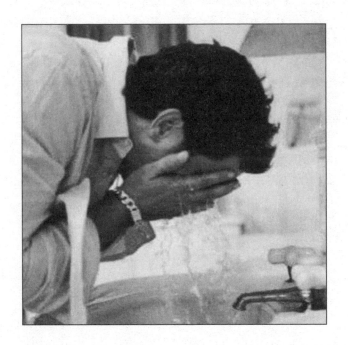

50

Cuando nadie me ve

«Lo que más me inspira es que, a pesar de que hablo
mucho de las relaciones humanas, jamás voy a conseguir
saber cómo somos. Hay tantas verdades como
personas y tantas mentiras como verdades».

Música: Alejandro Sanz, *Cuando nadie me ve*

E*l alma al aire» es un disco crucial en la vida y carrera de Alejandro. Después de grabaciones europeas, en este proyecto descubre un nuevo modo de trabajar y, sobre todo, una ciudad que terminaría siendo su casa: Miami le abrió los brazos y Alejandro la abrazó.*

ALEJANDRO: Cuando salí de casa de Miguel, estuve dos meses con Emanuele preparando toda la parte de concepto musical, el tipo de arreglos, el tipo de instrumentación, así que, cuando llegó la hora de la grabación, Emanuele estaba empapadísimo de las canciones, nos entendíamos al momento. Después, cuando llegaron los músicos, cada uno fue aportando sus cosas y ahí ya es cuando me pude relajar y disfrutar. Fue una grabación bonita, entramos inaugurando el estudio que estaba todavía medio en obras.

Fui a Miami a grabar «El alma al aire», y la compañía me alquiló una casa en el agua. Y para mí fue un descubrimiento: levantarte por la mañana y montarte en tu Jet Sky, salir a navegar, el sol, el agua, el clima. Y me gustó mucho. Y veía una casa que había cerca y pensaba:

«Esa casa me la voy a comprar algún día». Surgió la oportunidad y la compré. Pero no soy residente en Estados Unidos, tengo el visado 01, «Special talent», *in the kitchen...* (risas).

José Luis Delapeña: Era una casa estupenda, estuvo allí durante toda la grabación de «El alma al aire». Curiosamente, la gestión del alquiler la llevó la mujer de Jesús López.

Jesús López: Yo convivo con él desde otro punto de vista. Él conocía bien mi *background* profesional en España y nos hicimos muy amigos. En 1994 yo me trasladé a Miami, y años más tardé un día llegó allí de promoción y le invité a cenar. La jornada de promo fue larga y llegó un pelín tarde. Y ni le enseñé la casa, entró por la puerta delantera y salió por el *backyard,* donde había un embarcadero. Y le monté en mi barco, serían las nueve de la noche. Navegamos por toda la bahía de Miami y fuimos al río, a tomar un arroz negro y una paella a un restaurante que había allí, La Montse.

Al volver y amarrar el bote en casa nos quedamos un rato en el jardín y dijo que quería buscar una casa allí, quería probar esto de vivir en una ciudad interesante y con mar; viviendo en Madrid lo echaba de menos, por su conexión con Algeciras. Y mi mujer, que trabajaba en el sector inmobiliario, le buscó una casa de alquiler, vino a vivir en ella una temporada, le encantó y se compró una a cien metros de mi casa. Y seguimos siendo vecinos y muy buenos amigos.

Íñigo Zabala: «El alma al aire» fue un disco muy importante para la vida de Alejandro. Durante la grabación en Miami descubrió una ciudad que después ha sido muy importante en su vida.

Emanuele Ruffinengo: Fue el disco en el que disfrutamos de más libertad, incluso más que en el anterior. Y esa libertad llegaba desde Alejandro, más que desde Warner. Creo que fue un proceso necesario para él, para llegar a otro nivel. Le permitió demostrar más aún su profundidad artística, mucho más allá de un cantante de pop con grandes letras, como un creador mucho más grande.

Alejandro: De alguna manera los discos siempre son autobiográficos y, en este caso, además, quise contar las cosas de una manera más sincera y clara. Contaba lo que a veces uno no se atreve a decir y que en las canciones siempre parece más fácil.

Siento la necesidad de cantar, de escribir y de hacer discos y de llegar a la gente. En las canciones cuento realmente las cosas que veo, muchas no me han pasado, pero las han vivido gente cercana. Ojo, tampoco soy cronista de anécdotas de nadie, ni siquiera de las mías. Cuando trato de explicar las canciones siempre hay alguien que me dice: «No me digas que significa eso, yo creía que era esto otro».

«El alma al aire» es un disco de canciones. Algunas de las mejores composiciones de la carrera de Alejandro se esconden allí. Probablemente, Cuando nadie me ve, *el primer sencillo del álbum, fuera la canción más esperada de toda su trayectoria. Después del triunfo de* Corazón partío, Amiga mía, Y, ¿si fuera ella? *y todos los demás sencillos de «Más», el público ansiaba escuchar nueva música de Alejandro.* Cuando nadie me ve *no solo respondía a las expectativas, sino que mostraba una nueva dirección llena de matices y colores inesperados. Alejandro volvía a cambiar el paso presentando una canción monumental.*

José Luis Delapeña: El disco era muy bueno, tenía muy buenas canciones: *El alma al aire, Quisiera ser, Cuando nadie me ve...* Era un disco acojonante.

Emanuele Ruffinengo: *Cuando nadie me ve,* a pesar de ser una balada, no tiene nada de «gran pop italiano», está mucho más cercano al flamenco, como le pasa al resto del disco.

Laura Pausini: Antes de conocerlo en persona, hubo una de sus canciones que me acompañó en un periodo de mi vida, *Cuando nadie me ve.* No me es fácil hablar de ese momento de mi vida, pero ese tema lo canté en mi casa muchas veces, llorando, sintiéndome muy sola. Es mi canción favorita de su repertorio.

Pancho Céspedes: Cuando hablo con mis hijos acerca de todo lo que se desarrolla a diario, me tranquilizo, pero, cuando no lo hago, me estreso. Entonces, recurro a aquella frase de la canción de Alejandro, esa que dice que cuando nadie me ve puedo ser o no ser; es el momento que tengo para meditar y aprender.

Alejandro: En «El alma al aire» me sentí muy a gusto cantando. Lo canté de una manera muy cómoda. No canto ni mejor ni peor que en otro..., pero muy cómodo sí que canto (ríe).

Ludovico Vagnone: La primera vez que escuché *Cuando nadie me ve,* casi lloro. Pensé: «Si la gente no entiende esto, mal va el mundo...». Y sí lo entendieron.

Alejandro: «Cuando nadie me ve» es una frase que no explica lo que yo hago cuando nadie me ve, sino cuando realmente encuentro un segundo para reordenar mi cabeza, cuando te detienes en esas cosas que cuando estás con gente pasas por alto o no prestas atención. Cuando uno está solo, está desnudo por dentro y por fuera, y entonces no ocultas las cosas que no te gustan. La canción es un ataque de sinceridad para desmitificar la entrega total.

Raquel Perera: Es muy poco original por mi parte, pero lo primero que escuché de Alejandro fue *Corazón partío.* Estaba viviendo fuera de España y vine unos días para ver a la familia y los amigos, y cuando llegué escuché la canción por todos sitios. También *Y, ¿si fuera ella?* Luego regresé a Londres y no fue hasta que volví a Madrid, que era cuando había salido «El alma al aire», que volví a escucharle. Iba en el coche y sonó *Cuando nadie me ve,* llevaba la radio muy baja y subí el volumen, tuve que parar el coche, me quedé casi paralizada por la canción. Me preguntaba: «¿Y esto qué es?».

Pablo Alborán: Cuando estrenó *Cuando nadie me ve,* yo iba en coche de Málaga a Benalmádena, a ver a mi abuelo, que estaba enfermo. Y me quedé mirando a las estrellas y la canción me anestesió... Es una canción que se ha quedado conmigo para siempre, me gusta cantarla cuando estoy con amigos, la he hecho muy mía.

Sole Giménez: Yo hice una versión de *Quisiera ser* en mi disco «Pequeñas cosas», la hicimos a bolero y, cuando empezamos a tocarla, todos los que estábamos en el estudio coincidimos: ¿cómo podía ser tan bonita esta canción? A veces la hacemos a piano y voz en los conciertos y es una belleza. Nada fácil, no te lleva por derroteros muy simples, pero lo bonito es eso, que haya un paisaje musical que se abra delante de ti y ocurran muchas cosas. Los grandes compositores y artistas, tienen esa dualidad, cubren los dos aspectos, llegan al público, pero no hacen simplezas, y eso él lo tiene, no es fácil, y es totalmente destacable de Alejandro.

Maurizio Sgaramella: Aunque «Más» todavía hoy suena muy actual por sonido, letras y arreglos, creo que, musicalmente hablando, el mejor álbum fue «El alma al aire»; esa es mi opinión.

ALFONSO PÉREZ: Llegar arriba es difícil, pero mantenerse es aún más complicado. Pero qué bien salió de la presión con «El alma al aire», un discazo.

SOLE GIMÉNEZ: El hecho de construir las canciones como él lo hace da pie a experimentar con diferentes atmósferas. Son canciones con un universo dentro, y eso es lo más importante que ha aportado. Canciones deliciosas para la gente a la que nos gusta la música... complicada.

La dirección de arte del disco volvió a caer en manos de Rafa Sañudo, quien supo captar el espíritu del título y el momento de Alejandro con una portada inolvidable. La imagen despedía un aire casi espiritual. El gesto de las manos de Alejandro batiéndose el pecho es ya una marca registrada en su iconografía.

RAFA SAÑUDO: Me gustan los discos que tengan un concepto gráfico claro, no un popurrí de imágenes. También que se lean bien las letras, que en Alejandro son importantes para él y para su público. En «El alma al aire», Alejandro ya estaba megalanzado al estrellato. Es la continuación de «Más», él sigue de subidón, está en una nube y eso se nota. La portada era un poco eso. Hicimos las fotos con Enrique Badulescu en Miami, y de hecho es una portada «muy Miami». Trabajé muy a gusto, pero él ya no era ese chaval que había tenido éxito pero que conservaba un punto de ingenuidad. Un tío listo como él, listo de calle, de barrio, al cabo de esos dos años ya sabía hablar latín, griego y arameo.

No le gustan nada ni las fotos ni los rodajes. Él es músico y lo que le gusta es estar en el estudio, se aburre parado haciendo fotos, aunque entiende que es parte del trabajo. La foto de «El alma al aire» le gustó mucho, porque le encontré el gesto muy rápido, ese gesto tan suyo en el que se golpea el corazón. En media hora habíamos terminado y estaba feliz.

Para el vídeo, Warner reclutó al realizador francés Sebastien Grousset. Nacido en París, Sebastien tenía una gran experiencia en campañas publicitarias para Mercedes, BMW, Telefónica, Coca-Cola... Supo captar el momento del artista en una película que también ha pasado a la historia de Alejandro.

Rodado íntegramente en Madrid, el vídeo mostraba dos historias paralelas entre Alejandro y un grupo de mujeres. La primera parte del vídeo se rodó en una vieja fábrica de cerveza a las afueras de Madrid, de allí se extraerían los totales para el playback. *La segunda en el ring de boxeo del gimnasio del Rayo Vallecano. El vídeo mezclaba lucha y poesía con elegancia y temperatura elevada...*

El vídeo de Cuando nadie me ve *tenía una parte, digamos, bastante explícita. Alejandro ya era de largo el artista más popular en España y en el vídeo se rodaban escenas de desnudo. Aparte del realizador, el iluminador, las actrices y Alejandro, nadie más entró en el set de rodaje. Yo mismo me encargué de echar a todo el mundo fuera de la habitación. Desde Warner se tomó la decisión de guardar todos los brutos del rodaje en una caja fuerte..., por si las moscas.*

ALEJANDRO: Yo no iba a hacer un vídeo donde besuqueaba a una chica que no conocía absolutamente de nada, eso hubiera sido una vulgaridad. Si el vídeo no hubiera tenido toda la poesía que le puso Sebastien Grousset, que es la persona que lo dirigió, no lo habría hecho.

Y cada vez hay menos sexo en mis vídeos. El de *Cuando nadie me ve* fue un problemilla para la familia. Yo mismo, al verlo montado, me dije: «Hostia, igual nos hemos pasado». La gente se queda con las escenas picantes, pero tiene mucha poesía. En la industria se dice mucho. El sexo vende. Si tiene un contexto dentro de lo que haces, me parece bien, pero el sexo por el sexo es otra cosa. Es pornografía.

KIKO FUENTES: Óscar volvió del rodaje y nos contó lo de las escenas subidas de tono y, como primera medida, le reclamamos a la productora todo el material rodado y lo metimos en la caja fuerte. Y ahí seguía, mientras yo estuve en Warner por lo menos. Hay que tener en cuenta que en aquella época no iba toda la gente con una cámara HD en el bolsillo, hoy en día seguramente se nos habría escapado alguna teta.

Cuando el disco estaba prácticamente terminado, Warner se encontró con un escollo inesperado. La compañía de Vicente Amigo, que ya había colaborado en «Más» con condiciones muy estándar, se descolgó con la exigencia de un royalty desproporcionado para el tipo de colaboración rea-

lizada. Quitar la guitarra de la mezcla no era una opción, y el tiempo se echaba encima, de tal manera que no hubo otro remedio que transigir.

José Luis Delapeña: Tuvimos un problema con Vicente Amigo que grabó, y cuando le pedí la factura, no me la mandaba, llamo al mánager y me dice que ya no era el mánager, que hable con Vicente. Y Vicente, que hable con la compañía, que era BMG. Llamo y me dicen que quieren un tres por ciento o no nos lo autoriza, todo ello a dos semanas de sacar el disco... Total, que hubo que tragar y acabaron cobrando más de cincuenta millones de pesetas (trescientos mil euros).

Kiko Fuentes: En 1999, Chavela Vargas, que tenía un contrato en vigor con Warner, fue invitada por Joaquín Sabina a colaborar en un dueto en el tema *Noches de boda,* incluido en el muy exitoso álbum «19 Días y 500 Noches», que había despachado algo así como setecientas mil unidades. Naturalmente, esto había producido unos sustanciosos *royalties* para Chavela, y se conoce que había producido malestar en BMG. Cuando me tocó intervenir en el tema de Vicente Amigo, mi interlocutor, en un alarde de sensibilidad, se quejó amargamente de haber tenido que pagar un dineral «a una vieja borracha» y, en lo que consideró justa *vendetta,* nos la clavó doblada. Gajes del oficio, solo espero que Vicente Amigo, que es un gran tipo, recibiera su parte del pastel.

«El alma al aire» tuvo una edición especial con motivo de la gira. Para ese relanzamiento, Alejandro grabó dos canciones junto al grupo irlandés The Corrs, Una noche y The Hardest Day. Para la producción de uno de los temas se contó con David Foster, músico y productor canadiense que había trabajado con John Lennon, Barbra Streisand, George Harrison, Destiny's Child o Michael Jackson. Con catorce premios Grammy y tres nominaciones a los Oscar (incluyendo la canción I Will Always Love You», que Whitney Houston interpretó para la película El guardaespaldas), David Foster era, y es, uno de los productores más importantes del negocio.

Viajamos hasta Los Ángeles para grabar la canción The Hardest Day, una adaptación de The Corrs del éxito de Alejandro Me iré. David Foster nos recibió en su mansión de Malibú a media tarde. Para llegar hasta la puerta principal debías tomar un pequeño teleférico, una especie de tren

cremallera, el mismo, por cierto, que aparecía en la película de Serie B inter-
pretada por Andy García 8 millones de maneras de morir. *En lo más alto*
de la colina esperaba Foster con una inmensa bolsa de patatas fritas y un
chandal XXL. No recuerdo que la imagen fuera especialmente glamurosa,
pero sí me pareció un tipo tremendamente simpático. Mientras nos dirigía-
mos al estudio de la casa, de las paredes del pasillo colgaban discos de oro
de Michael Jackson, Whitney Houston y Barbra Streisand. Un tío importan-
te este Foster, no cabe duda.

ALEJANDRO: Me propusieron el proyecto porque tenía ganas de trabajar con artistas que no fueran de mi lengua. Cuando me propusieron
trabajar con The Corrs me pareció fantástico, me sentía mucho más
cercano a ellos que otras propuestas.

Lo primero que hice fue hablar con ellos, porque realmente quería
conocer su opinión sobre hacer esta colaboración. Si hubiese sido una
simple cuestión de marketing, si no hubiese habido música y verdadero entendimiento entre nosotros, no lo hubiese hecho. Y ellos tampoco, claro.

JIM CORR: *One Night* era una canción muy potente, un tema que
podía tener una buena interpretación en español, y la visión que tenía
Alejandro de *Una noche* es exactamente la que esperábamos. Alejandro
lo hizo de manera bella y poética.

ALEJANDRO: The Corrs tienen una manera de entender la música
muy apasionada, parecida a la mía. Son muy fieles a sus raíces, gente
que no olvida de dónde viene, y eso es importante y en su música se
nota.

SHARON CORR: Cuando tienes un oído musical como el de Alejandro, es muy fácil captar las inflexiones en la música muy rápido. *The*
Hardest Day y *Una noche,* las canciones que hicimos juntos, son básicamente historias de amor de dos personas que se conocen contadas
de manera hermosa.

KIKO FUENTES: The Corrs vinieron a Madrid a rodar el vídeo de *The*
Hardest Night, que era una película de chinos y que costó más o menos
lo mismo que *55 días en Pekín*. Naturalmente, el rodaje era en fin de
semana, así que el marrón de acompañar a los artistas, coordinar los
coches y esas cosas se lo asignamos a un chico que acababa de entrar

en la compañía. Cuando llegué el lunes temprano a la oficina, Alejandro Mori, con cara de haber dormido poco, ya ocupaba su puesto de combate. «Qué chico tan diligente, qué buen fichaje», pensé.

ALEJANDRO MORI: Llevaba diez minutos en la compañía cuando Kiko me preguntó si tenía planes el domingo... La verdad es que Kiko siempre fue muy cortés dando órdenes. Mi misión consistía en ir a buscar a The Corrs al aeropuerto y atenderles durante su estancia en Madrid. Venían para grabar un programa de televisión y rodar un videoclip con Alejandro. Por supuesto, en toda mi vida había estado en un plató de televisión o un set de rodaje. El vídeo se grabó en el matadero y de noche. El rodaje fue larguísimo. Tras un parón para cambiar el set, nadie encontraba a Alejandro. Todo el mundo lo estaba buscando y me uní a ellos. Por casualidad fui yo quien lo encontró, estaba sentado junto al camión del *catering* charlando con el conductor, un señor mayor. Con mucha prudencia le dije que desde hacía un buen rato lo estaban buscando, con todavía mucha más calma me miró y me dijo: «Tranquilo, estoy hablando con este señor, que no se preocupen, ahora iré». Se tomó su tiempo. Me impactó mucho.

Al día siguiente llegué a Warner sin dormir, iba un poco preocupado, la verdad. Cuando entré, noté que todo el mundo me miraba, pero de otra forma. Parecía que sus ojos decían: «¡Prueba superada, chaval!».

El éxito de «El alma al aire» fue inmediato. Las canciones conquistaron las listas de ventas de España y América, y Alejandro, a pesar de no tener nada que demostrar, confirmó con este disco su posición como indiscutible número uno.

NARCÍS REBOLLO: «El alma al aire» coincidió con la época en la que en Vale Music nos especializamos en televisión, acuerdos con *Crónicas marcianas* y cosas así. Y también nace *Operación triunfo*. Precisamente los grandes éxitos de David Bisbal en la primera edición y de Manuel Carrasco en la segunda son con canciones de Alejandro Sanz. En los *talent shows* musicales en España y en México, su repertorio ha vuelto a ser clave para el éxito. Y mientras muchos artistas estaban en contra de *Operación triunfo*, Alejandro mandó una carta muy bonita al programa y lo apoyó.

ÍÑIGO ZABALA: El éxito de «Más» fue tan impresionante que a mucha gente, y a muchos miembros de la Academia entre ellos, no les dio tiempo a asimilar lo que significó ese álbum para la música en español. Por eso, un gran disco como es «El alma al aire» sirvió para que todos se dieran cuenta de que «Más» no había sido una casualidad, sino que era la culminación de un proceso que se inicia en «Viviendo deprisa», y el reconocimiento fue general.

Con Beyoncé

51

El alma al aire

«En "El alma al aire" me dejó muchas dudas. Había mucha gente
a mi alrededor que dudaba mucho, y me entró mucho miedo».

Música: Alejandro Sanz, *Quisiera ser*

ALEJANDRO: Había presión, yo veía a todo el mundo a mi alrededor muy nervioso, se preguntaban si el disco tendría otro *Corazón partío*, otro *Y, ¿si fuera ella?*, y eso me estresaba mucho, pero creo que estaban más nerviosos ellos que yo. Y no hablo solo de la compañía, también los amigos de la radio, la familia...

Tuve mucho éxito con el primer disco. Luego el segundo vendió menos, aunque para mí sí fue exitoso porque convenció a muchos músicos, y ahí mucha gente se preocupó. «3» volvió a vender..., pero es que esto no es una carrera en la que tengas un sueldo fijo de funcionario como quería mi madre.

Y después de que llegara «Más» con tanto éxito, era muy difícil de superar. Ten en cuenta que yo entonces, dentro de Warner, a nivel cifras no competía con los artistas españoles, competía con Madonna y los artistas anglo..., y había esa presión de seguir creciendo que tiene la sociedad actual y que al final hará que nos despeñemos todos.

Para el lanzamiento del disco fuimos a la radio con tan solo treinta segundos de Cuando nadie me ve, *algo bastante osado, no cabe duda. Lo mejor de todo es que lo pusieron, tal era el hambre por escuchar música nueva de Alejandro en el mercado que aquellos pocos acordes del sencillo sonaron como si fuera un single completo.*

El lanzamiento de «El alma al aire» es, quizá, el ejercicio de marketing más extraordinario realizado nunca por la industria del disco en España. Para cuando llegó el día del estreno en tiendas era difícil encontrar una sola persona que no supiera que Alejandro Sanz tenía un nuevo disco. Tal cual.

SAÚL TAGARRO: Con «El alma» ya íbamos preocupados desde el minuto uno, y nuestra obsesión era que todo el mundo se enterase de la fecha de lanzamiento, 26 de septiembre. En julio empezamos la promoción personal por parte de Alejandro. Cada quince días hacíamos unos estudios de mercado para ver qué gente sabía que Alejandro iba a publicar un disco el 26 de septiembre y nos salía el uno por ciento, el dos por ciento, cifras absolutamente patéticas, como para tirar la toalla. ¿Cómo íbamos a vender un millón de discos en una semana habiéndose enterado del lanzamiento un uno por ciento de la población? Ese verano lo pasé muy mal viendo esas estadísticas.

Y llegué a otra conclusión. Hubo un momento en que dijimos: «Esto no anda, hay que meter la publicidad ya». Y en vez del uno por ciento pasó al cinco por ciento, que es una barbaridad. Y es que no es lo mismo la publicidad que la promoción. Tú a la gente le dices en tono distendido que va a salir el disco nuevo el 26 de septiembre, que es muy bueno, que lo he grabado así y asá, etcétera, y nada. Haces publicidad y dices: «El 26 de septiembre hay que comprar el disco de Alejandro Sanz», y la noticia vuela, tiene un resultado espectacular.

Ahora que la gente de marketing hace tantos artículos de opinión, contenido nativo, que canta tanto a estar escrito por el anunciante..., no puedo evitar pensar que les sería más rentable hacer *spots* de televisión. Para mí es mejor hacer la publicidad para que lean el artículo, y no al revés.

MARIANO PÉREZ: Estaba a punto de irme a México a dirigir Warner Music y Saúl organizó una cena en La Trainera para presentarme a Alejandro, que estaba preocupado porque no sabía quién iba a gestionar su carrera allí. Era diciembre de 2000, en enero de 2001 ya me instalé en el DF.

En junio de 2000 se organizó una escucha de «El alma al aire» en la casa que Alejandro tenía alquilada en Miami para la grabación. Había estado una vez en Criteria con Íñigo durante la grabación.

Kiko Fuentes: Allí nos presentamos la plana mayor de LATAM. Hubo que posponer la presentación veinticuatro horas porque en Nueva York una tormenta tropical obligó a cancelar muchos vuelos, y varios ejecutivos, Íñigo entre ellos, no pudieron viajar. Al día siguiente tuvimos oportunidad de oír el disco casi terminado. Había mucha expectación con el lanzamiento y, después de haber escuchado las canciones con el artista, el ambiente era de verdadera euforia. Luego cenamos a tutiplén en el jardín de la casa de Alejandro, y nos bebimos unas cuantas botellas de Vega Sicilia, que creo que eran regalo de Julio Iglesias. Era un trabajo maravilloso, la verdad.

Mariano Pérez: Ya era una superestrella en México, donde «Más» había vendido bien por encima del millón de unidades. Y además era respetado por su condición de autor de su propio repertorio, que no es lo habitual allí. En general, en México el respeto hacia la industria de la música es infinitamente mayor que en España.

Y eso que en México a veces tenían dificultad para entender su manera de hablar por su acento andaluz. Pero, al final, por su personalidad y su gracia, cautivaba a todos.

Saúl viajó a México para presentar a toda la región el lanzamiento de «El alma al aire», con aquella estrategia tan agresiva, inspirada en los DVD de Disney, para tratar de vender todos los discos el primer día, cosa que logró en gran medida.

Saúl hizo una campaña brillante, con estudios de mercado para saber cuántos discos se podían sacar de las tiendas y en cuánto tiempo..., y se vendieron seiscientos cincuenta mil en un día y un millón en una semana. Hizo un trabajo brutal, buenísimo.

Si bien Saúl nunca se inmiscuía en labores artísticas, para el lanzamiento de «El alma al aire» se involucró en la parte comercial como en ningún otro disco. Es importante poner en contexto el momento que se vivía en el negocio cuando se publicó el disco de Alejandro. Las ventas físicas habían sufrido un importante retroceso debido a la piratería. Si por aquel entonces el recorte de ventas fue importante, nada hacía prever que una caída en picado del negocio estaba solo a la vuelta de la esquina.

Tanto la venta ilegal callejera, los conocidos manteros, como la llegada de dudosos canales digitales a través de Internet colocaron al negocio al borde del colapso. De alguna manera, Saúl intuyó el drama que estaba a punto de llegar y planteó una estrategia agresiva.

Operación triunfo *coincidió con todo este desbarajuste creando, aún si cabe, más ruido en el mercado.*

Las certificaciones de Disco de Oro en España pasaron con los años de cincuenta mil discos vendidos a veinte mil. Lanzamientos locales que alcanzaban fácilmente el disco de oro pasaron a vender siete u ocho mil discos. Artistas internacionales que solían despachar cuatro o cinco mil discos vendían ahora trescientas o cuatrocientas unidades. La industria discográfica entraba sin remedio en su época más oscura.

«El alma al aire» es seguramente el último gran lanzamiento realizado en España. El negocio a partir del año 2000 nunca volvió a ser el mismo. Y Saúl Tagarro lo sabía.

Saúl Tagarro: Cuando vienes de vender dos millones de discos..., ¿qué puede pasar? Pues conociendo la bondad tradicional de este país, en cuanto lo cojan los DJ's lo van a destrozar, aunque sea bueno. No había que darles tiempo de reaccionar, y con solo treinta segundos de la canción poco daño podían hacer. La otra cosa que tenía clara era que, como no vendiéramos todos los discos el primer día, no los venderíamos nunca. «El alma al aire» es un gran disco, pero obligatoriamente lo iban a comparar con «Más», y eso es mucho.

Kiko Fuentes: Diego Manrique describió en *El País* nuestra campaña de prelanzamiento como «despiadada mercadotecnia desplegada por su compañía»..., ¡y siempre lo consideramos un piropo!

Saúl Tagarro: La operación de «El alma al aire» es la más cuidada y meritoria que hemos hecho en nuestra historia. «Más» es un fenómeno musical, pero «El alma al aire» es, además de un conjunto de canciones brillantes, un fenómeno de marketing. Si no hubiéramos hecho lo que hicimos, le hubiera pasado como al segundo disco. En realidad, después de «Más», era una especie de segundo disco, este era el problema. Fue la operación más relevante que se ha hecho en discos en España.

Rosa Lagarrigue: Mirando hacia atrás, es obvio que Saúl Tagarro tenía razón. Otra cosa es vivirlo en caliente. Salir con aquella cantidad de copias nos producía mucho vértigo y, tanto Alejandro como yo, teníamos la sensación de que Saúl no creía en el disco, que no veía singles ni desarrollo. La realidad es que hizo una campaña bestial y el tiempo le ha dado la razón por el marketing tan brillante de aquel disco. «El alma al aire» recogió, en España y en América, el fruto del trabajo de tantos años y del disco «Más»: giras grandiosas, premios ...

Saúl Tagarro: ¿Qué cantidad es un objetivo adecuado después de vender dos millones?... Pues un millón. Además, teniendo en cuenta que el top manta estaba en su apogeo, si se nos escapaba una sola copia, la habíamos jodido. Había que hacer la fabricación y distribución de un millón de unidades para que el 26 de septiembre, martes, estuvieran en todas las estanterías de la distribución. Cuando veo las cosas que hace Apple ahora, que fabrica los aparatos y no se le puede escapar ni uno, pienso que esto ya lo hicimos nosotros hace veinte años, pero a pedales.

Así que en primer lugar fabricamos un millón de discos, que no es algo que se haga en una noche porque hay que traer la mercancía a España, almacenar el *stock,* suministrarlos... ¡Un millón de discos! También hay que hablar con SEUR, decirles que necesitas que tengan la mercancía en sus almacenes sin que la toque ni cristo y entregarlo en el mismo minutito que se les diga en cada ciudad. Después llegan El Corte Inglés y los hipermercados, que necesitan etiquetar, poner alarmas, distribuir entre sus tiendas..., y no lo pueden hacer en un ratito, necesitan dos ratines, así que les tienes que entregar los discos antes. Arréglatelas para hablar con todos estos y que te aseguren que lo reciben, pero no lo ponen a la venta. Hasta ahí todo bien.

Y cuando ya todo lo tienes organizado de puta madre, alguien en El Corte Inglés da la orden de que se saque el disco a la venta el viernes antes. Y los hipermercados dicen que ellos también... No tuvimos más remedio que decir que lo sacaran todos a la vez. Este movimiento de El Corte Inglés nos estropeó todo el planteamiento, aunque, en realidad, como toda la distribución tenía ya el producto, todo el mundo lo sacó a la venta.

Javier Sánchez: Al parecer un mayorista había traído mercancía desde Portugal y la había distribuido por Badajoz, Sevilla... Existía un pacto tácito en el mercado de que, en el momento en que tuvieras un ticket de venta de otro establecimiento que probara que el producto estaba a la venta, lo podías poner tú también. No fue una decisión de El Corte Inglés, fue una consecuencia de que el disco estuviera ya en el mercado, y de hecho nosotros enviamos a Warner los tickets que lo demostraban. El Corte Inglés había comprado más de cien mil unidades y no podíamos asumir el riesgo.

ALEJANDRO: Odio que llamen «producto» a un disco.

KIKO FUENTES: El disco entró directo al número uno. Esa semana habíamos sacado «Music» de Madonna, que venía vendiendo muy bien e iba camino de colocarse en la primera posición holgadamente. Entre la tarde del viernes y el sábado, «El alma al aire» vendió diez veces más que «Music». Además del sofocón que nos llevamos, a la semana siguiente nos dieron de hostias los de Londres, porque que un disco de Warner desplazara del número uno nada menos que a Madonna era una herejía en toda regla.

Por si no estábamos lo bastante histéricos las semanas previas al lanzamiento, los planetas se alinearon para darnos otro sobresalto de gran tamaño.

KIKO FUENTES: Nos ocurrió algo bastante surrealista con el audio de «El alma al aire». Como teníamos que fabricar un millón de unidades para la salida, la fábrica de Warner en Alemania iba produciendo partidas entre las de otros lanzamientos. Al parecer, y de eso nos enteramos entonces, cuando dejas de fabricar un CD y empiezas con otro, dentro de las tripas de la máquina pueden quedarse algunas unidades que llevan la galleta de un disco, pero en las que se graba el audio del siguiente en entrar en producción. Normalmente se destruyen, pero...

Aquella fábrica de Alsdorf fabricaba miles de referencias diferentes para toda Europa, y dio la puta casualidad de que algunos CD's de Revólver, que publicaba su álbum «Sur» en aquellas fechas, llegaron al mercado con la serigrafía correcta... y ¡el audio de «El alma al aire»!, supuestamente el secreto mejor guardado de la industria... Una mañana nos dicen que en una tienda de Toledo un cliente cabreado se había presentado quejándose porque en su disco de Revólver cantaba Alejandro Sanz «y a él no le gustaba». Casi nos da un infarto, tuvimos que destruir una partida completa de discos, fueron bastantes palés, ante la imposibilidad de determinar cuántos eran defectuosos. Naturalmente Alemania se comió los gastos... El final de la historia es que, a pesar de esta curiosa y fatídica coincidencia, el audio no se nos escapó. Hoy en día, con las redes sociales, hubiera sido una catástrofe.

La campaña de promoción del álbum fue intensa y espectacular. No hubo ningún medio que no se hiciera eco de la noticia del lanzamiento. En algún momento del año 2000, Saúl me llamó a su despacho. Mi mujer estaba esperando nuestro primer hijo y él lo sabía, claro. Fue muy franco: «Sé que estás a punto de ser padre, pero me gustaría que fueras a Miami con Alejandro. Si me dices que no, lo entenderé perfectamente». Estuve en América más de dos meses y regresé dos días antes de que naciera mi hijo. Dos días después de nacer mi hijo Óscar, regresé a México y durante semanas recorrí con Alejandro toda América: Argentina, Chile, Estados Unidos, Puerto Rico, Brasil... Aquel viaje supuso un enorme esfuerzo personal, pero cimentó una relación de confianza con Alejandro que dura hasta hoy. Nuevamente, pequeños detalles pueden cambiar la historia de las personas.

El disco salió al mercado un lunes del mes de septiembre. Al terminar la semana la cifra alcanzó el millón. «El alma al aire» fue un éxito sin precedentes.

EDUARDO SAN JOSÉ: Estuve unos años en DRO y me reincorporé a Warner en la cola de «El alma al aire», cuando se sacó la reedición con dos canciones con The Corrs. Se había sufrido mucho con la piratería, y cuando llegué había bastante *stock* en las tiendas que tuvimos que ir gestionando. «El alma al aire» era un gran disco, pero el mercado ya empezaba a flaquear y la piratería callejera hizo mucho daño.

KIKO FUENTES: No hay manera de demostrarlo, pero yo estoy casi seguro de que «El alma al aire» vendió más copias que «Más», lo que pasa es que la mayoría eran piratas. A las pocas horas de salir el disco ya iban los manteros por las terrazas con mochilas llenas de CD's de Alejandro, exclusivamente, no llevaban ningún otro. Así era el asunto. De ahí la obsesión de Saúl por vender todos los discos el primer día, tenía más razón que un santo.

Para el estreno en España buscamos un emplazamiento diferente y, sobre todo, creamos un nuevo protocolo para las futuras presentaciones de Alejandro. Nada de hoteles o salas asépticas. Los decorados de una presen-

tación en público debían estar en consonancia con el contenido artístico del disco. Y así, «El alma al aire» se presentó por todo lo alto en el Museo de América de Madrid.

José Luis Delapeña: El estreno del álbum fue la polla, montamos una movida descomunal en el Museo de América en Moncloa, con puestos de escucha para que la gente oyera el disco sin poder llevárselo...

Luis Vaquero: La presentación de «El alma al aire» fue la más grande que se ha realizado nunca en España. Elegimos el Museo de América en Moncloa, un recinto que nadie había usado en proyectos musicales, que era una novedad para los medios y estaba además cargado de simbología para este disco, que era una prioridad en España y LATAM. El museo cerraba ese día y se abrió para nosotros. Organizamos una jornada completa en la que, desde la mañana, los periodistas podían escuchar el disco entero en unos podios que preparamos, con sillones y auriculares. Utilizamos, además, el auditorio del museo para la rueda de prensa, con su trasera, sus luces... y una serie de salas para las mesas redondas con el artista, que estuvo atendiendo a los medios durante muchas horas. Y un camerino para que pudiera descansar y recibir visitas privadas, en el que no podía faltar un jamón ibérico de categoría, un cinco Jotas, alrededor del cual nos reuníamos los coordinadores del evento con el artista. Cómo estaría aquel jamón que el propio Alejandro me pidió que se lo envolviera para llevárselo a casa cuando acabamos a las once y pico de la noche... (risas).

LIBRO IV

Alejandro

Manuela

52

11 de septiembre

«Hay muchos minutos de silencio en la vida y he preferido
cantar. El mejor homenaje que se les puede hacer a las
víctimas es seguir viviendo. Va por ellos y por ustedes».

Música: Lole y Manuel, *Todo es de color*

MTV *lideraba con bastante distancia el mercado de la televisión musical. Si bien en España habían aparecido cadenas que rivalizaban
con ella (Sol Música o 40 TV), su liderazgo en Estados Unidos y Latinoamérica era incuestionable. Desde que en 1989 la cadena lanzara sus conciertos
desenchufados «MTV Unplugged», el éxito de la nueva propuesta fue inmediato, despachando ventas millonarias con discos históricos como el «Unplugged» de Eric Clapton en 1992 o el de Nirvana en 1994.*

*El éxito incontestable de Alejandro a los dos lados del océano no pasó
desapercibido para los ejecutivos de MTV y en algún momento del año 2000
plantearon la opción de grabar un concierto acústico de Alejandro en Estados
Unidos.*

*Como ya sucediera en el «Básico» de Alejandro en 1994, el «MTV
Unplugged» ofrecía una inmejorable oportunidad para dar una nueva vida
a las canciones.*

EMANUELE RUFFINENGO: Alejandro y yo nos separamos de manera
muy natural, no hubo discusiones. Él quería tomar contacto con otros
productores y yo me di cuenta de eso claramente. Él no me hablaba

del tema, pero yo sentía que como artista era un camino correcto, y que yo ya le había dado todo lo que podía darle.

José Tillán: Yo empiezo en MTV en diciembre de 1997, y a mediados de 1998 Alejandro estaba visitando los estudios de MTV y tocó un par de cosillas con voz y guitarra. Ahí lo conocí a él y a Rosa Lagarrigue. Por mis gustos yo era gringo y rocanrolero y no sabía mucho de su música, pero cuando vi cómo tocaba y cantaba me dije: «Puta, qué bien lo hace». En ese momento MTV tocaba poco pop y poco latino, salvo lo que era rock en español, Molotov y tal.

Íñigo Zabala: En aquella época grabar un MTV Unplugged dentro del mundo latino era la guinda del pastel, el reconocimiento a una carrera. Era un camino lógico después de «Más» y «El alma al aire».

José Tillán: Cuando MTV empezó a programar *Corazón partío,* explotó, simplemente no se podía obviar la existencia de esta canción, o de *Living la vida loca,* de Ricky Martin. Eran megaputazos y había que tocarlos sí o sí.

Alejandro: Lo primero que motiva es el hecho de que te propongan hacer un Unplugged. Para todos los músicos tiene un prestigio especial. Pero, sobre todo, era algo que te permitía rescatar canciones de los primeros discos, retomar tu carrera y darle un nuevo giro. El «Unplugged» fue, de alguna manera, el final de una etapa, o por lo menos un punto diferencial de lo anterior, pero no de manera drástica. Todos creemos que, cuando cumplimos dieciocho años, al día siguiente somos geniales, pero en la vida no hay tantos clics. Esos cambios no son tan repentinos, de alguna manera todo fluye, y el «MTV Unplugged» fue una oportunidad para empezar de nuevo.

Íñigo Zabala: Alejandro estaba en un momento creativo increíble y de reconocimiento generalizado. Era el momento de grabar un disco así y, de hecho, si lo hubiésemos dejado pasar, probablemente no lo hubiéramos hecho nunca. También era un momento álgido para MTV.

José Tillán: Y así empecé a entrar en el mundo de Alejandro. Después del «Unplugged» de Maná, Íñigo Zabala me comentaba que le gustaría hacer más proyectos de este formato, y que pensaba en Alejandro Sanz. Y él tenía todos los elementos de un artista fuerte, que era lo que buscábamos: compone, toca, es bueno en vivo...

EMANUELE RUFFINENGO: Cuando él se planteó el MTV Unplugged con músicos de Estados Unidos, yo pensé que no podía aportarle mucho más, necesitaba a otra persona. Y tampoco quise imponer mi presencia, no hubiera sido natural. Además, nosotros nunca nos repetimos, siempre hicimos cosas distintas.

AMANDO CIFUENTES: Me incorporé a Warner Music como director artístico en mayo de 2001. Al poco tiempo, la compañía le propuso a Alejandro Sanz grabar un MTV Unplugged. En aquella época este formato de concierto acústico era muy valioso, la marca MTV se encontraba en lo más alto de su prestigio. Alejandro se convirtió en el primer artista español en grabar y lanzar un MTV Unplugged. Para la producción se eligió a Humberto Gatica, un reputado productor que destacaba por la potencia y calidad del sonido de sus grabaciones y por ser el ingeniero de cabecera de Céline Dion y del productor David Foster. La grabación se realizaría en Miami poco después del 12 de septiembre, día de la ceremonia de los Latin Grammy en Los Ángeles, para la que Alejandro era favorito en numerosas categorías por «El alma al aire». Humberto propuso trabajar con un elenco de excelentes músicos de su confianza habituales de la escena de los estudios de grabación de Los Ángeles. Eran algunos de los mejores músicos del mundo y no fue nada fácil ni barato tratar con sus agentes y conseguir que estuviesen disponibles para esa fecha y para los días de ensayo con el artista. Allí estaban Vinnie Colaiuta, Rafael Padilla, Armand Saba-Leco, Cheche Alara, Heitor Pereira, Kamille Rustman y Ramón Stagnaro; un nivelazo.

ALEJANDRO: Cuando llegué a los ensayos ya estaba el curso empezado (ríe), todos se conocían, era como ese alumno que llega tarde a clase. Para el «Unplugged» me apetecía trabajar con músicos con los que no hubiera hecho cosas antes.

AMANDO CIFUENTES: Tuvimos una semana de ensayos en Miami con los músicos, que alucinaron ante el talento de este artista español al que conocían por la complejidad de su música, pero con el que nunca habían tenido la ocasión de trabajar.

José Tillán: Hubo cambios en MTV y yo pasé a ser responsable de programación musical y relaciones artísticas, y decidí cambiar formatos y abrirnos artísticamente. Y retomamos la conversación con Íñigo para cuadrar el negocio y preparar el «Unplugged» de Alejandro. Es una negociación de un año aproximadamente, durante el cual hicimos una visita a Mallorca con todo el equipo de producción para conocer el show del artista. Ese viaje me dejó un recuerdo de buena onda, Alejandro me decía que yo «tenía el duende en los ojos, como un niño de catorce años»...

Humberto Gatica es un tipo simpatiquísimo. Si alguna vez ha estado nervioso, si algo está a punto de entrar en fase de catástrofe, de su cara no desaparece la sonrisa. Y eso, qué quieres que te diga, es de agradecer. Músico chileno y colaborador de David Foster, Gatica acumula dieciséis premios Grammy en su casa. Sobrino del reconocido cantante de boleros y actor chileno Lucho Gatica, vive en Los Ángeles desde que tenía diecisiete años. Su tío Lucho lo metió en el mundo de la música por pura casualidad. Lo llevó a una sesión de grabación de Sammy Davis Jr. con la condición de esconderse tras una puerta para no distraer. Con el tiempo, asistió a más sesiones de grabación en calidad de aprendiz, sin sueldo, aprendiendo de los aspectos técnicos, hasta lograr convertirse en uno de los productores, ingenieros y arreglistas musicales más reconocidos en la industria discográfica.

Ha grabado con Cher, Céline Dion, Michael Bublé, Julio Iglesias, Tina Turner, Barbra Streisand o Quincy Jones. Su nombre aparece en letras de oro en la grabación de Thriller, *de Michael Jackson, el álbum más vendido de la historia.*

Me han llamado de todo: Oscarcito... Osquitar... Oscarín..., pero nunca con tanta gracia como cuando Humberto me llamaba Oscarito. Se puede ser cariñoso y profesional, total, cuesta lo mismo.

Creo que Alejandro y él congeniaron bien, musicalmente se entendieron desde el principio. Humberto juntó a un grupo de músicos increíble y los ensayos fueron una permanente fiesta musical. Si juntas a dos tíos simpáticos, no es nada extraño.

José Tillán: Alejandro y Humberto Gatica no se conocían hasta entonces. Yo les presenté y congeniaron muy bien. En los ensayos

Alejandro me pidió que me sentara a su lado, en el otro estaba Gatica. Yo sabía que esto podía incomodar a Humberto y no me quise meter en ningún tema musical. Alejandro estaba un tanto cansado, venía de una gira larga, y los ensayos se le hicieron cuesta arriba.

AMANDO CIFUENTES: Yo había conocido a Alejandro pocos meses antes y me sorprendieron mucho su cercanía y su actitud abierta y positiva pese al hecho de que yo era un recién llegado con poca experiencia en el cargo y que él había trabajado desde sus inicios con un equipo artístico al que yo había sustituido.

El repertorio de «MTV Unplugged» se configuró partiendo de una mezcla de algunos grandes *hits* de la carrera de Alejandro junto con canciones por las que el artista sentía especial predilección en aquel momento. Dos fueron las grandes novedades de la selección de canciones de este álbum: *Y solo se me ocurre amarte*, un tema precioso que Alejandro compuso para su hija Manuela, nacida pocos meses antes; y la canción que en 1998 lanzó al estrellato a Malú, *Aprendiz*.

La portada del disco es una de mis favoritas de Alejandro. Y también apareció por casualidad. No estaba prevista como imagen de la cubierta del disco, en realidad no era más que un afiche promocional de MTV. Aquel retrato funcionaba de maravilla, representaba toda la personalidad de Alejandro de forma clara y directa. Como detalle curioso, el afiche americano incluía un cable de electricidad de los Estados Unidos, uno de esos con las palas planas en lugar de las terminaciones redondas que se utilizan en España. Para la portada se cambió el cable y poco más. El «MTV Unplugged» de Alejandro se convirtió en una de las imágenes más icónicas de toda su carrera.

ÍÑIGO ZABALA: La gente en España no sabía bien lo que era MTV, y mucho menos MTV Unplugged. Había un público que compraba discos en inglés que sí lo conocía, pero el grueso del mercado no. Y de repente sale Alejandro con un enchufe en la boca, una portada realmente contundente y que explicaba perfectamente el concepto.

JOSÉ TILLÁN: En Miami estuvimos armando el repertorio con Humberto Gatica. Recuerdo perfectamente el momento en el que Alejandro ve el boceto de la carátula, la foto con el cable en la boca. No se suponía que él tuviera que verla en ese momento, pero yo tenía el portátil abierto, y él la vio y dijo: «Esto mola», y yo dije: «Sí, sí que mola..., pero ¿mola es bueno o malo?». Yo no conocía la expresión.

RAFA SAÑUDO: El diseño del disco «MTV Unplugged» lo hicimos a partir de unas fotos de Javier Salas. La foto de portada lo retrata perfectamente como lo que es: un pícaro, un pillo y un cachondo.

El «MTV Unplugged» quedará en el recuerdo para todos los que estuvimos allí por un acontecimiento que cambiaría la historia. En medio de los ensayos para el concierto y la grabación del mismo, Alejandro participaba en la segunda edición de los Latin Grammy cantando Quisiera ser junto a Destiny's Child, y era una ceremonia en la que, además, Alejandro era el máximo favorito. La gala de los premios tenía que haberse celebrado en el Staples Center de Los Ángeles con una transmisión por televisión nacional de CBS el 11 de septiembre de 2001. El 9 de septiembre viajamos desde Miami a Los Ángeles.

La ceremonia de premios fue cancelada debido a los ataques terroristas del 11 de septiembre en la ciudad de Nueva York, Arlington, Virginia y Shanksville, Pennsylvania.

Todos recordamos dónde estábamos cuando sucedieron los atentados del 11S, imposible de olvidar. Cuando se produjeron los ataques todos dormíamos en L.A. Cada uno en su habitación fue recibiendo llamadas con informaciones de las noticias que llegaban desde Nueva York. Por mucho tiempo que pase, cada vez que veo las imágenes de aquellos aviones empotrándose en las Torres Gemelas me quedo sin aliento.

AMANDO CIFUENTES: El país quedó en un estado de *shock* y bloqueo que nos retuvo en la ciudad californiana durante al menos una semana.

ALEJANDRO: Me desperté por la mañana y mi asistente me contó lo que estaba pasando en Nueva York, había caído la primera torre, pusimos la televisión y se me encogió el corazón.

ROSA LAGARRIGUE: Que Destiny's Child vinieran a los Latin Grammys a cantar con Alejandro Sanz era algo muy gordo, como dicen en América, íbamos a *robar** el show totalmente. El trabajo para preparar

---

* En el argot de la industria del entretenimiento anglosajona: *Steal the show,* literalmente robar el espectáculo, refiriéndose a aquella parte de la actuación más memorable.

y coordinar esto fue tremendo. Fuimos a ensayar con las tres chicas en el estudio, Alejandro estaba fantástico, ellas divinas... A la mañana siguiente me llamó el Jefe de Producción y me dijo: «Pon la tele» y vi aquello que parecía una película.

JOSÉ MARÍA CÁMARA: Julio Iglesias había recibido el premio Person of the Year la noche antes del 11S, y pasó sin pena ni gloria. También hubo un terremoto esa noche, de escala 5,7... Vaya semanita.

MICHELLE ALBERTY: El atentado fue cuatro días antes de la grabación del «Unplugged». Cuando ocurrió paramos de trabajar y desde ese momento toda nuestra concentración estaba en la televisión, en ver las noticias y saber qué es lo que estaba pasando. A las once de la mañana tuvimos una reunión con el vicepresidente del canal y todos los ejecutivos de producción y decidimos posponer el show.

HUMBERTO GATICA: Aquella tragedia nos dejó paralizados, paralizó a la humanidad, lo paralizó todo.

BEATRIZ PÉREZ: La imagen que más recuerdo de todo el 11S fue la llegada por la mañana al Staples Center y ver a todos los trabajadores en una sala de prensa mirando a las pantallas y llorando sin consuelo. Fue sobrecogedor.

Con el cierre del espacio aéreo por parte de la administración Bush, nuestra actividad prevista para los siguientes días se concentró en cómo salir de Estados Unidos. Seguramente, fruto del caos que reinaba en medio mundo, fue llamativa la reclamación de la oficina de management *de Alejandro en ese momento, realizando una petición oficial para que Warner fletara un avión privado de vuelta a casa. Desafortunadamente, George W. Bush había decidido cerrar el espacio aéreo por primera vez en la historia de su nación y no pudimos atender a la solicitud. Aunque las reclamaciones de los mánagers suelen ser en ocasiones un tanto desproporcionadas, aquello solo puede atribuirse a un momento de enajenación transitoria propiciada por los actos de Bin Laden.*

El caso es que, sin mucho más que hacer, decidimos emplear nuestro tiempo en recorrer la ciudad, hablar con la familia y contar las horas. Poco más. Y, justo en ese momento, todos los artistas españoles y sus acompañantes recibimos una invitación para cenar en casa de Antonio Banderas y Melanie Griffith.

ANTONIO BANDERAS: Tenía planeado volar a Estados Unidos el día 10 de septiembre de 2001 para los Grammy, donde presentaba un premio. Pensaba hacer escala en Nueva York y partir a Los Ángeles al día siguiente, cuando ocurrió el 11S. Por suerte no encontré ningún billete que hiciera paradas en Nueva York el día 10, así que tuve que ir directo a Los Ángeles, y solo por eso no me pilló en la ciudad.

JOSÉ MARÍA CÁMARA: En Los Ángeles estaban Vicente Amigo, Estrella Morente, Chucho Valdés, Alejandro... Ese día yo había quedado a comer con Teddy Bautista en el Hilton de Beverly Hills, y cuando nos juntamos, ante el acontecimiento y la imposibilidad de salir, pensamos que sería buena idea que Antonio (Banderas) ofreciera a la delegación española una cena, «una paella», dijimos. Inmediatamente nos arrepentimos, porque una paella en Los Ángeles no es necesariamente una buena idea, pero luego estuvo bastante buena. Y el jamón también. Antonio aceptó la propuesta de Teddy e inmediatamente montaron la fiesta, una fiesta maravillosa con muchos artistas invitados.

ALEJANDRO: Antonio nos invitó a todos los españoles que estábamos allí para los Latin Grammy, nos hizo cena y nos hizo sentir increíblemente acogidos. Cámara, el presidente de BMG Ariola, compró víveres para todos.

ANTONIO BANDERAS: Aquella fue la noche que conocí a Alejandro. Si hubiéramos grabado lo que pasó aquella noche... Hubo un momento en el que estaba Estrella Morente, Vicente Amigo, el torero Javier Conde, Chucho Valdés, Néstor Torres, un montón de músicos flamencos y cubanos. Entonces empezaron a pedir guitarras y allí estaba el piano, y de repente sale uno que dice: «Yo tengo la flauta en el coche»... En fin, que se montó una *jam session* increíble, una noche rarísima con todos los Estados Unidos temblando, sin saber realmente qué iba a pasar. Si aquello se hubiera grabado, hubiera sido un documento histórico, bueno, más bien prehistórico, era una situación muy extraña.

AMANDO CIFUENTES: Aislados, asustados y lejos de casa, durante aquella recepción en casa de Banderas a todos nos sorprendió lo cercana y afectuosa que fue con los invitados Melanie Griffith.

JOSÉ TILLÁN: Hay una anécdota de cuando vino Melanie y dice (pone acento gringo): «Chicos, vayan a la sala, que el Chocho ya está listo», y alguien de Warner España dijo: «Paella y chocho, ¡no se puede ser más hospitalario!» (risas). En realidad, lo que ocurría era que estaba Chucho Valdés tocando el piano con Néstor Torres.

JOSÉ MARÍA CÁMARA: Nosotros estábamos allí porque Vicente Amigo iba a recibir un Grammy Latino. Y todo el mundo esperaba que Vicente tocara la guitarra en la fiesta..., pero Vicente tenía dolor de cabeza y quería irse al hotel. Antonio Banderas se le echó a la chepa y no se fue, y tocó la guitarra. ¿Por qué no quería tocarla? Porque la guitarra que había era una mierda. Así que nada más llegar a Madrid le encargamos a Antonio Banderas una guitarra cojonuda de Ramírez, firmada por Vicente Amigo, además de un micrófono histórico del estudio de RCA, y enmarcado el poema completo del que se extrae la canción *Angelitos negros,* para que todo ello lo luciera Antonio en el estudio que tiene en el sótano de su casa.

A los pocos días la expedición española tomó rumbo a Tijuana, solo a tres horas de Los Ángeles, y desde allí viajamos hasta DF. En la capital y en vuelos completamente aleatorios fuimos embarcando con destinos que iban desde Londres, Madrid o París. Una semana después de que Bin Laden cambiara el mundo, llegamos a casa.

JOSÉ MARÍA CÁMARA: Cuando escapamos de Los Ángeles fue cuando nuestro contacto en México ya nos dijo que la frontera estaba limpia. Por el camino me llamó la mánager de Alejandro, para pedirnos que le hiciéramos sitio en el vuelo México DF - Madrid, en el que teníamos varias plazas. Salimos de madrugada y, todavía en la carretera, empezó a salir el sol, y Vicente Amigo, que venía en la furgoneta, sin decir nada, sacó la guitarra y empezó a tocar por bulerías... un momento mágico. Cruzamos la frontera del tirón, no nos pidieron nada, ni siquiera paramos. ¡Nos dimos cuenta de que estábamos en México por los baches!

ALEJANDRO: Se formó un cierto caos, se cerraron los aeropuertos y no sabíamos cómo ni cuándo íbamos a salir de allí. Días más tarde tiramos para Tijuana en coche, llegamos a la frontera y no había ni un policía ni un militar ni nada... y eso que decían que el país estaba sellado a cal y canto.

Rosa Lagarrigue: fue bastante duro, parecía que todo se iba a la mierda, y lo que queríamos todos era salir de allí, que fue muy complicado. Al final fuimos por carretera hasta Tijuana... y finalmente conseguimos volver.

José María Cámara: Ya en el *check in* apareció también José María Cano, que nos había venido siguiendo. Fuimos un poco la punta de lanza del éxodo.

Kiko Fuentes: En Tijuana me tocó pagar ocho mil euros en billetes de avión para el equipo con mi tarjeta de crédito personal (evidentemente, la compañía me los restituyó en cuanto llegué). Con tal de volver a casa, lo que hiciera falta. Tenía su gracia ver a toda la panda de ejecutivos y artistas, habituales de primera clase y *business,* amontonados en clase turista y sin decir ni mu.

Beatriz Pérez: Cuando nos fuimos por Tijuana todo el mundo salió por patas a Europa y me quedé diez días con todo el *staff* técnico en el hotel Camino Real sacando a veintiocho personas como se pudiera por donde se pudiera.

José Tillán: Humberto Gatica desapareció y no pudimos encontrarlo en varios días. Yo regresé a Miami por Tijuana, conduciendo por todo el desierto en un Mustang descapotable que alquilamos, previo paso por Tower Records para cargar un buen montón de CD's para el camino. No sabíamos qué hacer con el «Unplugged», si dejarlo para más adelante o tratar de retomarlo. Finalmente, Gatica resucitó y lo cuadramos para noviembre, un mes más tarde.

Entre la cancelación de los premios Grammy y la grabación definitiva del «MTV Unplugged» arrancó un proyecto musical solidario en favor de los familiares y las víctimas del atentado. Cuando aterrizamos por segunda vez en Miami, Alejandro ya había recibido una petición del productor KC Porter solicitando su participación en la versión española de la canción Todo para ti, *un tema escrito y producido para la ocasión por Michael Jackson.*

Después de escribir la canción, Michael Jackson reclutó a un gran número de estrellas con el objetivo de recaudar cincuenta millones de dólares para la causa. Por el estudio de grabación desfilaron Beyoncé, Anastacia, Santana, Céline Dion, Gloria Estefan, NSYNC, Ricky Martin, Tom Petty,

Shakira y, entre otros muchos otros, también el propio Michael Jackson. Para su versión en español contó con la inestimable colaboración de Ruben Blades como letrista y junto a Julio Iglesias, Christian Castro, Juan Gabriel, Luis Miguel, Laura Pausini, Thalia y Alejandro, entre muchos otros, grabaron Todo para ti.

ALEJANDRO: Me llamaron para que participara en el proyecto con Michael Jackson y en primer lugar me sorprendió mucho, y luego me hizo mucha ilusión, claro.

Michael Jackson me llamó, hablamos por teléfono, Humberto me dijo que me quería saludar. Yo no quería, no por nada, sino porque me daba mucha vergüenza hablar inglés y no podía bromear, y no le pude decir «ahora no vayas diciendo por ahí que somos amigos por que hayamos hablado una vez» (risas).

Alejandro regresó a Estados Unidos solo tres semanas más tarde para la grabación del «Unplugged». Aquella gala de los Grammy se terminaría celebrando de manera discreta en un hotel donde tan solo se mencionaron los ganadores. Alejandro arrasó con cuatro premios, incluidos el de mejor disco del año y el de la mejor canción. Por otro lado, con MTV grabó el que sería el primer Unplugged de un artista español.

Uno de los objetivos del disco era poder visitar algunas de las canciones menos conocidas del repertorio de Alejandro con un traje nuevo. En su vida personal había ocurrido algo que lo cambiaría para siempre: Alejandro acababa de ser padre por primera vez, su hija Manuela llegaba al mundo pocas semanas antes de la grabación y a la pequeña fue a quien dedicó la canción inédita del disco.

ÍÑIGO ZABALA: Paradójicamente, el retraso que supuso la cancelación de la grabación por el 11S nos proporcionó tiempo extra para preparar el show, que nos vino muy bien.

ALEJANDRO: Aquel concierto y ese disco supusieron la revisión de todo el trabajo hecho durante los diez primeros años de mi carrera. Cambié algunas de las letras, pero no todas. Algunas las hubiera podido cambiar en determinadas frases, pero preferí conservarlas por la carga de ingenuidad que tenían cuando las escribí.

ÍÑIGO ZABALA: El único problema que tuvimos es que Alejandro no tenía nuevas canciones en ese momento. Y necesitábamos algo nuevo.

La realidad es que cuatro días antes de la fecha inicialmente prevista para grabar, con toda la banda en Miami en Hit Factory, la canción no acababa de llegar.

Todos estábamos estresados con esto, todos menos Alejandro, que decía: «No os preocupéis, que va a salir».

ADOLFO CANELA: La primera composición que me enseñó Alejandro, hace muchos muchos años, es la que con el tiempo se convirtió en *Y solo se me ocurre amarte*. La cambió mucho, claro, pero tiene la esencia de esa primera canción, y la parte que dice «¿cómo va a ser eso?» (cantando).

CAPI: Para el «MTV Unplugged» le sugerí recuperar una rumbita que fue la primera canción que él compuso, y que tenía un estribillo muy bonito. Le dije: «¿Por qué no rescatas eso?», y se convirtió en *Y solo se me ocurre amarte*. Él hace sus apuntes, sus bocetos, que revisa con el tiempo. Está pariendo constantemente cachitos de letra, frases... Hoy en día, como es tan activo en Twitter, nos suelta esas perlas de vez en cuando. Antes entrabas en su habitación y tenía todo lleno de papeles con anotaciones de ideas. Él admira mucho a Manuel Molina, esa capacidad de síntesis... Cuando salieron los grabadores aquellos de las cintas pequeñitas, él siempre llevaba uno encima y estaba constantemente grabando ideas. Ese es su proceso creativo, que, por otra parte, es similar al de muchos artistas.

ALEJANDRO: Todavía no estoy muy conforme con la canción que le hice a mi hija. Cuando nació Manuela no estaba yo en el momento de escribir «la canción», por eso decía «solo se me ocurre amarte», porque no era capaz de juntar dos palabras. Pero, bueno, ya la escribiré.

MTV realizó uno de los discos Unplugged más emocionantes de la cadena. Todos los acontecimientos vividos a raíz de los atentados reforzaron un profundo sentimiento de hermanamiento entre todos los que allí trabajamos. Alejandro estuvo increíble y el público respondió con una atronadora ovación cuando dedicó Todo es de color, *de Lole y Manuel, a las víctimas y sus familiares.*

ÍÑIGO ZABALA: Es uno de los directos más auténticos que se han grabado nunca. Alejandro decidió que todo tenía que hacerse de una vez y que no habría repeticiones. Tenía esa idea de que todo tenía que ser muy natural, y así fue.

ALEJANDRO: Cada uno de los temas que escogimos estaban por algo, caminaban muy bien. La bulería la canté porque ya había demasiados minutos de silencio con todo lo que pasó el 11 de septiembre. No quería pedir más minutos de silencio, yo prefería cantar.

No es lo mismo, Miami 2003

53

No es lo mismo arte que hartar

«Mi único amuleto es una guitarra bien afinada».

Música: Alejandro Sanz, *No es lo mismo*

Después de la grabación del «MTV Unplugged», Alejandro se retiró durante casi un año. La increíble sucesión de éxitos que, técnicamente, se había iniciado en el proceso de composición de «Más» lo habían llevado a casi seis años de trabajo ininterrumpido. Después de la experiencia con «El alma al aire», Alejandro tuvo claro que quería volver a grabar en Miami. Aunque no se contentó solo con eso, sino que fue un poco más lejos: a partir de «No es lo mismo» Alejandro compra una casa en Miami y desde entonces repartiría su tiempo entre España y Estados Unidos.

«No es lo mismo» es un disco de cambio, el inicio de una nueva etapa, doce nuevas canciones que él mismo se encargaría de producir. En el sexto álbum de su carrera Alejandro apostaría por nuevos sonidos y temas comprometidos. Además, incluía una de las canciones más contundentes de toda su carrera: No es lo mismo.

EMANUELE RUFFINENGO: Después del «MTV Unplugged» produjo un par de discos con Lulo Pérez y luego empezó a producir él, cosa que yo siempre supe que pasaría antes o después, porque ya había aprendido muchísimo.

Íñigo Zabala: Es el primer disco de Alejandro gestado y grabado íntegramente en Miami, y en el que todas las decisiones las toma él, una vez concluida la era Ruffinengo, y en la que explora nuevos territorios como la música latina o urban. Alejandro apostó por Lulo Pérez como coproductor y llevaron su música por cauces que no habían explorado antes. Realmente él fue el productor y Lulo actuó como arreglista. Y aunque la industria ya había entrado en crisis, él seguía creciendo ante el público y la comunidad artística.

Alejandro: Lulo fue mi gran apuesta. Cuando me planteé la grabación, quería hacerlo yo solo. Buscar un arreglista y producirlo yo. Pero empecé a recibir *e-mails* de este hombre: «Tienes que darme la oportunidad. Yo sé lo que tú quieres. Yo puedo hacerlo». Y dije: «Pues venga».

Lulo Pérez: Le gustó porque quería darle un toque más latino y, desde entonces, mi relación con Alejandro Sanz es constante. Nuestro trabajo depende del artista, hay algunos que no son compositores y otros sí, como Alejandro Sanz o Sabina, que con ellos lo único que hay que hacer es poner su pieza en un pedestal.

Eva Cebrián: Lo que más me interesa musicalmente de Alejandro es que en sus primeros discos había una producción más bien italiana, de baladista, más de artista para fans, y a partir de «Más» se pone a explorar muchos más sonidos y producciones. Y es entonces cuando se acerca más al flamenco, y lo va complementando con aportaciones del otro lado del Atlántico, músicos portorriqueños, de Miami, Cuba...

Lulo Pérez: Preparando *No es lo mismo* vivimos una anécdota cómica. Fui a su casa en Miami, estábamos viendo la bahía y él me decía: «Aquí todo es diferente, todo es muy tranquilo, está el mar, podemos estar tranquilos, no nos molestará nadie...». En ese momento aparece por uno de los canales el barco de turistas que mostraba las casas de los famosos. Sacaron un megáfono y empezaron a decir: «Y aquí la casa de Alejandro Sanz», y vieron a Alejandro, y la del megáfono: «Y ahí está Alejandro»... Fue gracioso que en el momento que Alejandro me hablaba de paz aparecieran todos aquellos turistas.

No es lo mismo *era una canción que sorprendía desde la primera escucha. Musicalmente, Alejandro había encontrado un patrón con un mar-*

*cado carácter urbano inesperado. Alejandro siempre ha jugado con las pa-
labras, pero en* No es lo mismo *el uso del lenguaje en la letra de la canción
es magistral. Apostaba por un estilo diferente que atrapaba desde la primera escucha, contundente, con bases cercanas al urban; fue un éxito
inmediato.*

Íñigo Zabala: El disco está lleno de singles, pero la canción *No es lo
mismo* es un himno, un nuevo éxito a la altura de los más grandes que
ha tenido, pero que además no se parece a ninguno de ellos. No suena
a nadie, no suena a nada que hayas oído antes, ni siquiera suena a Alejandro Sanz. Nunca antes se ha oído algo así en español. ¡Y encima dura
seis minutos! Es una canción icónica, es un momento de creatividad
tan bestial, una mezcla de géneros tan brillante que no puede ni siquiera ser imitado, es irrepetible. Ha habido muchos imitadores de Alejandro Sanz, pero no de esta canción, simplemente no se puede...

Lulo Pérez: En el caso concreto de la canción *No es lo mismo*, me
limité a hacer algún cambio de armonía, pero respetando la estructura. La producción musical siempre es necesaria porque hace los temas
más potentes.

Eva Cebrián: Alejandro ha bebido de todas estas músicas america-
nas y las ha incorporado a su forma de componer. Su secreto es que
nunca ha repetido lo mismo en un álbum.

Juan Luis Guerra: Hay muchas canciones de Alejandro que me
llaman la atención, por lo hermosas y armónicamente ricas que son.
Esa que dice (canta): «Por el puente de la esperanza...» *(Regálame la
silla)* es una cosa impresionante..., además de todos sus clásicos.

*Durante el proceso de promoción del disco, Alejandro dijo que se trata-
ba de un álbum para todas las edades. El disco es de «cero a noventa, como
el Monopoly». Además del sencillo que daba título al álbum, el disco escondía temas como* He sido tan feliz contigo, *la sorprendente* Try to Save
Your Song *o* Regálame la silla donde te esperé, *en la que, por segunda vez
en su carrera, contó con la colaboración de Paco de Lucía.*

*Grabado y mezclado entre febrero y julio de 2003, entre Madrid y Mia-
mi, para el álbum «No es lo mismo» Alejandro se rodeó de un increíble
grupo de músicos como Anthony Jackson, Michael Landau o Vinnie Colaiuta o el cubano Horacio el Negro.*

ALEJANDRO: A mí el estudio me tira mucho. Otros se lo ahorran, yo no. He pasado tantas horas ahí que casi no tiene secretos para mí. He grabado discos enteros en los que a falta de *samplers* me creaba los sonidos con lo que tenía a mano. El bombo de *No es lo mismo* lo hice con un cuadro muy ancho y pequeñito que tenía. Esto le gustaba mucho a Paco de Lucía cuando venía al estudio. Me pedía que le enseñara todos esos inventos...

PACO DE LUCÍA: Él me da toda la libertad del mundo y yo trato de hacer lo menos posible para que se oiga lo que se tiene oír. Cada vez está creciendo más como músico, me gusta mucho que él compone sus temas y tiene actitud de músico.

ROSA LAGARRIGUE: Alejandro siempre ha tenido un espectáculo en directo diferente y más allá de lo que es habitual, desde el concierto de Unicef ha sido así. En «No Es Lo Mismo» hay un cambio. Entra Mike Ciro como director musical, empieza a tener banda mitad americana mitad española. Él siempre estaba de acuerdo en cambiar, en evolucionar.

MIKE CIRO: Uno de los momentos más memorables fue cuando invitó a Paco de Lucía a un show en México DF durante la gira de «No es lo mismo». No hay ningún guitarrista que no considere a Paco el rey. Si sabes tocar la guitarra, sabes quién es y lo que representa, y lo veneras como a un dios. Alejandro entró al camerino y me dijo: «Tienes un buen problema esta noche. Paco de Lucía viene al show, y le he sentado justo enfrente tuyo». Se me hizo un nudo en el estómago... Pero qué persona tan agradable, y qué gran relación tenía con Alejandro, era impresionante verlo. El amor por la música, el respeto mutuo, lo que se reían juntos... Nunca le hubiera conocido si no hubiera tocado en esta banda, y esas dos horas fueron el mejor de los regalos para mí.

Estábamos en el camerino comiendo algo después del concierto, Paco entró a despedirse y yo tenía migas en la barba... ¡Paco me limpió la barba! Qué gran tipo. Igual que Alejandro, que es un tipo humilde que te hace sentirte bien estés donde estés. Es un amigo, siempre incluye a la banda en sus planes personales durante la gira. Muchos artistas americanos tratan a la banda simplemente como un grupo de trabajadores a su servicio, pero él no es así, nos hace sentir especiales y nos respeta. Cuando contratamos a un nuevo músico, además de que sea competente, él siempre quiere saber qué tipo de persona es. Es buena, se merece este trabajo de tocar conciertos por todo el mundo junto a un artista al que adora la gente... Porque tocando con él también recibes el amor de su público, y el respeto y la reputación en el mundo de la música: música de calidad, giras de calidad...

«No es lo mismo» trajo muchos cambios, incluido por supuesto una imagen renovada y un concepto visual rompedor. Para este trabajo, en Warner llamamos a Jaume de Laiguana, fotógrafo y diseñador catalán que entendió sabiamente el concepto que Alejandro quería transmitir con sus canciones.

Una de las cosas buenas que tiene Alejandro es que sabe lo que quiere. Cuando algo le gusta, te lo dice rápidamente. Cuando le llevé opciones de diferentes fotógrafos y diseñadores escogió sin titubeos la carpeta de De Laiguana. Sus propuestas aportaban las dosis justas de modernidad y realismo que encajaban perfectamente en el universo de Alejandro.

Jaume fue el artífice de los símbolos que se incluían en el álbum, un vaso medio lleno o medio vacío que subrayaba la individualidad «en un momento en el que se reclama el pensamiento único» y la diferencia de percepción de la vida. En aquella época Alejandro se había tatuado la imagen del toro del Guernica de Picasso en el brazo izquierdo «para recordar lo peor que tenemos», un tatuaje que cobraba enorme protagonismo en la portada.

El vídeo del primer sencillo también fue obra de De Laiguana. Rodado en una cancha de baloncesto, en México DF, el videoclip ofrecía una paleta de colores y personajes que ejemplificaban perfectamente toda la energía de la canción.

AMANDO CIFUENTES: Por aquel entonces, ante la dificultad creciente de obtener impactos en los medios de comunicación, llegué a la conclusión de que había que manejar una nueva perspectiva marketiniana para tratar de unificar todos los aspectos de imagen, estéticos y de comunicación del álbum, por lo que creamos la figura del director artístico del proyecto con una visión global que se encargase de unificar todos esos aspectos a partir de la música que el propio Alejandro había producido junto con Lulo Pérez. Yo había comprobado ya que trabajar con varios fotógrafos, diseñadores gráficos y realizadores de vídeo generaba dispersión estética, confusión y rivalidad entre ellos, y que, de alguna manera, la comunicación del proyecto se resentía. Poco antes había conocido a un fotógrafo barcelonés, llamado Jaume de Laiguana, que me había llamado muchísimo la atención por la calidad y crudeza de su trabajo en blanco y negro y por la visión global que demostraba en el calendario solidario con doce supermodelos que por entonces editaba. En una reunión con el equipo de Alejandro, y ante un gran escepticismo, les explicamos nuestro planteamiento y propusimos a De Laiguana para dirigir artísticamente la imagen del nuevo álbum. A Alejandro le gustó mucho la idea y, cuando conoció a Jaume, rápidamente conectaron. A un disco rompedor le hacía falta un planteamiento estético también arriesgado. Alejandro abandonó los trajes oscuros de Toni Miró y abrazó una estética *urban* a medio camino entre el *look* marine y el hip hop.

Jaume de Laiguana: Con el vaso buscábamos un elemento muy simple, muy cotidiano, algo que todos viéramos cada día y nos pasara desapercibido. Y así llegué a la idea del vaso a medio llenar, cuando nos levantamos cada mañana decidimos si lo vemos de manera positiva o negativa.

Amando Cifuentes: Además, a partir de aquello de que no es lo mismo ver el vaso medio lleno o medio vacío y que las cosas se ven según el cristal por el que se mire, Jaume creó un pictograma gráficamente muy contundente que sirvió de soporte gráfico para todo el arte y el audiovisual del álbum. Se creó una impactante portada con una fotografía muy cruda en sepia en la que Alejandro aparecía con un ojo deformado por el efecto lupa del vaso medio lleno de agua que sostenía en una mano. El rodaje del videoclip en México DF fue un paso más allá, y la unidad estética que respiraba todo el proyecto fue unánimemente alabada como el complemento perfecto de la audacia que Alejandro había tenido al salir de su zona de confort y llenar con nuevos matices su música. Este fue el inicio de una larga y fructífera colaboración creativa entre Alejandro y De Laiguana.

Alejandro empezó a pintar de manera compulsiva en la etapa de «El alma al aire», una prolongación más de su vena creativa. Pintaba sin parar, empezaba diferentes cuadros y trabajaba con varios lienzos a la vez. En casa,

*durante las giras, en los descansos promocionales, Alejandro olía a pintura
y se rodeaba de pinceles.*

*En 2002, Alejandro expuso sus cuadros en la Galería Sen de Madrid.
Aquella exposición recogía veintidós pinturas abstractas en técnica mixta
sobre lienzo realizadas entre 2000 y 2002 donde predominaban los ocres,
azules, rojos, amarillos y verdes.*

*El catálogo de la exposición lo escribió Miguel Bosé. Contaba cómo una
de las veces que llegó a casa de Sanz en Miami, este le dijo: «Quiero ense-
ñarte algo: ¡pinto!», y tras la pregunta de Bosé: «¿El qué?», Alejandro le
respondió: «No van a ser paredes. Pinto cuadros». Esa misma noche, con
Rachmaninov de fondo, apunta Bosé, «mientras él pintaba, yo seguía sus
pinceles. Miraba y no daba crédito. Obsesivo, ausente y silencioso persiguió
una herida y no paró hasta abrirla en dos en pleno lienzo... A partir de entonces le he visto pintar como nunca». Cuando Alejandro Sanz terminó de
pintar y preguntó a su amigo qué le parecía, Miguel Bosé contestó: «Me
parece que voy a empezar a cogerte manía. Buenas noches...».*

ALEJANDRO: Pintar me ha enseñado muchas cosas, algunas tan mágicas como que hay que tomar riesgos. ¿O... yo ya sabía eso? (risas).

ÍÑIGO ZABALA: Pintaba de manera compulsiva, hasta cuatro cuadros
en un día, pintaba en el mismo estudio donde grababa su música, estaba obsesionado... Era un momento de creatividad total.

ALEJANDRO: En la pintura todo tiene vocación de figurativo, pero
luego aparece el mundo abstracto.

MIKE CIRO: El hecho de que escriba todo su material lo convierte en
el pintor de su vida frente al mundo, y desde luego le interesa que ese
cuadro final sea bueno. Él quiere dejar un buen legado, y quiere hacer las
cosas bien, con amor, cuidar todas las piezas y pequeñas cosas de su vida.

ALEJANDRO: Durante una época llegué a pensar que llevo un pintor
dentro. Pero me exigía tanto la pintura como la música, así que era
imposible. El nivel de compromiso que yo tengo con la música no se
lo puedo dar a ninguna otra disciplina artística.

*Para la presentación del disco volvimos a romper la baraja. En un estudio
de Madrid por la zona de Tetuán, Jaume de Laiguana preparó una espectacular escenografía. Al igual que en la presentación de «El alma al aire»,
Alejandro volvía a marcar estilo en la puesta de largo de uno de sus discos.*

Íñigo Zabala: El disco fue un pelotazo en todo LATAM y se llevó todos los premios del mundo. Fue un disco extraordinario que presentó, una vez más, a un Alejandro reinventado.

Leila Cobo: En «No es lo mismo», Alejandro da un paso adelante en relación con todo lo que había hecho antes. La canción que daba nombre al disco era buenísima. Es una grabación extraordinaria.

Eduardo San José: El «MTV Unplugged» se vendió muy bien, fuimos muy cautos con los *stocks* y dejó muy buen sabor de boca. Luego con «No es lo mismo», cuando escuchamos la canción, nos vinimos tan arriba que, ya con el mercado en horas bajas, salimos a por todas y colocamos seiscientos cincuenta mil discos en el mercado. La red de ventas salió con el cuchillo en la boca, y todos los tenderos se volcaron, porque todo el mundo necesitaba un éxito, el mercado estaba tristísimo cuando salió «No es lo mismo». Alejandro era Warner y Warner era Alejandro. Cada célula de la compañía tenía un cuidado exquisito con cualquier cosa que tuviera que ver con él. No era un artista, era «El Artista», uno más del equipo.

Luis Vaquero: La presentación del álbum «No es lo mismo» la hicimos en unos platós enormes del fotógrafo Pasquale Caprile, por Cuatro Caminos. Era septiembre y montamos un equipo de aire acondicionado como para una carpa de circo. La escenografía la hizo Jaume de Laiguana, y nos llevó tres días de montaje, una cosa muy urbana con mecanotubo, andamios, neones... A última hora pidió unos bidones de gasolina pintados con el logo de «No es lo mismo». Tuvimos que improvisar: fuimos a Guadalajara, a una hora de coche, a por ellos y los pintamos en la furgoneta de vuelta. Cuando empezó el acto todavía manchaban; esas cosas hacíamos por Alejandro.

Alejandro Mori: Para el lanzamiento de «No es lo mismo» yo ya era el responsable de televisión. La verdad es que en todos los lanzamientos de Alejandro la compañía se paralizaba. La convocatoria fue impresionante, más de cincuenta cámaras de televisión, casi cuatrocientos redactores; jamás hubo tantas, ni antes ni después. Las cadenas de televisión se quedaron sin cámaras y hubo programas que tuvieron que alquilarlas. La guinda fue una conexión en directo con el informativo de las nueve de Televisión Española, en aquellos tiempos líder absoluto en su franja con alrededor de cuatro millones de personas de audiencia. Lo que estaba escaletado para durar un minuto y medio duró más de cuatro minutos. Fue un éxito sin precedentes, récord absoluto de cámaras de televisión y de minutos o, más bien, de horas emitidas anunciando la salida del disco. Cuando acabó, recibí felicitaciones de mi presidente de RLM y del propio Alejandro. En realidad, yo tenía la sensación de que no tuve mucho mérito, que simplemente levanté el teléfono para decir día y hora. Ahí me di cuenta de la grandeza del artista.

LUIS VAQUERO: Para la gira de «No es lo mismo», en verano de 2004, y esta vez pagada por Telefónica, hicimos otra movida espectacular en el teleférico de la Casa de Campo de Madrid. Los invitados llegaban a una dirección y allí les subían a la cabina, iban sobrevolando Madrid mientras escuchaban el disco y llegaban a las instalaciones que están en plena naturaleza y que habíamos renovado totalmente para la ocasión... en solo tres días. Allí les recibía una proyección gigante de Alejandro y un evento espectacular, *catering* de lujo con sushi y de todo... Fue un fiestón que se alargó toda la noche.

KIKO FUENTES: Aquel sarao del teleférico yo diría que fue como la orquesta del Titanic, la última gran presentación de la industria, que ya empezaba a ir en caída libre. Fue una verdadera pasada.

La gira arrancó en Latinoamérica, recorrió España y tuvo una parada importante por numerosos escenarios de Estados Unidos. Alejandro actuó en Washington, Texas, Florida, California, en el Madison Square Garden de Nueva York; una gira apoteósica avalada por el premio Grammy americano al mejor disco latino del año por «No es lo mismo».

ALEJANDRO: La gira americana arrancó con la noticia de que había ganado el Grammy. Fue un momento muy especial, aquella noticia la sentimos como una señal de buena suerte. Y así fue.

Hicimos una gira importante en Estados Unidos, mucha parte de ella en autobús. El viaje es mucho más que ir de un punto a otro, el viaje es todo lo que pasa en el medio del camino. En la gira de «No es lo mismo» disfruté mucho del camino. Fuimos a ciudades donde nunca antes había tocado, sitios como Washington, por ejemplo. También hicimos turismo claro. Todos llevamos un turista dentro, solo hay que dejarlo salir.

MIKE CIRO: En mi carrera he tocado con muchos artistas: David Sanborn, Stevie Wonder, Mariah Carey, Luther Vandross... He grabado con Janet Jackson, Alicia Keys... Alejandro es mi artista favorito de entre todos con los que he trabajado. Es un verdadero músico, conoce la música y a los que la interpretamos, es uno de los nuestros. Sabe exactamente lo que quiere, y él es el verdadero director, trabajamos juntos para dar forma a sus ideas... y la música es extraordinaria.

Tengo muchas favoritas, pero si tuviera que elegir una canción de su repertorio, o si algún día grabo un disco de instrumentales como guitarrista, creo que sería *He sido tan feliz contigo*. Tocarla es un verdadero placer, la letra, la melodía y los acordes... Es una canción perfecta, y una de mis favoritas de todos los tiempos, no solo de Alejandro, sino de todos los artistas con los que he trabajado.

ÍÑIGO ZABALA: En directo con «No es lo mismo» consolida su condición de *performer* con un show a la altura de los mejores del mundo, encuentra un nuevo camino, que es el que vemos hoy en sus giras. En cierto modo, es una consecuencia de la propia canción *No es lo mismo*. Y es el momento en el que se le ve disfrutar de verdad, completamente suelto en el escenario, y ya con un repertorio lleno de himnos.

54
Las manos blancas

«El momento de la creatividad es el más
auténtico de uno consigo mismo».

Música: Alejandro Sanz, *He sido tan feliz contigo*

N *o es lo mismo» incluía dosis de flamenco, son cubano, baladas, gospel,
rap y hip-hop, que juntas servían de melodía en su disco más comprometido. Alejandro recordaba la catástrofe del Prestige en la canción* Sandy
a orilla do mundo, *daba un toque de atención a cierta prensa carroñera,
abordaba abiertamente el asunto de los balseros en Cuba, citaba a Fidel
Castro, reclamaba un no rotundo a la guerra, a cualquier guerra...*

ALEJANDRO: Todo lo que pasó con Fidel, aquellos asesinatos gubernamentales, esos atropellos a los derechos, a la libertad de expresión,
que son fundamentales de los seres humanos... Creía que era un buen
momento para denunciarlo.

En los tiempos que corren hace falta un poco de esta rebeldía,
todos estamos muy acomodados en nuestra vida, en este caos general
que se vive, en donde uno no sabe para dónde mirar porque para donde te gires siempre hay algo estropeado.

En la canción *No es lo mismo,* una denuncia sin tendencias políti-
cas, era el momento de decir «no» a determinadas cosas, aunque está
claro que algunos políticos van a terminar manejándonos de una forma
errónea, sobre todo para nosotros, y que cada uno en su ámbito tiene

que reivindicarse como individuo: decir «yo soy yo» con mis circunstancias y lo que opinen los demás «me vale madre» (me da igual).

«No es lo mismo» nace después de tres años de trabajo, muy pegado a lo que ocurre a nuestro alrededor. Había que tomar partido, no era el momento para estar callado.

La hipocresía en la sociedad burguesa de nuestro tiempo es grande. Resulta paradójico cómo la gente sentía más estima por un tipo como Bush, alguien que demostró que tenía maneras dictatoriales, que con un hombre como Clinton, que en el fondo encarnaba todas las grandezas y bajezas del ser humano.

José María Michavila: El tema de ETA no era un tema obvio. España había estado escondiendo los muertos con vergüenza. Todo empieza a estallar con el tema de Gregorio Ordóñez y luego con Miguel Ángel Blanco. Entonces se hizo la ley de partidos políticos, y desde el principio Alejandro siempre me decía: «A por ellos. Nada de guerra sucia ni nada ilegal, pero con toda la ley». Entonces yo pensé: «Les voy a ilegalizar», y entonces él me dijo la frase: «Ya está bien de financiar a ETA con nuestros impuestos».

Alejandro: Creo que todos habíamos pasado una época de mucho conformismo, de mucha tranquilidad, y en la que parecía que todos estábamos más o menos bien. Pero de pronto el mundo empieza a convulsionarse de una manera que nos obliga a parar.

José María Michavila: Alejandro es un tipo que le dedica mucho tiempo a escuchar lo que la gente piensa, le gusta conocer. Mi conexión con la calle, mi acueducto con la calle ha sido Alejandro.

La ley de partidos fue aprobada en junio de 2002. Esta ley sustituyó a la ley de 1978, más ambigua respecto a la ilegalización de los partidos. Como resultado de esta ley, el Tribunal Supremo notificó la ilegalización, el 28 de marzo de 2003, de Herri Batasuna, así como a Euskal Herritatok y Batasuna, alegando el apoyo a la organización terrorista ETA y el no rechazo de la violencia como forma de hacer política.

José María Michavila era entonces ministro de Justicia del Gobierno de España y fue el impulsor de la ley.

José María Michavila: Estaba de vacaciones en Santa Pola a primeros de agosto de 2002 y me llamó Aznar: «Hay que poner en marcha la ilegalización». Dejé allí a la familia y me vine a Madrid yo solo. Alejandro estaba también solo y entonces nos veíamos día sí y día no. Me reunía por la mañana con Rosa Aguilar, con Almunia, con Rubalcaba, con López Aguilar, con Miquel Roca... para poner en marcha un pleno extraordinario en el mes de agosto y poder ilegalizar a Batasuna. Daba ruedas de prensa día sí y día también. Y Alejandro me decía: «Te he visto tenso, te he visto cansado...». Escribió una canción, *Ni por H ni por B;* nunca la enseñó.

Alejandro tiene la cabeza superestructurada, una gran formación, lee mucho y tiene una gran cultura. Y sobre todo tiene una gran capacidad de diálogo con todo el mundo. Le gusta conocer gente del arte, de la cultura, de la política. Tiene una cosa, y es que es muy justo, aplomado. Cuando toma decisiones son de justicia.

Tuvimos un debate sobre la palabra «pirata» en el contexto de la propiedad intelectual, porque hablar de piratería es como un término romántico para referirse a alguien que pura y simplemente está robando el trabajo de otros.

Las manos blancas de Miguel Ángel Blanco es una expresión que Alejandro dijo y yo utilicé en algunas ruedas de prensa. Luego él la incluyó en *No es lo mismo* («las listas negras, las manos blancas») y en eso fue muy valiente.

ALEJANDRO: En mi familia siempre hemos tirado al centro izquierda. Mi tío fue el fundador del Partido Socialista en Cádiz, junto a Alfonso Perales. El hermano de mi abuelo estaba en una lista negra, porque era el que le leía los panfletos a los de la CNT... Mi tío Paco decía que lo mataron porque sabía leer. Y se lo llevaron, como se llevaron a tanta gente.

Las guerras son malas, pero lo peor es el rencor y las represalias después de las guerras, cuando ya no estás en el fragor de la batalla, y asistir a esa sangre fría de la venganza me resulta desolador como ser humano.

IRENE VILLA: La banda sonora de Alejandro Sanz es la banda sonora de todos, por lo menos de mi vida, porque sus canciones inspiran muchísimo, porque nos han pasado muchas cosas con su voz de fondo. Yo además le tengo un cariño especial a este maravilloso ser humano porque cuando era pequeña vino a verme al hospital, a decirme «no estás sola», y eso fue maravilloso, porque era mi ídolo con doce años, y lo sigue siendo. Imagínate ver a tu artista favorito a los pies de tu cama, fue muy emocionante, y después haber seguido su trayectoria y haberle vuelto a ver, es un honor y un orgullo.

ALEJANDRO: Cualquiera de nosotros hubiera hecho lo mismo. Me enteré de que le gustaba mi música y me fui al hospital y me presenté en su habitación y le llevé un regalito.

Alejandro es un buen amigo de José María Michavila y también lo era de su esposa, Irene Vázquez Romero. Irene fallecía en 2013 tras sufrir una hemorragia cerebral. Creativa, sencilla y comprometida, Irene se dedicó en cuerpo y alma a su familia de manera entregada y ayudar a fundaciones y a la Iglesia.

Irene y Michavila eran siempre de los primeros en escuchar las composiciones de Alejandro. El origen de esta amistad venía desde las clases de inglés en Londres. La pareja participaba en todos los acontecimientos felices de la vida de Alejandro: bodas, bautizos, cumpleaños... También recibían su apoyo en las situaciones más dramáticas, como ocurrió tras el atentado del 11 de marzo en Madrid, en el que Michavila, como ministro de Justicia, tuvo que involucrarse y sufrió un importante desgaste personal.

Durante los Premios Grammy Latino en 2013, Alejandro dedicó el premio por su disco «La música no se toca» a Irene: «Quiero dedicárselo a una amiga que falleció hoy. Es un día de emociones encontradas».

JOSÉ MARÍA MICHAVILA: También le dedicó una canción a Irene cuando ella ya no estaba, en el Palacio de los Deportes de Madrid. Paró la música e hizo una reflexión: «Hay personas que no salen en los telediarios, no son famosas, pero que te tocan el corazón para siempre». Se paró, se emocionó: «Hoy está ahí, y quiero dedicarle a Irene esta canción». Nos miró, le aplaudimos..., fue precioso.

El día del primer cumpleaños sin su madre, Alejandro escribió una carta a Irene, la hija de José María:

Mi querida niña. ¿Sabes por qué te admiro? Porque tienes muchas virtudes de mamá. Eres fuerte y sensible, generosa y decidida, cariñosa y entregada a la vida.

Tienes esas virtudes que recuerdo de tu mamá y que la convirtieron en una de mis personas favoritas de este mundo. Tú le das sentido a la palabra *vida*. Le haces honor al verbo *vivir*. Porque tu mamá vivió exactamente como tú. Cada segundo lo convirtió en pequeñas eternidades. Y los segundos salían de su vida como quien sale de un refrescante baño en el mar Mediterráneo.

Por esas virtudes, mi querida niña, y por esa sonrisa que iluminaba la tierra entera, era por lo que yo admiraba tanto a mamá... Y por todo ello es por lo que te quiero tanto a ti...

¡Ah! Perdona, no te dicho quién soy... Soy tu tío Chan.

Te quiero mucho, cariño. Disfruta esta experiencia maravillosa. Y gracias por todo lo que nos enseñas a los demás.

55

Vivir sin miedo

«No hay más miedo que el que se siente cuando ya no sientes nada».

Música: Alejandro Sanz, *Se vende*

La irrupción del consumo digital de música transformó el mercado de manera drástica. La revolución digital ha cambiado el mundo para siempre, y no existe la posibilidad de acotar parcelas que queden al margen del avance imparable del reloj de los tiempos. Dicho esto, hay que reconocer que ha habido colectivos que han sufrido en sus carnes el fenómeno de manera más virulenta.

El mundo de la cultura en general, y el de la música en particular, vieron cómo su modo de vida se veía seriamente afectado. Más que eso, vieron cómo una corriente de opinión se les echaba encima, intentando establecer una línea de pensamiento único que no se podía cuestionar, la única opinión admisible era que la música, el cine, etcétera, debían ser gratis, y cualquier opinión discordante era atacada con saña.

El colectivo de artistas y creadores estaba lejos de sentirse conforme con la situación, pero se echaron de menos voces importantes que hablaran sin tapujos de lo que estaba ocurriendo. Existió un cierto temor a manifestarse públicamente y de manera clara ante el miedo de que el escarnio en redes sociales se iba a producir, y en tiempo real. Hubo quien sí dio un paso al frente y se posicionó claramente a favor de la que entonces se denominó ley Sinde.

ALEJANDRO: El que niega la importancia de la cultura en un país está perdido. El país que no protege su cultura pierde su identidad. Si no salvaguardamos nuestra cultura, estamos condenados a diluirnos.

En noviembre de 2000, en el contexto de el lanzamiento de «El alma al aire», Alejandro se manifestaba sobre la piratería en el programa de Andreu Buenafuente en TV3:

«Hay quien dice que "los artistas y las compañías ya tienen bastante dinero" como una justificación a la piratería. Pero es que hay mucha gente que trabaja en la música, y esos son los que más sufren. El mantero se ganaba la vida, pero detrás había una mafia muy organizada que era lo que había que atacar».

Así se manifestaba en 2010 en una entrevista con Jesús Quintero en Ratones coloraos:

«La situación de la música en España es un desastre, y no hablo por mí, sino por los cientos, los miles de artistas que están intentando asomar la cabeza en las tierras más cenagosas que he visto nunca. España ha sido el segundo país del mundo con más piratería después de China, y esto debería darnos que pensar. Ha habido muchos intereses, muchas formas de ver la solución, ha habido campañas de desprestigio en contra de la SGAE, en contra de la propia industria discográfica...».

En el suplemento XL Semanal *de ABC, Pau Donés defendía la ley Sinde: «Por primera vez en este puñetero país hay una ley que ampara y protege la propiedad intelectual. Daría una ración doble de jarabe de palo a los políticos si se cargan la ley Sinde en el Parlamento».*

PAU DONÉS: Pero ¿qué internautas? ¡Es que esto es cojonudo! ¿Por cuatro friquis que están tergiversando la opinión de la gente? Alejandro es un tío valiente. Es más, yo soy internauta también y a mí nadie me ha preguntado lo que pensaba.

ALEJANDRO: Cuando fue lo de la famosa ley Sinde, a la ministra le dieron por todos lados. Hasta sus propios compañeros votaron en contra en el Consejo de Ministros. Y no es que no hubiera voluntad política, lo que había era personajes muy cuestionados y a saber con qué intereses... Gente que había dado concesiones para *fracking* a riguroso dedo... ¿Cómo pueden votar estos dos personajes, ministros de Fomento y de Industria, en contra de la ley para cuya creación su compañera se había dejado la vida..., para que la termine aprobando el PP? En fin, es un mundo de locos.

Por no hablar de cuando entraron en la SGAE con los geos y sus metralletas, helicópteros, como si estuvieran entrando en la casa de Al Capone. Creo que fue en la época de Rubalcaba de ministro del Interior. Una cosa es que precintes los ordenadores, pero tratar a los autores como terroristas... Eso ya es inadmisible.

Y la Asociación de Internautas aquella, ¿alguien ha vuelto a oír hablar de ella? Estos salieron nada más que para hacer ruido. ¿Asociación de Internautas? Es como decir Asociación de Tomadores de Zumo de Naranja. Internautas somos todos, ¿por qué dice usted que me representa a mí? No hablaban nada, ni de los precios de la banda ancha en internet, ni de los derechos de nada... Solo en contra de los autores y de los derechos de autor... Todo bastante sospechoso. Ahí había muchos intereses y esos ministros votaron en función de sus conveniencias. De otro modo, ¿qué sentido tiene que se opongan a una ley que proteja la propiedad intelectual, que ha sido una conquista progresista desde siempre?

ALBERT RIVERA: Creo que, cuando los artistas sienten que el talento español se maltrata, tienen buena parte de razón. Visto por alguien como yo, que acaba de aterrizar en la política y que conserva su óptica de consumidor y de ciudadano, creo que el arco político de la izquierda ha querido monopolizar la cultura de forma sectaria, e incluso utilizarla instrumentalmente. Y el partido de la derecha, precisamente por esa cuestión, ha ninguneado e incluso ha perjudicado a la cultura por una cuestión partidista: tú me pegas, yo te pego. Y uno de los retos que tenemos por delante en Ciudadanos, desde una óptica más centrista, es hacer de la cultura una cuestión de país y no de partidos. Por eso en los pactos que hemos alcanzado siempre hemos incluido la reducción del IVA cultural en los diferentes campos de la cultura.

TRINIDAD JIMÉNEZ: Es un artista de los pies a la cabeza. Me gusta mucho cómo canta, su música, su letra, lo que dice y cómo lo dice. Me gusta su tono de voz, su calidad y calidez. El sentimiento que transmite y la autenticidad con la que nos habla. Me gusta su versatilidad, cómo pasa de una balada a un fandango, y me gusta cómo mezcla ambas cosas. Alejandro Sanz es un artista valiente y comprometido, algo que no es fácil en un mundo en el que el compromiso es mirado con recelo y distancia. Me gusta que tenga ideas propias y que las defienda y que se sienta orgulloso de ellas y de lo que representa. Recuerdo que una vez nos cruzamos en los camerinos de un escenario, podía ser México o Colombia, y recuerdo también que fue él quien se dirigió a mí, interesándose por lo que yo hacía. Alejandro estaba a punto de empezar un concierto y esta anécdota lo define muy bien. Un buen tipo, con corazón.

Cuando solicité a Ángeles González Sinde, quien mucho antes de ser ministra había militado brevemente en las filas de Warner Music, su aportación para este libro, me explicó con detalles su punto de vista:

ÁNGELES GONZÁLEZ-SINDE: Los años en los que fui titular del Ministerio de Cultura (2009-2011) fueron, por decirlo de manera constructiva, intensos. El Partido Socialista gobernaba en minoría, la crisis económica sacudía el país y la oposición tenía más ganas de vernos fracasar para desalojarnos del gobierno que de llegar a pactos. Los amigos no abundaban, los aliados menos. Los pelotas y oportunistas, eso sí, seguían en sus puestos, pero cualquiera con un mínimo de inteligencia y de sentido de la autopreservación podía distinguirlos y mantenerlos a raya. En ese contexto surgió la necesidad de proteger la propiedad intelectual, de establecer unas reglas de juego equitativas en el uso y disfrute de los contenidos musicales, literarios y audiovisuales en la red, y ahí se desató la tempestad.

Ser ministro en algunos aspectos imagino que tiene algo que ver con ser una superestrella de la música popular, aunque solo sea por la constante exposición a los medios y el sometimiento a su vigilancia, y también por el modo, en ocasiones peculiar, en que te tratan los demás, que ya no te ven como un ser humano normal y corriente, sino como una especie de símbolo o representación rodeado de tanta fantasía como de desinformación. Eso marca unas distancias con todo el que te rodea salvo, por supuesto, con los más íntimos, los que te conocen y aguantan de toda la vida, y con tus pares, personas que están en tu misma situación o parecida. La distancia y la necesidad de protegerte frente a los ataques abiertos o encubiertos conduce inevitablemente al aislamiento y en ocasiones a la soledad.

No conozco mucho a Alejandro Sanz, no sé si ser una estrella desde temprana edad como es su caso hace que lleves de otra manera las circunstancias de la fama y los vaivenes del reconocimiento público, pero sí sé que en aquellos momentos duros era difícil encontrar a quien se sumara al carro de aprobar unas normas para combatir la piratería en la red. Quien afirmara que estaba en contra de la piratería (o el saqueo sistemático de los bienes culturales digitales para hacerse rico por cuenta de otros) tenía que enfrentarse a unos *hooligans* autoproclamados representantes de los internautas con gran apoyo y eco de los medios de comunicación y también mucho predicamento entre los más jóvenes. Muchos eran los artistas que en privado o en *petit comité* se lamentaban de la situación, pero ninguno el que daba un paso al frente para denunciarlo en público. Alejandro Sanz fue el primero.

El riesgo, aunque hoy afortunadamente nos parezca increíble porque poco a poco la opinión pública ha cambiado (un poco tarde, cuando ya se ha destruido el tejido industrial, se ha desmantelado un modo de vida de muchos trabajadores de la cultura y se les ha condenado a la precariedad permanente tirando por los suelos sus sueldos y sus posibilidades de remuneración), era grande: ser tachado de carca, de ir con el enemigo opresor, de defender a las multinacionales, de estar, en definitiva, en contra de su propio público y sus malentendidos derechos de acceso a la cultura. Pero Alejandro lo hizo. Yo apenas le conocía. Aunque trabajé en la industria del disco allá por los años de Maricastaña, él entonces era muy joven y mi recuerdo y mis encuentros con él muy tenues. Nos cruzamos con seguridad en casa de Miguel Bosé (otro defensor del equilibrio en la red) y recuerdo un chico del que todos hablaban excelencias por su talento para componer, para interpretar y por su personalidad siempre curiosa y atrevida y con mucho carisma.

La impresión que Alejandro me ha producido siempre (y que envidio) es que tiene pocos miedos y, si los tiene, se los trabaja hasta domarlos e incorporarlos a su repertorio para compartirlos con nosotros. Entonces los temores dan menos miedo, se convierten en un compañero más de aventuras. La música es su profesión, pero también su motor, su herramienta de conocimiento del mundo, su modo natural de analizar la realidad y de involucrarse en ella. Se mueve en la música, en todas las músicas, como pez en el agua, y eso es lo que le dota de un centro sólido, un lugar desde el que puede expresar con libertad sus ideas estéticas o éticas. Uno pensaría que después de *Corazón partío* iba a ser difícil sorprender a su público, pero quien tiene de verdad pasión por su trabajo, quien lo respira y ha hecho del lenguaje musical su modo de estar en el mundo tiene un pozo inagotable de recursos. Igual que en su día levantó la voz en defensa de un modo equilibrado de distribuir los contenidos en la red, otro denunció la violencia de género y así se suma con libertad y convicción a valores de los que está plenamente convencido, ajeno a modas y a que su imagen sufra o se beneficie por ello.

Si nos gusta Alejandro Sanz como artista es porque nunca es tibio, ni ambiguo, pero tampoco altisonante o autoritario. Como en la música que compone, Sanz deja espacio para que se integren todos con suavidad y una pizca de humor, otra clave en la que se maneja de maravilla y con la que desactiva tensiones. El miedo a dejar de gustar es el peor consejero en cualquier carrera creativa. Sanz carece de él. Por eso jamás es tibio, ni ambiguo, ni en lo artístico ni en lo social. Es un ciudadano de su tiempo que pone a servicio y disfrute de todos tanto su talento como sus convicciones.

Algo parecido ocurrió en 2017 con el tema de la reventa organizada. Cuando la taquilla para el concierto «Más es más» del 24 de junio se puso a la venta y se agotó en treinta minutos, fueron muchos los fans que expresaron su descontento en redes sociales. Los potentes robots de la reventa autorizada acapararon cuantos tickets pudieron, dejando fuera de la venta a precio oficial a mucha gente. El artista se vio muy afectado por este expolio organizado de la taquilla, y volvió a dar un paso al frente para denunciar esta realidad. Alejandro Sanz estalló y lideró una alianza antirreventa para tratar de poner coto a estas prácticas. Numerosos artistas (entre ellos Joaquín Sabina) se sumaron a la iniciativa. Incluso plataformas de compraventa entre particulares eliminaron de sus páginas la venta de tickets.

ALBERT RIVERA: La postura de Alejandro en el tema de la reventa ha sido muy valiente. La mejor campaña la pueden hacer los artistas, que son los que tienen más fuerza. Hemos llevado el tema al Parlamento. Fue novedoso porque se habló por primera vez de este tema en una sesión de control al Gobierno, y se va a modificar el reglamento actual que regula estos temas, que es de los años ochenta del siglo pasado, para adaptarlo a los tiempos actuales y luchar contra la reventa. De hecho, Felisuco utilizó la entrada de «Más es más» para explicar el problema. Una de las cosas buenas y motivadoras de mi trabajo es que puedes intentar arreglar y cambiar cosas. Este es un tema que está erosionando injustamente la imagen de los artistas, y creo que conseguiremos cambiarlo.

PABLO MOTOS: Es un privilegio para España tener a un tío como Alejandro paseando nuestro nombre por el mundo. Si yo fuese el ministro de Cultura, haría que no le cobrasen la luz ni el agua. Un país culto tiene que cuidar a sus artistas y nosotros en eso, a veces, fallamos...

GUIOMAR ROGLÁN: Alejandro es un justiciero. Un tipo comprometido con la vida. De los que se moja y camina por ella pisando fuerte. Ha hecho más por la cultura española que cualquiera de los ministros que han pasado por la cartera de Cultura —cuando esta aún tenía entidad propia—. «Más» siempre será el disco más vendido de la historia en España y *Corazón partío* sigue siendo la historia de todos, ese desamor que varias generaciones hicimos nuestro y que veinte años después de su lanzamiento nadie ha olvidado. Alejandro ha hecho historia en la música, pero la hubiera hecho en el mundo del periodismo, de la política —él no hace ruedas de prensa en plasma— o de la profesión que hubiera elegido. Incluso como tenista. Porque, a pesar de su talento, lo que mejor lo define es su capacidad de trabajo.

Con Shakira en los Grammys

56

El tren

«De todos mis discos, si tuviera que elegir el que mejor me muestra, diría "El tren de los momentos"..., por joder...».

Música: Alejandro Sanz, *A la primera persona*

D espués del pelotazo de «No es lo mismo», Warner editó un disco de éxitos en 2004 que se publicó en formato triple, doble y sencillo, álbum que despachó algo así como cuatrocientas cincuenta mil unidades. Curiosamente, nadie parece acordarse de este recopilatorio, uno de los discos más vendidos aquel año, y que contenía dos canciones inéditas: la monumental Tú no tienes alma, y un desgarrador poema recitado que tenía por título Cuando sea espacio.

Alejandro tomó oxígeno y acometió la creación de su séptimo disco de estudio desde una óptica completamente distinta.

ALEJANDRO: Fue un punto de inflexión. En «El tren de los momentos» empecé a trabajar de una manera en la que no había trabajado nunca. Comencé a despreocuparme totalmente de la perfección de las cosas, algo que ya había empezado a hacer en «No es lo mismo». Hasta ese momento los arreglos de mis discos habían sido muy cristalinos, todo muy colocado en su sitio..., y empecé a liberarme y a hacerlo todo de una manera más espontánea, natural, orgánica.

Las raíces son importantes para todos. Bien entendidas son buenas, pero tampoco somos geranios. Tenemos que movernos.

Considero que es importante poner en valor la espontaneidad de las cosas, las primeras tomas, las primeras voces, las primeras ideas, las primeras fotos..., equilibrar muy bien la parte técnica con la artística.

Hasta sesenta canciones embarcaron en el tren en la fase previa a la grabación. Solo diez llegaron a la última estación.

ALEJANDRO: El tren es la etapa en la que estuve componiendo el disco. Odio el avión y los aeropuertos. Me gusta el tren porque es una forma muy humana de viajar, es el auténtico viaje. Lo interesante no es la llegada o la salida, sino lo que sucede entre estos dos puntos. En ese tramo es donde vivimos, donde nos pasan cosas, donde conocemos gente, donde se cruzan historias o donde con suerte te intercambias los teléfonos. Cada canción del disco es un estado de ánimo, un momento en particular, y el disco, es eso: un tren de momentos. Un punto de encuentro también.

En un momento dado le dije a Shakira: «Ayúdame con el título del disco». Y me llamó un día en plena noche desde Barcelona. Me sugirió llamarlo «Quítame la ropa». Yo le digo: «¿Qué? ¿Has estado bebiendo?» (risas). Me quedé tan preocupado que me dije: «Esta misma noche tengo que ponerle el título».

El hecho de que se llame «El tren de los momentos» es perfecto porque empieza con amargura y termina diciendo: «Para qué quiero yo tantos besos y tanto amor, súbete a este tren, que la vida son cuatro días y aquí estamos para disfrutarla».

El disco se cocina casi íntegramente en el estudio de la casa de Miami. Alejandro, ayudado por Lulo Pérez, vuelve a encerrarse con sus musas y sus fantasmas en el estudio, el terreno en el que mejor se entiende con ellos.

ALEJANDRO: En el estudio se pierde un poco el control de las canciones. Aquí estaba experimentando. Lo hice prácticamente solo, un proceso muy artesano. Estuvo Lulo Pérez como compañero de travesuras, pero pasé muchísimas horas solo. Estaba encerrado. Mi mundo interior se había apoderado de todo mi mundo exterior. Mi casa era un caos, un desastre, pintaba las paredes, colgaba fotos para que te asustaran cuando abrías las puertas. Quise poner un tobogán desde la habitación hasta la piscina, pero no para hacer fiestas, sino para bajar por él y de ahí irme a navegar. Estaban todas mis musas borrachas tiradas por el suelo de los pasillos... Ese disco tiene muchas cosas de mi mundo interior.

Íñigo Zabala: «El tren de los momentos» me parece que es un disco muy bueno, siguiendo la línea de «No es lo mismo». *A la primera persona* me parece que es una de las canciones más de rompe y rasga de la carrera de Alejandro Sanz, te llega al corazón, al estómago y a todas partes a la vez; una de las baladas más Alejandro que yo conozco.

Esperanza: Tiene un matiz en su voz. Mi canción favorita es *A la primera persona* cuando la trompeta y todo eso. Mira que está el *Corazón partío,* pero me chifla esta canción.

Eduardo San José: «El tren de los momentos» lo recuerdo como el momento más bajo de Alejandro, y creo que se refleja en el disco. Funcionó bien, pero nos costó más trabajo, no rompió como otros.

Alejandro: Quien diga que este es mi peor disco no tiene ni puta idea. Sigo pensando que es uno de mis mejores discos. Hubo gente que no apoyó estas canciones. Me encontré con una fuerte oposición por parte de determinadas personas. Tuve que luchar contra todos ellos para sacar adelante este disco y poder darle un poco de vida. Creo que no hay tristeza en el disco, lo que hay es mucho coraje, que es una palabra que se repite mucho en él, y que casi es una herramienta o una excusa si se quiere. Coraje del que me daba y del que tenía, de los dos.

Creo que es una herramienta buenísima para tirar *palante* en cualquier situación de la vida. Realmente me di cuenta de que había escrito muchas veces la palabra *coraje* y, si lo piensas, es como un psicoanálisis. Ese coraje me ha servido para sacarme muchas cosas de dentro.

Hay canciones verdaderamente épicas en su realización. *A la primera persona* es un tema que musicalmente y líricamente tiene mucha enjundia, está al nivel de *Y, ¿si fuera ella?* o de otras mías.

Es lo que llaman «power ballad», es una balada que deja de ser sentimental en el sentido de que es «corajuda», vuelvo a repetir esta palabra. Una balada que pierde la ñoñería de la balada sentimental de siempre y en la que aflora la parte más canalla del disfraz que nos ponemos para ocultar los sentimientos, y que también forma parte de la vida de uno. Uno no siempre está rezando, a veces peca para tener algo de lo que lamentarse.

A la primera persona comienza con un dramático redoble. Es un paso de Semana Santa. Ese arreglo está hecho en honor a mi padre. No lo quería decir... En esa canción hay una frase esencial: «El oro para quien lo quiera». Planeamos la vida como si fuéramos a ser eternos y luego en realidad te das cuenta de que no tienes nada, salvo los recuerdos, la gente que te quiere y la gente a la que tú quieres. Las cosas no nos pertenecen, las cosas sobreviven a todo el mundo. De lo que habla la canción, básicamente, aunque parezca una llamada de auxilio, que no lo es, es de la necesidad de recuperar unas sensaciones que me son mucho más importantes que el dinero, que el éxito y que todas esas cosas

No escribí ni una sola palabra en papel y fui componiendo según cantaba. Creaba un patrón de batería y una línea de bajo que era un apunte de la armonía, y sobre esto iba improvisando, diez o quince minutos. Salían frases, a veces estrofas enteras... y otras fueron saliendo solas. Cada cosa fue surgiendo. Por ejemplo, la primera vez que llegué a Madrid y vi que no tenía donde quedarme, me pareció curioso y lo incluí dentro de la canción.

Kiko Fuentes: Durante el proceso de creación de las canciones, Mariano Pérez y yo estuvimos una tarde de invierno con Alejandro en la casa que había alquilado en una urbanización de las afueras. Fue después de la inauguración de la exposición de fotografía que hizo con Jaume de Laiguana, en aquellos días en que se puso los pelos rubios. Acostumbrados a verlo en su propia casa, nos llamó mucho la atención verlo en aquel entorno tan despersonalizado. Era una muy buena residencia, pero no era «suya», no era su propio espacio.

Alejandro: No escuché *A la primera persona* hasta que no estuvo terminada, hasta el momento de la mezcla, porque prácticamente todo lo que hay es improvisado. Dejé que salieran las frases de dentro, que es la forma más pura de componer. Y, cuidado, esto te da también la posibilidad de mover los acentos si tú quieres por una necesidad darle énfasis en algún momento. Los acentos caen perfectos, que es una cosa que normalmente es muy problemática en español.

Estoy convencido de que cuando una canción sale de golpe, sale con el traje puesto y con el sombrero. Yo estaba convencido de que improvisar, improvisar, improvisar... me iba a dar el resultado que yo quería. Se grabó todo según fue saliendo para evitar ser un rehén de la semántica para dar una mayor autenticidad.

Se corría el riesgo de que el resultado final de la canción no tuviera sentido, pero afortunadamente no fue así, cuando confías tanto en el instinto, si realmente tienes algo importante que decir, va a salir bien.

Íñigo Zabala: Mientras grababa ese disco pintaba tres cuadros diarios. Estuvo cerca de un año encerrado en su casa sin salir, fue una época que él vivió de una forma radicalmente artística: música, pintura y mar.

Musicalmente este álbum es muy sofisticado, quizá el más sofisticado de su carrera.

Kiko Fuentes: En aquella época hacíamos muchos viajes relámpago a América, de esos en los que duermes allí, si es que duermes algo, una sola noche. Jaume de Laiguana estaba trabajando en las fotos de promoción del disco y se instaló en la casa para hacerlas cuando Alejandro estuviera listo. Dimos el paseo reglamentario en el bote de Alejandro a velocidad supersónica, y luego cenamos especialidades gaditanas que había preparado el tío Paco (todavía me acuerdo de las huevas *aliñás*, que en Miami sabían a gloria).

Íñigo Zabala: Se tiró dos años metido en un cuarto pequeño en el que tenía el estudio. Incluso a los periodistas los recibía en ese espacio. Recuerdo a Lulo Pérez, metido durante años en el cuartito ese *loopeando* y mezclando.

Alejandro: Yo siempre estoy con la música, para mí son catorce o dieciséis horas diarias, y no es que trabaje todas esas horas, sino que me divierto, porque me gusta la música, la escucho y la hago. Tengo muchísimos discos. ¿Hago más música que oigo? Seguramente, pero de agorafóbico no tengo nada, me encanta disfrutar los espacios abiertos, el mar... Soy el capitán de mi libertad, el capitán Chan... (risas).

Kiko Fuentes: Después de cenar escuchamos el disco en un estudio chiquito que tenía, al que se subía por una escalera desde el patio. El espacio era largo y estrecho. La pared hacía las veces de libro de visitas y estaba firmada por todos los que habían pasado por allí.

ÍÑIGO ZABALA: Los resultados eran excelentes. El número de canciones muy buenas que tenía era impresionante: *A la primera persona, La peleita, En la planta de tus pies, Se lo dices tú,* otra canción alucinante, *Donde convergemos,* que es una de mis favoritas de todo su repertorio, una de esas canciones que solo puede hacer él; *Te lo agradezco pero no,* con Shakira, que es una gran canción... Era un discazo canción a canción.

ALEJANDRO: Shakira y yo somos muy parecidos en cuestiones musicales y de personalidad, y eso es mucho más fuerte que cualquier banalidad que se haya podido decir. El amor musical es más profundo que todo eso.

Ni ella ni yo somos «la voz bonita» de mujer ni de hombre, quizá por eso se produce tanta química cuando cantamos, porque somos muy personales, muy particulares, y conseguimos que no choquen nuestras voces.

Ella es muy profesional y meticulosa en su trabajo. Y no queríamos repetir lo que habíamos hecho ya anteriormente en *La tortura.* Shakira se quedó muy contenta con el resultado, porque decía que ella no cantaba así en sus discos, que sonaba como una diva cubana de ochenta años.

En Te lo agradezco pero no *y* La peleita *colabora también Juanes.*

ALEJANDRO: Juanes es un tipo muy comprometido. A veces viene por casa en Miami, escuchamos música, tocamos... Para el disco yo quise su guitarra, su forma de tocar..., sencilla, honesta. La parte funky es lo que toco yo. Juanes hace el ritmo colombiano que va por debajo, y el solo del final. Queríamos hacer este viaje al revés, esta especie de rumba abolerada.

JUANES: Para mí Alejandro representa la excelencia, por la calidad musical que él tiene, la profundidad de sus melodías y cómo él concibe la música, los arreglos, que son más complejos de lo normal y siempre llegan a un punto de excelencia musical. Es un sello que marca un antes y un después en las nuevas generaciones de la música latina. Es un personaje muy divertido, con mucho talento y unos apuntes muy chéveres.

ALEJANDRO: Hay muchas guitarras en este disco, casi todas las grabé yo. Me siento más golfo cuando toco la guitarra eléctrica. Casi la había abandonado, y un día en un viaje me puse un vídeo de Jimi Hendrix, que para nosotros en Andalucía era Dios. De ahí nació el rock andaluz, de Hendrix y del rock sinfónico. También estuve viendo cosas de Prince y me surgieron otra vez las ganas de tocar la guitarra eléctrica, y de introducir elementos funky en las canciones.

El funky me encanta, soy fan de Prince, de James Brown, incluso me gustan cosas de funky inglés como Jamiroquai, que siempre forma parte de mi discoteca. Tiene mucho que ver con el flamenco, por esa obsesión por el ritmo que casi se convierte en enfermedad.

Yo no creo en la pertenencia de la música a determinados grupos o etnias, eso de «el flamenco es de los gitanos o de los andaluces». Sí tiene mucho que ver con lo que uno escucha, con lo que uno siente, con la gente con la que se relaciona, con el tiempo que le dedicas a la música. Porque siempre que le dedicas mucho tiempo a la música, incluso a los jazzeros más recalcitrantes llega un punto en que les sale una vena funky.

El grupo Calle 13 no era tan conocido por aquellos entonces. Alejandro les invitó a colaborar en La peleita, *otra apuesta audaz dentro de un disco valiente.*

ALEJANDRO: Calle 13 tiene *flow,* como dicen ellos. Yo lo llamo «aire», la forma de cantar el swing, que es muy peculiar. Les pedí que colaboraran y lo hicieron de forma muy espontánea en *La peleita.*

Me gusta mucho su forma de música. René (Residente) estaba por Miami con Visitante (Eduardo Cabra), y los invité a que vinieran a mi casa.

Lo primero que hicimos fue dar un paseo en bote. Les hablé de esta canción, y por la noche ya tenían hecha su parte. Lo difícil fue encajarlo, meterlo bien dentro de lo que uno hace, para que no suene forzado.

RENÉ PÉREZ: No me voy a poner romántico, pero grabando con Alejandro hubo un poco de química, tenemos ondas muy diferentes y la mezcla es chévere. Buena gente de corazón.

ÍÑIGO ZABALA: Es el disco en el que Alejandro abrió más su corazón y donde se hizo más transparente. Con una sinceridad alucinante para los que le conocemos bien y sabemos de qué hablaba en esas canciones. Superó muchas cosas a la vez que componía y hacía el disco que fue para él uno de los más duros de crear, grabar y cantar.

En lo personal, creo que esas letras tienen que parecerle al propio Alejandro algunas de las mejores que ha escrito en su vida. Fue una época en la que él poéticamente alcanzaba un nivel altísimo.

ALFONSO PÉREZ: Es un disco muy íntimo en el que saca partes de él que no saca en otros, debe ser muy especial para él, y obedece a un momento de su vida en que necesitó hacer un poco de introspección y sacar cosas del fondo.

MALÚ: En «El tren de los momentos» vomita muchísimas cosas que lleva dentro, es un grito constante de liberación de echarlo todo para volver a ser aquel Alejandro Sanz que yo conocí en El Rinconcillo.

No faltaron compañeros de viaje en este tren. Además de Calle 13, Shakira y Juanes, embarcaron también Antonio Carmona, Álex González, de Maná, Paz Vega en el primer vídeo..., hasta Manuela, la hija de Alejandro que entonces tenía cinco años, tocó una nota de violín en Se molestan. *Un grupo de músicos y amigos muy importante que arropó a Alejandro en la grabación del álbum. Pero había alguien más...*

KIKO FUENTES: Además del tío Paco, estaba también en Miami Raquel Perera. Por entonces no eran pareja y no había nada aparente que presagiara que acabarían siéndolo. A Raquel ya la conocíamos de RLM porque manejaba los temas de Eduardo Cruz, el hermano de Penélope, que llegó a firmar con Warner. Más adelante, cuando salió el disco y se hizo pública la relación, siempre pensé que Raquel había sido «la primera persona» de la canción.

RAQUEL PERERA: Empecé a pasar más tiempo cerca de él durante el proceso del disco «El tren de los momentos», la creación, el lanzamiento y la promoción. Ya me caía muy bien desde el principio.

Alejandro saca los discos que siente que tiene que sacar. En una carrera que va tan rápido, y con ese nivel de exigencia, hay momentos en los que hay que parar. Es muy visceral, y sus vísceras le pedían lo que ese disco trae consigo a nivel musical, de letras, etcétera. En su vida estaban pasando muchas cosas a nivel personal, que se sumaban a la carga del trabajo, el éxito, etcétera. Se juntaron muchas circunstancias que hicieron que él quisiera atravesar un desierto y dejarlo atrás.

Quiso reconocer su situación y realidad para pararse, respirar, tomar aire y salir, como hace siempre, a tope.

En familia

57

La primera persona

«Eres el timbre del nido de mis gorriones».

Música: Alejandro Sanz, *Mi marciana*

A menudo vemos a los artistas como seres de otro planeta. Presencias con superpoderes que se aparecen periódicamente ante nosotros luciendo su mejor sonrisa, guapos, siempre en forma, encantadores, con cosas interesantes que contar... Si pensamos en nosotros mismos, vemos que nuestra vida se construye en una sucesión más o menos caótica de altibajos. No necesariamente estamos tan felices ni tan favorecidos como en nuestros perfiles de Facebook, tampoco nos bebemos todos los días cócteles adornados con exóticas sombrillas ni nos pasamos la vida embelesados con la vista de playas de aguas cristalinas por encima de la silueta de nuestros propios pies. En general, nuestras vidas son normalitas. Trabajamos, tenemos familia, pagamos facturas, afrontamos responsabilidades y disgustos. No siempre estamos en plenísima forma. Y, a veces, hacemos crac y necesitamos parar.

Al fin y al cabo, los artistas no dejan de ser personas. Ya carguen con la pesada mochila del éxito o con el reto de conseguirlo, están bajo una gran presión. En el caso de Alejandro, desde que compró su boleto para la montaña rusa en 1991, no había tenido ni un momento para detenerse. La secuencia de discos de éxito, con sus correspondientes dosis de presión e incertidumbre, apenas se había interrumpido. Pensemos en la composición, las grabaciones, las agotadoras agendas, los viajes, rodajes, sesiones de *fotos, promociones con listados interminables de entrevistas, giras de conciertos, un enorme equipo humano que depende ti... y todo ello atendiendo las demandas de numerosos mercados en varios continentes. Si a esto le sumamos las difíciles circunstancias personales como el acoso sufrido por parte de ciertos medios de comunicación, las duras pérdidas, primero de su maestro Vicente Ramírez y poco después la de su padre, la separación de su primera mujer, los problemas domésticos debidos a la deslealtad de unos empleados que trataron de chantajearle aireando la existencia de Alexander, su segundo hijo, fruto de una relación fuera de su relación con Jaydy; un niño que Alejandro nunca había ocultado entre su entorno más cercano y del que se siente padre orgulloso... Un cúmulo de circunstancias adversas que remite a lo que dicen sus propias palabras: «Vivir es lo más peligroso que tiene la vida».*

En algún punto de 2007, la balanza se desniveló completamente. Alejandro canceló su gira, echó el freno y se enfrentó a la situación. En ese momento, cierta dama valiente se cruzó por su camino.

RAQUEL PERERA: Yo me he criado en el barrio de la Concepción, en Madrid. Sin saberlo nosotros, cuando éramos pequeños, pisábamos las mismas calles. Pueblo Nuevo, Quintana, el bar Docamar, famoso por sus patatas bravas, el puesto de perritos calientes frente al Sepu, al que los dos íbamos los viernes, sin conocernos. Quién sabe si no nos hemos cruzado por esas calles cuando él tenía quince años y yo nueve.

Yo lo admiraba, era consciente de su éxito, pero no había escuchado su música ni le había visto en directo. Pero en realidad no fue hasta que empecé a trabajar en su oficina que escuché todo su repertorio. Yo no me incorporé a su oficina de *management* para trabajar con Alejandro, pero sí detecté, nada más empezar, el peso que tenía en la oficina y en el mercado español. Me impactó mucho el DVD del primer Vicente Calderón, el momento en que la gente canta *Y, ¿si fuera ella?* completa. Me dio mucha pena no haberlo vivido en directo.

Rosa Lagarrigue me propuso llevar los temas de Alejandro. Él venía a España para ser el pregonero de los carnavales de Cádiz y ahí fue donde le conocí. Ahora, a toro pasado, se me ocurre que no existía un sitio más bonito y apropiado para conocernos que los carnavales, por lo importantes que son y lo que significa Cádiz para él.

El primer encuentro fue a oscuras, sé que esto suena como muy sexy, pero la verdad es que saliendo del hotel nos recogió una furgoneta negra con cristales tintados, entré y no se veía absolutamente nada. Nos presentaron y, en aquella penumbra total, me dijo: «Qué guapa eres». En aquel momento pude adivinar dos cosas: que tenía sentido del humor y que era un gran seductor. Esa fue la primera vez que hablamos. Luego en los carnavales casi ni pude verlo.

Después de aquella vez coincidimos en algunos actos puntuales donde ya le acompañaba como jefe de producto de RLM. Fuimos a Sevilla a grabar el programa de Jesús Quintero, a la exposición de fotografía que hizo con Jaume de Laiguana y también regresamos a Cádiz con motivo de una plaza que le dedicaron a su padre. Al finalizar el acto fuimos a Alcalá de los Gazules a comer al restaurante de su familia. Estaban algunos de sus tíos y sus primos y de repente me presentó y dijo «os presento a mi futura mujer». Yo me quedé cortada... Recién llegada a su estructura profesional solo pensaba en hacer bien mi trabajo y en controlar todos los detalles de mis funciones bajo la perfecta supervisión de Rosa Lagarrigue, pero él era muy dado a vacilar y a hacer esos comentarios, que para mí pasaban totalmente desapercibidos porque la idea de ser algún día su mujer no se me pasaba por la cabeza. De hecho, pasados los años, cuando comenzamos nuestra historia de amor y les conté a mis padres que salía con él, se lo tomaron medio a chiste... Hasta que no les dije que me iba a vivir con él no se lo creyeron.

Yo no soy un personaje público y nadie sabe con quién estoy casada. Hace poco en un vuelo a Lima, charlando con el vecino de asiento, el tipo me decía que había viajado para ver un show de su artista favorito, Alejandro Sanz. «No hay persona que más admire... ¿No me dirás tú, como española, que no te gusta Alejandro Sanz?». El caso es que recogiendo el equipaje se me acercó este señor, que de alguna forma había sabido quién era yo, y me dijo: «¿De verdad eres su mujer? ¡No me lo creo!», y yo le contesté: «Ni yo tampoco»... Esto me ha pasado más veces y siempre contesto lo mismo.

A menudo me preguntan cómo es vivir con una persona así, y la verdad es que para mí vivir al lado de Alejandro es simplemente maravilloso porque es la persona que elegí para compartir mi vida. Para mí representa el amor, yo no sé si él es normal o no, a veces sí y a veces no, pero su vida no lo es, es compleja, no solo en términos de éxito y fama, sino porque se debe mucho a su trabajo y asumió desde el principio la responsabilidad de ser quién es. Todo eso lo respeto mucho porque es difícil asumir esa carga. En su caso es imposible disociar a la persona del artista, del músico. Su esencia va donde va, haga lo que haga y en todo momento, como padre, como esposo, como amigo, como hijo. Y yo respeto su esencia en el sentido de que respeto sus tiempos y espacios...

No le gusta lo domesticado, le gusta trabajar también en la parte oscura de la vida, y ese no huir de las dificultades le permite estar en continua transformación y evolución. Se maneja bien en la adversidad y la transforma en algo bonito.

Llevamos una vida muy tranquila, nos gusta estar en casa, recibir amigos, nos reímos mucho, que es algo fundamental en la vida. Nunca se levanta de mal humor, no importa lo que haya pasado el día antes, no arrastra lo que sale mal, es la persona menos rencorosa que conozco, pone medios, pero no excusas. Es muy agradecido a la vida, le gusta divertirse, también le gusta la soledad en algunos momentos.

Disfruta del deporte e intentamos practicarlo juntos y con los niños. Adora el mar, le da mucha vida. Dar un paseo con su lancha cuando se levanta es de las cosas que más le gustan.

Es muy generoso con los amigos. Le gusta cocinar y lo hace bien, tener gente cerca y divertirse. Dentro de la complejidad de su vida, llevamos una existencia bastante normal.

Necesita sus espacios, sobre todo cuando está componiendo. Y ahí sus tiempos los maneja él, yo procuro saber cuándo se le puede molestar. En casa, todo el mundo sabe cuando está escribiendo, él crea su ambiente, generalmente por la noche y cuando todo está en silencio. Una vez que entra al estudio ya nadie le molesta. En ocasiones he pensado: «¿Estará vivo?», porque se pasa horas encerrado ahí sin darse cuenta del paso del tiempo.

Yo lo observo y parece que su cabeza siempre está funcionando, es como si nunca dejara de pensar, de crear. Tiene muchas habilidades y podría hacer lo que quisiese. Sus únicas guerras las libra contra sí mismo, y por eso hace bien lo que se propone.

Es un gran padre: combina el sentido del humor con la autoridad necesaria. Se hace niño con ellos, capta su atención y sabe enseñar a través del humor y la alegría.

Cuando pasa alguien por su vida establece un vínculo que no suelta nunca. Es una persona de lazos. Cuando toca la vida de alguien la hace cambiar para siempre. Tiene amistades leales y fieles desde hace veinticinco años, con los que tal vez no se ve regularmente, pero, cuando coinciden, parece que el tiempo no ha pasado para ellos. Tiene el don y la habilidad de conservar siempre a la gente, y te hablo de mucha gente, porque a lo largo de su vida han pasado muchas personas.

Me invitó a componer con él una canción de «Paraíso express», *Sin que se note,* pero esta es una cuestión muy seria y que me inspira mucho respeto. La composición es algo muy importante para él. Cada vez que tiene que empezar a componer, no importa cuántas canciones tenga ya a sus espaldas, se enfrenta a un papel.

Cuando ya tiene las canciones en una fase más adelantada y se siente un poco más seguro, me invita a escucharlas en el estudio. Para mí son momentos muy mágicos, tengo mucha suerte de poder vivirlos al lado de un artista como él.

Toda su familia es ahora también la mía. Desde el primer momento me sentí acogida como una sobrina, una prima, una *tita* más. Tengo la suerte de haber encontrado una nueva familia con ellos. Como cuando conocí a su madre, María, una mujer magnética y fuerte, con una gran capacidad de atracción. Siempre muy cariñosa conmigo, muy divertida, muy madre con sus hijos. Tenía y tiene mucho peso en la familia.

A Jesús no tuve la fortuna de conocerlo, pero allá donde he ido siempre me han hablado muy bien de él; ahora entiendo de dónde vienen muchas cualidades de Alejandro, su bondad y su generosidad, porque Jesús era una persona excelente, y también un tipo muy divertido.

Son muy artistas y muy alegres, todos cantan, bailan, cuentan chistes. Alejandro los junta siempre que puede, en Navidades y a veces también en verano.

Como no todo lo que diga sobre Alejandro va a ser bueno, tengo que decir que no le gusta nada perder al mus, sobre todo conmigo. Si pierde al mus, vamos mal. Ha nacido ganador, no por soberbia, sino que es un ganador honesto. Aquello que empieza quiere hacerlo bien, y ganar.

Al fin y al cabo es mi marido, y, claro, muchas veces lo quiero matar... (risas). Lo que pasa es que en esos casos me pongo un disco suyo al azar, y se me pasa enseguida...

Alejandro no pierde el tiempo. Siempre tiene que estar haciendo algo. Se siente muy satisfecho de lo que ha logrado, pero siempre tiene esa cosa de ser mejor persona, mejor artista, mejor padre, mejor amigo... Él entiende que el enemigo eres tú mismo: si tú te limitas, tú eres el problema, y él lo que hace es empujarse hacia delante. Es responsable de su condición de artista y también es una persona comprometida y que se vale de su voz para poder dar mensajes al mundo y cambiar las cosas. Porque a las personas como él, cuando hablan, se las escucha. Admiro mucho su faceta solidaria y cómo se implica en muchísimas causas y está siempre cerca de las personas en desventaja.

Se preocupa por el mundo, no solo por él mismo. Yo misma, que no tengo ni una fracción de las cosas que él tiene en la cabeza, me preocupo más por las cuestiones de mi entorno inmediato: mis hijos, mi familia, mi ciudad..., pero él siempre está más allá. Siempre quiere ser mejor y dar lo mejor de él, es un tema eterno.

Realmente, el único marciano que hay aquí es él.

En el paraiso con Alicia

58
Viviendo en el paraíso

«Todo el mundo va buscando ese lugar».

Música: Alejandro Sanz, *Looking for Paradise*

Después de la tormenta siempre llega la calma. Alejandro volvió al mercado con una propuesta que recordaba a algunos de los momentos más memorables de su primera etapa. No era un ejercicio de autorrevival, era una zancada de gigante hacia la luz. La primera piedra para edificar una nueva etapa en la que las sombras que le habían acompañado ya no eran capaces de seguir su apresurado paso hacia el paraíso.

El primer acto de este proyecto fue una acción viral en redes sociales, una de las primeras que en este sentido ponía en marcha un artista discográfico español. Alejandro se dirigió a sus followers para saber cómo definían ellos su paraíso.

ALEJANDRO: Creo que los paraísos son esos momentos compartidos con los amigos, con la familia. Cuando a través de mi página web preguntamos a la gente qué entendía por paraíso, todos hablaban de esas pequeñas cosas de todos los días, de los detalles cotidianos. La gente no se da cuenta de cuál es su paraíso hasta que no se lo preguntan.

Mis redes sociales las llevo yo en persona. Sé lo que hay qué poner, cuándo hay que hacerlo y qué tipo de mensajes en redes provocan una u otra reacción. No es una cuestión de *likes,* eso no vale para nada. Lo importante es lo que vale tu mensaje.

Durante años a mí nadie me comunicaba nada. Los mánagers son maestros del oscurantismo, actúan como filtros y te llega solo una parte de la información. Claro que ahora ya se les ha acabado el chollo, yo me he dado cuenta de que las cosas son a menudo mucho más fáciles si las hago yo directamente.

Yo veía a Alicia Keys y a su marido usando Twitter y aún no sabía lo que era. La veía grabando vídeos en el barco y mandándolos en directo. Ese mismo día abrí mi cuenta. Las redes sociales nos han ayudado mucho a estar cerca, antes solo teníamos las cartas. Aunque en algunos aspectos, gracias a la tecnología, hemos vuelto para atrás. Antes prestábamos atención al sonido, nos gustaba tener un buen equipo con unos buenos altavoces. Ahora todo lo escuchamos en el teléfono, con unos altavoces birriosos.

Hoy va todo como un coche sin frenos. Tanta información y tan rápido todo. Internet está cambiando el panorama, ya no se contrasta nada y se ha puesto un megáfono en manos de cualquiera. Hay mucha gente que no está preparada para manejar un megáfono. Es más, muchos deberían nacer con un esparadrapo en la boca.

Cuando mi tío Paco acababa de publicar su libro, fue a la radio a dar una entrevista. Puse un tuit: «El tío Paco en la SER. ¡Ole tu arte!». Y uno me escribió: «Desde la comodidad de Miami es muy fácil meterse con Franco. Yo te tenía por un buen músico». Y añadió una carita triste. Un delirio total, vamos.

Los que fuimos muy activos en Twitter desde el principio nos convertimos un poco en conejillos de Indias. Hay gente que dedica su vida a esperar que alguien conocido diga algo para atacarle. Pero aprendí que nunca hay que contestar a una provocación. Al principio me mosqueaba, pero ya no me como la cabeza. Parece más de lo que es.

Capi: Los apuntes que ha tomado toda la vida, esa habitación llena de papeles repletos de ideas, los vuelca ahora en Twitter soltando perlas de vez en cuando. Desde siempre había llevado encima una grabadora para grabar bocetos. Ahora lo puede hacer igual con un móvil.

ALEJANDRO: Ahora no se escucha con la misma atención, antes comprabas un disco y te lo escuchabas todo el verano. Las canciones eran algo más que un objeto de usar y tirar.

Me parece que en cada disco mío hay una palabra guía. Y en este caso fue esta, *paraíso*, entendido como la búsqueda de algo mejor en cuanto a valorarse, superarse. A los católicos creyentes, desde pequeños nos inculcan que nos echaron del paraíso por comer una manzana. Si nos llegamos a comer todo el árbol, imagínate. Pero no creo que nos echaran, sino que vivimos en un mundo que es, en realidad, un paraíso maravilloso. Solo que, después, nosotros lo jodemos bastante. Por eso creo que joder poco es importante en la vida.

ÍÑIGO ZABALA: En «Paraíso express», Alejandro ya había decidido cerrar la época que había seguido a la de Ruffinengo, que es la etapa de Lulo Pérez. Yo pensaba que tenía que trabajar con alguien con el que musicalmente compartiera cosas, un músico como Tommy Torres.

ALEJANDRO: Hubo muchos cambios a lo largo de mi vida y creo que tengo grupos de discos relacionados con diferentes momentos. «3», «Más» y «El alma al aire» son como un bloque muy creativo, y «No es lo mismo» y «El tren de los momentos» pertenecen a una etapa más oscura de la que no reniego, ¿eh? Bienvenida a la oscuridad. Hay que pasar por ella para después salir. Siempre me ha gustado cambiar de estilo, dentro de mi forma de componer y de entender la música. En «Paraíso express» quise retomar mis orígenes, con menos arreglos italianos, más brit pop, más rock, pero en definitiva aquel tipo de composición de hace unos años.

Muchos que me dijeron: «Por fin». Pero quiero defender mis trabajos anteriores. Creo que esos cambios hay que darlos siempre. Hay que arriesgarse a hacer cosas diferentes. Puede que a la gente no le hayan gustado tanto, pero es sano para un músico.

TOMMY TORRES: Íñigo Zabala me llamó un día y me dijo que me quería presentar a Alejandro, que estaba preparando un disco nuevo y buscaba un productor con quien colaborar. Me dijo: «Vamos a su casa, sin compromiso, tomamos un vino con él, y si conectáis bien, pues a ver qué pasa...». Yo había trabajado en una canción suya para un disco de Ricky Martin, «Las almas del silencio». En aquella ocasión respeté la demo de Alejandro, era tan bonito que yo no quise tocar casi nada, simplemente Ricky lo cantó a su manera.

Íñigo Zabala: Tommy Torres no era realmente un productor, era un artista, yo se lo propuse a Alejandro porque identifiqué que tenía potencial para trabajar con Alejandro, tener «piel» con él y hacer un equipo.

Como ya ocurriera en otras ocasiones, el compañero de viaje elegido no era necesariamente una superestrella de la producción. Tommy Torres ya estaba muy bien posicionado en el mercado, pero no era una elección obvia. Una vez más primó lo puramente artístico sobre las soluciones de libro de la industria. Tommy era ya de por sí un heredero musical de Alejandro. Se juntaron y el resultado no pudo haber sido mejor.

Tommy Torres: En 1997 vivía en Nueva York, justo acababa de graduarme en la universidad. Estudié música y estaba buscando mi camino como cantautor. De la música de Alejandro lo que primero me llamó la atención por lo novedoso fue escuchar los giros de flamenco en su voz, en una música muy pop algo italiana. Eso me pareció verdaderamente innovador. Y, más, que eso, me llamaron mucho la atención las letras. Era algo distinto a cualquier cosa que yo hubiera escuchado. Muy poético y muy libre, era más poesía que música pop, y tomándose muchas libertades creativas.

Lo escuchaba y pensaba que sus letras podían significar mil cosas, estaban llenas de metáforas. Yo le utilizaba como ejemplo cuando me decían: «Tommy, tienes que hacer letras más sencillas, más básicas», y respondía: «¿Y qué tal Alejandro Sanz?». En aquel momento se llevaba un pop muy básico, con letras de «mamá y papá, hola, te amo, te quiero, *bye bye*». Y Alejandro nos ayudó mucho porque demostró que se podían hacer ambas cosas: música pegadiza, fácil de cantar y de seguir, pero con letras profundas. Obviamente, claro, está su voz, que siempre me transmite mucha credibilidad.

En aquella época la figura del cantautor no estaba de moda, se llevaba el pop de intérprete guapo, casi actor de novelas que canta, que también los había buenos. Pero el cantautor, el tipo que se para delante del micrófono con la guitarra, estaba visto como algo que no interesaba a la juventud. Y Alejandro rompió ese hielo, por ahí entraron luego Juanes y otros más, como yo. El hecho de que pudiera combinar textos tan poéticos y profundos con melodías pegadizas ayudó mucho a la música latina.

Tras un disco basado en la improvisación y la creación a borbotones, llega el momento de cambiar de ruta. Vuelta al método de las primeras producciones. Montañas de ideas plasmadas en maquetas en diferentes grados de acabado, selección y trabajo, trabajo, trabajo...

ALEJANDRO: Hice el disco que quería hacer retomando el espíritu del principio. Es un poco el refugio, el sitio donde te sientes más cómodo... También es una etapa más. A veces dejas las cosas un poco apartadas, a un lado, y luego las retomas y las revives. Estoy contento con el camino escogido, siempre he pensado que el camino es el lugar donde estar para seguir avanzando aunque retornes a algunas cosas.

TOMMY TORRES: Cuando nos juntamos, creo que él quería ver qué energía, qué vibra había entre los dos, porque la grabación de un disco se alarga durante meses y hay que estar seguro de cómo te vas a llevar, cómo vas a lidiar con las cosas. Y ya en esa reunión me dijo: «Vamos a intentarlo, vamos a ver qué pasa».

Me contó que había escrito muchísimo material, era como entrar en el estudio de un pintor en el que había cientos de bocetos y cuadros de todo tipo, unos sin terminar, otros más completos... Él me entregó dos casetes llenos de ideas de él al piano. Meses y meses de ideas plasmadas. Mi tarea fue agarrar todos estos pedazos de canciones y organizarlos. El propio Alejandro me dijo: «He escrito tanto que ya no soy objetivo sobre qué me gusta más. Escúchalo tú y sé mi segundo par de oídos».

Yo lo ordené y lo organicé en función de lo que me gustaba más, clasificándolo por géneros, y así ayudé en su propio proceso creativo para terminar, porque una cosa que ocurre es que uno se involucra tanto que no sabe en qué momento acabar. Se necesita que alguien venga y te diga: «Hermano, ya está bueno, ya tienes disco». Lo que yo percibí es que él estaba buscando alguien que le ayudara en ese plano precisamente, que le sacara de su dinámica porque él estaba creando, escribiendo y grabando compulsivamente, y ese no es el momento de parar a valorar el trabajo. Es mejor contar con alguien que haga precisamente eso mientras tú sigues avanzando. Él estaba muy activo, jugando al tenis y yendo al gimnasio todos los días, la casa siempre llena de amigos, un momento muy parecido a lo que luego resultó el disco.

Íñigo Zabala: Tengo la sensación de que «Paraíso express» es un disco más orgánico, se hizo de una forma más natural. Un disco que se elabora mucho más rápido y que tiene grandes canciones.

Tommy Torres: Aprendí mucho de esa espontaneidad tan típica de él, va pescando las ideas en el aire y encontrando el sentido en el camino. No viene con una idea predeterminada. Es como un pintor que va tirando colores y desarrollando algo que va tomando forma.

Cuando él me daba su primera versión de la letra, yo me ponía a hacer el arreglo. Quería inspirarme en algo para la parte musical. Y esas primeras versiones cambiaban mucho a medida que avanzábamos en la grabación. Yo le preguntaba: «¿Qué significa esto?», y él contestaba: «No sé, nos enteraremos después». Y esa libertad, esa espontaneidad es muy contagiosa, y fue muy interesante participar de su proceso creativo.

Alejandro: Hay gran parte del disco que no logré entender hasta que me tomé una distancia. Muchas veces escucho mis primeros trabajos y encuentro cosas que, con el paso de los años, por fin adquieren su sentido. Hay una parte subconsciente muy lúcida, más que la propia conciencia a veces. Son de esas cosas que no has llegado a digerir, las escribes y hay mucho de impulso y de urgencia en la escritura. A veces crees que la belleza de la composición ha mandado más que el sentido, pero, después, con el tiempo, las canciones se explican solas.

Tommy Torres: Según me contó, en los dos discos anteriores, él y Lulo Pérez creaban estas «bandas sonoras» musicales sin letra, y al final del proceso él entraba y escribía las canciones encima de estos *tracks,* con la música casi terminada. En «Paraíso express» yo le dije que me gustaría inspirar la música en sus letras, y no viceversa. Cuando teníamos una letra, aunque fuera un borrador del que se cambiaran cuarenta cosas, de ahí venían los acordes y las sonoridades más o menos intensas. La letra daba pie a la música para los arreglos y la producción. Porque, cuando se trabaja a partir de una demo a piano, es fácil elegir uno u otro camino, quitar o poner, porque no te has «casado» mentalmente con un concepto musical, eso lo dejas para después. Y una vez que tuvimos las diez canciones del disco, ahí arrancamos y fue todo muy espontáneo y muy rápido, porque los temas estaban definidos.

ALEJANDRO: Primero compuse la melodía y luego las letras como Quintero, León y Quiroga. Quintero llamaba por teléfono a León para contarle cómo eran las melodías por números. Le llamaba y le decía: «13, 14, 44, 32...». El otro sabía cómo tenía que poner las sílabas para que cupieran en esas melodías. Ha sido una especie de homenaje a eso.

Más que ser autobiográfico, trato de contar la vida de los demás en mis canciones, contar cosas que nos han pasado a todos, y sobre todo que la gente termine de componer las canciones, las haga suyas y les ponga sus propios nombres, sus colores y sus paisajes.

ÍÑIGO ZABALA: Fue un disco que Alejandro hizo con mucha alegría, y creo que esto se nota comparándolo con el disco anterior. Supuso un nuevo cambio o, en realidad, una evolución, algo que hace constantemente desde el principio de su carrera.

Alejandro y Alicia Keys se conocían desde hace años. Tras un tiempo sin verse, el azar les reunió en uno de esos momentos mágicos de la vida. ¡Tan mágico que algunos de los protagonistas lo sitúan en Nueva York y otros en Miami!

Lo cierto es que Looking for Paradise *nace en un barco en Nueva York y se graba en Miami, después de un paseo nocturno. La canción deja patente la complicidad entre los dos. En un panorama con demasiados duetos, muchos de los cuales son auténticos matrimonios de conveniencia orquestados por las disqueras bajo la premisa de «ayúdame y yo te ayudo», el single de Alejandro con Alicia Keys es lo que es: dos músicos amigos capturando un momento de sincera creatividad con toda su frescura.*

ALEJANDRO: Alicia y yo nos conocimos hace mucho tiempo en Lisboa, Portugal, en un festival de Rock in Río. Desde el primer momento hubo *feeling*. Años después volvimos a encontrarnos y nos pusimos a improvisar tocando y cantando. Fue algo mágico, impresionante. Al poco tiempo volvimos a juntarnos y grabamos la canción.

JOSÉ MARÍA MICHAVILA: Raquel iba a Nueva York al ginecólogo cuando estaba embarazada de Dylan. Estábamos con un amigo de Alejandro de Miami, que tiene un barco espectacular que se llama *Utopía 3*. El tipo pidió un permiso a la autoridad portuaria para dar un paseo por el Hudson después de cenar y tomar una copa. Y apareció por allí Alicia Keys con el novio, fuimos a dar la vuelta a la Estatua de la Libertad con luna llena, una pasada. Alejandro agarró la guitarra y empezó a cantar *New York, New York,* estábamos todos allí cantando, y Alicia empezó a hacer voces... y de ahí surgió la idea de hacer una canción juntos. Al cabo de un mes y pico se juntaron en un estudio y nació *Looking for Paradise.*

ALICIA KEYS: Nunca olvidaré el día que escribimos *Looking for Paradise,* en el barco de nuestra buena amiga Loren en Nueva York. Nunca había escrito una canción de esa manera, simplemente nos juntamos tocando el cajón y la guitarra, cantando y contando lo que estaba ocurriendo en el mundo. Y él estaba tan feliz, tan inmerso en el momento... Aún lo veo así, viviendo el momento, que es la mejor manera de vivir en mi opinión.

ALEJANDRO: No pensaba incluir ningún dueto, pero con Alicia surgió la magia. Coincidimos en Nueva York, en el barco de unos amigos, y yo agarré la guitarra y empecé a improvisar. Fue una cosa muy rara porque no suelo cantar en reuniones de amigos si no estoy muy cómodo o con gente de mucha confianza, pero fue magia inmediata. Ahí mismo nos miramos y supimos que teníamos que hacer algo. Cuando la magia habla, hay que rendirse ante eso.

ALICIA KEYS: Mi mundo con Alejandro está lleno de luz, él tiene esa capacidad para hacer que a su alrededor todo se ilumine automáticamente. Alejandro tiene esa energía tan viva y atractiva que te atrae irremediablemente. Creo que la música es parte de sus huesos, la lleva dentro de una manera en la que parece estar siempre a punto de explotar. Vive su música y su vida, y la combinación de las dos, con una pasión realmente contagiosa.

ALEJANDRO: Alicia es una mujer muy pura y muy espiritual, muy auténtica para la música. *Looking for Paradise* es una canción muy positiva, musical y lírica en la que hablamos directamente a quien la escucha invitándole a buscar su paraíso, ese paraíso que muchas veces está dentro de nosotros, aunque a veces nos empeñemos en buscarlo fuera. Alicia me dijo que para ella su paraíso era escribir la mejor canción con un amigo.

Fue una sorpresa para mucha gente porque es un dueto con una artista que apenas hace este tipo de colaboraciones. También porque está cantada en español y en inglés, y no importa si no hablas inglés, porque la entiendes, y no importa si no hablas español, porque también la entiendes...

ALICIA KEYS: Todos buscamos un lugar donde nos sintamos mejor, y eso es lo que hace *Looking for Paradise,* la canción nació con mucho amor, y estoy orgullosa de formar parte de ella.

TOMMY TORRES: Alicia Keys vino a Miami, estuvimos en el estudio de Alejandro grabando la demo, la parte de ella no tenía letra todavía, solo faltaba eso. Y ella dijo: «¿Cuándo lo hacemos? ¿Por qué no ahora mismo?». Eran como las dos de la madrugada, agarramos las guitarras, un par de botellas de vino, nos fuimos en el bote y regresamos como a las cuatro y nos pusimos a grabar de una vez. Y esa noche había una energía, que yo pensaba que era por el vino, que se transmite en la grabación. Por eso Alejandro me decía que cada cosa que le añadíamos nos alejaba de ese sentimiento casi improvisado. Y eso fue gracias a él, porque a mí la discográfica me tenía comido el cerebro, y yo proponía dejar esta versión acústica como un *bonus track.* Pero no, así quedó, y lo que la gente escuchó es casi literalmente la demo que se grabó aquella noche a las cuatro de la madrugada. Zarpamos de Miami y regresamos a Miami, puede que el vino nos hiciera sentir que llegamos a Nueva York, pero lo cierto es esto (risas).

ALEJANDRO: Siempre me habían chirriado los temas cantados en inglés y en español, me parecía que los trozos estaban como «pegados», y aquí fluye de una forma tranquila y evidente. El texto español y el inglés, con diferentes metáforas, viene a decir lo mismo, y eso es lo que le da sentido.

TOMMY TORRES: *Looking for Paradise* es arriesgada, en su momento a nosotros nos lo pareció. Es una canción casi acústica, por decisión de Alejandro, con su guitarra, su cajón, su bajo... No entra nunca una batería, ni la producción grande, se queda en ese plano como de unos músicos alrededor de una fogata. Discutimos mucho sobre esto, sobre hacer una versión con más radio, más pop, que explote más..., porque la discográfica lo pedía, ellos creían que el tema no iba a entrar en radio con esta producción. Y Alejandro me decía: «No, la canción está ahí, a la que le metas más cosas la estropeamos». Yo intenté convencerlo y me dijo: «Hazlo, si me lo traes y me convences vamos adelante». Le metí una guitarra eléctrica, una batería para que creciera en ciertos momentos. Y a ratos le gustaba, pero a la semana me dijo: «No, lo que yo siento al escuchar la demo, lo que sentimos grabando en el barco, eso es lo que quiero».

Ese es el tipo de riesgo del que hablo, no sabía si nos estábamos equivocando, si estaba demasiado cruda..., porque nosotros sí vivimos aquel momento en el barco, pero la gente no estuvo allí... Íñigo nunca nos presionó, él confía mucho en Alejandro. Otras personas de la discográfica decían: «No va a entrar en la radio porque no explota, se queda en ese ambiente acústico», etcétera. Pero él nos dijo: «Hagan lo que ustedes quieran, como lo sienta Alejandro, porque él tiene muy buen instinto para estas cosas. Así me lo entreguen, así mismo la lanzo».

Lolita Flores: En Sancti Petri le regalé una camiseta de «Si me queréis irse», y la llevaba puesta. Había grabado con Alicia Keys y le dije: «Perdóname, pero Alicia Keys no te hace falta, tú eres bueno por ti mismo». No sé si se lo tomaría mal. Tiene tanta fuerza cuando canta solo que no le hace falta acompañamiento de nadie.

Hubo quien comparó «Paraíso express» con «Más», por la cantidad de canciones potentes que atesoraba, rodeadas por otras que iban tomando fuerza progresivamente con cada escucha. No cabe duda de que, en otro contexto de mercado, este hubiera sido otro disco de ventas millonarias.

Alejandro: En *Desde cuándo* me entró la vena romántica. El *leitmotiv* de esta canción es: ¿cómo puede ser que yo me pase toda la vida buscándote y ahora que te encuentro no seas capaz de decirme ni tu nombre? Es de las canciones que tiene más influencias de mi disco «Más». Es verdad que en temas como este retomo mucho de aquella esencia y es algo inconsciente, o quizá la conciencia me abruma porque, probablemente, estoy en un periodo similar de mi vida. Es la más italiana, el baladón de los conciertos.

Una amiga me decía que si había dedicado *Lola Soledad* a Lola Flores. Y podría haber sido. Yo creo que hay muchas «Lola Soledad» en el mundo. Son mujeres con carácter, mujeres vividas, mujeres que han pasado circunstancias complicadas, pero siempre interesantes. Quería rescatar un poco a esa dama valiente y hacerle un homenaje a la mujer con mayúsculas. Es una canción única, con mucha personalidad y un estilo propio.

Peter Punk, Mala, Yo hice llorar hasta a los ángeles, Nuestro amor será leyenda... *Un disco insultantemente completo, hay pocos artistas que tengan derecho a entregar una colección de canciones así después de casi veinte años de carrera.*

Eva Cebrián: «Paraíso express» es mi disco favorito junto con «Más», me parece un discazo que en otra situación de la industria hubiera generado los mismos récords y las mismas ventas.

Quique Dacosta: Cuando estaba preparando «Paraíso express», me pidió que cocinara en su casa para pequeños grupos de amigos a los que estaba enseñando el disco. Yo le propuse aterrizar en comida cada una de las canciones del disco, que cuando sonara la música los invitados pudieran «comerse» la canción. Y compuse once platos diferentes. Él no me podía enviar la grabación, por el tema de la piratería era material de alta seguridad, así que una noche me llamó y me fue cantando todas las canciones por teléfono. Yo le iba preguntando por los matices, a qué le sabían, qué quería transmitir. Para *Lola Soledad,* que era una mujer flamenca, fuerte, salada, dicharachera, preparamos una gamba roja, vestida con faralaes de pétalos de rosa. Fue una experiencia muy emocionante, en la que la creatividad se materializaba con los elementos que teníamos a nuestro alcance, en este caso alimentos.

Alejandro: Siempre me decían que no enseñara las canciones a nadie... Pero ¿cómo no voy a enseñar nada a nadie? ¿Estamos locos?... El secretismo en la música viene de que los estudios de grabación siempre se hacen en sótanos sin ventanas, y siempre parece que estás cometiendo un crimen, que en algunos casos es así (risas), pero no entiendo eso de no poner las canciones a los amigos y a la gente que pasa por tu casa, que son el primer baremo, el primer beso, la primera trinchera de las emociones.

Tommy Torres: A mí este disco me da una cierta nostalgia, porque ha sido uno de los últimos de mi carrera grabados en ese nivel. Teníamos el presupuesto y la libertad para llamar a Vinnie Colaiuta, a Nathan East, a Matt Rollins... Nos metimos una semana en Criteria a grabar bases en vivo, cambiando cosas allí con todos los músicos, como una banda... Es el último gran dinosaurio de una época en la que los discos eran grandes, en vivo y con músicos de verdad, no como hoy, que la electrónica ha tomado un rol principal.

Mezclamos con Bob Clearmountain en Los Ángeles y yo estaba un poco nervioso porque Alejandro no estaba tan seguro, me decía que los gringos a veces mezclan la voz muy metida dentro, no le dan el protagonismo a la letra que necesita la música en español. Pero yo estaba confiado, porque la voz de Alejandro tiene esos *fantasmitas* de arriba, esa ronquera que se parece mucho a la de Bryan Adams, me refiero al color de voz, y los discos de Adams los mezcla Bob Clearmountain y la voz suena gigantesca, y estaba seguro de que le gustaría. Y, efectivamente, le gustó mucho, me llamó muy feliz, y en ese momento respiré y me di cuenta de lo nervioso que estaba yo.

Alejandro, renovado y lleno de energía, se entregó a la promoción de este disco con las fuerzas de un debutante. Aun cuando trabajar duro ha sido una tónica en su carrera, su desbordante entusiasmo no pasó desapercibido para los medios, que se contagiaron y recibieron el álbum con algunas de las mejores críticas de su carrera.

Eduardo San José: «Paraíso express» fue un disco fresco. Era 2009 y el mercado estaba ya muy tieso, y aun así vendimos un montón. Diez años antes hubiera vendido de ochocientas mil para arriba. Y él hizo mucha promoción, todo lo que se le planteó, como en la época del primer disco.

Alejandro: No había hecho tanta promoción desde que tenía, quizá, veinte años. Empezaba cada día a las siete menos cuarto de la mañana. Tenía toda la sensación de estar saliendo de un *after hours* y de que solo me faltaba un *gin-tonic* en la mano.

Tony Bennet

59

De dos en dos

«Yo sé que no he sido un santo, pero lo puedo arreglar, amor».

Música: Shakira y Alejandro Sanz, *La tortura*

ALEJANDRO: Es muy bonito colaborar con compañeros porque de esa manera cambia tu forma de entender la música.

Antes y después de su triunfo global junto a Alicia Keys en Looking for Paradise, *Alejandro ya colabora junto a otros artistas en canciones de éxito o presta su voz en aquellos proyectos en los que sienta cercanía artística. Su padre escuchaba la música de Moncho, con el que Alejandro cantaría* Me vestí de silencio. *Grabó* Canción de amor para olvidarte, *la adaptación al castellano del dúo japonés Chage And Aska,* Lola Soledad *con Joaquín Sabina,* Sábanas de seda *para el tributo a Javier Krahe, las dos canciones junto a The Corrs,* Grande *y* Veleno *junto a Paolo Vallesi,* A qué no me dejas *con Alejandro Fernández,* This Game Is Over *con Jamie Foxx y Emeli Sandé,* La quiero a morir *con Jarabe De Palo,* Dame tu amor *con Vainica Doble,* Adoro *con el maestro Armando Manzanero o* Hay días *junto a su amigo Miguel Bosé... Aunque hay muchas más, Alejandro ha sido un hombre generoso en cuanto a compartir su arte se refiere.*

Si hay una canción que ejemplifica la fusión de talento y éxito, sin duda hay que referirse a La tortura. *En 2005, Shakira y Alejandro ofrecerían uno de los dúos musicales más celebrados con una canción de impacto mundial. Junto a Shakira, Alejandro se adelanta a los sonidos que invadirían las lis-*

tas de éxito años más tarde recogiendo por el camino los premios Grammy Latinos a la canción y grabación del año.

SHAKIRA: Fue el disco más ecléctico y más producido que había hecho hasta ese momento. Las canciones son una compilación de todo lo que había vivido, reído y llorado en el último año y medio.

Compartir con otro artista es un proceso muy interesante. Se aprende mucho del otro, también a ceder espacios, una decisión difícil para los artistas, que en ocasiones somos muy obstinados. Cuando compartes el mismo espacio con otro colega tienes que adaptarte a la otra persona y salen cosas muy interesantes.

Alejandro es un amigo y un artista con la «A» en mayúscula. Es una persona a la que admiro y quiero.

ALEJANDRO: Trabajar con Shakira es maravilloso. Es una gran artista. Fue muy sencillo trabajar con ella, vino a casa, me dejó la canción y se fue..

La tortura mezclaba cumbia, reggaeton, ritmos de Jamaica, guitarras rock, electrónica... Alejandro hizo los arreglos y modificó parte de la versión original, pero Shakira tenía la última palabra...

ALEJANDRO: El día anterior hablé con su chico y le dije: «Ya verás como mañana viene y me dice: "Todo muy bien pero, aquí hay una cosita..."». Y, efectivamente, al día siguiente no se calló y le dije: «Ya sabía que tenías que buscarle el pero a algo...».

El vídeo de La tortura, *dirigido por Michael Haussman, era un sugerente ejercicio de seducción que recogió el premio al mejor vídeo del año para MTV Latin en 2005.*

SHAKIRA: La coreografía del vídeo quise centrarla mucho en el movimiento del pecho. No fue una forma de bailar muy pensada, era la manera en la que sentía la canción. Es una canción de amor y odio, de infidelidad, de dudas, de imposible perdón. La escribí para reflejar esa realidad tan tragicómica en Latinoamérica que es el machismo. En el vídeo me reí mucho con Alejandro, es muy gracioso.

La historia del vídeo describía cómo una relación se rompe y yo empezaba mi nueva vida diaria, y el personaje de Alejandro vive por casualidad en la casa de enfrente, que resulta ser el de la nueva novia. Terminé con quemaduras del roce de la moqueta. Los últimos días las rodillas estuvieron sometidas a una verdadera tortura, la única solución fue utilizar rodilleras. Durante el vídeo, Alejandro intentaba pintarme las uñas, un desastre, por cierto.

ALEJANDRO: La historia de la canción resume eso de que los chicos somos malos y las chicas buenas.

KIKO FUENTES: Con *La tortura*, parecía que había llegado la hora de devolverle a Sony la cortesía del numerito de Vicente Amigo en «El alma al aire». En lugar de provocar una crisis estéril, Mariano y yo llegamos rápidamente a un acuerdo razonable con Barbat, que es un tipo muy sensato, y dejamos que la canción se convirtiera en el *hit* descomunal que fue. Nos pagaban para eso, las venganzas de disquero jurásico no iban con nosotros.

Después de décadas de amistad, en 2016 Alejandro y Marc Anthony encontraron por fin el momento de trabajar juntos en el tema Deja que te bese, *una pegadiza canción que mezclaba salsa y flamenco con aire de baile nostálgico. La canción era de Oscarcito, Marc y Alejandro, un tema directo y muy honesto, con cierto anclaje al mundo flamenco.*

ALEJANDRO: Es una canción comercial, pero tiene también ese toque de rumba ideal para un momento de verano o también como la manta que calienta el alma en el otoño. Cuidamos mucho la letra, es nostálgica, aunque no hay nada de malo en bailar un poco de vez en cuando.

Llevábamos mucho tiempo hablando de hacer algo juntos, más de veinte años. Cada vez que nos encontrábamos para beber una copa de vino tratábamos catorce ideas. Me había mandado varias ideas de canciones y un día le dije: «¿Vamos a hacer algo juntos algún día?». «Ya te mandé cosas, no le has hecho caso a ninguna, me parece que no te gustan», me respondió. «Pues mándamelas de nuevo». Y me envió *Deja que te bese* y la verdad es que el resultado ha sido muy bueno.

MARC ANTHONY: Esperé veinte años para que llegara este momento. Alejandro siempre ha sido para mí un artista inalcanzable, es un maestro.

ALEJANDRO: Estar con Marc es como estar en el mar, como la arena y la playa, somos complementarios, es una amistad pura, no nos exigimos nada, pero nos lo damos todo.

Alejandro ha hecho algunas incursiones con artistas anglosajones desde su colaboración con los irlandeses The Corrs. En 2011 participó en el disco «Duets II», junto a la leyenda Tony Bennet, interpretando Yesterday I Heard the Rain, *la versión crooner del clásico* Esta tarde vi llover. *La edición gira del disco «La música no se toca en vivo» incluía el tema* This Game Is Over *junto al actor Jamie Foxx y la cantante británica Emeli Sandé. En 2013 Jamie Cullum compartió escenario con Alejandro y su canción* Yo te traigo *en el Estadio Olímpico de la Cartuja.*

Una de las colaboraciones más sonadas de Alejandro estuvo a punto de no ocurrir. Con motivo de la segunda edición de los Premios Latin Grammy de 2001, Destiny's Child y Alejandro tenían previsto cantar Quisiera ser. *Recuerdo cómo durante tres días asistí con admiración al trabajo dedicado de Beyoncé, Kelly Rowland y Michelle Williams por aprenderse la canción. No pararon de ensayar hasta encontrar el tono adecuado. Alejandro les regaló a cada una de ellas un cajón flamenco. Como todos sabemos, los premios se cancelaron por los atentados del 11S, aunque afortunadamente la colaboración se pudo recuperar para la gala de la cuarenta y cuatro edición de los Premios Grammy en 2002.*

Cuando publicó su Vídeo Antología en 2007, Beyoncé intentó conectar con el mercado latino. El CD incluía algunas de sus primeras canciones cantadas en español.

BEYONCÉ: Fue increíble trabajar con él, es muy talentoso, un genio, alguien con un gran espíritu... y muy guapo. Di clases de español en el colegio, pero no sé cómo hablarlo, puedo decir un par de palabras, pero quería hacer aquellas versiones en español porque, cuatro o cinco años antes, Destiny's Child hizo el dúo con Alejandro y todos nuestros fans latinos se emocionaron muchísimo, empezaron a preguntar: «¿Cuándo vais a hacer más cosas en español?». No es fácil cantar en un idioma diferente de manera fluida. Hice la canción de forma fonética, frase a frase, invertí mucho tiempo haciéndolo hasta asegurarme de que sonaba perfecta, el español es un idioma hermoso, no quería faltarle al respeto.

TONY BENNET: Alejandro es un tipo con un gran espíritu, con una gran alma. No lo conocía, pero, desde el momento en que empezamos a grabar y lo oí cantar, habiendo estado en el mundo del entretenimiento tanto tiempo, supe que sabía cantar, que sabía lo que hacía.

ALEJANDRO: Me lo sigo currando como el primer día. Así lo hice toda la vida, es la ansiedad de ser perfeccionista, no puedo dejar algo a medias, luego no me lo puedo quitar de la cabeza, prefiero trabajar lo que haga falta y cumplir con lo que tengo que hacer. Así, nadie puede decirte que algo no ha pasado por tu culpa... No es normal que después de tantos años de carrera sigamos aquí. Cuando cumple cuarenta, la gente empieza a detenerse. Yo no. Veo gente a la que admiro como Springsteen, los mismos Rolling, que siguen ahí, grabando y girando. Estuve haciendo promoción con Tony Bennet, que tiene noventa y un años, y me iba con él por la mañana para hacer *Good Morning America,* y a las seis de la mañana estaba ahí vestido como un niño de San Ildefonso, y a su edad sigue girando. Y no lo hace por dinero, lo hace porque es su vida.

CRISTINA RODRÍGUEZ: Tony Bennet es de los pocos artistas que todavía graba todo en directo. Viajamos a Nashville y Alejandro grabó en el mismo estudio mítico en el que grababa Elvis. Poder asistir a esa sesión fue una de esas cosas que te hacen sentir muy afortunada por tener un trabajo como este. Tony Bennet es tan grande como artista como en persona, muy normal y campechano. Él y Alejandro congeniaron muy bien, establecieron ese nexo que se da a veces entre dos artistas. Después de la grabación fuimos a cenar a un sitio nada sofisticado y después estuvimos toda la noche entrando y saliendo de locales con música en directo, música de flipar, y a Alejandro se le veía disfrutar en el más completo anonimato, como si estuviera en Moratalaz, haciendo algo que ya no puede hacer habitualmente ni en Madrid ni en Miami.

JAMIE CULLUM: Cada vez que vengo a España escucho flamenco, pero no el turístico, sino el de verdad; es excitante y, como el jazz, lleno de pasión. Alejandro es un caballero, un increíble cantante y un músico fabuloso. Cantar juntos fue una experiencia maravillosa.

Alejandro ha escrito canciones originales para algunos de sus amigos, y muchos de ellos han interpretado las canciones de su repertorio con diferentes trajes. Almas del silencio *para Ricky Martin, Julio Iglesias se acercó hasta* Corazón partío, *Raphael lo hizo con* La fuerza del corazón, *Omara Portuondo con* Eso, *Zucchero aportó su inconfundible voz a* Un zombie a la intemperie...

RICKY MARTIN: Mi música nace del silencio, y especialmente esta música, que surgió en un momento muy espiritual de mi vida. De ahí nace el primer ritmo, mi alma necesitaba el silencio. Me gusta la compañía, pero es bueno estar un poquito solo. Aunque sin irse al extremo de aislarse.

En aquel momento tenía casi listo un disco en inglés, y un día me desperté y dije: «¿Qué me pasa? ¿Estoy loco? Voy a grabar en castellano». Me dijeron que tenía que lanzar un disco en inglés ya y yo les dije que tendrían que esperar. Hacía cinco años que no lanzaba un disco en español y necesitaba volver a casa.

En la compañía me dijeron que no había tiempo de escribir un disco y les contesté: «Yo tengo muchos amigos y sé que, mientras estoy hablando con Alejandro Sanz, él está escribiendo una canción».

ALEJANDRO: La canción *Almas del silencio* reforzó nuestro vínculo de amistad. Nos conocemos hace años y en una ocasión me contó que estaba agobiado por el éxito. Ricky no sabía qué hacer con su siguiente disco y le dije que se fuera un par de semanas a España para relajarse. Me pidió que le hiciera un tema, pero yo compongo si hay algo que me inspira.

RICKY MARTIN: En *Almas del silencio* estamos juntos Ricardo Arjona, Juanes, Emilio Estefan, Alejandro y yo, personas que quieren hacer música no importa con quién. Cuando nace la música, es un despertar espiritual tan magnífico que yo quiero ver eso todos los días de mi vida.

JULIO IGLESIAS: Me gusta aprender de los que lo hacen mejor que yo. Cantar a Alejandro Sanz es más difícil de lo que parece. *Corazón partío* y *Lía,* de José María Cano, son las dos canciones de amor más impactantes de los últimos quince años.

ALEJANDRO: Cuando yo empezaba, Julio Iglesias dijo una vez: «Alejandro Sanz es ese que, cuando canta, todos cantan con él». Soy muy parecido a la gente que escucha mi música, por eso en los conciertos es casi imposible quedarse callado.

ZUCCHERO: Alejandro tiene una voz muy particular, un modo único de cantar. Me gusta intercambiar estas emociones con él. Fue una sorpresa porque le escucho desde hace mucho tiempo, cuando paso mis vacaciones en Formentera.

La primera vez que lo escuché estaba en la playa, en el chiringuito. Sonó un disco suyo y pregunté de quién se trataba y me dijeron: «¿No conoces a Alejandro Sanz? ¡Es una leyenda aquí!». Me gustó mucho y me impresionó la intensidad de la voz en la música. Así que cuando me propusieron hacer *Zombie* me gustó mucho el proyecto. Es una gran canción, y la idea del «zombie a la intemperie» me parece fantástica.

RAPHAEL: Fue una gran alegría hacer *La fuerza del corazón* con él, para mí su mejor canción, por lo menos la que más se asemeja a mi forma de cantar. Siempre he tenido un gran apoyo por su parte, le puso una gran ilusión en esta colaboración y, por qué no decirlo, nos salió bordada.

ALEJANDRO: Yo creo que Raphael es de todos. Me da la sensación de que nos hemos criado con él, forma parte de nuestra familia, ha entrado en nuestras casas sin pedir permiso. De alguna forma está presente en las etapas de nuestras vidas

Después, tuve la suerte de conocerlo, de tratarlo como persona, y descubrir, además de a un gran artista, a un hombre con un corazón único. Yo creo que la gente así es la que marca la diferencia, y Raphael lo es. Fue un honor poder cantar con él en un disco que quiso hacer a través de canciones de otros artistas en el que celebraba sus cincuenta años. Todos los artistas le respetamos y le queremos, vamos a estar siempre ahí.

PAOLO VALLESI: Primero grabamos *Veleno (Quiero morir en tu veneno)* al italiano y después *Grande* al castellano. La canción *Grande* hablaba de esas ganas de seguir siendo niños eternamente. En italiano «grande» tiene un doble sentido. En ella decía que no quiero ser grande nunca, ni de edad, ni en el sentido de importante. Quiero ser solo un niño que muestra su amor con canciones, crecer para mí es traicionar mi libertad.

LENA BURKE: En 2003 me llamaron para trabajar con Alejandro Sanz en su disco «No es lo mismo». Un día en el estudio él se interesó por mi forma de cantar, me preguntó si hacía algo más que coros y le expliqué que tocaba el piano, que hacía mis canciones, y recuerdo que me pidió que le cantara una y, llena de nervios, le toqué un par de temas, entre ellos, *Tu corazón,* que en aquellos momentos no tenía título y que él mismo bautizó.

JESSE: La canción *Yo no soy una de esas* nos produce muchísima emoción. Cuando Jesse & Joy empezamos a crecer como artistas, nos dimos cuenta de que Alejandro no hace colaboraciones con cualquiera. Nosotros intentamos aprender de los mejores y eso nos ha dado buen resultado.

ALEJANDRO: Cuando la gente te pide una canción, te pide una canción, no te pide tu nombre para ponerlo en el disco. Es muy difícil escribir para otra persona, depende mucho de la tesitura, de la voz que tenga, de las cosas que sienta o la forma que tenga de expresarse. Expresar de una manera y hablar de otra diferente puede ser un poco falso.

En algún momento del año 2000 estaba con Alejandro en Santiago de Chile. Alejandro afrontaba uno de aquellos tours *promocionales interminables, una gira de entrevistas que lo llevaba de punta a punta del continente en pocas semanas. La noche antes de partir desde Santiago a Miami informamos a Alejandro de nuestra hora de salida: «Mañana volamos a las 11:15». Serían las nueve y media de la mañana cuando ya camino del aeropuerto revisamos los billetes. Un escalofrío recorrió el cuerpo de todos los ocupantes del vehículo cuando descubrimos por error que nuestro vuelo en realidad partía a las 23:15, un ligero descalabro de apenas doce horas de diferencia... Alejandro ni se inmutó. Hizo un comentario en voz alta del tipo: «Bueno, pues habrá que pensar en algún plan para ocupar el resto del día...». Preguntamos al promotor local que nos acompañaba por cosas que hacer en Santiago en un día de fiesta. Casualmente conocía a los gestores de la casa museo de Pablo Neruda, hizo un par de llamadas y, en menos de una hora, nos abrieron las puertas de la casa del poeta. Alejandro había participado años atrás en el disco tributo a Neruda «Marinero en tierra, volumen 1», aquel álbum fue disco de platino en Chile y Colombia y marcó un récord de ventas histórico para un álbum de* spoken word.

La fundación Pablo Neruda agradeció la participación de Alejandro y del resto de artistas en el disco: «Para nosotros ha sido un orgullo contar finalmente con la mayor cantidad posible de artistas, por lo cual agradecemos de corazón la colaboración y el tiempo que pudieron dedicar a este proyecto, así como el respeto y el amor que con el aporte artístico que los músicos, le brindan a la obra del Poeta».

La casa de Neruda todavía respiraba poesía cuando la visitamos, un error en el reloj nos brindó la oportunidad de acariciar el mismo corazón de su arte.

Alejandro siente pasión por Portugal y Brasil, siempre que puede saca a pasear su perfecto portuñol y se siente como en casa. Ha grabado muchas de sus canciones en portugués y sus colaboraciones con artistas brasileños son celebradas. Ha cantado a dúo con Alexandre Pires, So pra contrariar; He sido tan feliz contigo, *junto a Daniela Mercury, y ha escrito la adaptación de la canción* Llegaste *para Ivan Lins.* No me compares *en versión bilingüe con Ivete Sangalo tuvo una enorme acogida gracias a su presencia en la serie de televisión* Salve Jorge. *Ivete Sangalo, amiga desde tiempo atrás, es una de las tres artistas brasileñas que grabaron a dúo en el disco* La música no se toca.

ALEJANDRO: Ellas representan tres perfiles muy distintos: Ivete es como el vino, cada año más linda, más talentosa, cada año canta mejor. Ana Carolina tiene una voz muy particular con matices increíbles, muy artista y músico. Roberta Sá con su voz representa una delicadeza y un equilibrio que no tiene comparación. Desde que empecé mi carrera, mi objetivo no era ir a países como el que va al médico, siempre he querido sumergirme en lo que había a mi alrededor. Soy artista, pero también tengo alma de visitante apasionado. La gente lo percibe, si el artista conecta con ellos, genera empatía. Una de las cosas más bonitas de la música es poder compartir diferentes puntos de vista, saber cómo vive una canción alguien que vive en Colombia o en Brooklyn. Cada persona siente la música de una manera diferente, para mí es fundamental aprender un poco de cada cultura y mezclarlo todo. En la mezcla está el éxito.

DANIELA MERCURY: Alejandro es un amigo y un artista al que admiro mucho. Amo sus canciones y su manera apasionada de interpretarlas. De pequeña crecí escuchando música brasileña tradicional, bossa nova, ritmos tropicales, samba de todo tipo, y también rock, salsa, jazz, flamenco. La cantante que más me ha influido es Elis Regina, y luego Gal Costa. Entre las nuevas generaciones, Shakira y Mercedes Souza; y entre los españoles Pedro Guerra, Rosario Flores y Alejandro Sanz.

«De Heredia es de donde ha salido el pop flamenco de Alejandro Sanz», decía Mario Pacheco, director de Nuevos Medios y responsable de la etiqueta «nuevo flamenco». Alejandro participó en 2017 en el disco producido por Teo Cardalda que ponía en valor la impronta de Ray Heredia como uno de los precursores mayúsculos del nuevo flamenco, a la vez que proyectaba su figura en las nuevas generaciones.

Además de con su querido Paco, son muchas las ocasiones en las que Alejandro se ha acercado al flamenco y la fusión en forma de colaboraciones; de Juan Habichuela a Enrique Morente y Vicente Amigo, Jeros de Los Chichos, Niña Pastori, Diego Amador, Antonio Carmona...

TEO CARDALDA: Ray Heredia no fue un artista muy popular, aunque casi todo el mundo lo conoce. Todos saben quién es, conocen sus canciones, y también han profundizado mucho en su repertorio. Alejandro Sanz, que participa en el disco en *Alegría de vivir,* está loco con él y lo tiene entre sus principales influencias. No deja de ser sorprendente porque los discos que hacíamos en aquella época eran muy silenciosos, aunque luego con el paso del tiempo se convirtieran en otra cosa.

VICENTE AMIGO: De Morente aprendí su sentido de la justicia. Le da a la gente su sitio, da igual quién seas. Presta atención hasta al más pequeño. Y eso no lo hace todo el mundo. Gracias a la amistad que tengo con Alejandro Sanz me acerqué al pop, siempre con mucho respeto. El tema que canta él en el disco, *Y será verdad,* es bastante pop, pero sin huir del flamenco. Sigue estando el guitarrista flamenco detrás. Le llamé y le pedí que participara. Le conozco desde que grabamos juntos *Corazón partío* y somos muy buenos amigos. Compuse esa canción para él y la grabamos en una tarde, en un pequeño estudio de Cádiz.

CHABOLI: Luché mucho tiempo por hacer un disco homenaje a mi padre. Las colaboraciones no las seleccionamos. Según se iban enterando de que estábamos en el estudio grabando, recibíamos visitas de artistas, flamencos y no flamencos. «¿Qué le vas a ofrecer a Alejandro Sanz?». Yo no tuve la suerte de estar cuando él cantó. Entré al estudio cuando salía de la pecera porque esa noche me había quedado currando en arreglos de metales. Josemi Carmona me contó que de repente Alejandro llegó y dijo que si le dejábamos cantar. Y se quedaron todos descompuestos. Eligió *Quiero estar solo,* el tema con el que me quedo de mi padre. Cuando lo escuché, me pasé una hora y media llorando con el tema, no podía parar de emocionarme al escuchar la voz de mi padre, el corazón, esos arreglos.

NIÑA PASTORI: Fíjate si ha llovido desde que nos conocimos, y seguimos viéndonos siempre que podemos, y cuando nos podemos juntar nos juntamos, con mucho respeto y muchísimo cariño. Para mí es algo mío, no es una estrella famosa, para mí está la persona. Me río mucho con él, tenemos un humor parecido. Cuando ha venido a tocar a Cádiz me ha invitado y hemos hecho *Cuando nadie me ve*, que ya la canté yo en mi disco de versiones, y *Cai*, que fueron las dos canciones que hice en el Calderón.

DIEGO AMADOR: Cuando estuve viviendo en Miami un tiempo, preparando el disco, Alejandro nos invitó a su casa y nos abrió las puertas de una manera muy especial. Le puse mi música a dos canciones de él que grabé: *El alma al aire* y *Regálame la silla donde te esperé*. Esto le gustó mucho y por eso me pidió colaborar en un trabajo que estaba haciendo con Marc Anthony en ese momento, me dijo que le grabara las guitarras y me encantó la idea.

ANTONIO CARMONA: Alejandro siempre te sorprende, es muy sabio y estando cerca de él se vuelve uno un poquito más sabio... Su círculo, sus amigos, su familia, es como un clan, como los Habichuela. Si entras con arte y entras bien, es para toda la vida.

Alejandro ha escrito o participado ocasionalmente para otros artistas en canciones que sentía importantes en ese momento. Pastora Soler cantaría Volver a Sevilla *años más tarde. Alejandro escribió* Qué problema caballero *para Pepe de Lucía,* Déjame surcar una vez más *para Alba Molina,* Dale al aire *para el maestro Juan Habichuela,* La vida es un espejo *con Paco...*

ALBA MOLINA: Fue precisamente una canción de Alejandro Sanz, *Déjame surcar una vez más*, por bulerías, la que despertó mi instinto de artista. Sabía desde niña que me dedicaría a algo de esto, pero hasta ese día no lo sentí de verdad. Le pedí a Alejandro la canción y me regaló esta y dos más.

RAMÓN SÁNCHEZ GÓMEZ: Tenía muy a gala que en un disco de mi tío Pepe de Lucía que se llama «Qué tristeza amarte tanto» hay un tema que es de Alejandro y de Antonio Arenas, o de Capi, no lo recuerdo bien: «Qué problema caballero». En aquella época él y Pepe todavía no se conocían en persona.

CASILDA SÁNCHEZ: Mi padre grabó «La vida es un espejo», unos tangos con mi tío Pepe donde además canta con Alejandro.

Con Silvia Abascal

60
Ellas

«Yo cuando bailo se me sale el caldo, no sé bailar».

Música: Alejandro Sanz, *Lola Soledad*

*D*esde su primer disco, Alejandro ha dado gran importancia a los sopor- *tes visuales que acompañaban sus propuestas musicales. Realizadores como Isabel Coixet fueron determinantes a la hora de establecer un lengua- je personal asociado a las canciones de Alejandro. Jaume de Laiguana, Ale- jandro Toledo, Sebastien Grousset, Rubén Martín, Gracia Querejeta, Pedro Castro, Michael Haussman y muchos otros grandes realizadores también han marcado con su sello personal las distintas etapas vitales y musicales de Alejandro.*

En los videoclips de Alejandro hemos podido además asistir a innume- rables cameos y participaciones estelares como las de Santiago Segura, Miguel Bosé, José Coronado o Gabino Diego.

A lo largo de sus vídeos, son muchas las mujeres que han compartido la pantalla con Alejandro. Además de las colaboraciones estrictamente mu- sicales, actrices y amigas han protagonizado momentos memorables en los vídeos de Alejandro. Marián Aguilera (El alma al aire), Elia Galera (Y, ¿si fuera ella? y Quisiera ser), Paz Vega (A la primera persona), Esther Ca- ñadas (Quisiera ser), Jennifer Rope (Corazón partío), Blanca Romero (A que no me dejas)...

Para el vídeo de Un zombie a la intemperie *Alejandro contó con la colaboración de las actrices españolas Inma Cuesta y Marta Etura.*

MARTA ETURA: Cuando conocí a Alejandro en el rodaje del videoclip de un *Zombie a la intemperie,* él tuvo la mala suerte de tener un problema de salud ese día, y fue admirable cómo se enfrentó al rodaje. Para mí trabajar con él ya era algo muy especial, su música me ha acompañado en momentos clave de mi vida. Pero es que cuando le conocí personalmente me pareció una persona con un corazón y una generosidad enormes, un sentido del humor maravilloso, muy cercano, muy amoroso. Fue toda una experiencia tener a alguien en tu ideal y al conocerle ver que no solo se mantiene, sino que suma...

INMA CUESTA: Lo interesante de aquel vídeo era la historia, en los vídeos casi siempre se queda todo en la forma, en *Zombie* había una historia que acompañaba a la canción y ayudaba a contarla.

MARTA ETURA: «Más» coincide con un momento muy especial de mi vida, que es cuando me fui a Madrid. Soy de San Sebastián y con diecisiete años me moví a Madrid en busca de mi sueño, que era ser actriz. Hubo una historia de amor, muchos cambios..., y ese disco me acompañó en esos momentos tan importantes.

Escuché decir a Alejandro que su madre le recomendó buscar un trabajo fijo cuando le dijo que quería ser artista. Mis padres me dijeron lo mismo. Ya con catorce años me quise venir a Madrid para hacer el BUP y la escuela de interpretación al mismo tiempo, y mis padres me dijeron que hasta que no acabara COU y pasara la Selectividad no había nada que hablar. Yo creo que tenían la ilusión de que lo de actuar fuera algo pasajero y se me acabara olvidando, pero yo tenía un deseo muy fuerte. Recuerdo una conversación con mi padre, que se puso muy serio en el coche y me dijo: «Marta, ¿te has parado a pensar que apenas lo consigue el uno por ciento?». Lo mismo que su madre le dijo a Alejandro, a lo que yo le respondí, también como Alejandro: «¿Y si yo soy ese uno por ciento?».

Cuando deseas algo con tanta fuerza, ese deseo nunca mengua, siempre sigue creciendo. Y, además, detrás hay mucho trabajo, mucha capacidad de sacrificio. Y eso es algo que admiro en Alejandro y en muchos compañeros, la fuerza del deseo es el motor que mueve y te hace llegar, pero detrás siempre hay una persona trabajadora, que lucha y con capacidad de sacrificio.

El vídeo de A que no me dejas *complementaba la poesía propia de la canción con hermosas metáforas visuales. En el vídeo, rodado en Madrid por el realizador Rubén Marín, la actriz y amiga de Alejandro, Silvia Abascal, inundaba la pantalla con su presencia.*

SILVIA ABASCAL: Conocí la música de Alejandro de adolescente, y al poco tiempo lo conocí en persona. El primer disco que escuché fue «Viviendo deprisa». Nos conocimos en un especial navideño que hizo TVE en 1994, que mezclaba un concierto suyo en el Palacio de los Deportes con escenas de ficción en las que interveníamos varios de los actores que estábamos en la serie *Pepa y Pepe*.

En aquel momento el grueso de su público eran chicas jóvenes. A lo largo de estos años de amistad es maravilloso ver cómo su público abarca todas las generaciones y su música es conocida internacionalmente. Su madurez musical ha arrastrado a todo tipo de públicos.

Toda su cosecha corresponde exclusivamente a su siembra, a su constante exigencia, su investigación, su evolución...

Llevábamos mucho tiempo queriendo trabajar juntos en un videoclip. Tras varias tentativas, pudimos colaborar en *A que no me dejas,* que es una canción mayúscula y un gran trabajo del realizador Rubén Martín. No hay postureo, la química que se ve es real, y se comunica el respeto, la admiración y el amor mutuo que Alejandro y yo nos tenemos, no hubo que forzar nada.

Siempre que escucho flamenco, Alejandro se me viene a la cabeza. Él tiene el don, y no lo puede ocultar. Forma parte de su alma.

Me pasa con muchas canciones suyas, no solo con los grandes éxitos. Me conectan directamente con etapas de mi vida, con circunstancias personales, con relaciones de pareja, con sitios en los que he vivido. Escuchar esas canciones es como cuando percibes un olor y te transporta automáticamente a otro momento y otro lugar.

Silvia sufrió una increíble prueba de vida en 2011 de la que poco a poco se ha ido recuperando. Tenía tan solo treinta y dos años cuando una hemorragia cerebral la asaltó mientras se encontraba en el festival de cine de Málaga.

Tuvo que hacer frente a una larga recuperación y, tres años después, reapareció en público prácticamente recuperada, aunque con algunas secuelas, como la hipersensibilidad al sonido. Silvia Abascal escribió un libro contando su experiencia, y una canción de Alejandro cobraba protagonismo en uno de sus capítulos.

Perdí la mayor parte de mi audición en el inicio de mi viaje. Desde el despertar de la operación, me encontré con una marcada dificultad a la hora de percibir y escuchar los sonidos. Recuerdo perfectamente que el primer artista que busqué y activé en el iPod en el comienzo de mi terapia auditiva fue Sakamoto, un pianista japonés, cuya música tuve la suerte de conocer hace unos años por medio de un bello regalo. Fue un flechazo a primera escucha. Me emocionó instantáneamente el fondo y la forma de sus piezas, el don de su espléndida armonía musical. Preparada con mis auriculares, volví a buscarlo entonces, pero no conseguí escuchar las teclas de su piano. Sentada y concentrada, veía pasar por esa pequeña pantalla un tema de Sakamoto tras otro sin que llegara rastro de su arte a mis oídos. Para cualquier amante de la música, experimentar esta sensación, esta limitación física, es toda una punzada emocional. Así continué semana tras semana. Cualquier actividad en casa la acompañaba de una hora de inadvertida música para mi audición.

Mientras hacía los ejercicios de relajación, los estiramientos, mientras barría (a mi manera), ponía la mesa, leía... Una hora cada día con los auriculares puestos. Daba a la tecla de «aleatorio» y, de vez en cuando, echaba una mirada a la pequeña pantalla para reconocer qué músico andaba circulando en aquel instante. Hora tras hora, día tras día, semana tras semana, continuaría en la lectura del nombre de cantidad de compositores, cantantes y músicos que desfilaban por el aparato electrónico que sostenía mi mano. Dependiendo de la intensidad de sus voces o instrumentos, a algunos de ellos sí que conseguía oírlos, pero el poco sonido que escuchaba en varios de los artistas más roqueros me llegaba sucio. Aunque no pudiera reconocerlos o entender su letra, a través de la lectura de los títulos de sus canciones, mi mente se ponía en funcionamiento tratando de recordar e imaginar aquellos te-

mas que había escuchado y disfrutado en infinidad de ocasiones anteriores.

No pasaría mucho tiempo hasta que, en uno de esos días en los
que me encontraba en medio de mi disciplina musical «silenciosa»,
comencé a escuchar con claridad el sonido de las teclas de un piano.
La sorpresa me pilló en el lavabo del cuarto de baño de casa. La percepción de aquel sonido me detuvo en seco. Comenzó a latirme el corazón
muy rápido, descontroladamente. Aunque lo escuchara bajito, reconocí al instante la belleza de un piano y el timbre de una voz amiga. Escuchaba esa melodía por los dos oídos. Saqué de mi bolsillo el iPod y leí
en la pantalla de mi aleatorio: *¿Lo ves?* Conocía muy bien aquel tema,
se trataba de un maravilloso acústico al piano de Alejandro Sanz. Aunque el contenido de la letra no tuviera que ver con mi situación personal, la lectura de las dos palabras que daban título a esa canción la recibí como la más mágica de las señales. «¿Lo ves?» se convirtió en la
pregunta y respuesta que mi voz interior entregó a cada uno de los
vientos que soplaron en contra. Rompí al unísono a llorar y a reír de
emoción frente al espejo del cuarto de baño. Esa misma noche, escri-
biría a Alejandro para compartir con él la magnitud del significado, la
alegría y la emoción que habían expandido la escucha de su *¿Lo ves?*,
aquel día... en mi confianza.

*La actriz estadounidense Eva Longoria compartió con su amigo el pro-
tagonismo del sencillo* Desde cuando, *segundo single extraído del álbum*
«Paraíso express». *Rodado en los estudios Golden Oak Ranch de Disney en
Los Ángeles, el videoclip fue dirigido por Pedro Castro, responsable también
de* Looking for Paradise.

Eva Longoria: Mi experiencia en el rodaje con Alejandro fue muy
interesante, ya que nos pasamos el día entero en la cama (risas). Ocurrió que hacía un frío helador, y no es un mal día de trabajo cuando
consiste en achucharse en la cama con Alejandro Sanz para entrar en
calor (más risas).

Alejandro me lo pidió un par de meses antes de salir el disco. Yo
ni siquiera había escuchado la canción ni conocía el concepto, pero
acepté sin pensármelo. Es una persona a la que aprecio mucho, y me

encanta su música. No solo tiene un gran talento, también es una persona con un alma sorprendente. Para mí es un honor tener la posibilidad de colaborar con él.

CRISTINA RODRÍGUEZ: Fuimos a Los Ángeles para rodar con Eva, que estaba en plena grabación de *Mujeres Desesperadas,* con una agenda imposible. Solo tenía un día libre a la semana, y el rodaje se planificó de once de la mañana a seis de la tarde, y lo cerramos con muchísimo tiempo de antelación. El día antes, ya en el hotel en Los Ángeles, nos avisan de un cambio de plan de rodaje de la serie y de que Eva tenía que estar en el set de *Mujeres Desesperadas* a las once de la mañana... Nuestro rodaje estaba a noventa minutos del centro, en una cabaña en el campo y habíamos hecho nueve mil kilómetros solo para el vídeo. Así que hubo que cambiar de planes, ocho horas de rodaje se convirtieron en cuatro y en lugar de empezar a rodar a las once de la mañana, empezábamos a las seis de la madrugada. Eso significaba maquillaje a las cinco, salir del hotel a las tres treinta... Alejandro no es precisamente matutino, pero tiene ese sentido de la responsabilidad, y allí estuvimos. Eva empezó a maquillarse a las tres de la mañana... ¡y a las diez y media ya habíamos grabado el vídeo!

ALEJANDRO: *Desde cuando* era una canción romántica, una de las canciones más italianas con claras influencias de «Más». Trabajar con Eva fue un placer. Es una gran amiga, tengo mucha complicidad y me es fácil conectar con ella. Y como es actriz me ayudó a hacer más creíble el vídeo. Al principio fue un poco difícil ponernos en modo romántico, porque, como somos muy amigos, nos conocemos muy bien y nos entraba la risa, pero luego entramos en el papel y fue muy bonito, y a mí me enseñó bastante.

EVA LONGORIA: Alejandro es un icono, una leyenda, un verdadero talento..., y todo ello envuelto en la más hermosa de las almas. Su música te inspira para el amor y su humanidad te inspira para ser una persona mejor. Es una de las mejores personas que he conocido, tiene una bondad difícil de encontrar. Su sentido del humor es único, siempre está haciendo reír a sus amigos. Se enfrenta a la vida con una mentalidad *go with the flow,* se mece en las olas. ¡La suya es una vida muy bien vivida!

La modelo andaluza Ana Moya y la actriz Maribel Verdú también co-laboran en dos de los éxitos de Alejandro: Camino de rosas *y* Lola Soledad, *este último dirigido por la realizadora Gracia Querejeta.*

MARIBEL VERDÚ: Ya le había dicho a Alejandro hace mucho tiempo que mi sueño era hacer un videoclip de esos en los que sufres mucho y un príncipe azul te salva, y es justo lo que me ha regalado. Me gustan las mujeres fuertes y luchadoras y me cae muy bien esta Lola Soledad, una SuperLola.

GRACIA QUEREJETA: Pensamos en que Alejandro participara con su música en la película *Siete mesas de billar francés,* pero al final todo quedó en nada. Nunca había hecho un videoclip. Mi intención fue contar una historia a mi estilo. No es un videoclip al uso de esos ñoños que circulan por ahí.

ANA MOYA: Somos del mismo pueblo, de Algeciras, hablamos igual y decimos las mismas tonterías. Alejandro me eligió a mí para el vídeo por desparpajo, mi sonrisa y mi cachondeo andaluz.

Trabajar con él es una experiencia que no olvidaré jamás, y aquel fue uno de los días más divertidos y preciosos de mi vida. Es muy simpático, estuvimos todo el día sin parar de hacer el tonto, riéndonos el uno del otro, bailando y cantando flamenco. Me sentía como en casa. ¡Hasta llamó a mi madre durante el rodaje para darle una alegría!

Con David Foster

61
Que nadie toque la música

«El camino más recto a la sonrisa es la emoción».

Música: Alejandro Sanz, *Camino de rosas*

E l de *Alejandro Sanz con Warner era un matrimonio bien avenido, pero que acusaba el desgaste de los años. El cambio de modelo de la industria, orientada sin vuelta atrás hacia la explotación digital del repertorio, hacía que un contrato negociado desde la vieja óptica de la venta masiva de soportes físicos constituyera un serio riesgo contable para Warner, que además ya tenía lo que quería: contaba en su catálogo con todos los discos históricos del artista.*

Cuando un artista grande entra en la recta final de su contrato, es habitual que la competencia revolotee por su espacio aéreo. Sea por interés legítimo o pura y llanamente por hacer que suba la espuma de cara a su renovación, no es infrecuente que altos ejecutivos de otras discográficas se hagan los encontradizos y/o traten de salir en la foto.

No era el caso de Jesús López. Este gallego, viejo zorro de la industria y capo di tutti capi *en Universal LATAM, ya mantenía una buena relación personal con Alejandro desde hacía años. En cierto modo, el paso a Universal fue lógico y largamente anticipado.*

En noviembre de 2013, Alejandro Sanz anunciaba en Twitter la noticia de su cambio de compañía en tono conciliador: «Bueno, ahí va. Después de veinte años de mucho trabajo y mucho cariño, empiezo una nueva etapa en Universal, con toda la ilusión y todas las ganas de hacer cosas grandes. Gracias a tod@s l@s trabajadores de Warner por tanto. Os quiero y os querré siempre. Y muchas gracias a tod@s l@s trabajadores de Universal por el entusiasmo. Vamos a por todas».

José Carlos Sánchez, responsable de Warner Music en España, fue muy escueto en sus comentarios: «Respetamos las decisiones de los artistas cuando deciden cambiar de aire y hay billetera mata galán», declaró al periódico El País, usando esta expresión argentina para referirse a la mayor oferta económica de Universal como determinante a la hora del cambio de sello.

ALEJANDRO: Yo firmé con Warner por menos dinero no una, ¡dos veces! Si me fui de Warner no fue por dinero.

JESÚS LÓPEZ: Cuando Alejandro venía a Miami me ponía las canciones, como amigo, antes que a Íñigo, que era su compañía. Yo tenía que guardar el secreto y le decía: «Qué fácil es opinar cuando no tiene uno la responsabilidad, por eso me utilizas...», porque, aunque no estuviera en mi compañía, siempre he querido su éxito porque era bueno para la industria.

Ahora, cuando veo a Íñigo Zabala, le digo que será él el primero en escuchar las canciones, y Alejandro se ríe como un niño malo.

Es el artista más importante de su generación, el que ha revolucionado la música latina. Estaba en un momento de cambio y necesitaba un nuevo acercamiento, revitalizar su manera de trabajar; para mí era un reto de mucha interacción entre los dos. Alejandro debe de tener el récord mundial de amaneceres conmigo, que no es cosa fácil...

ROSA LAGARRIGUE: Después de tantos años en Warner, Alejandro tenía un deseo natural de cambiar de compañía. A nivel económico, daba la impresión de que Warner apostaba menos, se había achicado la compañía, esa era la impresión que daba. Pero creo que realmente era desgaste. Aunque tanto Alejandro como yo éramos muy amigos de Íñigo después de tantos años trabajando juntos, Alejandro se llevaba muy bien con Sony, que hizo una apuesta económica muy fuerte, muy superior a la de Warner en dinero y en entusiasmo. Incluso se plantó Sony al completo en un concierto en Sevilla... Y después estaba Universal, donde trabajaba Jesús López, otro gran amigo de Alejandro, su vecino en Miami y una persona a la que admiraba mucho. Siempre le decía «Algún día trabajaré contigo» y al final ocurrió.

Fue duro, porque aunque tengas buena relación con ciertas personas, no firmas con personas sino con compañías. En Warner había muchas personas muy queridas en el equipo y sientes como que las traicionas, pero la oferta era mucho más tibia frente a los planteamientos más agresivos de Sony y Universal.

Finalmente Universal fichó a Alejandro Sanz. Jesús López estaba totalmente entusiasmado con el proyecto, como corresponde a alguien que ha apostado fuerte, muy fuerte. El primer paso para definir el camino a seguir era la elección de un productor para el primer disco de esta nueva etapa.

ALEJANDRO: He tenido la suerte de trabajar con muy buenos productores, pero siempre tenía la añoranza de la forma en la que trabajaba con Emanuele Ruffinengo, muy en equipo.

En los discos anteriores a «Paraíso express» me dediqué a la improvisación, a lo que me salía del alma, porque quería explorar esa parte, dejarme vencer por esa tentación que es la improvisación, ese momento en que estás haciendo música solo en tu casa. Y volver al método me parecía la mejor forma de cerrar ese ciclo. Me siento muy a gusto trabajando de esta forma más metódica, como hice en discos anteriores, que requiere mucho esfuerzo de hincar codos, como decíamos en el colegio, pero tiene sus resultados

El concepto del disco era precisamente «no ceñirnos a ningún concepto». Sí tenía claro que quería un disco de pop-rock sinfónico con arreglos clásicos. No quise, deliberadamente, incluir ningún arreglo flamenco, porque ese matiz ya lo pone mi voz.

JESÚS LÓPEZ: Desde el punto de vista artístico se liberó de dependencias. En algún momento él había barajado la posibilidad de volver a trabajar con Ruffinengo y le llamamos. Emanuele nos atendió, encantador, pero ya no quería hacer discos de pop, estaba en otra onda. Para su primer disco con Universal, «La música no se toca», trabajamos con Julio Reyes.

ALEJANDRO: Julio Reyes es un tipazo, un gran músico con mucho talento. Fue una propuesta de Jesús López. Hacía tiempo que no encontraba a nadie con quien trabajar de esa forma. Con Julio Reyes encontré esa persona, que además aporta todo el talento de un músico con formación clásica, que era muy importante para mí, porque es un ingrediente que me gusta mantener en mis discos.

JESÚS LÓPEZ: Después de la primera reunión con Julio, Alejandro me dijo con sorna que «este se cree que yo voy a hacer *El barco del amor*». Tuvimos una segunda reunión en casa de Alejandro y terminamos junto al piano, empezaron a tocar juntos y allí surgió la chispa. Alejandro le dijo: «No intentes que hagamos nada extraño, escucha las canciones y haz lo que te inspiren, no intentes ponerte en mis zapatos». Julio venía con una obsesión un poco «tropicalosa» pensando en las producciones de Lulo Pérez.

ALEJANDRO: Llega un punto en que tienes que abandonar las canciones, las cierras, y por eso es bueno irte con otra persona, como cuando buceas. Ir con alguien que te diga: «Hay que parar YA», otros oídos que te puedan aconsejar en algún momento.

JULIO REYES: Trabajar con Alejandro Sanz fue una experiencia increíble porque he sido su fan durante mucho tiempo, tengo todos sus discos y he vivido momentos muy importantes de mi vida oyéndolo a él, y eso convierte a este proyecto en muy especial para mí.

Un aspecto muy positivo del trabajo es que Alejandro tiene una concepción muy amplia respecto a los géneros de música. Mi formación como músico clásico aquí me ha servido muchísimo, y ha encontrado mucha resonancia en el espíritu de Alejandro.

ALEJANDRO: Además de ser el músico que esperaba, es la persona más increíble para trabajar, nunca se molesta, y mira que se pasan horas juntas en el estudio y siempre hay roces. Con él jamás.

Me interesaba un productor con formación clásica porque a la hora de manejar las armonías las rellenan de otra forma, y son más contundentes a la hora de manejar arreglos de cuerda. Por otra parte, es buen programador, tiene manejo de los arreglos modernos, trabaja tanto lo acústico como lo electrónico. Y es muy buen tío, que es muy importante en una grabación, insisto.

Es un homenaje a la música, un disco vivo. Buscaba esa sonoridad de los arreglos clásicos, pero fueron apareciendo estos sonidos ochenteros de los *leads* y los teclados de los ochenta, también aparecieron canciones con ecos de Beatles o del *Bohemian Rhapsody* de Queen, cosas que no estaban planeadas, y toda esta amalgama es lo que recoge el título, es mi homenaje a la música. La música en sí es un mensaje de cordialidad, de unión, de respeto, de amor, de tantas cosas que ya de por sí el simple hecho de hacer sonar un instrumento es un mensaje en sí mismo.

Hay un ejercicio de arreglos de los teclados electrónicos para no ceñirnos al concepto tradicional de anglo o latino. Vuelvo a los arreglos armónicamente complejos para poner las canciones al servicio de la emoción. En el disco hay homenajes a Sgt. Pepper's y a los ingenieros de mezclas, y los hacemos como se mezclaba en aquella época.

Quería también un sonido de guitarra de rock, y llamé a Carlos Rufo, que fue con quien formé mi primer grupo de rock en el barrio cuando éramos muy jóvenes. Ningún guitarrista de estudio me iba a dar el sonido que él posee, y, sobre todo, nadie le iba a poner el cariño que puso Carlos.

JESÚS LÓPEZ: El objetivo de este disco era afianzarle en su liderazgo, se estaba hablando de demasiadas ayudas externas, duetos y tal, como para apuntalarlo. Yo creía que era muy importante volver a la raíz de Alejandro y demostrar al cien por cien su potencial como productor y como compositor. En el fondo él es coproductor de sus discos. Sus productores ayudan claramente, pero su capacidad y su seguridad son enormes. Y eso es lo que potenciamos.

También ayudó mucho a la hora de sentirse cómodo y no sentir presiones la inversión que hizo en su estudio de casa, convirtiéndolo en un estudio de primer nivel. Esto contribuyó muchísimo a crear otro ambiente de trabajo. Yo fomenté mucho que pudiera grabar en casa, especialmente las voces. Alejandro tiene sus tiempos, trabaja muy bien de noche. Por las tardes rinde diez veces más si corta y se va un par de horas a navegar. Lo hicimos más amable, más cotidiano, sin la presión de vivir en Los Ángeles, en Italia, los coches, los hoteles... Eso ayudó muchísimo.

ALEJANDRO: Después de muchos acontecimientos importantes en mi vida personal y profesional, y que te remueven, encontré la tranquilidad para sentarme y hacer lo que sé hacer. Estuve trabajando durante varios meses en mi estudio de Miami, con la composición de las primeras ideas. También en México, donde pasé una larga temporada por trabajo.

JESÚS LÓPEZ: Puede parecer más relax, pero en realidad son muchas más horas de trabajo, dedicándole más horas que nunca a cualquier detalle, porque tenía esa facilidad. Es otro ritmo, pero es diez veces más potente porque son horas y horas y horas de trabajo. Es un *workaholic,* da la imagen de relax porque te recibe, juega al tenis, pasea en barco, cena... y luego se levanta de la mesa y se tira ocho horas seguidas trabajando.

ALEJANDRO: El ser humano avanza, y uno nunca se queda pegado a una situación, a un momento, a una palabra o a un disco. El que hizo «Más» era otra persona; yo soy el que ha hecho este último disco. Y el choque interior de cada canción es contradictorio.

Cuando eres uno de esos artistas que participan desde la primera hasta la última nota y también de la producción, cuando llega la hora de sacar el disco para ti ya es casi viejo. Lo bueno es que durante la promoción solamente escuchas el single (risas). Yo termino el disco y no lo ando escuchando ni en casa ni en el coche, porque, si no, cuando llegas a la gira ya estás cansado de las canciones. Lo bueno que tiene cuando las interpretas tú es que cada vez que las tocas puedes sacarles algo nuevo, a veces pienso que habría que grabar los discos después de las giras y no al revés, para sacarle todo el jugo a las canciones.

Mi marciana está dedicada a mi mujer, eso lo sabe todo el mundo. Yo creo que es una canción que habla de amores de otro mundo, creo que encontrar a la persona idónea es como encontrar un alienígena. Me parecía muy romántico llamar marciana a una persona en vez de princesa, creo que princesa llega un punto que está como gastado y me parece que es una bonita forma de reinventar o de renombrar el romanticismo.

Se vende está inspirada en las diferentes etapas que vive el amor. Hay etapas en las que es una constante lucha, después se llega a una fase de pactos... Al final las parejas casi se mimetizan y se conocen tan bien que son una coreografía perfecta.

No me compares es una lucha interna. A través de las luchas externas se brega con muchas internas... Muchas de las luchas externas que tenemos son reflejos de lo que nos sacude en nuestro interior. Y esta es una de esas ocasiones.

«La música no se toca» alcanzó el número uno en España con cinco discos de platino, número uno en México con dos discos de platino, número uno en el US Top Latin Albums y disco de oro, doble platino en Argentina, Colombia, disco de platino en Venezuela, oro en Uruguay, oro en Centroamérica... La gira fue un enorme éxito y llevó las nuevas canciones de Alejandro por toda España y América. El volumen de ventas, lógicamente, estaba muy lejos de los grandes hits de su etapa Warner, pero debe tenerse en cuenta que el mercado en el que se lanza es radicalmente distinto.

JESÚS LÓPEZ: Alejandro sigue siendo un fenómeno. Si miras la historia de este negocio, una persona que ya está por encima de los cuarenta años, que sigue siendo número uno, batiendo récords de venta de entradas, con esa capacidad de mantenerse ahí arriba y mantener su prestigio sin haber cedido nada en la parte artística... Eso no le pasa a nadie en el mundo latino, todos los grandes artistas han tenido sus baches, y lo mismo en el mundo anglo. Él no. Creo además que él fue muy inteligente al cambiar de equipo de trabajo y unirse a Universal en un momento en el que corría el riesgo de iniciar el declive.

MIKE CIRO: Alejandro me reenvió el mensaje de Pat Metheny después del show de «La música no se toca» en Nueva York. Me pidió que lo compartiera con todos los músicos. Estaba muy orgulloso de aquel concierto y de todos nosotros.

-----Original Message-----
From: pat metheny
Date: Sun, 5 May 2013 00:02:44
To: Alejandro
Subject: the concert...

... Fue INCREÍBLE!!

Alejandro, eres un verdadero maestro... Cantaste increíblemente bien, tu banda estuvo fabulosa, la presentación, el espíritu de la música y tu manera de disfrutar y comunicar fue abrumadora... Y cada tema era especial, el espectáculo sube y sube... Y por encima de todo fue musicalmente intenso durante todo el show... Brindar la oportunidad de disfrutar de esos músicos extraordinarios a tanta gente de una manera tan personal es para ti un fantástico logro... Y gracias por dirigirte a nosotros desde el escenario... No te imaginas lo emocionante que fue para nosotros..., tuvimos que marcharnos por razones de *babysitter,* creo que ya sabes lo que es eso después de conocer a Dylan... Descansa y ojalá nos veamos pronto en el camino. Por favor, envía mis respetos y todo lo mejor a todos los músicos, todos sonaron sencillamente perfectos, tocaron y cantaron con el corazón y el alma, es una noche que mi mujer y yo nunca olvidaremos... Un abrazo enorme de Pat...

Con Juan Luis Guerra y Javier Limón en Berklee

62

El estilo Sanz

«Lo que más me gusta de mí es la gente que tengo a mi alrededor. Mi familia, mis amigos. Ellos me hacen cada día mejor. Sacan la mejor versión de mí mismo».

Música: Alejandro Sanz, *Llega, llego soledad*

Durante más de veinticinco años de carrera, Alejandro ha viajado de manera ininterrumpida al continente americano. Desde el lanzamiento de «Viviendo deprisa», Alejandro tuvo la visión y ambición suficientes como para saber que su música podría recibirse por igual a ambos lados del charco. Fruto de sus giras, viajes promocionales, presentaciones internacionales, ceremonia de premios o puro ocio, Alejandro ha consolidado una estrecha relación con América, representada naturalmente en personas de carne y hueso...

POLO MARTÍNEZ: Lo conocí en Chile cuando fue a Viña del Mar hace veinticinco años. Yo estaba allí con Luis Miguel, que fue quien me lo presentó. Luis Miguel me dijo: «Este tipo llega, tiene un talento increíble», y me pidió que organizara una comida con él.

A los pocos días vino a Argentina, él solo con una persona de la compañía. Me mostraron un listado de radios larguísimo y yo les dije cuáles eran las importantes. Él me dijo que quería hacerlas todas, tenía unas ganas de trabajar enormes. Al principio en las emisoras había tres chicas en la puerta de la radio..., ahora ya no se puede ir a ningún sitio con él.

Cuando hicimos la promoción de *Pisando fuerte* me compré unos zapatos de payaso de esos enormes. Ahí fue cuando empezó a sonar fuerte de verdad y a crecer. Una vez me presentó en un evento de radio como «mi papá» y las fans me arrancaron la camisa...

JORGE RAMOS: A Alejandro lo conocí de lejitos mucho antes de que él me conociera a mí. Ya oía su música y un buen día, cuando supe que iba a dar un concierto en Miami, me aparecí sin contarle a nadie. Me senté en la mitad de la sala, en una esquina y casi solo, para disfrutar de su música. Después, mucho después, lo conocí.

Lo invité al programa de televisión en Univision, *Al punto,* para hablar de política. Sí, de política y un poco de música. Vengo de esa maravillosa tradición iberoamericana en que los artistas opinan, y mucho, de lo que pasa en sus países. Ser cantante, pintor o escritor no debe ser nunca un impedimento para participar en la vida política del lugar donde vivimos. Y Alejandro cree lo mismo.

BORIS IZAGUIRRE: Conocí a Alejandro apenas tres noches después de mi llegada a Madrid. Yo era el nuevo y él una estrella pero empezamos a hablar como si fuéramos dos personas que sabían que iban a caerse muy bien sin saber que sería por muchos años. Esa noche, en una cena con unas adorables amigas que siempre llamamos Las Cachis, dos hermanas tan vallisoletanas como canarias, Alejandro nos invitó a cenar a todos, el único gesto que podría desvelar su condición de estrella. En todo momento bromeó con esa especial mezcla de chispa andaluza y chulería madrileña que tiene. Guapo, seductor, amigo, entrañable, solidario, atento a todo. Ese mismo día entendí que esa es su característica mas artística: la curiosidad. Absorbe mucho de lo que escucha y mira y, al igual que un escritor, está atento a todo lo que en su momento pueda convertirse en una canción.

JOSUÉ RICARDO RIVAS: La primera vez que escuché a Alejandro Sanz fue mientras viajaba en auto, en la radio de Puerto Rico. Fue con «3». Cuando lo escuché, le pregunté a un amigo mío promotor de radio quién cantaba. Él respondió: «Es Alejandro Sanz, un nuevo cantautor español». «Me gusta», le comenté, «ese muchacho tiene alma». Esa fue mi primera impresión de Alejandro: un cantante con alma.

BEBE CONTEPOMI: Ale es distinto desde lo musical y cultural. Acá en Argentina tiene una aceptación general. El romántico, el roquero, el melancólico y hasta el escéptico creen en algunas de las caras musicales de Alejandro. Su amplitud cultural y su manera de ser, arriba y abajo del escenario, hacen que sea muy difícil de catalogar. Es el estilo Sanz. Lo conozco desde sus primeras visitas a Buenos Aires. Un día, Andrés Calamaro me llama y me dice que un músico muy reconocido en España venía de visita a Argentina. Andrés conocía a la mánager de Ale. Me acuerdo que en ese primer viaje de Sanz a Buenos Aires, siendo un desconocido, terminamos yendo a la cancha de Boca a caminar por Caminito, y solíamos recorrer la avenida Corrientes buscando aventuras. Viajábamos en taxi. Meses después sale el disco «Más» con la canción *Corazón partío,* que se hizo muy popular enseguida en Argentina, como en todo el mundo. Y en su siguiente visita a Buenos Aires ya era muy famoso aquí y tenía chóferes y hotel de lujo. Desde aquel primer viaje de Ale a Buenos Aires, habrá vuelto a venir decenas de veces más. Y siempre que aterriza en Argentina me llama para verme. Un genio. Un tipo normal.

GABRIEL ABAROA: Al principio de su carrera, Alejandro Sanz debutó en los escenarios con una guitarra al hombro, una gran pasión por la música y enorme talento. Después de unos años y con la ayuda de sus letras y armonías contagiosas, sigue seduciendo nuestros sentidos por décadas y su obra ha pasado a ser parte esencial de nuestra vida diaria.

DANIEL SARCOS: Aún recuerdo como si fuera hoy la primera vez que escuché a Alejandro. Corría el año 1995, estaba en mi casa de Maracaibo y del televisor a todo volumen sonaba una canción que al instante me cautivó. Me acerqué para saber de quién se trataba y descubrí que era el tema de una telenovela que ya no recuerdo, pero la canción sí, era *La fuerza del corazón.* Como yo trabajaba ya en la radio, acudí a mis amigos promotores para encontrar más información sobre el artista. Sabía que era una mezcla poco usual para la época entre la balada y flamenco y unas guitarras que coqueteaban con el rock acompañando a una voz sincera y acogedora.

ALONSO ARREOLA: Mi primer encuentro con Alejandro se dio cuando lanzaba su disco «El alma al aire». En aquellos días yo era editor en

529

jefe de la revista *Latin Pulse!* Por ello la visita a su casa y a los estudios Criteria de Miami eran cuestión de trabajo. Claro, pude pedirle a otro colaborador que cubriera la visita, pero tuve un fuerte interés personal porque deseaba conocer a ese personaje cuya música y talento daban tanto para hablar dentro y fuera del universo pop, incluso tras años de estar consolidado.

Dicho en otras palabras, el respeto generalizado hacia la pluma e interpretaciones de Alejandro (vocales, guitarrísticas y pianísticas) ha trascendido de largo el área del entretenimiento para evolucionar como arte y permanecer atemporalmente en el corazón del mejor cancionero hispano. Esto es algo que reconocen no solo quienes escuchan la radio cotidianamente, sino melómanos exigentes del *undergound* o la música experimental. Además, sea a través de sus canciones o de sus entrevistas, desde que lo escuché por vez primera supe que se trataba de un juglar sólido, de una persona con prioridades ligadas a la felicidad y el amor, sí, pero también a la tragedia humana y los demonios individuales.

MARÍA GÓMEZ: Cuando se apagaron las luces del estadio de baloncesto del Real Madrid, ya desaparecido, y sobre sus ruinas, actualmente erguidas como monumentos modernista, cuatro torres que son exactamente distintas entre sí como mirando hacia el futuro desde sus alturas disímiles también, los asistentes comenzaron a sentir la energía que emanaba de la voz de ese incipiente cantautor que llegaba «pisando fuerte». Los aplausos y gritos tomaron por asalto el recinto y no lo abandonaron hasta que concluyó el concierto; asistíamos sin saberlo aún al nacimiento de un ídolo de multitudes, estábamos ante Alejando Sanz y, sin embargo, cuando lo saludé en su camerino esa noche, tuve la grata impresión de tener frente a mí a un sencillo, amable y muy humilde ser humano que no salía de su asombro ante tantos halagos de los que llenaron el pequeño camerino.

EDUARDO GRULLÓN: Nos conocemos desde hace veinticinco años a través de Pepe Barroso. Siempre que viene a tocar a República Dominicana tratamos de estar juntos. Es sencillo, honesto, asequible, se mantiene siempre en una línea de sí o no, para él el gris no existe. En la República Dominicana se le tiene un gran cariño y admiración. *Corazón partío* es un estándar, como *New York, New York…*

ANA MARÍA POLO: Sus líricas y melodías me sacuden el alma como ningún otro músico en el mundo. Toca lo más profundo de mi ser cuando lo escucho y libera lo más sensible y emocionante de mi gusto musical.

Alejandro es humilde y real. Vibra con energías sublimes y místicas reconociendo almas gemelas y compatibles, lo cual lo califica de mago.

SEAN WOLFINGTON: La historia de cómo nos conocimos Alejandro y yo es una historia hermosa. A veces las coincidencias hacen que tu vida cambie y establezcas una relación de amistad para toda tu vida.

Yo caminaba por las calles de Londres, tenía veintisiete años, vi a una joven bailando junto a otra chica vestida de flamenco. Había una tercera chica al otro lado de la calle, la miré y supe que no solo por su increíble belleza, sino porque tenía bondad como una estrella en el cielo, tenía que hablar con ella. La seguí. De esto hace diecinueve años.

Lo creas o no, Alejandro es el centro de esta historia.

Esa joven era de Málaga, su nombre es Ana. Después de conocerla en Londres empezamos a escribirnos cartas y a hablar por teléfono, hasta que por fin fui a visitarla a España. Una noche después de cenar con su familia bailamos una maravillosa canción que sonaba en un CD y que ella adoraba. Mientras bailábamos por primera vez, ella cantaba la canción desde lo más profundo de su corazón. Era precioso a pesar de que yo no entendía ni una sola palabra. Le pedí que la pusiera otra vez, tres veces, y me enamoré. Durante la canción ella repetía la palabra *corazón*. No sabía lo que significaba, así que se lo pregunté. «Heart», me respondió. Era la palabra perfecta para definir lo que sentía por ella. Nunca olvidaré ese baile.

Años más tarde nos casamos.

BORIS IZAGUIRRE: He vivido momentos muy divertidos con Alejandro. Una tarde, en casa de Miguel Bosé, se le ocurrió disponer las hamacas de la piscina como si fueran esas maderas que se emplean en las carreras de saltos de obstáculos para que los caballos las eviten. Asombrosamente él y Miguel conseguían superarlas pero yo me paralizaba apenas las alcanzaba. Alejandro fue el primero en proponer alzarme para que pudiera superarlas cómodamente. Fue la primera vez que entendí que la fama viene en tu rescate y a Alejandro le pareció super graciosa esta visión.

EDNITA NAZARIO: Alejandro cautiva, su energía es intensa, algo misteriosa, pero ciertamente cautivadora. A veces parece un niño tímido y otras, un gigante, un hombre que ha vivido muchas vidas. Hemos compartido poco, seguramente como muchos de sus amigos, o los que así se consideran. Le gusta aislarse en ese mundo mágico y personal que comparte muy poco. Pero, cuando abre esa puerta, te abre el corazón.

Gran anfitrión y mejor conversador. Cuenta aventuras, chistes, habla de música, de arte y de su tierra, que tanto ama. Esos momentos los atesoro porque vi en él cosas que no son evidentes. Vi un hombre niño, un niño hombre, con dulzura y fuego en la mirada, con ganas de decir cosas relevantes con su música, con afán de crear, sin que el proceso, el «negocio», le robara su ser. Eso no. Y lo sigo «viendo» como alguien genuino, sin artificios ni trucos, con una mancuerna de intelecto y sentimiento que muchos intentan y pocos logran. Alejandro es único. Como debe ser lo verdadero. Irrepetible.

LOREN RIDINGER: Alejandro es la persona y el amigo más fascinante que tenemos. Desde el momento en que lo conocimos hemos estado juntos. Siempre supimos que su corazón es aún mayor que su música si es que esto es posible. Antes que nada, es padre, esposo y amigo. Es increíblemente gracioso, siempre haciendo bromas, también es cariñoso con todos los que lo rodean, es puro amor, puro corazón, pura alma. Y lo más fascinante es escuchar su música. A lo largo de todos estos años de carrera legendaria, se ve perfectamente por qué tiene tanto éxito y es una persona tan bella. Es lo más: músico, compositor, letrista, personaje icónico... No solo un gran cantante, mucho más. Nuestro mejor amigo y nuestro hermano. No hay nadie como él y nunca lo habrá ¡Su voz es la mejor de nuestra generación y de muchas otras que vendrán!

SEAN WOLFINGTON: Empecé en el negocio del cine y conocí a tres realizadores hispanos. Realizamos nuestra primera película, *Bella*. Cuando la vi por primera vez me tocó el alma, con la sensibilidad de la película entendí que la música y el cine hablaban el mismo idioma, caminaban al mismo ritmo, y pensé en Alejandro.

Así que le dije al productor que creía que sería perfecto incluir la música en la película. Le pedí a Alejandro que hablara con Shakira o con Jennifer López y ver si estaría interesado en contribuir. Así que lo hizo, y días más tarde me llamó para comunicarme que Alejandro estaba con su nuevo disco, pero que estaría encantado en conocer la idea de la película.

Cuando llegamos, Alejandro estaba en el estudio. Habíamos quedado a las ocho pero siguió trabajando en el estudio hasta tarde... Pero insistió en ver la película cuando terminara. Empezamos a las dos y media de la madrugada y terminamos a las cuatro. Al terminar la película nos abrazamos, yo no hablaba ni una palabra de español, pero no hacía falta. Desde el primer día hubo una conexión. Y contribuyó con la canción *Te lo agradezco, pero no* en la película y ahí empezó nuestra relación. *Bella* se convirtió en una película de éxito gracias a Alejandro.

María Gómez: Recordando mis conversaciones con el genial mimo francés Marcel Marceau, que decía que «cuanto más alto llegas por tu talento, más humildad debes demostrar», así recuerdo a Alejandro Sanz en las veces que produje sus conciertos en Venezuela (1999-2001 y 2004): siempre amable con todo el que se le acercaba a pedirle un autógrafo o una foto, siempre pendiente de que quienes estaban encargados de su seguridad lo hicieran con educación y respeto hacia sus fans, esa cualidad no es muy frecuente en algunos artistas, que gracias a sus fans precisamente están donde están.

Boris Izaguirre: De alguna manera, Alejandro me permitió acompañarlo, ser parte de sus amigos de los noventa. Hoy me doy cuenta de que fue un momento crucial, España se convertía en un país influyente, rico y que permitía que sus talentos se expresaran en la música, el cine, la literatura. Y al mismo tiempo, Alejandro compartía, con desprendimiento y amabilidad, los mejores años de su propia juventud y de su tremendo romance con la popularidad. Nunca olvidaré lo que me dijo, también en casa de Bosé, cuando yo empecé a ser alguien en España: «Cuando terminen los aplausos, vete al hotel a olvidarlos». No siempre he podido hacerle caso, pero la frase me ayudó en muchas ocasiones de peligro y desorientación.

JORGE RAMOS: En las varias entrevistas que hemos tenido entramos y salimos —sin mucha culpabilidad ni dificultad— de los temas más controvertidos en Cuba, Venezuela, España y Estados Unidos. No son pocos los artistas que se cuidan al hablar de política, y los entiendo. Su audiencia no tiene por qué saber si son liberales o conservadores, demócratas o republicanos. Pero Alejandro dice lo que piensa. Punto. «Las elecciones en Cuba son una risa», me dijo en una ocasión. En su canción *No es lo mismo* dice: «Pero mi voz no la vendemos». Y es cierto. No está dispuesto a comprometer la verdad, su verdad.

ROSELYN SÁNCHEZ: Es muy curioso, porque mi gusto por su música no tiene momentos específicos. A mí me llena y agrada tanto que me encanta escucharlo cuando estoy tranquila en mi casa, cuando voy al gimnasio, cuando estoy manejando el auto, cuando estoy triste, o feliz... Cuando necesito soñar o necesito encontrar perspectiva a dudas. Es un sentimiento inexplicable. Por alguna razón, su lírica y su voz conectan con mi espíritu.

ALONSO ARREOLA: A los pocos minutos de comenzar nuestra primera conversación hubo una empatía inmediata, una complicidad que dejaba en claro intereses comunes: Paco de Lucía, el duende flamenco, Jaco Pastorius, el poder de la improvisación, la gastronomía, la honestidad al momento de arreglar y grabar una composición para que nunca abandone su poder original... Tras alargar el tiempo acordado con sus representantes en un par de ocasiones, me invitó a quedarme, a esperar a que terminara sus entrevistas para recibir a algunos amigos y platicar más. Lo que siguió confirmó todas las sospechas: Alejandro tocó la guitarra, cantó y compartió historias familiares en las que su papá, los libros y la cocina jugaban un papel decisivo. Al final, aclarados por el tinto, intercambiamos teléfonos y nos despedimos. No pensé que seguiríamos en contacto. Me equivoqué.

JORGE RAMOS: Creo que es tímido. Los introvertidos —y yo soy de ese club— suelen luchar para estar en público. Pocos entienden que estar en un escenario frente a miles de personas no significa que sea algo natural o que ocurra sin esfuerzo y preparación. «Yo me exijo mucho», asegura. Y se nota. Se sienta con las piernas cruzadas y los brazos también. Pero conforme pasa la entrevista y brinca los temas más difíciles, se va soltando, abre los brazos y se olvida de las cámaras. Y ahí, en el lugar donde uno menos espera la introspección, se da. «El ego no sirve para nada», dice, como hablándose a sí mismo. «Hace del viaje algo mucho más incómodo». Y luego: «Me tomo en serio la felicidad. Hay gente que se muere antes de envejecer; yo por eso seré joven hasta el final de la vida».

De pronto hablamos de fútbol y salta el niño. Promete que España será otra vez campeona del mundo —ese pronóstico no pega donde es debido, pero igual nos lo reímos— y ya está frente a mí, hablando de todo, rodillas abiertas, con el cuerpo volcado hacia delante. No puedo ver a otro lado. El torbellino se ha soltado. Atrás queda cualquier resistencia. Alejandro se ha tomado el escenario y no hay quien lo pare.

Josué Ricardo Rivas: Anhelaba conocer a Alejandro. Como editor de entretenimiento del periódico *El Diario La Prensa* de Nueva York y personalidad radial que fui por unos años, había entrevistado a todos los artistas del momento, pero no a Alejandro Sanz. Hasta que un día nos avisaron en el programa de la radio de que teníamos que entrevistarlo por teléfono, ya que se encontraba en Colombia. Había salido al mercado su álbum «Más» y el tema *Corazón partío* tomaba fuerza en Estados Unidos. Me alegré mucho e hicimos la entrevista. Fuera del aire le comenté: «Anoche me bebí tres botellas de champán escuchando todas las versiones de tu tema *Y, ¿si fuera ella?*». A lo que él me respondió de inmediato: «Y, ¿era ella?».

Fue la primera de muchas ocasiones en que su agilidad mental me sorprendería. Como admiro a las personas inteligentes, ese detalle me cautivó. Días después escribí un *centerfold* en el periódico que se tituló: «Crónica de un artista por conocer». No lo conocía en persona, pero tenía mucho que decir de su música y su don de gentes...

Daniel Sarcos: Después de descubrirle a través de una telenovela empezó a interesarme su música, las canciones que había grabado antes y las que estaban por venir, entre las que estaba *Corazón partío*. Precisamente en ese momento acababa de convertirme en el animador de *Sábado sensacional,* dándome el honor de recibirlo por primera vez en el show y además darle la bienvenida al Libro de Ídolos Sensacionales, cosa reservada solo a grandes personalidades de las artes. Me llamó la atención una especie de ingenuidad con la que aquel artista tomaba las cosas buenas que le pasaban. Solo pude compartir un rato, ya que la agenda de su empresaria en Venezuela para aquel entonces, María Gómez, estaba bastante apretada.

MARÍA GÓMEZ: También se ha cuidado de rodearse de un equipo que lo haga sentir cómodo, que sea muy profesional. Da gusto trabajar con los técnicos, personal de prensa y producción que viajan con él, esa es la impresión que mi personal de producción tenía de su gente.Ha sido un privilegio producirle esos conciertos en Venezuela (Caracas, Valencia y Maracaibo), guardo un especial cariño por él y me enorgullece ser la presidenta honorífica de su club de fans de Venezuela.

ALONSO ARREOLA: Tras aquella experiencia en Miami, su gira llegó a México. Nos encontramos en una conferencia de prensa y terminamos viéndonos durante dos o tres noches seguidas en compañía de amigos mutuos. A partir de ese momento, Alejandro me buscaba siempre que venía a tocar o de promoción, estableciendo un ritual basado en recibirlo con tacos al pastor (platillo clásico de la Ciudad de México). Sea en camerinos, camionetas o cuartos de hotel, lo mismo hablábamos de música que de política, poesía (Jaime Gil de Biedma, Federico García Lorca) u otra materia literaria como los cuentos de mi abuelo, Juan José Arreola.

Luego nos vimos en Miami en otras ocasiones, cuando su discográfica me pidió hacer notas de prensa, o cuando grabó su «Unplugged» para MTV. Sin embargo, un punto de inflexión importante sucedió cuando me pidió que colaborara (conceptualmente) en su gira «El tren de los momentos». Entonces tuvimos otro tipo de intercambio, más intenso, lo que nos llevó a ponernos a prueba como amigos. Fueron tiempos vibrantes en Estados Unidos y Madrid, tanto que después de aquella gira nos distanciamos un poco (fue un paréntesis). Pero una cosa que he aprendido con Alejandro es que el fruto y privilegio de la amistad verdadera ocurren en la reconciliación, lo que hemos aprendido a ejercer virtuosamente.

MARIO KREUTZBERGER, «DON FRANCISCO»: Me parece que Alejandro Sanz ha impuesto un estilo único que el público ha aplaudido con entusiasmo. Su éxito como compositor e intérprete ha quedado de manifiesto por su creciente popularidad. Estas características lo ubican dentro de los grandes de la música contemporánea.

DANIEL SARCOS: Mi admiración por Alejandro no crece solo por su música, sino también por su postura ante ciertos temas de interés mundial, muy particularmente cuando fija posición contra el gobierno y los abusos de Chávez en Venezuela.

ALONSO ARREOLA: A él le va el Madrid y a mí el Barcelona; él apoya a Nadal y yo a Federer; ambos nos jugamos burlonamente sobre los términos de la conquista española en México; él usa la guitarra como vehículo lírico y yo el bajo eléctrico como transporte de mis obsesiones; él ha vendido millones de discos bajo los reflectores, yo he regalado unos cuantos miles; él combate a la piratería y los malos ejercicios de la industria, yo los veo como reflejos inevitables que han de mover la creatividad (en esto último hemos coincidido). Todo ello nos lleva a una relación complementaria que a veces echa chispas, pero que nos divierte y nos lleva a escuchar al otro (aún guardo un retrato que me hizo y que terminó hecho trizas en circunstancias fantásticas. Je, je). Lo más importante, empero, es que Alejandro es una de las personas más brillantes y cálidas que he conocido. Por si fuera poco, y según he atestiguado, vive siguiendo tres ejes que comparto plenamente: primero, nada ni nadie debe interponerse en la ruta estética que se elige; segundo, compartir el pan y el vino guarda un simbolismo poderoso en el desarrollo de los afectos; tercero, las palabras valen no solo como resultado, sino como mecanismo de pensamiento, lo que debe cuidarse apasionadamente.

ROSELYN SÁNCHEZ: La clave de su éxito a mi entender consiste en su honestidad y manera orgánica de escribir e interpretar sus canciones. Con Alejandro no hay pretensiones ni trucos. Su música y su ser se describe con una palabra: VERDAD.

POLO MARTÍNEZ: En Buenos Aires pusieron una placa en la calle cuando sacó *Llega, llegó soledad,* es un lugar de peregrinación de las fans que van allí a tomarse fotos.

JOSUÉ RICARDO RIVAS: La pieza que le faltaba a mi rompecabezas cultural: un día me invitó a Cádiz, justo en el momento en que lo nombraron el pregonero del carnaval de Cádiz. Una tarde me llevó a conocer la ciudad y sus alrededores. Fue entonces que vi lo parecidos que somos los boricuas al pueblo de esa región de España. Le dije a Alejandro que veía claramente en cada persona: a mi tío, a mi abuelo, a mi padre, a mi familia, a mis amigos... Estaba asombrado porque hasta ese momento no sabía que fuéramos tan españoles. Casi siempre al pueblo portorriqueño nos tildan de asimilados al imperio norteamericano, y en aquella ocasión sentí que había descubierto parte de la identidad cultural que me faltaba, porque lo vi en la forma de hablar, en las costumbres, en la forma de actuar, de ser. En fin, vi esa conexión entre Cádiz y Puerto Rico. Y lo descubrí de la mano de Alejandro.

Siempre he dicho que Alejandro es el Hitchcock de la música pop, pues todo lo que hace lo convierte en algo especial. Su música me lleva por senderos inhóspitos del alma que ni yo mismo conozco hasta ese momento. Muchas veces me ha llevado al misterioso mundo de las lágrimas para hacerme sentir vivo.

Ahora bien, si tuviera que describir a Chan en tres palabras, diría: lealtad (es muy leal a sus amigos), sencillez y amistad; para mí Alejandro Sanz, más allá de un genio musical, es todo eso.

DANIEL SARCOS: En honor a la verdad, Alejandro es de esos personajes que por medio de su música se convierten en cómplices y compañeros en momentos importantes de nuestras vidas, y es de los maestros que más he disfrutado conocer; no hay decepción con él, él es lo que plasma en su arte.

ANA MARÍA POLO: Alejandro es constante y verdadero. Su presencia se siente a través del tiempo y el espacio. Es un amigo incomparable, amante de la humanidad. Es por eso que no me cabe duda de que la maravillosa mujer que lo acompaña, Raquel, es su pareja perfecta. Me siento bendecida de haberlo conocido y contar con su amistad en esta vida. Además, es un bombón.

GABRIEL ABAROA: Su trabajo filantrópico y liderazgo, además de su música inspiradora, representan parte de sus contribuciones a la comunidad latina a través de los años, y estamos sumamente complacidos de honrarlo como Persona del Año 2017.

ALONSO ARREOLA: La amistad que comenzó en una entrevista y que finalmente me llevó a leerle —a él y a su mujer— un texto que escribí para la ceremonia religiosa de su boda y bautizo de su hijo, no es sino la consecuencia de algo que subyace en sus canciones y conciertos; eso que millones de melómanos aplauden y que acertadamente intuyen: Alejandro es un alma buena que no olvida sus orígenes y que cimenta su inspiración en la posibilidad de una belleza que se construye todos los días, poniendo especial atención en la poesía que espera bajo la piel del mundo. La eficacia de esas melodías raspadas por el cante jondo, la sofisticación de esas armonías que no se conforman con la suficiencia, la sabiduría que muestran y ocultan esos ritmos de perfecta relojería; todo en conjunto no es sino la extensión natural de su persona extraordinaria (esa persona a la que espero orbitar por largo tiempo y a la que me dispongo a escribir un mensaje de texto, justo ahora, nada más que para mostrarle la fotografía de un campo de nopales al que fui el otro día).

CLAUDIO VERGARA: En la clásica tradición de la música romántica latinoamericana, a veces tan subordinada a libretos y estereotipos que se replican con las décadas, logró crear un personaje singular: su voz áspera, sus letras de largo aliento sin caer en los clichés habituales del género, los arreglos que exploran distintos sonidos y sus shows de escenografías embriagantes han conformado un estilo reconocible de inmediato. En Chile, son las huellas que explican un suceso que no flaquea con el paso de los años.

En mi rol de periodista, me ha tocado entrevistarlo muchas veces. Y quizá ahí adopta un rol muy similar al de su música: además de su simpatía, su discurso intenta esquivar los guiones predecibles y las frases hechas. Se nota que contesta bajo sus términos y no sometido a los criterios promocionales. Recuerdo que una vez me explicó la búsqueda musical que intentaba uno de sus discos asegurando: «Yo trato de hacer mi música y no sonar como algo parecido a One Direction». Y menos mal, porque ya sabemos que hoy One Direction es solo un producto del pasado.

MELISSA CAMPBELL: Alejandro Sanz ha logrado traspasar fronteras geográficas y generacionales. Sus letras son universales y su forma de cantar es única. Sanz le canta al amor como pocos y sus canciones son conocidas en todo el continente. Su generosidad y humildad lo han llevado a colaborar con los artistas más importantes del mercado latino. Es uno de los artistas que más veces ha estado en el Festival de Viña del Mar, el evento musical más importante de Latinoamérica, donde, incluso, la última vez que se presentó se atrevió a compartir sus clásicos con otros artistas más jóvenes como Paty Cantú y Javiera Mena. Sanz fue el primero en dibujar el camino que luego recorrerían otros músicos latinos que han triunfado en la escena romántica. Un artista completo, perfeccionista, detallista, de una gran sensibilidad y cuyas canciones no envejecen.

Recuerdo como si fuera hoy cuando Alejandro estuvo por primera vez en el escenario de la Quinta Vergara (en Chile), en el año 1994. Desafortunadamente, tuvo graves problemas técnicos que hicieron muy compleja su actuación, pero demostrando su talento y fortaleza supo salir adelante y luego volvió a presentarse en el Festival de Viña del Mar, cobrándose revancha y llevándose todos los premios del público. Tuve la oportunidad de verlo nuevamente en junio de 2017 en el concierto «Más es más». Un show histórico donde nuevamente demostró que sus canciones son como el buen vino, que mejora con los años...

Jineth Bedoya: Tuve la oportunidad de dialogar con Alejandro una hora antes de su concierto en Bogotá, en mayo de 2016, y me preguntó por la campaña que lidero para erradicar la violencia contra las mujeres: «No es hora de callar». «Puedes contar conmigo», me dijo. Creo que fueron las palabras de un hombre comprometido. Esos hombres y artistas que necesitamos para cambiar el mundo.

Sandro Muñoz: El aporte de Alejandro Sanz a la cultura de la música popular contemporánea es hacer que con su estilo, letras de sus canciones, con el aire musical del pop, la gente volviera a creer en el amor como sentimiento, a identificarse con sus letras, a volver a dedicar canciones... Su influencia fue enseñarnos a volver a creer en el amor.

Mario Kreutzberger, «Don Francisco»: Hay algo que me resulta anecdótico: Alejandro y yo tenemos una afición en común, nos gusta el buen vino. Nos conocemos hace muchos años y cada vez que nos vemos hablamos de vinos y nos invitamos mutuamente a degustarlos. Han pasado las décadas y todavía no hemos concretado esa mutua invitación. Por eso quisiera hacer un brindis por este nuevo libro, esperando la oportunidad de hacer chocar nuestras copas.

BORIS IZAGUIRRE: Alejandro nos invitó a ver los Grammys y, cuando Adele desafinó, Alejandro de inmediato lo advirtió. Me impresionó muchísimo, da fe de lo agudísimo que es su oído musical. «Esta desafinando» exclamó, y al segundo la propia Adele paró la orquesta y pidió disculpas por su entonación. En ese instante me di cuenta que Alejandro es un superhéroe. Con doble personalidad, como todos los superhéroes. Y que su momento Clark Kent, por ejemplo, es ese alrededor de la barbacoa o sentado en una lancha cruzando los canales de Miami y observando el atardecer reunido con Raquel, sus hijos y sus amigos. Y el otro es Alejandro Sanz, maravillando al mundo y a una generación entera mientras celebra los veinte años de Corazón Partio en el Vicente Calderón. La gran suerte en mi vida, cual Lois Lane, es que quiero a los dos. Y, como todos, sé que los dos cuidan de mi.

POLO MARTÍNEZ: El tipo nació poeta, y además trabaja horas y horas. He estado con él en Miami, toda la noche trabajando hasta que encuentra lo que está buscando. No escribe para vender discos, compone porque quiere comunicar lo que siente.

Paco de Lucía me dijo dos veces, una en Argentina y otra en España, que Alejandro era uno de los mejores guitarristas que conocía, que no tenía nada que envidiar de otros.

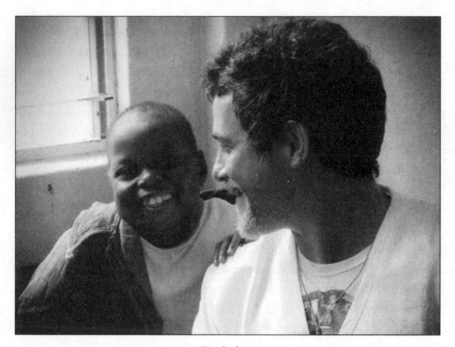

Zimbabue

63
Alma solidaria

«Solo hacemos música. No hemos inventado una vacuna o algo
así. Solo hacemos música, que no está mal, pero es solo eso».

Música: Antonio Carmona y Alejandro Sanz,
Para que tú no llores

ALEJANDRO: Mi abuelo tenía un bar en el pueblo, el bar Chico, que
era precisamente eso, un bar chico. Cuando cerraba el bar, con la
salsa que había sobrado de las asaduras y de lo que hubieran cocinado
cada día y con pan, daba de comer a la gente del pueblo que pasaba
hambre.

Mi madre había aprendido a cocinar de las penurias que pasaban
mis abuelos en la posguerra. Con un pimiento y un tomate tenían que
hacer comida para diecisiete...

*Alejandro apoya multitud de causas desde hace años (Médicos sin Fron-
teras, Save the Children, Juegaterapia, Greenpeace...), enfocando sus esfuerzos generalmente a los niños, las enfermedades y el medio ambiente. Apoya
fundaciones y campañas sencillamente porque su corazón así se lo pide, es
una manera de enriquecer la mente.*

*En 2011 recibió un premio solidario de manos de Save the Children.
Después de «dar las gracias a Save the Children, no por el premio, sino por
existir», recordó cómo le afectó su último viaje a Zimbabue auspiciado por
Médicos sin Fronteras. Alejandro siempre ha hecho hincapié en el cuidado*

y educación de los menores. «El que es padre de un niño es, al fin y al cabo, padre de todos los niños»...

ALEJANDRO: Estuve con Médicos sin Fronteras en Zimbabue, conociendo los proyectos de sida pediátrico. Allí donde vayas te reciben cantando, tienen un don natural, la música está en ellos. Forman su coro, el Coro Safari pertenece a un orfanato de Entebbe, Uganda, y hacen versiones de pop español: de Antonio Flores, de Pablo Alborán, de Antonio Carmona, míos... Hay allí una coordinadora de Barcelona, Almudena, una tipaza, un ser humano increíble. Los hemos traído de gira y ellos aprovechan y hacen sus conciertos, muchos por Cataluña. Les hemos enviado un camión de instrumentos para que practiquen. Siempre tienen una sonrisa, a veces me da la impresión de que tienen la llave de la felicidad y no nos la quieren mostrar. O tal vez nos la enseñan, pero no la vemos.

JAVIER LIMÓN: El proyecto Positive Generation surge a raíz de un viaje de Alejandro a Zimbabue. Me llamó a la vuelta y me dijo: «No te imaginas cómo canta esta gente, hay que hacer algo con ellos». Fui con David Trueba, hicimos un documental, grabamos todos los coros y sobre esas grabaciones invitamos a toda una serie de músicos: Carlos Vives, Calamaro, Juan Luis Guerra, Carminho, el propio Alejandro, a hacer nuevas creaciones.

CRISTINA RODRÍGUEZ: Estuvimos diez días en Zimbabue, Alejandro y yo solos, cada uno con su maleta. Raquel estaba embarazada y no pudo venir por el tema de las vacunas, etcétera. Nos acompañó Paula Farias que era la presidenta de Médicos Sin Fronteras. Habíamos colaborado durante la gira de La Música No se Toca, en la campaña Pastillas Para el Dolor Ajeno, y la gente de Médicos Sin Fronteras solía venir a algunos conciertos. Paula le había dicho a Alejandro durante la gira que cuando tuviera tiempo tenía que conocer el terreno: «Siento que es entonces cuando te vas a terminar de cabrear del todo» le dijo. Y Alejandro accedió. Nos fuimos en enero y no hubo día en que no se nos saltaran las lágrimas... Dormíamos en el suelo, viajábamos en Jeep con ellos, comíamos lo que ellos comían... Y al final del viaje él me dijo: «Esta es mi gente, aquí es donde yo quiero estar». En el avión de vuelta me dijo: «¿Ahora qué? ¿Vuelvo a casa, me pongo a componer y sigo con mi vida? Esto no puede acabar aquí...». Y ese fue el principio de su colaboración.

ALEJANDRO: No entendería mi vida, no sería completa si no tuviera la oportunidad de ayudar a otra gente. Hay cosas a las que se da visibilidad pública porque hacen engordar el proyecto, ayudan a ayudar más. Pero hay otras cosas que tienen el doble de valor si no se lo dices a nadie. Son vidas que van tocando y que a su vez tocan otras vidas. El ser humano, por naturaleza, es bueno, pero nos contagiamos muchas veces de cosas malas. No somos tan «manada» como creemos, hay demasiadas luchas de ego, de poder... y planeamos nuestra vida como si fuéramos a ser eternos. Realmente el ser humano debería de vivir mínimo quinientos años, para tener tiempo de pagar muchas de las cosas que hacemos.

Patrociné a un equipo de fútbol sub-9 en Mali. Les hice toda la equipación, les compré botas y al cabo de unas semanas me mandan fotos y veo que siguen entrenando descalzos. No las querían usar para que estuvieran nuevas. Tuve que mandárselo todo por duplicado.

El trabajo solidario es algo de toda la vida, soy como una especie de mercenario de estas causas. Cuando haces estas cosas siempre surgen escépticos que piensan que los artistas lo hacen por promoción. No es así, pero si así fuera diría lo que decía Antonio Banderas: «Usted, hágalo. Por lo que quiera, pero hágalo». Y yo creo que al final, si puedes ayudar a algunos niños, a ellos les da igual y lo vale. Lo importante es que llegue algo de eso que haces, porque hace mucha falta. En Latinoamérica, Asia, África..., en todo el mundo, porque también en Estados Unidos hay gente que tiene muchas carencias. La igualdad de oportunidades debería estar en las constituciones de todos los países. El hecho de nacer en un país o en otro no puede condenarte a pasar hambre o a que no te puedas desarrollar, es una gran injusticia, porque uno no elige dónde nacer. Estuvimos con otros artistas en la Cumbre de Presidentes Hispanoamericanos, pero hablas con unos y con otros y finalmente te das cuenta de que es todo de boquilla, el poder solo cuida al poder. Ese es el problema. Mejor morirse vivo.

PABLO MOTOS: Es uno de esos tíos que no para de mejorar, Alejandro es un caballero, pero sobre todo es un tío al que le gusta hacer el bien sin hacer ruido. Hace poco me enseñaron una cámara hiperbárica que es muy útil para algunas enfermedades, pero muy cara. Y se me acercó una pareja con un niño con parálisis cerebral y me contaron que el niño llevaba ya doscientas horas de cámara hiperbárica y estaba empezando a avanzar. Cuando les pregunté cómo lo pagaban me dijeron: «Nos lo ha arreglado Alejandro Sanz». Ese es Alejandro.

JESÚS (HERMANO): Conseguimos un tratamiento con cámara de oxigenación hiperbárica para Yeray, un niño de seis años que padece parálisis cerebral y graves problemas de movilidad y habla. Sus padres se movilizaron y pidieron ayuda a través de las redes sociales para costear un tratamiento que mejorará su calidad de vida.

ALEJANDRO: A veces la fuerza de Twitter sirve para algo. Y me alegra. Porque a menudo pienso que el *trending topic* es como el orgasmo masculino. Dura segundos y solo te da placer a ti. Pero la perseverancia surte efecto.

POLO MARTÍNEZ: Una fan argentina le escribió contándole que tenía un problema serio de salud. Alejandro me dijo: «Polo, ocúpate y haz lo que puedas, no te preocupes por nada». La operaron y conocí al marido. Cuando le expliqué de dónde venía la ayuda, el tipo montó una escena de celos, imagínate. Cuando los maridos tienen celos del artista, eso es ya lo más (ríe).

Tiene el talento, el carisma y la bondad como persona. El presidente de uno de los clubs de fans tenía un hijo pequeño que tocaba la batería, e idolatraba a Alejandro. Cuando le conoció le dijo: «Estudia batería, y yo te subo al escenario a tocar conmigo». Y así lo hizo, actuó con la banda en Rosario. Cumple los sueños de la gente, no esperes eso de otros artistas.

PABLO MOTOS: El día que murió mi padre, Alejandro era el invitado de esa noche en *El hormiguero*. Sé que adelantó o atrasó otro compromiso para estar conmigo más tiempo. La delicadeza y la ternura con la que me trató no la olvidaré en mi vida. Yo estaba destruido y tenía miedo de ponerme a llorar en medio del programa, pero él no paró de salvarme una y otra vez con salidas graciosas o con gestos de complicidad. Cuando acabó el programa, me dio un abrazo y me dijo: «¿Nos tomamos un vino?», y eso fue lo que hicimos... Siempre estaré en deuda con él.

BONAVENTURA CLOTET: En una ocasión, Alejandro mencionó mi nombre en relación con mis investigaciones en el terreno del sida, creo que fue en 2013. Es una persona muy activa en múltiples causas, y participó en un disco benéfico para la lucha contra el sida que se llamaba «Positive Generation». El hecho de que personas con su proyección mediática hablen de una enfermedad como esta tiene un valor increíble, porque tiene más difusión que la que cualquier científico del mundo pueda conseguir hablando de sexualidad, de prevención, etcétera. Y, por lo tanto, hace una gran labor.

También contribuyó en un juego que hicimos, *Epidemia the Game*, invitando a que la gente se descargara el juego. Fue muy solidario. Cada año está invitado a la gala que Miguel Bosé organiza en mi fundación para la lucha contra el sida.

ROZALÉN: El único autógrafo de artista que yo tengo es de Alejandro. Había una chica tetrapléjica en Albacete que era superfán de Alejandro. Y él tuvo el detalle de ir a visitarla al hospital (te hablo de la época de «Viviendo deprisa»). Fue muy comentado en la ciudad e incluso salió en los periódicos. Y mi padre, que trabajaba allí, le pidió un autógrafo para mi hermana y para mí. Yo he crecido viendo ese autógrafo en la pared de mi habitación, imagínate lo que ha sido luego poder cantar con él.

JUAN CARLOS CHAVES: Las causas con las que más se vuelca son las que afectan al futuro de la humanidad. Quiere ver cómo van a vivir sus hijos en un futuro, qué sociedad se van a encontrar, qué clima, qué planeta.

JUANES: Hemos coincidido en diferentes eventos solidarios. En el Concierto por la Paz, en la frontera entre Colombia y Venezuela, en el concierto contra las minas antipersona en Los Ángeles...

ALEJANDRO: El éxito es cuando alguien te dice que tu letra o tu canción le cambió la vida. O cuando una niña sorda que había recuperado la audición gracias a una cirugía te dice que tu música fue lo primero que escuchó en su vida... Eso me ocurrió en un concierto en Villanueva y fue emocionante.

JAVIER LIMÓN: El proyecto de los refugiados es muy importante también: El Refugio del Sonido. Alejandro participó en la grabación del tema *Vienen,* junto a otros artistas, para apoyar y reclamar la atención sobre el tema de los refugiados.

BONAVENTURA CLOTET: Yo soy un convencido y un devoto de la música como terapia, como herramienta para la integración de personas en riesgo de exclusión social, para aliviar, relajar y reducir el estrés. La música es salud.

En 2004, durante la gira de «No es lo mismo» por América, Alejandro tomó centenares de fotos, capturó lo que veía desde las ventanas de los hoteles, aviones o los coches con su cámara digital de cuatro megapíxeles. Sesenta y una de ellas fueron expuestas en la muestra «Fotos de ida y vuelta» del Paraninfo Norte de la Universidad Complutense de Madrid. Jaume de Laiguana maquilló las imágenes y destinaron los beneficios obtenidos con su venta o con su descarga en el móvil a Guatemala. Con el dinero, la ONG Infancia sin Fronteras quería escolarizar y dar de comer a mil niños en Guatemala hasta que cumplan catorce años.

ALEJANDRO: Quería captar sensaciones del viaje y compartir estos lugares. En las giras llamamos *viaje* a salir de un sitio y llegar a otro, cuando para mí el viaje ha sido siempre el intermedio: los trayectos de horas en un 600 Madrid-Cádiz.

Yo no sé nada de fotografía. Pongo el ojo en lo que creo que hay algo que ver y luego Jaume le da la categoría.

JAUME DE LAIGUANA: Trabajar con Alejandro te enriquece. Cada uno ha dado lo que le ha dado la gana, y luego hemos llegado a un punto en común.

ALEJANDRO: Estas fotos eran un homenaje a los primeros artistas españoles que fueron a América y que crearon los cantes de ida y vuelta. Me encantó Costa Rica por lo diferente que es la costa de la montaña, y también Nueva York. Miami son las farolas, puede que sean las palmeras del futuro.

En la primavera de 2017, Perú vivió una desoladora corriente de muerte y destrucción debido a unas lluvias y riadas sin precedentes. Más de cien mil damnificados y miles de viviendas dañadas encogieron el corazón de medio planeta.

JUAN CARLOS CHAVES: Serían las dos de la madrugada y escuché el móvil recibiendo mensajes seguidos. Y me desperté por si pasaba algo.

Era Alejandro: «Hay unas lluvias torrenciales en Perú...». Reuní la información que pude. A las tres me dijo: «Vamos a ponernos ahora mismo en marcha». Contactamos con la esposa del empresario con el que trabajamos allí, que es una persona involucrada en causas solidarias y tiene una ONG, y ellos ya estaban en marcha. En cuestión de minutos localizamos a esta persona y pedimos información sobre el barrio más afectado por la tromba de agua, para actuar rápidamente. Durante toda la madrugada estuvimos consiguiendo alimentos, mantas, tiendas de campaña, y yo le dije: «Chan, ¿hasta dónde quieres llegar con esto económicamente?». Y me dijo: «Es para el barrio. No mires eso. Ahora mismo no tienen nada, ni casa ni comida, y les esperan días o meses de angustia. Y en cualquier país americano donde yo he estado, donde la gente me quiere, hay que estar cuando pasan estas cosas». Él ayuda de forma instintiva. Da las gracias a Dios todos los días de muchas maneras, todas anónimas. Hay muchas historias de estas.

En 2017 se cumplían veinte años del lanzamiento de «Más». Una de las acciones que se llevaron a cabo fue la recreación de la canción Y, ¿si fuera ella? Miguel Bosé, Manuel Carrasco, Juanes, Shakira, David Bisbal, Malú, Abel Pintos, Rozalén, Antonio Carmona, Pablo López; diecinueve artistas ofrecieron una nueva visión del clásico de Alejandro. Los beneficios de la venta del single fueron destinados a Save the Children, Alejandro y sus amigos mandaron callar al hambre.

Alejandro es también colaborador habitual de la fundación Juegaterapia, quienes ayudan a los niños enfermos de cáncer a través del juego. Siempre que puede dedica parte de su tiempo a los más pequeños. En 2016 recibió, durante la prueba de sonido previa al concierto en la Arena Ciudad de México, a los niños de AMANC (Asociación Mexicana de Ayuda a Niños con Cáncer) como embajador de honor de Juegaterapia en España. En su día puso la primera semilla del jardín infantil que Juegaterapia construyó en la azotea del hospital madrileño infantil 12 de Octubre.

ALEJANDRO: El cambio ha sido increíble. Cuando plantamos el árbol en el hospital no había nada. Todos ponemos un granito de arena, es importantísimo que la gente entienda lo que significa para un niño estar en un hospital seis meses y tener este espacio para que pueda jugar... o no tenerlo. La diferencia es mucha.

MÓNICA ESTEBAN: Este jardín era un sueño, un pulmón de aire para que los niños sientan que dejan de estar enfermos durante un rato. Con este espacio se ha demostrado que con empeño los sueños se hacen realidad.

Alejandro ha visitado la fundación CNIO (Centro Nacional de Investigaciones Oncológicas), una de las organizaciones más importantes en el mundo en la investigación contra la enfermedad. Juegaterapia aunó fuerzas para ofrecer la oportunidad a jóvenes investigadores de desarrollar proyectos de excelencia que permitan avanzar en la lucha contra el cáncer pediátrico. Los fondos para financiar este proyecto provienen de los beneficios obtenidos de la venta de los Baby Pelones de la Fundación Juegaterapia, en los que Alejandro diseñó uno de los pañuelos que llevan los muñecos...

ALEJANDRO: Mi hija me ayudó con el pañuelo. Yo puse lo de «guapa» y «guapo» y ella hizo los dibujos. La corona, los globos, la luna... Mis hijos saben todas las acciones en las que me involucro y ellos forman parte, y por eso me gustó que participaran cuando estuve haciendo el pañuelo, que supieran por qué lo estaban haciendo, son plenamente conscientes y lo hacen con mucho amor.

MÓNICA ESTEBAN: En estos años hemos tenido la suerte de ayudar a muchos niños a través del juego, pero sentíamos que debíamos ampliar nuestro trabajo al campo de la investigación.

MARÍA A. BLASCO: La filantropía sigue siendo aún un hándicap en España, y este acuerdo entre el centro y Juegaterapia es un paso más para fomentarla.

ALEJANDRO: La lucha contra el cáncer es una guerra y yo soy un soldado.

En 2017, «Tu silla, su refugio» impulsaba la iniciativa solidaria en la que diferentes personalidades y artistas diseñaron una silla a partir de la historia personal de un refugiado, simbolizando la necesidad de cederles un asiento y acogerles en España como prometió el Gobierno. Pablo Alborán, Pedro Almodóvar, Carlos Sainz, Iker Casillas, Jordi Évole, hasta completar sesenta colaboradores, apoyaron la causa. Alejandro preparó su silla durante los ensayos del concierto «Más es más», en Jarandilla. Las sillas fueron subastadas para apoyar a CEAR (Comisión Española de Ayuda al Refugia-

do). La silla de Alejandro retrataba la historia de Mariana, una joven que tuvo que huir de Malí para evitar la ablación genital.

En 2016, en la exposición «Artistas con duende», organizada por la Fundación Isabel Gemio y en la que artistas como Joaquín Sabina o Alejandro exponían sus obras para recaudar fondos con el objeto de financiar proyectos de investigación sobre distrofias musculares y otras enfermedades raras, sucedió algo que nadie conoce y que una amiga y productora de espectáculos en Venezuela cuenta.

MARÍA GÓMEZ: Quiero hablar del *spot* «Ayuda para Venezuela», una idea original, producida y financiada en su totalidad por Alejandro. Esta idea nace de su sensibilidad hacia mi angustia por los hechos acaecidos por el deslave del estado Vargas-Venezuela, el 15 de diciembre de 1999, donde desaparecieron varios amigos muy cercanos.

De nuestra conversación sobre el tema, en Somosaguas, surge la necesidad de conseguir ayuda económica para los damnificados, y en pocos días nos ponemos en marcha él y yo para contactar a los artistas que pudimos. Por la premura del caso, lo escaso del tiempo y los pocos minutos que tendría el comercial, se solicitaron aportes económicos a una cuenta bancaria que se coordinó con la embajada de Venezuela en Madrid y a través de las cadenas nacionales lo conseguimos. Esta historia la conocen muy pocas personas, pero como «es de bien nacido ser agradecido», quiero hacerla pública en este testimonio y que se sepa lo que Alejandro Sanz financió con su propio dinero no solo por solidaridad sino por amor a un país que había comenzado a demostrarle su admiración y respeto, amor que estoy segura seguirá dando. ¡Gracias, Alejandro!

En 2017, Alejandro puso en marcha La Fuerza del Corazón, un espacio aglutinador donde convergen todas las asociaciones, fundaciones y causas en las que participa, un paraguas visible desde el que se descuelgan las iniciativas en las que Alejandro está directamente involucrado.

JUAN CARLOS CHAVES: Cuando vamos o volvemos de los conciertos en el coche, siempre hay un «párate». «Párate porque a esta chica la he visto esta mañana cuando entré en un saco de dormir, a lo mejor lleva buscando este abrazo, este beso, esta firma desde los quince años». Pequeños detalles que son universos para sus admiradores. Él es consecuente y quiere corresponder a las personas que se emocionan con él.

ALEJANDRO: Lo peor de la fama es la fama en sí. Pero también te da oportunidad de hacer muchas cosas, iniciativas solidarias que pueden llevarse a cabo precisamente por la fama. No me gusta demonizar nada, ni siquiera la fama, que tiene tanto de demonio. Todo tiene su noche y su día, su lado oscuro y su luz, y la fama no es una excepción.

La fama la utilizo para echar una mano si se puede, para ayudar a los niños allí donde me necesiten. Alguna vez, para conseguir una mesa en un restaurante, y muy pocas para que me dejen colarme en una fila. Por lo demás, la fama es el castigo que Dios manda a los artistas.

Obama

El Ártico

«Todo lo que pasa en la vida deja una huella, y eso
te marca a ti y marca tu futuro...».

Música: Alejandro Sanz, *Sandy a orilla do mundo*

ALEJANDRO: Cuando llegué al fiordo de Sermilik y vi todo aquello,
me di cuenta de la maravilla que es y de cómo lo estamos destru-
yendo. Todas las comparaciones son malas, pero yo diría que es como
ver a un elefante que se va muriendo poco a poco. Se encoge el alma
cuando ves algo tan bello como el Ártico y se encoge aún más cuando
los inuits cuentan cómo los bloques de hielo que estaban el año pasado ya no están.

Hay mucha gente conocedora de este problema dentro de organizaciones como Greenpeace, y particulares que dedican su vida a mejorar la de todos. Científicos, biólogos que llevan años trabajando casi en
la clandestinidad, sin el apoyo de los gobiernos. Enfrentados a muchos
poderes que intentan silenciarlos a cualquier precio. Toda esa gente dirá
cuál es el siguiente paso. Por mi parte, haré lo que haga falta para no
hipotecar el futuro de mis hijos por la avaricia desmedida en la que
vivimos como zombis insaciables. Espero que cada vez más todos nos
hagamos cómplices de nuestro planeta y que el movimiento de apoyo
al Ártico siga creciendo. Ya son cinco millones de personas las que han
firmado. Si siguen aumentando las firmas y el apoyo de personalidades

y políticos, podemos conseguir con el Ártico lo que ya se consiguió en 1991 con la Antártida: un santuario para la humanidad.

El 17 de septiembre de 2013, la campaña de Greenpeace por la protección de Ártico llegó a la Casa Blanca. Alejandro iba a actuar en la residencia oficial de Barack Obama, pero un atentado en la capital obligó a suspender la gala. En la recepción que ofreció el presidente, Alejandro entregó una carta a Obama donde le pedía que Estados Unidos liderara la creación de un santuario en el Ártico.

CRISTINA RODRÍGUEZ: El del Ártico fue un viaje más mediático. Fuimos Alejandro, Raquel y yo, y viajamos con Gonzo de *El intermedio*, un fotógrafo, uno de estos tipos aventureros de *Al Filo de lo Imposible* y un guía local. Convivíamos con los Inuits. Una de las noches falló una de las casas previstas y tuvimos que dormir Raquel, Alejandro y yo en la misma habitación, en el suelo con los sacos, sin agua, sin luz, con letrinas... Era algo muy básico. Alejandro quería vivirlo así y no se le caían los anillos.

ALEJANDRO: Sabía de la importancia que para Greenpeace y para la salvación del Ártico podía tener este apoyo explícito y, aprovechando una visita a la Casa Blanca, en la que el presidente Obama nos recibió, decidí que era el momento de utilizar ese encuentro para algo más que llevarme una foto con el presidente de Estados Unidos.

CRISTINA RODRÍGUEZ: La Casa Blanca celebraba una noche latina y Alejandro era uno de los invitados, junto a Gloria Stefan y otros artistas. Hicimos el ensayo, nos volvimos al hotel y Alejandro pensó que, ya que estábamos allí, teníamos que hacer lo posible por entregarle a Obama la Declaración del Ártico, aprovechando que el Presidente ya había mostrado su afinidad con la causa apoyando la creación de santuarios, etcétera. La entrega de la carta no estaba organizada de antemano, ni siquiera la carta. Preparamos un documento ayudados por Greenpeace, que verificó todos los datos y cifras, y lo imprimimos en el mismo hotel. La persona de protocolo de la Casa Blanca que se ocupaba de nosotros se encargó de cursar la carta muy amablemente.

Estábamos haciendo tiempo antes del show cuando nos enteramos de que había ocurrido un atentado en una base militar y se rumoreaba que el evento se iba a suspender. Y de repente, entre canapé y canapé, «Ladies and Gentlemen...» y apareció Obama a saludar a todo el mundo.

Alejandro le entregó en mano la carta con un mensaje muy concreto:

16 de septiembre de 2013

Barack Obama, presidente de los Estados Unidos de América
Presidente Obama,

En julio del año pasado tuve la increíble oportunidad de viajar al Ártico para dar testimonio de las graves consecuencias del cambio climático en la región. Como usted sabe, el Ártico se está derritiendo rápidamente, poniendo en riesgo la vida de las personas que viven allí, el frágil ecosistema y todo el sistema climático global.

Sé que comparte estas preocupaciones en torno al Ártico y, por ello, le escribo para pedirle que considere convertirse en firmante de la «Declaración sobre el futuro del Ártico», una iniciativa que Greenpeace ha desarrollado para reflejar la preocupación colectiva de la sociedad civil mundial sobre la crisis actual que envuelve la región del Ártico. La declaración hace una llamada a la acción para hacer frente a una doble amenaza: el imparable cambio climático y el desarrollo industrial insostenible. Ambas amenazas llevan a consecuencias devastadoras para el ecosistema y para la gente del Ártico, también para la comunidad internacional y para las generaciones futuras.

Esta iniciativa busca detener las prospecciones petrolíferas en el Ártico; medidas urgentes para proteger los *stocks* pesqueros y el medio marino, así como la creación de un santuario global en el área deshabitada alrededor del Polo Norte. Puede encontrar el texto completo de la declaración en el documento adjunto. Nuestra intención es construir una comunidad importante con personalidades de Estado, parlamentarios, sociedad civil y organizaciones religiosas que apoyan esta iniciativa para proteger el Ártico.

Finalmente, la declaración y sus demandas se presentarán a líderes mundiales y a los dirigentes de los Estados del Ártico. Estamos encantados de que el arzobispo Desmond Tutu y la Fundación Nelson Mandela se hayan convertido en la primera persona y la primera organización en unirse a nosotros en esta nueva aventura. También quiero aprovechar esta oportunidad para respaldar la petición de los más de cien mil ciudadanos de Estados Unidos que han firmado desde julio para que dé un gran paso hacia un futuro de energía limpia y que las perforaciones petrolíferas queden fuera de los límites del Ártico para siempre.

La concesión de explotación 237 no puede seguir adelante con todas las evidencias que conocemos acerca de los peligros de perforar el Ártico y del cambio climático. Detener la perforación extrema en el océano Ártico en los Estados Unidos tendría un gran impacto positivo en todo el mundo, demostrando el liderazgo mundial en la lucha contra el cambio climático. Si tiene más preguntas sobre la declaración y sobre nuestros planes para el futuro, estaría encantado de hablarlo con usted con más profundidad.

Mis mejores deseos,
Alejandro Sanz

Pocos días después, Alejandro recibió la respuesta del presidente de los Estados Unidos: Barack Obama.

Sr. Alejandro Sanz
Madrid, España.

Querido Alejandro, gracias por escribirme.

Pocos retos son más urgentes que el cambio climático, y aprecio escuchar sus preocupaciones. La región del Ártico contiene algunos de los recursos mundiales más valiosos, y todos somos parte de su protección y conservación. Mi administración mantiene el compromiso de hacer frente al cambio climático. Este verano, anuncié el Plan de Acción del Clima, que se basa en los pasos que he tomado desde el inicio de mi presidencia para reducir las emisiones de carbono y prepararnos para el cambio climático.

Tenemos la obligación moral con las generaciones futuras de enfrentarnos a este reto, y mediante un enfoque firme y responsable para reducir las emisiones de carbono podremos asegurar que dejamos a nuestros hijos un planeta más sano. Pero América no puede combatir las emisiones de carbono sola. Es por esto que mi administración tiene que liderar esfuerzos multilaterales y bilaterales para reducir las emisiones de gases de efecto invernadero y avanzar en las negociaciones climáticas internacionales. Esto incluye lo que la declaración del 6 de septiembre de apoyo de los líderes del G20 para utilizar la experiencia y las instituciones del Protocolo de Montreal para eliminar progresivamente uno de los más potentes gases de efecto invernadero, los hidrofluorocarbonos.

Se han lanzado nuevos esfuerzos conjuntos para reducir la contaminación de los gases de efecto invernadero con China e India. Reconozco que el Ártico juega un papel crítico en nuestros esfuerzos para hacer frente al cambio climático, un hecho que usted vio de primera mano. Este mayo firmé la Estrategia Nacional para la Región Ártica que reconoce la importancia de la región y las líneas de acción para protegerlo de futuros daños.

La estrategia nacional unifica los esfuerzos federales a lo largo de un amplio abanico de prioridades, fortaleciendo la cooperación internacional y asegurando los intereses de América. Sus principios rectores incluyen salvaguardar la paz y la estabilidad, en coordinación con los grupos locales y tomando decisiones responsables e informadas acerca de la región y pensando en el futuro.

Por favor, sepa que valoro su perspectiva y dedicación para asegurar que este ecosistema de valor incalculable se mantenga estable y protegido para las generaciones venideras.

Sinceramente,
Barack Obama

CRISTINA RODRÍGUEZ: A los pocos días de regresar, esta persona de protocolo me llamó para decirme que iba a recibir una carta del Presidente Obama contestándonos, y además nos autorizó para usar la foto oficial de Alejandro con Barack Obama.

ALEJANDRO: Cuando recibí la carta, me sentí agradecido y sorprendido por la respuesta y por el tono tan cercano y humano con el que el presidente se dirigía hacia mí. Pero, sobre todo, por el nivel de compromiso que suponen sus palabras para la causa del Ártico. Normalmente los dirigentes suelen comprometerse de palabra a casi todo, pero por escrito es otra cosa. Me pareció valiente por su parte hacer público su apoyo a nuestra causa a través de una carta dirigida a mí.

PILAR MARCOS: Es un paso decisivo para la campaña el hecho sin precedentes de que el presidente de Estados Unidos reconozca, abiertamente y en primera persona, la importancia del Ártico. Por eso le instamos a que avance en la creación de un santuario ártico, junto al resto de naciones del Ártico. Es el momento de convertirse en el líder mundial para proteger el legado de las generaciones futuras, como se comprometió al principio de su mandato. El primer paso es cerrar el Ártico norteamericano al petróleo.

ALEJANDRO: Es difícil predecir las consecuencias de este apoyo. Agradezco enormemente al presidente su respuesta positiva a una petición personal en nombre de Greenpeace y de todos los millones de personas que han firmado por la protección del Ártico. Su compromiso representa un espaldarazo enorme para nuestra causa.

El hecho de que quien era posiblemente el hombre más influyente del mundo en ese momento se pusiera del lado de quienes creemos que la incursión de las petroleras en el Ártico sería una catástrofe de consecuencias irreversibles fue un paso muy importante. Además de que la denuncia en sí misma terminaba con uno de los aliados de este tipo de operaciones sin escrúpulos, el sigilo con el que se mueven para no tener obstáculos. Ahora el mundo entero les está observando. En mi opinión, tienen un problema.

65

Haz lo que quieras, pero no toques nada

«Tú, me gusta tu mirada negra de betún».

Música: Alejandro Sanz, *A que no me dejas*

S irope» *es la palabra mágica que sirve de nombre al segundo disco de Alejandro Sanz en su etapa en Universal. Un nuevo giro sónico, volviendo ahora la mirada un poco más hacia la música de la calle.*

JESÚS LÓPEZ: Cuando íbamos a hacer el segundo disco para Universal le sugerí que conociera a Sebastián Krys. Yo estaba muy obsesionado con la parte de ingeniería. Alejandro es muy bueno en la parte armónica y lo que necesitaba era más un ingeniero.

SEBASTIÁN KRYS: Hicimos un par de pruebas, una le gustó y otra no tanto, y me dijo: «Quiero que vengas a España por un par de semanas». Pensé que iba a España para hacer producción, pero realmente lo que él quería era que yo le entendiera, hablar de música y ver por dónde quería llevar el proyecto, y sobre todo qué es lo que buscaba de un coproductor.

ALEJANDRO: Le había pedido a Sebastián que viniera a España. Estando él en el avión, yo de noche en casa, mirando el ordenador con todas las sesiones de Pro Tools... empecé a calentarme. Llevaba ocho meses trabajando en las canciones de «Sirope». Pensaba en los productores, que siempre quieren hacer modificaciones y meter las manazas y sus teclados..., así que le mandé un *e-mail* de madrugada que sonaba un tanto agresivo: «Si vienes a manosear mis canciones, más vale que tomes un avión de vuelta a Los Ángeles»...

Por la mañana cuando me levanté, Sebastián ya había aterrizado y, evidentemente, había leído mi correo. Me contestó (pone acento porteño): «¿Puedo recoger la valija y darme una ducha?». Sebastián es un argentino con mucha retranca, parece triste pero luego se ríe de todo.

Vino a casa, estuvimos hablando y pasamos al estudio. Se sentó junto al ordenador, me miró a los ojos, levantó un dedo y, muy muy muy despacio... apretó la tecla de... *play* (risas). A partir de ahí congeniamos muy bien y trabajamos en el disco.

Cada nuevo productor implica un nuevo proceso de adaptación por parte de este al método de trabajo. El jefe tiene sus rutinas, va cumpliendo años y no va a cambiarlas. Entre otras cosas porque le funcionan bastante bien.

ALEJANDRO: Yo no me veo cantando a las nueve de la mañana, la verdad. Yo no sé si es un estereotipo de los músicos, pero no me sale ponerme a cantar ni a componer a las ocho de la mañana. No sé, mis emociones empiezan a activarse después de la comida, por la tarde. Trabajo siempre de noche, tengo un estudio al lado de mi habitación y, cuando veo que se apaga el mundo, me enciendo yo.

SEBASTIÁN KRYS: Una de las cosas que quería lograr con el disco era aportarle simplicidad. Alejandro siempre trabajó con músicos de un nivel increíble, pero a la vez le aportaban complejidad a una música que de por sí es compleja. Quería aportarle más «calle», y una vez que escuché las demos estaba convencido de que las canciones, en efecto tenían mucha calle.

ALEJANDRO: Cuando habíamos terminado la grabación, Sebastián agarró el disco duro y se lo llevó para trabajar en las mezclas. Le dije: «Haz lo que quieras..., pero no toques nada».

SEBASTIÁN KRYS: Me costó un poco entenderlo. Creo que lo que él quería decir era: «No perdamos la esencia de las maquetas». Hay líneas de bajo y cosas de piano y de guitarra que están tal cual las grabó el propio Alejandro, el final de *Capitán Tapón*, por ejemplo. El resultado final respiraba el mismo espíritu que los demos.

Una vez más, la aparente contradicción entre complejidad musical y éxito popular es lo que fascina al productor.

SEBASTIÁN KRYS: En un viaje en Argentina fue cuando escuché por primera vez *Corazón partío,* y la magnitud de lo que había logrado la noté cuando empezaron a salir un montón de artistas que sonaban a él. Hay una o varias generaciones de artistas que él parió, para bien y para mal, porque muchos intentaron empezar a componer como él, y esto es virtualmente imposible porque es único en el mundo, no solo en el latino.

NARCÍS REBOLLO: Lo grande de Alejandro es su nivel de composición. Sus letras no son fáciles de entender a la primera. Sí hay una primera impresión superficial que llega a la gente, pero, si profundizas, ves lo que en realidad está diciendo en sus letras, y eso es lo que hace que sus álbumes envejezcan mejor que los de otros artistas.

SEBASTIÁN KRYS: Es una estrella de pop accidental, como Sting o Juan Luis Guerra, porque su música es tan poco «comercial» y al final termina siendo masiva, lo que demuestra que el público es más inteligente y tiene más capacidad de entender las cosas de lo que uno piensa.

El resultado, una nueva colección de canciones salpicada de singles llamados a convertirse en nuevos clásicos. Una de las cosas que más llaman la atención es como esos temas son abrazados por la audiencia más joven, la que se va incorporando a la manada, con el mismo calor con el que sus predecesores recibieron los sencillos míticos de los discos anteriores.

SEBASTIÁN KRYS: *Zombie a la intemperie* es un tema un poco más pop que el resto del disco, esa canción sí cambió bastante respecto a la demo original.

ALEJANDRO: Habla de cómo los seres humanos tendemos a la peste, aun en la felicidad. Pensamos que la felicidad es mucho menos que la libertad. Entonces siempre que tenemos felicidad buscamos la libertad. A mí me parece muy gráfico describir a alguien que se encuentra en esa dicotomía como un «zombie a la intemperie». Me he sentido muchas veces como un zombie cuando huyes de la felicidad porque crees que hay algo todavía mejor.

DANI MORENO: He tenido la suerte de entrevistar a Alejandro muchas veces, pero recuerdo una en concreto, cuando presentó *Un zombi a la intemperie*. Le hicimos madrugar muchísimo, y a mitad de la entrevista lo cambiamos de estudio y fuimos a otro donde lo estaban esperando unos zombis de verdad que nos habíamos traído del Parque de Atracciones de Madrid, con una máquina de humo y mucho ambiente... Siempre me lo recuerda. Cuando me preguntan con qué personajes me quedaría de los muchos que he entrevistado, siempre lo menciono; es un maestro.

SEBASTIÁN KRYS: *A que no me dejas* fue la canción más difícil a la hora de encontrarle el camino. Es una canción que a nivel composición es bastante clásica, a diferencia del resto del disco; él quería que México estuviera muy presente.

ALEJANDRO FERNÁNDEZ: Somos compadres desde hace mucho tiempo y cuando me ofrecieron hacer el dueto no lo dudé, siempre le he admirado muchísimo y era uno de los cantantes con los que quería hacer algo. El tema me encantó, a la hora de escucharlo se me erizó la piel, parecía hecho a medida para mí.

ALEJANDRO: Hay quienes me decían que le compusiera una canción a mi hija Alma, que apenas tenía un año, pero me resultaba difícil porque solo dormía y comía, ¡le faltaba un poco de personalidad! (risas). Para el próximo disco le escribo una seguro. Ya la tengo calada. Será *La generala*. La tía tiene mucho carácter.

Pero a Dylan ya le conocía bien y me gustó dedicársela. Lo que quería decir en *Capitán Tapón* no sé si se entiende muy bien fuera de España. Es un niño de tres años que es como un tapón de tamaño, pero tiene toda la actitud de un capitán. El tipo se ha convertido en el dueño de la casa y manda. Me hace mucha gracia porque se cree que es el jefe. Cuando ya había escrito la canción, el tipo ya me había quitado mi sitio favorito, y me quitó el partido para ver Bob Esponja, cuando llegó al estudio y le dije que hablara, ya me empezó a mandar de nuevo, así que no mentí en absoluto en la letra.

SEBASTIÁN KRYS: En *Suena la pelota,* Alejandro le pidió a Juan Luis Guerra que repitiera la canción un par de veces. Alejandro tenía una visión muy clara de cómo quería que fluyera la melodía y la cadencia de la canción. Y ahí es donde ves que son colegas de verdad, porque es muy difícil pedirle a todo un Juan Luis Guerra que repita una parte de la canción, y decirle cómo debe hacerlo. Pero hay un nivel de respeto tal que Juan Luis, como artista, lo entendió perfectamente.

ALEJANDRO: Juan Luis y yo llevábamos mucho tiempo persiguiéndonos para colaborar, y por fin llegó el momento. Quise sacarle de la bachata y el merengue y todo su territorio, donde es el más grande de todos. Genial. Es un tema que habla de tomarse en serio la felicidad. Y no he visto a nadie que se tome tan en serio la felicidad como Juan Luis Guerra. Tiene una espiritualidad increíble.

JUAN LUIS GUERRA: Creo que es de los grandes compositores de habla hispana, tiene una gran influencia. Siempre me pregunto cómo es posible que Alejandro haya hecho tan populares melodías y armonías realmente complicadas y muy trabajadas; esta es una de sus grandes aportaciones, entre otras muchas.

Alejandro se ha posicionado claramente muchas veces a favor del pueblo venezolano y en contra del stablishment *chavista. El propio Hugo Chávez acusó recibo públicamente de sus comentarios, y no parecía muy contento. Su sucesor en el trono no ha hecho sino empeorar las cosas...*

ALEJANDRO: *No madura el coco* se la dediqué a Venezuela, está clarísimo. Hay un cuatro y un arpa llanera, que son instrumentos venezolanos. No quería escribir algo político en absoluto, pero el subconsciente también escribe y, al final, tiene esa connotación de la tierra quejándose de todo el daño que le han hecho. Mi relación con Venezuela es muy buena. Mi relación con algunas personas de Venezuela no es tan buena. Viene de mucho tiempo atrás; yo conocí ese país hace años y es muy diferente al de ahora. Por supuesto había corrupción, porque en todos lados hay: en España, en Estados Unidos; pero hay que luchar contra ello. El poder corrompe y eso lo tenemos claro, pero es una barbaridad llevar a todo un pueblo a la absoluta miseria. Hay veinticinco mil personas muertas por armas de fuego, los políticos de la oposición están en la cárcel... Creo que algo pasa. Yo considero que todas las ideologías tienen cabida en una democracia. En mi país ha sido tan importante la izquierda como, en algunos casos, la derecha. Y no seré yo sospechoso de ser ningún facha. A mí me parece que tienen que convivir las ideas. Lo que no puede ser es que te subas al poder y te quedes ahí para toda la puta vida. En algún momento te tienes que bajar y dejar a los demás que manejen un país que está desbandado. No entiendo que nos callemos nada más por seguirle el juego a alguien. Han metido presos a todos los opositores, y ¿eso es una forma de hacer democracia? Eso se llama dictadura aquí y en Pekín.

Hay un Alejandro poco conocido que hace jam sessions *con Lenny Kravitz en un antro de Miami. Allí es donde no se tocan canciones de memoria, donde no hay público, donde solo fluye la música, un local de ensayo de espíritu libre.*

CÉSAR CERNUDA: Una vez fuimos a cenar en Miami y terminamos en un *warehouse* de un amigo suyo donde había un escenario e instrumentos. Y se pasó horas tocando la guitarra, por disfrutar de la música. Lo hacía para él, nadie le observaba, pero era muy bonito verlo disfrutar, feliz haciendo lo que más le llena en la vida.

ALEJANDRO: *La guarida del calor* habla de un *warehouse*, un almacén de Miami donde nos juntamos a tocar *jam sessions* con amigos como Juanes o Lenny Kravitz, y en el que están prohibidas las versiones. Quería recuperar ese sonido de encima del escenario, pero más sofisticado.

ERNESTO ESTRADA: El *warehouse* es un local que pude adquirir en una zona de Miami que se llama Wynwood, que es un poco como el Soho de Nueva York: se ha convertido en un lugar de pintores, de grafiteros, bohemio, de vanguardia. Un amigo músico me comentó que en todo Miami no había un buen lugar para que los músicos se juntaran a hacer *jams*. Y empezamos a hacerlo. Empecé a invitar a amigos artistas de gran éxito, como Alejandro. Me daba miedo pensar que mucha gente le hubiera invitado ya a hacer *jams*. Vino una vez y le encantó el *warehouse*, y cuando terminó su gira empezó a venir. Y el hecho de que Alejandro viniera hizo magia, empezaron a venir otros músicos, porque nadie les toma fotos, no se tocan *covers* de las canciones de ninguno de los que participan... Van allí a tocar cosas que son la razón por la que se hicieron músicos, para salirse de ese tren imparable de escribir-grabar-ensayar-girar en el que están montados. Pero no tienen donde ir a tocar blues u otro tipo de música.

«Sirope» *constituyó un paso más, otra vuelta a la tuerca en una carrera de fondo que en el momento de la edición del álbum ya rondaba el cuarto de siglo.*

JESÚS LÓPEZ: En un momento tan complejo en el que todo el mundo hablaba de reguetón, tanto «La música no se toca» como «Sirope» han navegado con bandera de éxito y de respeto, han ganado Grammys, han sido número uno y han posibilitado que Alejandro siguiera girando a lo grande.

SEBASTIÁN KRYS: Creo que lo más admirable de Alejandro Sanz es que siempre está buscando y encontrando caminos nuevos para que su arte llegue a la gente, y eso es algo muy poco habitual en nuestro mundo. Una vez que la gente la pega, a menudo piensa: «La pegué, esto gustó, esto es lo que voy a hacer», y él es justo lo contrario: «La pegué, gustó, esto ya lo hice, tengo que buscar otras cosas a nivel musical y personal». Y eso fue una gran lección, ver que sigue habiendo gente que empuja hasta ver dónde es capaz de llegar él y dónde es capaz de llegar la audiencia, algo que es fundamental en el arte.

ALEJANDRO: Cuando ganó el Grammy, Sebastián me llamó. En realidad el disco es una coproducción, pero la Academia nunca concede el premio a los artistas que producen sus propios discos, en parte porque muchos artistas, y algunos disqueros también, han abusado mucho de los créditos de producción. Sebastián me dijo: «Voy a cortar el grammy en dos pedazos y te envío la mitad». «Mándame tres cuartos», le dije (risas). Fue un placer trabajar con Krys... Es un gran productor y un tipo al que tengo mucho cariño.

Con Rafa Nadal y Luis Figo

66

Suena la pelota

«Lo malo no es llorar. Lo malo es no saber por qué».

Música: Alejandro Sanz, *Suena la pelota*

Alejandro no esconde su pasión verdadera por el deporte. Pudo haber sido karateka si siendo niño las clases de karate no hubieran estado completas. Por fortuna la clase de guitarra tenía plazas libres. Amante del fútbol, pasión que hereda directamente de su padre, Alejandro también disfruta del tenis, el baloncesto, el motor o de los triunfos de los deportistas españoles.

IKER CASILLAS: Nos conocimos hará unos quince años. Quise darle una sorpresa a una amiga invitándola a ver los ensayos de Alejandro y su banda en Vistalegre, en Madrid. Al cabo de los años, cuando estaba haciendo la promoción de «Paraíso express», coincidimos en el Santiago Bernabéu y entablamos amistad.

SERGIO RAMOS: Desde que nos conocimos compartimos muchas cosas: música, fútbol... Y desde entonces hemos mantenido la relación de amistad.

SARA CARBONERO: Fue en 2010 a través de Iker. Nos habíamos escapado a Los Ángeles después del mundial, y él estaba allí con Raquel. Era nuestro viaje romántico y, aunque yo era admiradora de Alejandro desde niña, aquel era nuestro viaje de pareja. El caso es que se escribieron y quedamos y pasamos dos días muy buenos, fuimos a Universal Studios y cosas así. Conecté enseguida con ellos, sobre todo con Raquel.

Rafa Nadal: Nos conocimos en Miami hace ya bastantes años. Vino a ver un partido del torneo y luego me saludó. Me hizo mucha ilusión porque, cuando admiras a alguien durante tanto tiempo, cuando le conoces por fin es un momento emocionante. Mantuvimos el contacto, hemos coincidido muchas veces, hemos cenado juntos y siempre lo pasamos muy bien. Estoy muy contento de haber encontrado en él a un buen amigo.

Iker Casillas: *Pisando fuerte* fue lo primero que escuché. Las chicas de nuestro grupo eran fans incondicionales, nos ponían las canciones y no paraban de hablar de él. Tendría diez u once años por entonces. No había más remedio que escuchar las canciones, y al final se te pegaban, claro.

En la distancia corta es... muy cercano. Tengo la suerte de tener una relación personal con él, y más allá de ser quien es, conmigo se comporta como un amigo, y es algo recíproco, nos hemos mostrado siempre naturales, y eso él lo valora también.

Sara Carbonero: Su música me acompaña desde siempre. Mis primeros recuerdos en el coche con mis padres siempre tienen canciones de Alejandro de fondo, no sé si fue *Pisando fuerte,* yo tenía siete u ocho años entonces. No me sé todas las letras de memoria..., pero casi.

Tengo todos los discos, me los compraba mi padre el día que salían, y era el mejor día del año... ¡hasta que salía el siguiente! Cuando salió «Si tú me miras», me llamó mucho la atención *Tu letra podré acariciar,* que nos dedicó a las fans y con la que me sentí muy identificada.

Con diecinueve años una neuropatía le hizo perder la movilidad en las piernas, pero Teresa fue capaz de aprender a nadar y a competir. La atleta de Zaragoza ha conquistado dos decenas de medallas paralímpicas. Defiende que no hay barreras, tan solo las que uno se quiera poner. Determinadas canciones la empujan a seguir siempre adelante...

Teresa Perales: *Corazón partío* evoca a la juventud, esos primeros amores. Cuando te das cuenta de que se cierra una puerta, pero otra se abre. La vida es seguir siempre adelante.

Sara Carbonero: De adolescente sentía que las letras estaban escritas para mí, para las historias de amor, las de desamor... Recuerdo estar estudiando con mi amiga Cristina, todo el día a vueltas con sus letras, comentándolas mucho, queriendo saber qué significaban y no solo cantándolas porque eran bonitas.

Sᴇʀɢɪᴏ Rᴀᴍᴏs: Es uno de los artistas que me han acompañado con su música desde niño. En cada etapa de mi vida hay canciones de Alejandro que cuentan una parte de ella porque estaban a mi lado.

Son muchos los recuerdos que se me vienen asociados a canciones de Alejandro. Algunas de las que más me gustan son *Amiga mía* y *Corazón partío*. Y también *La música no se toca,* que es algo más reciente, y que creo que lo dice todo: la música es sagrada, es una forma de vivir. Me encanta ese título. En general las tres me han marcado mucho. La verdad es que no se puede componer mejor y definir mejor la vida en poemas de lo que él lo hace. Cada tipo de música y canción me recuerda a alguien y algo que he pasado en ese momento.

Sᴀʀᴀ Cᴀʀʙᴏɴᴇʀᴏ: Mi primer concierto fue el del Calderón, de la gira «El alma al aire». Fui con mis amigas, nos encantaba *Aquello que me diste,* la letra, el ritmo, era nuestro momento favorito del concierto y sigue siendo una de mis favoritas de su repertorio. Año tras año y disco tras disco, Alejandro sigue escribiendo auténticos poemas y dejándose todo, es un perfeccionista. No le vale cualquier cosa, si no tiene nada que decir, no escribe.

Entre sus amigos están las tenistas Arantxa Sánchez-Vicario y Garbiñe Muguruza. En 2012, y durante el día del padre, Alejandro colaboró con Tony Bennet en un torneo benéfico en apoyo a Exploring the Arts, Team Bryan y Greater Miami Tenis & Education Foundation, asociaciones que se dedican a enriquecer la vida de los jóvenes a través del deporte...

Aʟᴇᴊᴀɴᴅʀᴏ: Jugué en Miami el torneo benéfico All Star Tennis Event en apoyo a proyectos de educación infantil con Tony Bennet, los hermanos Bryan, Mardy Fish y Novak Djokovic.

El coche que nos llevó al evento me vio tan vestido de tenis que me llevó a las instalaciones del Master 1000 de Miami (risas), me oyó decir que iba a ganarle a Djokovic y me llevó a la pista central.

Su padre jugó de joven en el Algeciras y era seguidor del Real Madrid. Su hijo ha heredado cierta cercanía por el equipo blanco, aunque el propio Alejandro ha confesado en varias ocasiones sentir predilección por el Betis. Y es que el Betis es mucho Betis.

573

ALEJANDRO: Mi padre era muy madridista. Es como si su espíritu madridista se hubiera apoderado de mí, aunque a veces pienso que debería ser del Atlético. Vas al palco del Atleti y allí está todo el mundo dando botes, en el del Real Madrid faltan buenos cánticos, no tenemos uno nuestro, son todos copiados. Allí me siento un poco como un cerdo en la ópera... De pequeños nos llevaba aquí, a la Casa de Campo. Nosotros éramos muy malos, pero recuerdo que mi padre tenía un toque buenísimo. Él quería que nosotros jugáramos al fútbol, pero nosotros no. A mí me gusta que gane el Madrid, pero he sido bético antes que madridista, y eso es para toda la vida.

SERGIO RAMOS: Alejandro es muy futbolero y un gran madridista. Conoce bien a muchos jugadores y equipos, y me cuenta que siempre intenta ver los partidos del Real Madrid, esté donde esté y sea la hora que sea. Incluso se permite darme algún consejo (risas).

IKER CASILLAS: Creo que iba para entrenador de fútbol por lo mucho que le gusta. En el Mundial de Sudáfrica, perdimos el primer partido contra Suiza. Nos escribíamos mensajes y él me daba consejos, tácticos... Al final ganamos, y él de broma me dice: «Ves cómo tenía razón, cuando Del Bosque siguió mis pautas quedamos campeones»... (risas).

ALEJANDRO: Yo tengo el balón de la final de Sudáfrica contra Holanda firmada por todos los jugadores, fue un regalo de Iker en un cumpleaños. Xavi Hernández me regaló la camiseta con la que jugó la final de la Eurocopa contra Italia. Un regalazo.

RAFA NADAL: Sé que le gusta el tenis, aún no hemos podido echar un partido, pero sin duda lo haremos algún día y nos reiremos un ratillo.

ALEJANDRO: Con Rafa aún no he jugado, pero estoy deseando ganarle (risas).

SERGIO RAMOS: Su música me sirve de motivación. Antes de cada partido necesito un momento para mí de máxima concentración, de búsqueda de esa intensidad máxima que te exige el fútbol profesional. Y eso solo lo consigo a través de la música. Normalmente recurro a una serie de canciones que me ayudan más a concentrarme en ese momento y, entre ellas, hay varias de Alejandro.

Después, ya en el vestuario y con los compañeros, ponemos también música para entrar todos en el partido y motivarnos juntos, y Alejandro suena muchas veces.

RAFA NADAL: No soy un gran entendido en música, pero desde mi punto de vista lo que ha aportado es emoción a mucha gente de mi generación, que hemos crecido escuchando su música. Transmite emoción y sentimiento, te llega, que es lo que tiene que conseguir un cantante. Es un gran ejemplo para todos los artistas que han venido detrás en nuestro país, un artista muy internacional que ha cruzado fronteras y se ha convertido en un modelo para otros.

Alejandro tiene amigos culés como Xavi Hernández, Dani Alves, Gerard Piqué, béticos como Joaquín, malaguistas como Michel... La música de Alejandro ha viajado por todo el mundo. Durante su estancia en el Real Madrid, el delantero chileno Iván Zamorano entabló una estrecha amistad con Alejandro. Lo mismo ocurrió con el jugador portugués Luis Figo o la estrella británica David Beckham.

LUIS FIGO: Conocí a Alejandro por mediación de Miguel Bosé. Yo ya vivía en Madrid, en el año 2000. Desde entonces mantenemos bastante relación, hemos estado en su casa y él en la nuestra muchas veces. Yo ya conocía su música, además en Portugal es muy popular. Es un tipo muy próximo, a veces pasamos mucho tiempo sin vernos, pero en cuanto nos juntamos pasamos un rato fenomenal, es un verdadero amigo.

DAVID BECKHAM: La canción *No es lo mismo* me hace recordar Madrid, al Real Madrid, a los cuatro años que pasé allí. Victoria se ríe de mí porque me meto en la cultura del lugar desde el primer día. Por ejemplo, si voy a Estados Unidos, quiero escuchar a grandes artistas del rap. Hice lo mismo cuando me fui a vivir a Madrid. Sabía que tenía que aprender el idioma, y me iba a un bar español, me sentaba solo, comía jamón y tomaba una cerveza. Alejandro es un gran talento y un amigo maravilloso.

LUIS FIGO: Lo que más me impresiona de él es su creatividad como compositor, es un don espectacular que tiene. Y además se consigue transformar siempre, y eso es lo que le mantiene en lo más alto durante tantos años. Mi canción favorita... Tiene tantos *hits* que es difícil, pero tengo una anécdota muy especial: mientras mi hija pequeña venía al mundo en el hospital, durante el parto, *Corazón partío* sonaba por la radio; es algo que me acompañará toda la vida.

Alejandro ha vivido seguramente alguno de los momentos más emocionantes de toda su carrera en el estadio Vicente Calderón. Con tipos tan auténticos como el Cholo Simeone resulta casi imposible no sentir cercanos los sentimientos colchoneros y los colores del Atlético de Madrid. Alejandro se acercó un día a saludar al Cholo, un día en el gimnasio...

CHOLO SIMEONE: Estaba en el gimnasio entrenando y se acercó un muchacho y me habla. Y le digo: «Discúlpame, estoy trabajando, hablamos más tarde». Viene un directivo del club y me dice: «Escúchame, ¿sabes quién era este chico?». Me dijo que era fanático del Atlético y era su ídolo... Me quería morir.

ALEJANDRO: Me lo encontré en el gimnasio y me acerqué a felicitarle por sus muchos logros, y yo creo que él estaba pensando en el próximo partido o cualquier cosa, porque incluso le tendí la mano y ni siquiera me miró... (risas). Me quedé un poco sorprendido y luego me comentaron que habían hablado con él y que no me había reconocido. Después estuvo en casa. El Cholo es un tipazo.

Manuela, Alexander, Dylan y Alma

67

Más es más

«No entiendo eso de menos es más. Menos es menos y punto».

Música: Alejandro Sanz, *Yo te traigo... 20 años*

Único, espectacular e irrepetible. Esas fueron las tres palabras que más utilizamos durante los seis primeros meses de 2017.

Se cumplían veinte años desde el lanzamiento de «Más» en 1997 y, como epicentro de la celebración, Alejandro ofreció el día 24 de junio un concierto histórico en el estadio Vicente Calderón de Madrid.

Como anticipo, en mayo de 2017, la grabación de un sencillo coral con la participación de diferentes artistas cantando Y, ¿si fuera ella? alcanzaba el primer puesto de ventas en España. De esta manera, ocupaba lo más alto de las listas por tercera vez: cuando salió el disco en 1997, en 1998 a raíz de la campaña televisión de Telefónica y en 2017 con la versión coral.

Su videoclip, realizado por Gus Carballo y con varios niños haciendo de artistas en pequeñito, fue también el vídeo más visto del momento.

Se ideó una acción muy entrañable, escribir como Alejandro. Se trataba de capturar la letra original de Alejandro y crear una tipografía para que aquel que quisiera pudiese escribir como él... o al menos con su misma letra. A mediados de año, y de manera gratuita, la tipografía «Alejandro Sanz» se puso en órbita. Miles de descargas avalaron una acción emocionante y original.

Durante los ensayos del concierto arrancó también el rodaje del documental, otra de las patas en las que se sustentaba todo el proyecto «Más es Más». Bajo la dirección de Gervasio Iglesias y Alexis Morante, el equipo de Sacromonte Films buceó hasta el mismo centro de Alejandro. Las imágenes captadas a lo largo de casi seis semanas entre Jarandilla, Madrid y Miami, y el extraordinario material de archivo recopilado retratan al artista y a la persona como nunca antes.

GERVASIO IGLESIAS: Recuerdo que al despedirnos en Jarandilla nos abrazamos y le dije: «¡Qué descubrimiento!». Parece imposible descubrir a alguien que ya conoces y, sin embargo, con Alejandro cada rato que pasas, cada momento de charla, supone adentrarse en un mundo interior que siempre es más profundo y amplio de lo que pensabas. Antes de comenzar esta película lo conocí por su música, por su éxito. Ahora lo conozco por su mirada, siempre a los ojos. Por su enorme capacidad de trabajo. Por su cercanía y humildad. Es observador y sabe escuchar a los demás.

ALEXIS MORANTE: Quizá la primera vez que vi a Alejandro Sanz fue en la playa del Rinconcillo de Algeciras, él tocando la guitarra con sus amigos de verano, yo paseando de la mano de mi madre por la orilla. No puedo asegurar que nos cruzáramos, pero es muy probable. Allí estaría él, con sus sueños aún por cumplir, mirando a la bahía, inspirándose en el mar. Y allí estaba yo, caminando probablemente detrás de él, sin saber lo que nos depararía el futuro.

GERVASIO IGLESIAS: Alejandro, sobre todo, inspira. Siempre he pensado que los grandes artistas no lo son solo por lo que crean, sino por lo que son capaces de transmitir a los demás. Y él tiene ese don. Lo tiene en sus letras, en su música, en los grandes estadios que siempre llena. Pero lo tiene sobre todo, y esto es lo importante, en las distancias cortas. En su manera de ser y de sentir, en los detalles, en la importancia que le da a las pequeñas cosas, en su enorme sentido del humor y en su alma flamenca.

Por eso le dije: «¡Qué descubrimiento!», porque me ha enseñado cómo poder ser mejor con los demás. Porque he tenido la suerte de conocerlo en persona.

ALEXIS MORANTE: La última vez que lo vi fue pegado a su espalda con una cámara y con cuarenta y cinco mil personas rugiendo en el estadio Vicente Calderón. No se me olvidará en mi vida. Se celebraban los veinte años del disco «Más». Estábamos en el último plano de una película que llevábamos un mes y pico rodando con mi compañero y amigo Gervasio Iglesias, al que siempre estaré agradecido por embarcarme en este precioso proyecto. Alejandro esperaba agachado debajo de una pasarela a punto de salir al escenario. Las luces apagadas. El estadio lleno y gritando. La música empezó a sonar. Se levanta y la plataforma empieza a subirlo a escena. Allí lo esperaban más de dos horas de concierto con más de veinte artistas de primer nivel internacional cantando con él, celebrando su carrera de éxito. Lo acababan de nombrar Person of the Year en los Latin Grammy.

El disco «Más», el original, se reeditó en junio de 2017. Warner, y concretamente su A&R, Txema Rosique, diseñaron un producto bellísimo de cara a la celebración del aniversario. La caja con el álbum original, las maquetas, el directo y las versiones instrumentales ocupó, veinte años más tarde, el número uno en las listas oficiales de ventas en España; un hecho sin precedentes.

El penúltimo eslabón para completar un año mágico es el libro que tienes entre las manos. Si has llegado hasta aquí, poco se puede añadir, un viaje verdadero por la vida de Alejandro contada por las voces de sus familiares y amigos.

Aunque el verdadero motor de todo ha sido él y el momento que vertebra el aniversario es el concierto del estadio Vicente Calderón.

Para celebrar el aniversario del disco se imaginó un escenario diseñado especialmente para la ocasión, en un marco que la gente no olvidara jamás, un espacio que solo se vería en Madrid. El elegido fue el estadio Vicente Calderón, que se vestiría de gala por segunda vez para recibir las canciones de Alejandro.

Uno de los aspectos más emotivos del concierto fue la unión de las dos bandas que han acompañado a Alejandro los últimos veinte años; el grupo de músicos que recorrió el mundo durante la gira de «Más», en 1998, y su actual banda, que, con algunos cambios, lleva girando a sus órdenes desde 2004.

Repartidas en tres fases, las bandas afrontaron jornadas de ensayos maratonianas. Primero en Madrid, en los locales de ensayo de Ritmo y Compás. A partir del mes de mayo, todos nos trasladamos hasta Jarandilla de la

Vera, y en la misma casa de Alejandro se creó un espacio único que combinaba una atmósfera de buena onda y trabajo. Por último se realizaron diez días de ensayos generales en The Lovers CO., una nave de Boadilla del Monte, en el noroeste de Madrid.

ALEJANDRO: Amo Jarandilla. Este lugar es una maravilla, parece que te adentras en una promesa o en una emoción. Los bosques para mí tienen eso.

CARLOS RUFO: Alejandro me invitó a tocar, pero yo no podía, esa misma noche actuábamos con Melendi en Pamplona. Y ¿sabes qué?, un día antes del concierto del Calderón se canceló el show de Melendi y pude acompañar a mi amigo en su celebración. La figura de Alejandro es indisoluble con la mía, no puedo separarme de él, prácticamente a diario, porque mi vida también es la música, es algo que se formó cuando éramos muy pequeños, y a partir de ahí por diferentes caminos. La música nos ha dado de comer en sentido literal, y también espiritualmente. Han pasado casi cuarenta años y ahí seguimos.

ALEJANDRO: Algunos de los músicos de 1998 ni siquiera se dedicaban a la música ya. Fuimos a buscarlos, como en la película de *Oceans Eleven*.

PIERO VALERO: Ahora, veinte años después, lo veo increíblemente bien, muy realizado, y sobre todo con la mirada llena de una luz muy especial, como un rey querido por su gente. Cuando girábamos juntos, hacíamos chistes sobre cómo seríamos veinte años después, y míranos. Hemos cambiado físicamente, menos pelo, más chichas..., pero somos nosotros. Después de tres días de ensayos era como si el tiempo no hubiera pasado.

ALEJANDRO: El tiempo pasa para todo el mundo, pero con algunas cosas no se puede, como con la ilusión. Sigo intentando mover emociones, que es a lo que me dedico.

Soy muy parecido a la gente que escucha mi música, por eso en los conciertos es casi imposible quedarse callado. En un concierto en el Olímpico de Sevilla me mandó mi hermano un vídeo de la gente saliendo por los vomitorios (qué palabra más fea), cantando las canciones y moviéndose a la vez. De ahí saqué la idea para *Pisando fuerte* como la hice en la gira de «Sirope», al final del bis, en ese *mood* fiestero.

Las entradas para el concierto se pusieron a la venta el viernes 3 de febrero de 2017. Todos estábamos intrigados con la respuesta de la gente. Chaves, Bea, Borja, Marta, María, toda la gente de su oficina, el equipo de Universal con Narcís Rebollo, Alicia Arauzo y Ángel Carrión a la cabeza, el propio Alejandro... Todos habíamos trabajado con ahínco en el lanzamiento del concierto y la venta de las entradas, y esa misma mañana, cuando salieron a la venta, todo eran incógnitas. Una cosa es segura, nadie imaginó lo que pasaría media hora después.

No sé si llamé a Chaves, o a Beatriz, o ellos me llamaron a mí. ¡Qué más da! El caso es que el mensaje fue: «Lo ha vendido». «¿Cómo que lo ha vendido? ¿Ha vendido el qué? ¿Su coche?», respondí. «Sold out, las entradas se han agotado en media hora». Eran las 10:30 de la mañana y Alejandro acababa de pulverizar cualquier registro de venta de música en directo en España. Juan Carlos Chaves se pasó un buen rato a lágrima viva después de la tensión acumulada aquellos días. En un primer momento, y esto es algo que le quiero preguntar a Alejandro, seguramente todos respiramos aliviados. Pasado un rato, por lo menos yo, me pregunté: «¿Y ahora qué hacemos?». Como dijo Alejandro, todas las escopetas cargadas de acciones de marketing se quedaron guardadas, ganamos la batalla sin gastar un solo cartucho. Aunque todavía quedaba leña que cortar.

Además de las canciones, la presencia de las dos bandas y la del propio Alejandro, el escenario recibió a algunos de los nombres más importantes del panorama musical en español de los últimos veinticinco años. Allí aparecieron Miguel Bosé, Pablo López, Pablo Alborán, Juanes, Vicente Amigo, Dani Martín, Juan Luis Guerra, Laura Pausini, David Bisbal, Vanesa Martín, Antonio Carmona, Vicente Amigo, Pastora Soler, India Martínez, Manuel Carrasco, Niña Pastori, Jesse & Joy, Antonio Orozco, Miguel Poveda, el Coro Safari y una estrella muy especial, Cristina Portas, cantante sorda que regalaría uno de los momentos más bellos de la noche.

CRISTINA PORTAS: De pequeña fuimos a la Expo 92, yo sentía un ruido muy fuerte y mi padre me explicó que era un concierto. Nos acercamos y pude ver al artista, muy joven, muy guapo y tocando la guitarra. No sabía quién era, mi padre me lo dijo: Alejandro Sanz. Luego yo compraba la revista *Super Pop* y le seguía cuando salía en televisión... y ahora he podido conocerlo en persona.

Cuando años más tarde me pusieron los implantes, lo primero que quise escuchar fueron sus canciones, y la primera que pude oír fue *Siempre es de noche*. Cuando me aprendí la letra quise cantarla en lengua de signos. Tuve la oportunidad de hacerlo en la televisión, Alejandro me vio y me invitó a participar en su concierto. Para la actuación me dijo que me sentara sobre el piano, y esto me ayudó mucho a cantar la canción con lengua de signos.

Alejandro: Los artistas invitados se dejaron la piel. Les pedí que se aprendieran toda la canción, no solo una parte, quería que las sintieran como suyas. Hubo cosas muy bonitas que la gente no esperaba.

Miguel Poveda: ¡Fue la hostia! Que me invitara a este concierto del Calderón, que era un concierto muy importante para él, y que vuelva de nuevo a contar conmigo... A veces colaboras puntualmente con alguien, pero cuando ya es reincidente y me llama de nuevo me llega al alma. Es un ser al que adoro y le agradezco que quiera compartir su música conmigo. Le tengo mucho cariño. Hay artistas a los que admiro, artistas a los que respeto, y artistas a los que además quiero, y yo a Alejandro lo quiero.

Desde que me dijo que iba a cantar con él, estuve trabajando los posibles temas, más que si fuera para mis propios conciertos. Primero por la responsabilidad de que es un concierto conmemorativo, pero, sobre todo, por la dificultad que tienen. Cuando me dijo la canción que iba a cantar *(Siempre es de noche),* y a sabiendas de la dificultad, le dije: «Como si me quieres poner a cantar el Cocoguagua, yo ya estoy feliz».

Antonio Orozco: Es la pared maestra, la vela del velero... la referencia y, en mi caso, el espejo en el que me he mirado durante muchos años. Admiraba su música y cuando le conocí pasé a ser un admirador de su persona. Es un grandísimo anfitrión y una persona que, después de tantos años y tantos éxitos, extrañamente no se elevó del suelo, lo que me hace pensar que tiene ciertos poderes y valores que son extraordinarios.

India Martínez: Ya canté con él *¿Lo ves?*, pero hay una que me encantaba y curiosamente me la propuso para «Más es más», que es *Amiga mía,* una de las más bonitas que tiene en mi opinión. Aún no me creo que estuviera ahí con él, estoy superagradecida. Ese día fue una fiesta mundial..., una noche histórica.

MANUEL CARRASCO: He cantado muchas canciones suyas. A partir de «Más» y de «El alma al aire» ha logrado un sonido que muchos han copiado. Su cercanía, esa manera de hacerte sentir como un colega al poco de conocerte, es acojonante siendo quien es, un artista con cuya música nos hemos criado.

CRISTINA PORTAS: Cuando lo conocí sentí que era alguien a quien llevaba tratando toda la vida. Es una persona muy humilde y muy transparente, era como me lo esperaba.

ANTONIO CARMONA: Es un concierto histórico con las dos bandas, los nuevos arreglos de las canciones antiguas, que las han rejuvenecido y suenan a gloria bendita. Que haya contado conmigo para cantar *Para que tú no llores* es un regalo muy grande.

LAURA PAUSINI: Participar en el concierto es saber con certeza que soy su amiga. Él no invita a un evento así a personas que no quiere con el alma, para mí es un honor ser su amiga. Es histórico, pura emoción.

JUANES: Hemos colaborado varias veces, pero esta es la más importante, la más especial para mí, por lo que representa, por la canción que hicimos. Es un honor inmenso celebrar toda su carrera, más allá del álbum «Más», en un lugar emblemático.

JUAN LUIS GUERRA: Una noche especial, un concierto especial, y estoy más que agradecido por estar aquí. Él dijo que lo quería compartir con las personas que quiere, y es un privilegio pertenecer a ese grupo.

PABLO ALBORÁN: Fue una fiesta. El espectáculo en sí es impresionante, y es una conexión entre generaciones que va a unir a mucha gente. Interpretamos un *medley* de cuatro canciones que son muy importantes para mí y se cuentan entre las más importantes de su carrera. Es una generosidad *enorme* que haya querido contar conmigo.

VANESA MARTÍN: La invitación de Alejandro para participar del concierto fue muy generosa. Lo conocí en un evento de la revista *Rolling Stone*. Antes de eso, algunos amigos comunes me decían que a Alejandro le gustaba mucho lo que hacía. Imagínate lo que eso significaba para mí, alguien a quien admiras tanto... Cuando salió su primer disco yo tenía trece o catorce años, tenía su póster en la habitación y por las noches le daba un beso... La segunda vez fue en un evento de Cadena Dial. Después del show estuvimos unos cuantos artistas tocando la guitarra y cantando en el hotel, cuando llegué a casa me había enviado un *e-mail* con su contacto y a partir de ahí ya empezamos a tener amistad. A los tres meses de esto me invitó a cantar con él en el Olímpico de Sevilla. Conmigo siempre ha sido muy generoso. Cuando quieres a alguien, y más con la calidad humana que él tiene y como es de disfrutón y de sentido y de sencillo, todo lo bueno que le pase te alegra.

La respuesta casi compulsiva de la venta de entradas provocó cierto desconcierto. ¿Hacer un segundo concierto? ¿Emitirlo por televisión? ¿Llevarlo a salas de cine? Al final, el concierto se retransmitió en directo en streaming *y público de todo el mundo pudo disfrutar de manera simultánea con Alejandro.*

ALEJANDRO: El concierto era único e irrepetible, no se podían hacer más fechas. No solo porque el escenario iba a dejar de existir, sino que, además, las cuestiones de agenda de los artistas invitados lo hacía inviable. Cantamos todas las canciones de «Más», muchas de «El alma al aire» y algunos de los duetos que han sido especiales para mí durante toda mi carrera.

DANI MARTÍN: Absolutamente histórico. Vendiendo las entradas en treinta minutos podría haber hecho cinco noches si hubiera querido. Es un artista que hace las cosas porque está enamorado de la música y de su carrera, y porque le da la gana.

PASTORA SOLER: Participar en «Más es más» ha sido para mí un regalo, un regalo que significa muchísimo, porque era la primera vez que, después de un parón en mi carrera, pisaba un escenario. Me había preguntado muchas veces cómo sería esa vuelta a actuar frente al público, y que ese regreso mío sea con él... No puede haber momento más mágico, hay mucha mezcla de emociones para mí en este concierto.

Es una fiesta de la música, en un lugar emblemático, es también una vuelta a la adolescencia para muchas chicas que ahora son madres, que han dejado a los niños colocados y han vuelto a reunirse con su ídolo. Es un regalo para todos, es algo inolvidable.

El concierto fue un éxito. Una noche memorable. Los medios no pasaron por alto el acontecimiento musical del año. Luz Sánchez-Mellado escribía en El País: «Hasta que apareció Alejandro Sanz, el autor del libreto y la partitura, y la brisa que alborotaba las melenas se quedó en nada comparada con el erizamiento que provocó en la parroquia la fiesta pagana de "Más es más". En el atrio del Atleti, donde tanto se sufre y tanto se goza por otros cielos e infiernos, cincuenta mil almas adolescentes, porque todos tenemos entre quince y veinte años por dentro, entraron en trance y no despertaron hasta que evacuó el estadio como una persona. Y se fueron con esa sensación de las noches de solsticio en las que parece que todo es posible»...

Por su parte, el diario El Mundo *profundizaba en el contexto de noche histórica:* «Alejandro se despidió ante unos asistentes que reprimían sus sentimientos más vastos con la congoja de saber que ese concierto no era el resultado de excentricidades o de pasos mal dados, sino de buena música y de sentimientos primarios, aquellos que no desaparecen a pesar de los años. Y de los éxitos».

ALEJANDRO: Yo soñaba despierto, que es como se sueña, pero nunca me imaginé que podía tocar en un estadio como el Vicente Calderón, o llenar tres veces seguidas el Palau Sant Jordi o el Olímpico de Sevilla, el Foro Sol de México, el River en Buenos Aires... Me daba con un canto en los dientes por poder ir en una furgoneta tocando por España y poder vivir de ello dignamente.

No tengan miedo a soñar, a creer en lo que crean, porque todo en la vida se puede. Solo hay que ponerle ganas.

Alma

68

Y ¿mañana?

«Quiero seguir soñando y ese es mi sueño».

Música: Alejandro Sanz, *Cuando sea espacio*

En el año 2010, Paco de Lucía era el primer artista español en ser investido doctor honoris causa por la Berklee College of Music de la universidad privada de Boston (Massachusetts). Aquel reconocimiento valoraba cómo su música y su visión artística habían influido a varias generaciones de músicos y habían contribuido a difundir el flamenco entre un público internacional. En 2013, Alejandro recibía en Boston el reconocimiento como doctor honoris causa. *Además de Paco de Lucía y Alejandro, artistas como Duke Ellington, Dizzy Gillespie, Tito Puente, B. B. King, Paul Simon, Sting, Ruben Blades, Aretha Franklin, Tony Bennet, Bonnie Raitt, Quincy Jones o Herbie Hancock han sido merecedores de esta distinción. Berklee es la escuela de música más prestigiosa del mundo. De sus aulas han salido talentos tan reconocidos como Quincy Jones o el también Doctor Honoris Causa Juan Luis Guerra. La mera admisión como alumno ya supone un reconocimiento en una institución caracterizada por la más rigurosa búsqueda de la excelencia musical.*

Alejandro ofreció un discurso hermoso durante el acto de investidura. Una declaración de principios en toda regla.

ALEJANDRO: Hoy descubro entre contento y divertido que los acentos son un regalo. Ustedes representan mejor que nadie esa maravilla que es la diversidad. Este colegio es la muestra viva, vibrante, cimbreante, de que la diversidad cultural es la llave de la conquista del conocimiento. Por eso, hoy no pediré disculpas por mi acento, hoy celebraré con ustedes este acento peleón y rebelde que me dieron mi país, mi cultura y mis padres.

Hoy solo trataré de que al menos se me entienda, aunque sé que en eso la música me salva, me avala. Ustedes estudian en la mejor escuela de música del mundo y les dirán que la música es matemática. Yo estoy de acuerdo, la música es matemática, pero la matemática no es música.

Una de las mayores conquistas del ser humano es la de nuestras emociones. Una de las mayores revoluciones a la que podemos aspirar como especie es a mantener viva la necesidad de explorar, de descubrir, la sed de aventura. Resulta que después de una vida dedicada a la búsqueda de la última frontera, esa última frontera es la misma por donde empezamos: nosotros mismos. Nuestra fuente creadora es nuestro corazón. Creemos conocer nuestra alma, creemos que nuestra sensibilidad no tiene secretos para nosotros y pensamos que es cuantificable, y todos, en algún momento, pensamos que hemos agotado el manantial de nuestro elixir, el agua de la belleza que lo empapa todo a nuestro alrededor.

Todos en algún momento nos convencemos de que nuestra inspiración tiene límites, que nuestro afán por crear emociones en los demás está en el corazón de quien escucha. Pero está en nosotros..., en nuestra esencia como músicos. Nuestra naturaleza es exprimir el clímax de la provocación. A veces creemos que el manantial se seca, pero el agua siempre vuelve a brotar. Porque nosotros trabajamos con un instrumento que nunca se desafina, nunca se rompe: la emoción.

Es más importante el soniquete que el ritmo, es más importante la clave que el ritmo, es más importante el metal de la voz que el timbre, es más importante el swing que la cadencia. Es importante que nos abandonemos a nuestros defectos y a nuestros vicios musicales para luego resurgir en algún momento en la belleza de una nota que finalmente se alía con nosotros.

Debemos desprendernos de los prejuicios, la música nos llena y nos viste, pero también nos expone, nos puede hacer vulnerables y, solo cuando descubres en tu vulnerabilidad tu propio poder, te puedes sentir finalmente libre y te haces fuerte. El ejercicio de la música no es solo una cuestión de habilidades, también de actitud, de firmeza, de compromiso.

Un amigo mío explorador experto en el hielo ártico me decía que cuando alguna vez, en mitad del casquete polar, en condiciones climatológicas terribles y cuando se llega realmente a temer por tu propia vida, lo primero que hay que hacer es «aceptar». Aceptar que no hay escapatoria, que no hay solución posible, aceptar que vas a morir; y lo segundo que hay que hacer es luchar con todas tus fuerzas para que eso no pase. Bueno, eso no sirve en la música. Perdón por el suspense...

En la música nunca hay que aceptar que no puedes hacer algo, siempre hay que luchar por encontrar el camino de la belleza, sea cual sea el concepto de belleza que cada uno aplique. Siempre hay un acorde esperándote más allá de tu cansancio o de tu frustración. Siempre hay una nota, un acorde, una frase que te espera un segundo más allá del momento en que te ibas a rendir.

La belleza no siempre es guapa, a la belleza se llega también a través de la contundencia, de la desesperanza, de la agresividad verbal, de la verdad. Las verdades tienen en su solidez la belleza de lo inamovible, de la escala incuestionable. Es como esas melodías que viajan sobre esas armonías en las que, mientras que las escuchas, no se te ocurriría cambiar ni un solo acorde. Cuando escuchas una pieza y no estás arreglándola en tu cabeza, es cuando esa pieza es perfecta.

Hoy es un día que jamás olvidaré, como el día que mi padre me regaló mi primera guitarra. Ustedes me conceden un honor que, sinceramente, me cuesta creer que merezco. Porque yo aún me veo como aquel niño que, sentado al lado de mi padre, trataba de imitar sus acordes. Los dedos no me llegaban a muchas de las posturas, como hoy, que no me llega el corazón para agradecerles este reconocimiento.

Es un orgullo presentarme ante ustedes como un humilde compositor y un modesto músico que ama profundamente su profesión. Mi gran pasión, mi música, mi barco velero con el que surco la vida, mis velas se inflan con momentos como este.

Berklee, les he mirado durante toda mi vida con admiración y con respeto. Con la alegría de saber que aquí se forjan los músicos del presente y del futuro. Ahora les miro como algo mío y me siento parte de esta familia con todo el orgullo del mundo.

Sigan adelante, a cada abismo un puente, a cada muro una escalera, a cada pero, otro. A cada problema imaginario, un instrumento inventado, un acorde que no existe. Una melodía que aún no se ha creado.

Le dedico este momento a mi padre y a mi primera guitarra, y al flamenco, con el pudor que espero entiendan, acepto este doctorado.

A veces sueña con tu alegría mi melodía. A veces sueño del aire que nos caemos. La música no tiene prisa, pero puede ser veloz como el viento. La música no tiene complejos ni miedos. La música es un espejo que con el tiempo será un techo y un lecho. Será tu escudo y tu escudero. Será tu templo, la música te hablará al oído, la música te latirá en el pecho.

No busquéis en lo fácil, ni en el virtuosismo. Vosotros, músicos de corazón, no cabéis en los agujeros, ni en los trastes, ni en las teclas, ni en las llaves, ni en los parches. No pintéis en blanco sobre fondos negros. No busquéis el sol para fundir el hielo. Buscad siempre en el laberinto. Haceos amigos de lo incierto. Remad siempre con fuerza hasta que se divise el puerto. Porque lo mágico, lo único, lo bello... nunca camina por lo evidente del sendero. Lo extraordinario nunca es fácil, aunque pueda parecerlo... luego.

Nunca hay que olvidar de dónde venimos. Lo que somos depende en gran parte del sitio donde nacemos y del sitio donde bebemos. Hay escuelas que se pierden como se pierden los pueblos, porque a veces nos fascina más un trozo de hielo en Marte que siete mares en este planeta nuestro.

Respeto...., respeto a nuestros maestros: trovadores, boleristas, soneros, mariachis, tangueros, flamencos, salseros y cantautores, melódicos, roqueros, bachateros. Nuestros músicos, nuestros cimientos, no les olvidéis nunca, no les contaminemos. Cuando te alejas de tu música madre es como si le soplaras al viento, como si le escupieras al océano.

Hay que prepararse para el ruido, la opinión, el juicio de terceros...; que no te afecte. La duda es buena, la falta de carácter es el embrión del trueno. He atravesado desiertos de silencio para llegar aquí, he remado entre hojas secas para poder estar aquí, he lanzado al aire millones de latidos como bengalas para finalmente verme aquí. Hablándoos. Y mereció la pena.

Este segundo de alegría se lo dedico a mi país. Este otro segundo, es para mi padre y mi madre. Que siempre y nunca creyeron en mí.

El tercer segundo, a mis hijos y mi mujer, que son mis heridas abiertas por donde saldrá lo que me quede por escribir.

A la música le dedico el resto. Porque siempre caminó junto a mí. La música no se acaba, todo lo demás tiene fin. Todo llega, todo pasa. Lo del medio depende de ti.

Desde el fondo de mi corazón, gracias.

Leo el discurso de Alejandro y descubro entre líneas los diferentes senderos que lo han llevado desde la pequeña calle de Vicente Espinel en Madrid hasta aquí, habitante nómada en un mundo de emociones. Su música ha bebido de muy diversas fuentes dotando a sus canciones de los más variados colores. Su ascendente en las nuevas generaciones es indiscutible, un espejo de patrón inimitable en el que músicos de distintos géneros y continentes se miran con el respeto hacia el trabajo bien hecho. A lo largo de este libro he disfrutado del viaje, ese lugar donde ocurren las cosas, allí donde la vida vive, un lugar mucho más hermoso y enriquecedor que el propio destino. Más de doscientos pasajeros han recorrido este crucero junto a Alejandro y, cuando miro de frente al futuro, allí donde seguirán ocurriendo pequeños milagros cada día, cuatro voces me despiertan y me hablan de ese que les dio la vida. ¿Y mañana? VIVE...

MANUELA (hija): Desde pequeña, cuando vivía en Madrid y salía con mi padre o con mi madre, siempre veía fotógrafos por todas partes. A mí eso me parecía normal pero me asustaba y terminaba llorando. Nunca llegué a pensar que mi padre fuera alguien admirado por tanta gente. Iba a verlo en concierto pero, como era muy pequeña, no se me cruzaba por la cabeza que fuera Alejandro Sanz, yo lo veía simplemente como el mejor papá del mundo. Con el paso del tiempo me empecé a dar cuenta de que muchos compañeros del colegio lo conocían de la tele o porque sus madres lo escuchaban en el coche, y ahí supe que yo no tenía ni idea de quiénes eran sus padres.

Mi padre y yo siempre hemos estado muy unidos. Tenemos muchas cosas en común. Los dos mostramos entusiasmo por aprender cosas y, en cuanto al carácter, somos muy sensibles, aunque eso yo lo demuestro más. Desde pequeña lógicamente he tenido muy presente la música, y el flamenco ha sido una fascinación para mí. A mi padre siempre le ha encantado enseñarme y explicarme muchas cosas. Le gusta sentarse a mostrarme cómo se tocan las palmas o simplemente a escuchar. Yo soy feliz estando sola con mi padre. Cuando hacemos viajes en el coche los dos, lo disfruto inmensamente, me encanta mostrarle alguna música que me gusta y él me da su opinión, y yo le hago preguntas. Recuerdo que cuando le puse el último álbum de Bruno Mars me empezó a decir que le recordaba mucho a James Brown. Luego pusimos canciones suyas y me explicaba el género de música y lo que las hacía especiales.

Y solo se me ocurre amarte, si mal no recuerdo, ganó un Latin Grammy por la canción del año, siempre he admirado mucho a mi padre, todo lo que ha logrado él solo. El hecho de que me haya escrito varias canciones, con letras tan mágicas, me llena de emoción, no sé, es un sentimiento inexplicable. Fui consciente de que estaba dedicada a mí porque mi madre me lo dijo.

Desde que puedo recordar, mi padre siempre ha escuchado flamenco, lo ha tocado o trae a algunos de sus amigos a casa y tocan todos juntos. Siempre he visto el flamenco con gran admiración y disfruto escuchando, en especial las voces femeninas. La gente piensa que no me gusta porque me siento solo a observar y a escuchar y no hago muchos gestos, pero es porque me meto tanto cuando lo escucho que ni me doy cuenta. ¿El flamenco para mi padre?, ¡ufff!, yo creo que él lo ve como un estilo de vida, aunque suene raro. Él puede ver cualquier objeto y acordarse de una copla. Para mi padre el flamenco es la forma más pura y bella de expresarse, o de salirse un rato de su realidad y recordar momentos de su pasado.

ALEXANDER (hijo): Mi padre es una de las personas más importantes en mi vida, siempre ha estado ahí para mí. Aparte de ser mi papá es mi mejor amigo. Lo admiro mucho como artista porque su música siempre lleva un mensaje. Él tiene un gran corazón, y siempre lo comparte con todos los que lo queremos y lo adoramos.

DYLAN (hijo): A mi papá lo quiere todo el mundo. Van de México a España, que son días enteros en el avión, para verlo en su concierto. Mi papá trabaja mucho para los conciertos, y todo el mundo lo quiere, y le gritan... pero de amor.

ALMA (hija): Papi..., conmigo.

La frontera es tu imaginación,
de momento solo soy terrícola,
ni español, ni europeo, ni latino,
ni flamenco, ni siquiera occidental,
solo soy un terrícola que sueña con ser lunático
y, aunque seguro que jamás llego a ser marciano,
cuando sea espíritu seré espacio,
y si veo que el infinito me agobia,
echaré un vistazo en uno de esos agujeros negros
que dicen que hasta la luz se tragan.
Mi ayer, mi verdad, mis principios vienen y van
y se van cada vez por más tiempo,
tan llenos de simples verdades, tan fácil si sabes hacerlo.
Mi aquel y mi allí, mis principios vienen y van
y se van cada vez por más tiempo,
pero cuando sea espíritu seré espacio,
y si veo que el infinito me agobia,
te llamaré o me llamarás,
echaremos juntos un vistazo en uno de esos agujeros negros
que dicen que hasta la luz se tragan.
Pero yo, cuando muera, cuando sea espíritu seré espacio.
Cuando sea espíritu seré espacio.
Cuando sea espíritu seré espacio.
Cuando sea espíritu seré espacio
y ya no tendré que pararme en tu frontera
y ya no podrán hacerme más daño.
Cuando sea espíritu seré espacio.

Cuando sea espacio, Alejandro Sanz

Fuentes externas

Capítulo 2
Jesús (padre), Extracto *El Magazine* (Diario *El Mundo*)

Capítulo 3
Jesús (padre): Extracto «Por derecho», Juan Carlos de Laiglesia (Plaza & Janés, 2001)

Capítulo 4
Marta Michel, Extracto revista *YoDona*
Capi, extracto *Anécdotas de él conmigo mismo,* Miguel Angel Arenas, (Plaza & Janés, 2003)

Capítulo 7
Jesús padre, Extracto *El Magazine* (Diario *El Mundo)*

Capítulo 10
Carmen Lorenzo, extracto entrevista *Territorio Comanche,* Telemadrid
Vicente Ramirez, Extracto *El Magazine* (Diario *El Mundo)* y «Por derecho», Juan Carlos de Laiglesia (Plaza & Janés, 2001)

CAPÍTULO 11

CESAR CADAVAL, extracto entrevista *Territorio Comanche,* Telemadrid

FERNANDO MARTÍN VICENTE, extracto entrevista *Territorio Comanche,* Telemadrid

VICENTE RAMIREZ, Extracto *El Magazine* (Diario *El Mundo)*

CAPÍTULO 12

ANTONIO ARENAS, Extracto *El Magazine* (Diario *El Mundo)*

CAPI: extracto *Anécdotas de él conmigo mismo,* Miguel Angel Arenas, (Plaza & Janés, 2003)

CAPÍTULO 13

CAPI: extracto *Anécdotas de él conmigo mismo,* Miguel Angel Arenas, (Plaza & Janés, 2003)

CAPÍTULO 14

CAPI: extracto *Anécdotas de él conmigo mismo,* Miguel Angel Arenas, (Plaza & Janés, 2003)

CAPÍTULO 15

JORGE SANZ, Extracto encuentro digital diario *20 Minutos*

CAPI: extracto *Anécdotas de él conmigo mismo,* Miguel Angel Arenas, (Plaza & Janés, 2003)

CAPÍTULO 16: extracto *Anécdotas de él conmigo mismo,* Miguel Angel Arenas, (Plaza & Janés, 2003)

CAPÍTULO 20

JOAQUIN LUQUI: Extracto entrevista *Diario de Navarra* y Diario *El Mundo*

IÑAKI GABILONDO: Extracto rueda de prensa presentación libro *1, 2, 3... Tú y yo lo sabíamos*

Prólogo del libro *1, 2, 3... Tú y yo lo sabíamos* (Aguilar, 2013)

CAPÍTULO 21

ISABEL COIXET: Extracto entrevista *Jenesaispop* y RTVE)

CAPÍTULO 23:
JESÚS PADRE: Extracto *El Magazine* (Diario *El Mundo)*
CAYETANO RUIZ: Extracto Diario *El Mundo*

CAPÍTULO 24
CAPI: extracto *Anécdotas de él conmigo mismo,* Miguel Angel Arenas,
   (Plaza & Janés, 2003)

CAPÍTULO 27
PACO DE LUCÍA: Extracto EPK No es lo mismo y Diario *El País*

CAPÍTULO 28
PACO DE LUCÍA: Extracto entrevista *deflamenco.com*

CAPÍTULO 29
JESÚS QUINTERO: Extraído del álbum «Alejandro Sanz Grandes Éxitos
   1991-2004» (Warner Music 2004)

CAPÍTULO 33
CAPI: Extracto *Anécdotas de él conmigo mismo,* Miguel Angel Arenas,
   (Plaza & Janés, 2003)

CAPÍTULO 40
MIGUEL ÁNGEL CABRERA: Extracto encuentro digital *El Mundo*
ANTONIO CANALES: Extraído de eluniversal.com.mx

CAPÍTULO 41
PAU DONÉS: Extracto *El Magazine* (Diario *El Mundo)*

CAPÍTULO 43
TONI CAMPOS: Extracto revista *Billboard*

CAPÍTULO 45
MAURIZIO SGAMARELLA: Extracto entrevista en *quiéntocaqué.com*

Capítulo 48

Joaquín Sabina: Extracto *En carne viva*, Javier Menéndez Flores (Ediciones B, 2006) y del programa *Séptimo de caballería*

Juan Carlos de Laiglesia: Extracto encuentro digital *El Mundo*

Capítulo 50

Jim y Sharon Corr: Extraído del *making of* videoclip de *The hardest night*

Capítulo 52

Humberto Gatica, Michelle Alberty: Extraído de *making of* de «MTV Unplugged»

Antonio Banderas: Extraído de *Tu casa es la mía*, Telecinco

Capítulo 53

Lulo Pérez, Jaume de Laiguana y Paco de Lucía: Extraído *making of* de *No es lo mismo*

Leila Cobo: Extraído revista *Billboard*

Capítulo 54

Irene Villa: Extraído encuentro digital *El País*

Capítulo 55

Pau Donés: Extraído de *El Magazine* (diario *El Mundo*)

René Pérez: Extraído *making of* de *El Tren de Los Momentos*

Capítulo 59

Shakira: Extraído *making of* de *La Tortura* y de la nota de prensa de «Fijación oral».

Marc Anthony: Extraído *making of* de *Deja que te bese*

Beyonce: Extraído de revista *People* en Español

Tony Bennet: extraído *alejandrosanz.com*

Jamie Cullum: Extraído de *loadsofmusic.com*

Ricky Martin: Extraído de diario *La Nación*

Julio Iglesias: Extraído de *La crónica*, diario *El Mundo*

Zucchero: Extraído de *making of* de *Un zombie a la intemperie*

Paolo Valesi: Extraído de revista *Bravo*

Lena: Extraído de *laopiniondezamora.com*

Raphael: Extraído de *making of* de *La fuerza del corazón*

Daniela Mercury: Extraído de http://www.ibahia.com y del diario *ABC*

Dani Martín: Extraído de *Diario Montañés*

Teo Cardalda: Diario *La Provincia*

Vicente Amigo: Extraído diario *Público*

Chaboli: Extraído de *eljeros.blogspot.com*

Diego Amador: Extraído de *m.perfil.com*

Alba Molina: Extraído diario *El Mundo*

Casilda Sánchez: Extraído Radio 3

Capítulo 60

Silvia Abascal: Extraído del libro *Todo un viaje* (Temas de hoy, 2013)

Capítulo 61

Julio Reyes: Extraído *making of* de *La música no se toca*

Capítulo 63

Jaume de Laiguana: Extraído diario *El País*

Mónica Esteban: Extraído *El Confidencial*

María Blasco: Extraído diario *ABC*

Capítulo 64

Pilar Marcos: Extraído *El País*

Capítulo 66

Teresa Perales: Extraído *El País Semanal*

David Beckham: Extraído de *Desert Island Discs* (BBC)

Agradecimientos del autor

Gracias a todos los que han participado en este libro. A Gonzalo Albert, mi editor sereno. A Jesús Sánchez Pizarro, mi brújula. A Kiko Fuentes, mi mitad. A mis hijos, mi mayor regalo. A Amaya, copiloto de un insensato, puntal de mi vida. Alejandro, amigo mío, gracias por dejarme sumergir en tu océano y compartir el viaje contigo.

Óscar García Blesa

Alejandro Sanz #Vive de Óscar García Blesa
se terminó de imprimir en noviembre de 2017
en los talleres de
Litográfica Ingramex, S.A. de C.V.
Centeno 162-1, Col. Granjas Esmeralda, C.P. 09810
Ciudad de México.